D1723641

ВАЛЕНТИНА КРАСКОВА

НАСЛЕДНИКИ КРЕМЛЯ

МИНСК
ЛИТЕРАТУРА
1998

ББК 63.3(2)
К 78
УДК 947

Краскова В. С.

К 78   Наследники Кремля.— Мн.: Литература, 1998.— 544 с.

ISBN 985-437-229-4.

Предлагаемая читателю новая книга Валентины Красковой является продолжением уже известных изданий — «Кремлевские дети» и «Кремлевские невесты». Валентина Краскова остается верной избранной теме. Объект ее внимания — кремлевские обитатели с их чадами и домочадцами, наследственные болезни, а также борьба за власть — интриги, заговоры, покушения, законные и незаконные наследники империи. Американская внучка «отца всех народов». Взаимоотношения Юрия Андропова со своими детьми. Президент России и его внук Борис. Исторический Кремль, отражаясь в магическом зеркале эпох, превращается в изображение Кремля современного...

К 9470000000

ISBN 985-437-229-4

ББК 63.3(2)

© Литература, 1997

К ЧИТАТЕЛЯМ

Это правда, что ни слава, ни богатство не делают людей счастливыми, а высокое положение и происхождение не служит гарантом от сумы и тюрьмы.

Я люблю старые книги, и сейчас на моем столе лежит «Москва в ея прошлом и настоящем» — издание начала века в стиле модерн. В будущее никто заглядывать не собирался — только прошлое и настоящее. Времена меняются, и «настоящее» сливается с «прошлым», и к ним же добавляется «будущее» — река времени.

Все проходит, исчезает как дым, остаются книги. То, что не попадает в книгу, исчезает бесследно. С древних времен книги создавали и переписывали с целью сохранить то, что уже появилось на свет.

Моя третья книга — продолжение «Кремлевских детей» (1994 г.) и «Кремлевских невест» (1996 г.). В основе «Кремлевских наследников» лежит «принцип цитации», названный французским писателем Шарлем Нодье (1780—1844) «самым оправданным из всех заимствований».

Недавно мне был задан вопрос: «Что заставило вас взяться за эту тему?» — «Заставило?!» — постановка вопроса удивила. — «Случай, — ответила я, — тот самый случай...»

Москва, лето 1993 года. Дом на Тверской. Мы с подругой приглашены на обед. В подъезде выбиты двери. Нам предстоит подняться на третий этаж — задача на первый взгляд несложная. Но подъезд загажен настолько, что приходится выбирать место, куда поставить ногу. Не вызывает сомнения, что и широкая лестница, и площадки перед квартирами в свое время тщательно и регулярно мыли и убирали. Но было это когда-то... Не в наше время, не в нашу эпоху. Когда-то... А в 1993 году большинство квартирных дверей имело вид устрашающий, как после разбойного нападения: порезанная обшивка, обломанные ручки, следы ног на уровне груди... Озираясь, мы поднялись на третий этаж и позвонили. Открылись двери, и подъездный кошмар закончился. Квартира была уютная — с пушистым синим ковром на полу, многочисленными книжными полками; хозяйка интеллигентная и очень приветливая. Нас ждал обед.

— А кто живет в этом доме? — поинтересовалась я. — Что у вас за соседи? В подъезд страшно зайти.

— Теперь на этот вопрос трудно ответить, — сказала хозяйка. — А раньше тут жили те, кого сейчас принято называть номенклатурными работниками. Тогда и подъезд выглядел по-другому. Произошло то, что раньше происходило с купеческими семьями: первое поколение сколачивало капитал и давало своим детям хорошее образование, второе поколение интересовалось науками и искусствами, появлялись меценаты...

— Можно сказать, что второе поколение создает капитал духовный?

— Да, а третье спивается. А тут еще получилось ускорение — спиваться начали со второго поколения. Квартиры сданы, а дети и внуки живут и пьют за этот счет.

Может показаться, что ребенок высокопоставленных родителей, с первых лет жизни обученный этикету, иностранным языкам, вождению машины на горных дорогах и умению управлять персональным самолетом, просто обречен на счастье. А ведь это далеко не так! Чем больше думаешь, анализируешь, сравниваешь, тем больше убеждаешься в этом.

Ребенок — мужчина или женщина в миниатюре, в содержании этой миниатюры заключается содержание будущего взрослого человека. Как на дереве нет двух совершенно одинаковых листьев, так нет и двух людей, во всем сходных между собой. Всякий человек есть единственная личность, более или менее оригинальная.

Не родись богатым, не родись красивым, а родись счастливым — так говорит народная пословица.

А может, многие государственные проблемы имеют корни в детских трагедиях наследников? Например, печально известный Петр III в детстве получил такие раны, излечить которые было почти невозможно. Не нашлось ни одной души среди его окружавших, которая испытывала бы к нему сострадание, которая хоть сколько постаралась бы улучшить суровую долю сироты. Не обращая внимания на физическую слабость Петра, его наставник Брюммер мучил его часто до двух часов и позднее голодом. А если несчастный мальчик крал на кухне черствый кусок хлеба и наедался им досыта и не хотел есть во время обеда, наставник гнал его от стола, вешал ему вокруг шеи большое изображение осла, давал ему в руки розги, и Петр должен был в таком виде стоять в углу на коленях и смотреть на обедающих. Уродливый, болезненный полуидиот-царевич уже на одиннадцатом году научился от своих лакеев употреблению спиртных напитков. В лакейском обществе он чувствовал себя лучше всего и, уже будучи в России, проводил в нем целые вечера в пьянстве. Там он черпал свои сведения о государственных делах, узнавал всевозможные анекдоты и придворные тайны.

Поскольку он не мог научиться ни любви, ни дружбе, то и сам их не проявлял.

А теперь о концепции итальянского социолога Вильфредо Парето (1848—1923), который создал «Трактат всеобщей социологии». Парето научно обосновал деление общества на правящее меньшинство (политическую элиту) и управляемое большинство (не элиту).

Парето доказывал, что движущей силой всех человеческих обществ является круговорот, циркуляция элит — их зарождение, расцвет, деградация и смена на новую элиту. Циркуляция элит лежит в основе всех великих исторических событий.

Согласно этой концепции, индивиды, от рождения предрасположенные к манипулированию массами при помощи хитрости и обмана (Лисы) или применения насилия (Львы), создают два различных типа правления. Львы — это убежденные, преданные идее лидеры. Придя к власти, Львы утомляются, стареют, силы покидают их в борьбе с молодыми, полными амбициями Лисами. Лисы — коварные, беспринципные, циничные.

Эти типы правления приходят на смену друг

другу в результате деградации элиты, приводящей ее к упадку.

Принадлежность к элите не обязательно наследственная: дети чаще всего не обладают всеми выдающимися качествами своих родителей.

Главное заключается в том, что в среде элиты не может быть длительного соответствия между дарованиями индивидов и занимаемыми ими социальными позициями.

Законы наследственности гласят: нельзя рассчитывать, что дети тех, кто умел повелевать, наделены теми же способностями. «Если бы элиты среди людей напоминали отборные породы животных, в течение долгого времени воспроизводящих примерно одинаковые признаки, история рода человеческого полностью отличалась бы от той, какую мы знаем.» Поэтому постоянно происходит замещение старых элит новыми. Парето пишет: «Феномен новых элит, которые в силу непрестанной циркуляции поднимаются из низших слоев общества в высшие слои, всесторонне раскрывается, затем приходит в упадок, исчезает, рассеивается».

По мнению Парето, в любом обществе идет бесконечный круговорот политических элит. Представим себе, что одна элита (Лисы) хитростью заставила признать себя и вобрала в себя наиболее хитрые элементы населения. Тем самым она оставила вне себя людей, наиболее способных к применению насильственных методов. При таком отборе со временем оказываются на одной стороне отборные хитрецы (Лисы), а на другой — люди, наделенные силой (Львы). Как только Львы находят вождя, знающего, как применить силу, они вступают в борьбу, одерживают победу над Лисами и оказываются у власти.

Элиты приходят на смену друг другу. История становится их кладбищем. Массовые убийства и грабеж, по Парето, — внешний признак, который обнаруживает, что происходит смена Лис сильными и энергичными Львами.

Заговоры часто имеют место, но редко удаются. Заговор — тайное планирование соответствующих действий, направленных на достижение целей, осуществление которых законным путем невозможно. Заговоры — теневая сторона политики. Переворот — удавшийся заговор, но даже в этом случае заговорщикам редко доводится пожинать плоды своих заговоров. Почему? По разным причинам. А самая главная причина заключается в том, что никто не может предусмотреть все последствия своих собственных действий.

Личности приходят и уходят. Император Николай II расстрелян 50-ти лет от роду, Иван Грозный, Петр Великий и Ленин умерли в 53 года, Николай I — в 59, Александр II убит бомбой за полтора месяца до 63-летия, Екатерина Великая умерла в 67 лет. Сталин едва дотянул до 73. Алексей Косыгин умер в декабре 1981 года (76 лет), главный партийный идеолог Михаил Суслов — в январе 1982 (79 лет), Брежнев — в ноябре 1982, а спустя два месяца скончался Николай Подгорный (79 лет). Андропов умер в феврале 1984 года, не дожив несколько месяцев до своего 70-летия, а маршал Устинов в декабре 1984 года (76 лет).

Система обладает собственной мощной инерцией, собственными закономерностями и динамикой.

При советской системе абсолютная власть Генсека была обеспечена сталинской политикой «партийных чисток» и беспрерывных репрессий.

Партийные функционеры разного уровня смотрели на Генсека бездумно, как на вожака стаи, готовые в любой момент принять позу «подчинения». Именно беспрекословное подчинение позволило Горбачеву осуществить «перестройку» — партийные соратники «припали к земле» и подхватили «новые идеи», не успев подумать о том, что готовят собственную гибель. Потом номенклатура сообразила, чем пахнет перестройка, но было поздно — «процесс пошел».

Горбачев вошел в историю в качестве Генсека, похоронившего партию, первого и последнего президента советской империи.

Кремль — политический центр империи.

В год, когда исполнялось 65-летие переезда Советского правительства в Москву, член ВЦИК Иван Яковлевич Врачев вспоминал:

«Были предложены три варианта размещения правительства в Москве. Прежде всего некоторые товарищи, по аналогии с Петроградом, стали называть здания, схожие со Смольным.

Предлагалось здание дворянского женского института, в прошлом запасного дома дворцового ведомства, — большой дом у Красных Ворот, на углу Садовой-Черногрязской и Басманной новой улиц. Называлось и здание Воспитательного дома на Солянке, построенное в 1765—1770 годах. Предлагался

9

и Кремль. Предложение разместить правительство в Кремле было наиболее заманчивым. Кремль — подлинный центр Москвы. В нем много зданий. На случай контрреволюционных выступлений он был удобен и для обороны. К тому же в Кремле в то время хранились самые ценные фонды молодой республики.

Однако звучали и выступления против: Кремль — излюбленное место прогулок москвичей. С размещением в нем правительства свободный доступ придется ограничить, а то и вовсе закрыть. В Кремле находятся храмы. Не будут ли оскорблены религиозные чувства верующих? Не вызовет ли это недовольство у населения?

Историк-коммунист Михаил Николаевич Покровский дал обстоятельную справку об историческом значении Кремля с его замечательными памятниками. Он подчеркнул, что в случае избрания Кремля в качестве резиденции правительства на их сохранность надо будет обратить самое серьезное внимание. Для размещения правительства рекомендовал использовать малоценное в историческом отношении здание Судебных установлений.

Споры разгорались.

Кто-то, фамилии не помню, высказывался против Кремля «по принципиальным соображениям»: нельзя-де избирать для размещения правительства первой в мире республики трудящихся резиденцию русских царей.

— Правительство пролетарской революции не может находиться там, где короновались русские самодержцы! — патетически восклицал оратор. —

Ведь штаб нашей революции в Питере разместился не в Зимнем или в другом дворце, а в Смольном...

— Но рабоче-крестьянский парламент заседает в Таврическом дворце, — подал реплику Свердлов.

Выступили с рядом веских соображений и в пользу Кремля... Кстати, я высказывался также за Кремль.

В конце обсуждения слово взял Я. М. Свердлов. Он отверг предложение относительно здания бывшего дворянского женского института из-за его расположения — рядом были основные московские вокзалы, да и от центра по тем временам было далековато.

— Если наше правительство пребывает теперь в Смольном институте, это не значит, что и в Москве ему надо подыскивать институт благородных девиц, — иронически заметил Яков Михайлович.

Отклонил он и предложение об избрании для размещения правительства здания Воспитательного дома и высказался в пользу Кремля.

— Кремль удобен во всех отношениях, — подчеркнул он. — Мы не можем пренебрегать соображениями безопасности, а с этой точки зрения Кремль наиболее подходящее место.

Не обошел он и того, что мотивы против выбора Кремля также серьезны:

— Несомненно, буржуазия и мещане подымут вой — большевики, мол, оскверняют святыни, но нас это меньше всего должно беспокоить. Интересы пролетарской революции выше предрассудков.

Большинством голосов решение было принято в

пользу Кремля. На следующий день Я. М. Свердлов уехал в Петроград».

Троцкий в книге «Моя жизнь» писал: «Со своей средневековой стеной и бесчисленными золочеными куполами Кремль, в качестве крепости революционной диктатуры, казался совершеннейшим парадоксом. Правда, и Смольный, где помещался раньше институт благородных девиц, не был прошлым своим предназначен для рабочих, солдатских и крестьянских депутатов.

До марта 1918 года я в Кремле никогда не бывал, как и вообще не знал Москвы, за исключением единственного здания: бутырской пересыльной тюрьмы.

В качестве посетителя можно было бы созерцательно любоваться кремлевской стариной, дворцом Грозного и Грановитой палатой. Но нам пришлось здесь поселиться надолго. Тесное повседневное соприкосновение двух исторических полюсов, двух непримиримых культур удивляло и забавляло. Проезжая по торцовой мостовой мимо Николаевского сквера, я не раз поглядывал искоса на царь-пушку и царь-колокол. Тяжелое московское варварство глядело из бреши колокола и из жерла пушки. Принц Гамлет повторил бы на этом месте: «Порвалась связь времен, зачем же я связать ее рожден?». Но в нас не было ничего гамлетического».

ЧАСТЬ I. РОМАНОВЫ

ВОСПИТАТЕЛЬНЫЕ ПРИЕМЫ ПЕТРА ВЕЛИКОГО

Перенесение царской резиденции из Кремля на берега Невы было делом рук Петра I. Отношение Москвы к Петру Великому было оппозиционным. Именно в Москве оставались защитники попираемого «древлерусскаго, православнаго» уклада.

Публичные выступления Петра Великого носили всегда, с точки зрения москвича, какой-то «безчинный» характер, потому что в большинстве случаев были проникнуты тенденциозно-педагогическими замыслами Петра, который был столь же решительным и нетерпеливым воспитателем общества, как и хирургом, зубным врачом, костюмером и застеночных дел мастером: рубил с плеча, по пословице: «одним махом семерых побивахом».

И в своих красочных выступлениях перед москвичами он не только торжествовал победы, веселился и карал, но вместе с тем старался подчеркнуть превосходство вводимых им новшеств, унизить противников, кто бы они ни были, саркастически поиздеваться над ненавистной стариной, забросать ее грязью, не стесняясь в средствах и предметах осмеяния, не считаясь с чувствами участников и зрителей своих педагогических экспериментов-зрелищ.

Мы набросаем здесь некоторые из этих зрелищ, приглашая читателя на минутку проникнуться настроением москвича, только что перешедшего из Москвы XVII в Москву XVIII века со всеми общественными, политическими и религиозными навыками современников «тишайшего» царя Алексея Михайловича, — войти в положение москвича, который и от царя требовал известного «чина» поведения, знал толк в придворном церемониале и убедился в самозванстве Дмитрия I, когда воочию увидел, что царь этот не «последует предкам» в спанье после обеда, запросто гуляет, водится с поляками и проч.

Каким отступлением от традиционного чина должен был показаться Москве хотя бы следующий триумфальный въезд Петра в Москву после Полтавы, как он описан у одного иностранца (Юста Юла).

«Когда все было готово для въезда, с городских стен и валов выпалили изо всех орудий, и шествие тронулось в следующем порядке.

Впереди выступал хор музыки из трубачей и литаврщиков в красивом убранстве. Командир Семеновской гвардии ген.-лейтенант князь М. М. Голицын вел одну часть этого полка, посаженную на коней, хотя самый полк исключительно пехотный. Заводных лошадей Голицына, покрытых великолепными попонами, вели впереди».

Далее трофеи и пленные по чинам и отрядам.

Замыкала остальная часть Семеновской гвардии.

«Потом, в санях на северных оленях и с самоедом на запятках, ехал Wimeni (сумасшедший француз, поставленный Петром в цари самоедов); за ним следовало 19 самоедских саней, запряженных парою или тремя северными оленями. Самоеды эти, низкорослые, коротконогие, с большими головами и широкими лицами, были с ног до головы облачены в шкуры северных оленей, мехом наружу; у каждого к поясу прикреплен меховой куколь. Понятно, какое производил впечатление и какой хохот возбуждал их поезд... Без сомнения, шведам было весьма больно, что в столь важную трагедию введена была такая смешная комедия.

...Сам Царь на красивом гнедом коне, бывшем под ним в Полтавском бою. Справа от него ехал верхом ген.-фельдмаршал князь А. Д. Меншиков, слева — подполковник Преображенского полка, кавалер св. Андрея, князь Долгорукий. Весь поезд прошел под семью триумфальными воротами, нарочно для этого воздвигнутыми в разных местах. Вышину и пышность их невозможно описать. Их покрывало множество красивых аллегорий и своеобразных карикатур, писанных красками и имевших целью осмеяние шведов. Ворота стоили больших денег; но сам Царь ничего на них не израсходовал, так как по его приказанию их возвели на свой счет некоторые богатые бояре. В воротах играла прекрасная духовая музыка и раздавалось стройное пение. Молодежь, толпами встречавшая Царя на улицах и площадях, бросала к его ногам ветки и венки. Стечение народа и черни было ужасное; все хотели видеть Царя и пышный поезд. Чуть не через дом, из дверей выходили бояре и купцы и подносили Царю напитки... На всех улицах и площадях по всему городу возле дверей домов были поставлены сосны и венки из сосновых веток. У знатных бояр и важных купцов ворота были расписаны красивыми аллегориями и рисунками разнообразного содержания, по большей части направленными к осмеянию шведов. Рисунки изображали: Орла, который молнией свергает Льва с горы; Льва в темнице; Геркулеса в львиной шкуре, убивающего Льва, и т. п. Словом, pictores atque poetae соединились вместе, чтобы, с помощью своего искусства, общими силами покрыть шведов позором... Как Царь, так и все окружающие его лица быки пьяны и нагружены как нельзя лучше. Затем, — рассказывает автор, — я и посланник Грунт поехали к одним из триумфальных ворот, чтобы на более близком расстоянии увидать подробности... Мы проехали порядочный конец, как вдруг мимо нас во весь опор проскакал Царь. Лицо его было чрезвычайно бледно, искажено и уродливо; он делал различные страшные движения головою, ртом, руками, плечами, кистями рук и ступнями.

Царь, подъехав к одному солдату, несшему шведское знамя, стал безжалостно рубить его мечом. Далее Царь остановил свою лошадь, но все продолжал делать описанные страшные движения, вертел головою, кривил рот, заводил глаза, подергивал руками и плечами и дрыгал взад и вперед ногами. В ту минуту его окружали важнейшие его сановники. Все они были испуганы, и никто не смел к нему подойти, они видели, что Царь чем-то раздосадован и сердит. Наконец, к нему подъехал и заговорил с ним его повар, Иоганн фон Фельтен...» И царь постепенно успокоился...

Разве так торжествовали предки Петра победы над врагом? Не языческие геркулесы и марсы встречали их, а честные иконы, предносимые столичным духовенством; не водку подносили въезжавшим в город победителям, а святою водой кропили их благоговейные лица; не богомерзкою музыкой иноземных «игрецов», а малиновым звоном колоколов сопровождалось торжественное шествие царя и победоносных войск по стогнам града Москвы...

Такие или приблизительно такие мысли должен был навевать на степенного москвича полуязыческий триумф Петра. Все поведение его обличало в нем «не настоящего» царя. Эта жестокая расправа с солдатом, это странное на глазах у всех подергивание головы, лица, рук и ног... И это многие учли как явный показатель того, что Петр — царь не настоящий. «Что он головой запрометывает и ногой запинается, и то, знамо, его нечистый дух ломает...»

Иного рода сцены разыгрывались пред москвичами по манию Петра, сцены невиданной жестокости и бесчинного участия в них самого государя. При розыске стрелецкого бунта сам Петр собственноручно рубил головы стрельцам и требовал от приближенных того же: «Кн. Ромодановский отсек четыре головы стрелецких; Голицын, по неуменью рубить, увеличил муки доставшегося ему несчастного; любимец Петра, Алексашка (Меншиков), хвалился, что обезглавил 20 человек; полковник Преображенского полка Блюмберг и Лефорт отказались от упражнений, говоря, что в их землях этого не водится. Петр смотрел на зрелище, сидя на лошади, и сердился, что некоторые бояре принимались за дело трепетными руками. А у пущих воров и заводчиков ломаны руки и ноги колесами; и те колеса воткнуты были на Красной площади на колья; и те стрельцы, за их воровство, ломаны живые, положены были на те колеса и живы были на тех колесах немного не сутки, и на тех колесах стонали и охали; и по указу великого государя один из них застрелен из фузеи... А попы, которые с теми стрельцами были у них в полках, один перед тиунскою избою повешен, а другому отсечена голова и воткнута на кол, и тело его положено на колесо» (С. Соловьев). В шесть дней было казнено в Москве 628 человек; кроме того, 195 стрельцов повешено под Новодевичьим монастырем, перед кельею царевны Софьи, трое из них, повешенные подле самых окон, держали в руках челобитные с написанным «против их вины». Целых пять месяцев трупы не убирались с мест казни, целых пять месяцев стрельцы держали свои челобитные перед окнами Софьи... — Тоже своеобразный воспитательный прием, которым решительный Петр хотел подействовать на старую Москву.

Но тщетно... Через 15 лет дело царевича Алексея вызвало Петра на повторение того же педагогического эксперимента и с не менее предосудительным личным участием самого Петра в этом страшном деле. Он не стеснялся давать пинки корчащимся после колесования жертвам, упрекая их в черной измене, выслушивая от них предсмертные проклятия и получая публичные плевки от тех, кто уже не мог говорить.

Ничего нет удивительного, что в Москве пошли толки о ненормальной кровожадности Петра. Москва забыла про Грозного, но она помнила «Тишайшего», который раз «огрешился»: «сомлев» от испуга, ударил челобитчика жезлом так, что тот Богу душу отдал, но «Тишайший» после этого не хотел пищи принимать, не выходил из комнаты, молился и плакал; сын же его «совсем обасурманился, — говорили на Москве, — в среду и пятницу мясо есть — ожидовел и без того жить не может, чтоб в который день крови не пить...» — «Видишь ли, — говорили в другом углу, — роды их... ныне пошли неистовые, и мы... за такого Государя Богу за здравие не молим...» В Преображенском приказе раздавались не единичные признания, что у Государя «на нитке голова держится... для того, что московских четырех полков стрельцов переказнил...» — «И остальных, чаю, людей всех изведет», — добавляли другие.

«Государь с молодых лет бараны рубил, и ныне руку ту натвердил над стрельцами, — говорили женщины. — Которого дня государь и князь Федор Юр. Ромодановский крови изопьют, того дня в те часы они веселы, а которого дня не изопьют, и того дня и хлеб не естся.» Даже весть о смерти Петра ассоциировалась с его мрачными казнями. — «Вот стоит Глебова кола, — самому ему заперло! — злорадствовал инок одного из московских монастырей, намекая на страшную казнь Глебова (через посаженье на кол). — И чтоб его телу сквозь землю провалиться. Сам пропал, да и все пропадут», — поминал инок уходящего в лучший мир Петра Великого.

Еще более необычными казались москвичам веселые потехи Петра, обращавшие в конце концов сановитых и родовитых бояр в предмет народного посмешища, да еще на глазах у иноземцев. Так, в дневнике датского посланника Юста Юла записано 5 февраля 1710 года: «Царь катался по Немецкой слободе. Он велел привязать друг к другу 50 с лишком саней и в передния запречь десять лошадей. Сам он сел в передния, в остальных разместились важнейшие русские сановники. Забавно было видеть, — замечает иностранец, — как на поворотах, огибая угловые дома, сани раскатывались, опрокидывались и роняли седоков. Едва успеют подобрать упавших, как у следующего поворота опять вывалятся человек 10—12, а то и больше».

Иностранцу было «забавно видеть» это зрелище; злорадствовали, может быть, некоторые «терситы» из москвичей, но каково-то было степенным москвичам, привыкшим видеть бояр Государя окруженными ореолом важности, горделивой позы и общественного преклонения. Мы уже не говорим о самих сановниках, в среде которых были не одни «Алексашки да Лефортки», пирожники и иноземные мастера, но и родовитые князья и бояре, предки которых даже Грозному не позволяли «наносить поруху роду своему».

Впрочем, Петр «посягал» не на один ореол своих сановников: все искони святое в глазах москвича обращалось Петром в площадное посмешище.

Иван Голиков, собиравший по свежим следам и на основании документов рассказы о шутовских затеях Петра, описывает одно из злейших публичных издевательств Петра над чувствами москвичей, связанными с их церковными переживаниями.

Мы не говорим о скабрезных и кощунственных деяниях «всепьянейшего и сумасброднейшего собора», этой злейшей пародии на обряды католической и молитвословия православной церкви.

Они совершались среди избранного общества, при накрепко закрытых дверях, редко выливаясь на улицу Москвы в виде шутовской процессии, и могли считаться даже своеобразным торжеством православия над осмеянным папежством. Но Петр решил подвергнуть публичному позорищу и память об упраздняемом патриаршестве.

Еще при жизни патриарха учитель Петра дьяк Зотов носил кличку «патриарха Кокуйского». В сане князь-папы и «всепьянейшего патриарха» выступал он в шутовских процессиях в одежде патриарха и даже рассылал москвичам свои послания, пародировавшие не только послания патриархов, но и известные молитвы.

Этот же Зотов играл роль высмеиваемого патриарха в целом ряде комических выступлений, на изобретение которых Петр был неистощим. Зотов в патриарших одеждах садился на ряженую ослом лошадь, а Петр «держал стремя его коня, по примеру некоторых царей Российских, при восседании патриарха на коня в назначенные дни» (в известной процессии, изображающей «шествие Христа в Иерусалим на осляти») (Голиков). К этой же цели публичного осмеяния патриарха в глазах москвичей клонилась справленная в Москве грандиозная свадьба всешутейшего патриарха.

Целый год готовился Петр к этому шутовскому позорищу. Делал не раз смотр шутовским костюмам, распределял места участников в церемониальном шествии, сочинял пригласительный текст. Участниками этого торжества были все сколько-нибудь соприкасавшиеся с Петром лица, начиная от императрицы и наследника и кончая последним денщиком. Приглашались и другие лица по «позывной грамоте», полной саркастических загадочных определений, направленных против тех, кого хотелось высмеять Петру. Читать эту «позывную грамоту» возложено было на отборных заик, которым предписывалось «позвать вежливо, особливым штилем, не торопясь, тово, кто фамилиею своею гораздо старее черта».

«В день свадьбы (16 янв.), — рассказывает далее Голиков, — весь кортеж, в предшествии жениха, шествовал в дом канцелярский с своею музыкою. Знатные ехали в больших линеях, каждая о шести лошадях; таких же было 16 линей для поезжан. Из дома с невестою шествовали в церковь. Четыре престарелые человека вели обрученную чету, и которые заступали место церемониймейстеров; пред ними шли в скороходском платье четыре же претолстые мужика, которые были столь тучны и тяжелы, что имели нужду, чтоб их самих вели, нежели чтоб бежать им пред мнимым патриархом и его невестою. Сам монарх между поезжанами находился в матросском платье. Собора Архангельского священник, венчавший обрученных, имел более 90 лет. Из церкви тем же порядком весь кортеж сей следовал, с тою же музыкою и тем же порядком, при пушечной пальбе и звоне колоколов, в дом новообвенчавшегося мнимого патриарха, где имели и обеденный стол; молодые (из коих первому, полагают, около 70-ти лет) в продолжение оного непрестанно подчивали гостей своих разными напитками. На другой день поутру тем же порядком, в тех же уборах и с такою же смешною музыкою весь кортеж сей шествовал в дом сего князь-папы или, как на то время называли его, князь-патриарха; и, с пресмешными обрядами подняв их, следовали в дом адмирала Апраксина, в котором отобедав, возили молодых, в предшествии всего же кортежа, по всему городу.

В первый день брака угощен был и весь народ, стечение которого было бесчисленно; для него выставлены были многия бадьи с вином и пивом и разные яства. Сей народ, толико уважавший достоинство патриаршее, в сии дни с великим смехом забавлялся на счет оного. Народ говорил тогда с великим смехом: «Патриарх женился? Патриарх женился!». Другие с ковшиком вина или пива кричали: «Да здравствует патриарх с патриаршею!» и проч.

Забавы сии продолжались с 1 января по самый февраль месяц».

В 1702 году совершена была свадьба шута Шанского. Весь всепьянейший собор был налицо. Свадьба совершена была с выполнением мельчайших обычаев старины; опаивали между прочим горячим вином, пивом и медом с неотступными просьбами и поклонами. «Ваши предки, — шутил Петр, обращаясь к поборникам старины, — употребляли эти напитки, а старинные обычаи всегда лучше новых.»

И современники, очевидцы Петра и его дел, стали верить фантазии и создаваемым ею образам больше, чем реальным впечатлениям. Последние были дальше от московского миропонимания, чем апокалипсические бредни и легендарные гипотезы.

По возвращении Петра из-за границы все чаще и чаще в речах москвичей о царе стал проскальзывать взгляд, что он не похож на настоящего царя, что его царственные предшественники так не поступали, что Петр — царь не настоящий. Это, если можно так выразиться, ощущение чего-то чуждого в царе естественно вызвало потребность объяснить, почему русский царь стал больше похож на ~~немецкого~~ мастера, чем на великого государя, скорее выглядел «лютером» и «последователем католического костела», чем православным христианином. И эта психологическая потребность разрешить загадку нашла себе удовлетворение в двух распространеннейших легендах, удовлетворявших людей неодинаковых по трезвости взгляда категорий. Оппозиционеры с более реальными воззрениями приняли легенду о том, что Петр — не настоящий сын царя Алексея, а подмененный немчин, люди с мистическою настроенностью объясняли странности Петра тем, что он — новоявленный антихрист. Были и такие, которые преломляли свои удивленные взоры сквозь призму обеих легенд, объясняющих загадку Петра.

Мы сначала остановимся на выяснении первой легенды. Она имела свои варианты. Самым распространенным из них был рассказ о подмене ребенка царя Алексея Михайловича на немчина, сына Лефорта. Один монах рассказывал своему собеседнику:

24

«Надь нами царствует ныне, — говорил он, — не наш государь Петр Алексеевич, но Лефортов сын. Блаженной памяти государь царь Алексей Михайлович говорил жене своей, царице: «Ежели сына не родишь, то учиню тебе некоторое озлобление...». И она, государыня, родила дщерь, а Лефорт сына, и за помянутым страхом, втайне от царя, разменялись — и тот Лефортов сын и ныне царствует!». Этот рассказ повторяли в самых отдаленных и разнообразных концах русской земли. Другой вариант, оставляя сущность первого, указывает только на другой момент подмены: не во время рождения, а во время путешествия за границу ~~немцы~~ заменили настоящего Петра, сына Алексея Михайловича, ~~немчином~~.

«Наш государь, — рассказывали в народе, — пошел в Стекхолм или, по другому варианту, в Стекольное царство (Стокгольм), а там его посадили в заточение (по другим — в бочку), а этот, что ныне царствует, не наш государь, Петр Алексеевич, а иной — немчин...»

Этот вариант, по видимому, принадлежал москвичам, которые помнили бойкого сына царя Алексея, разгуливавшего со своими потешными по улицам Москвы. Несмотря на его любовь к Немецкой слободе, в нем все же москвичи не могли видеть того отчуждения от всего русского и прямой ненависти к Москве, какие круто проявил возвратившийся из-за границы государь, отвергший жену, заливший Москву кровью и с места в карьер начавший обстригать благочестивые бороды и творить иные издевательства над православными. И, правду сказать, момент для создания легенды был самый подходящий, потому что со времени возвращения Петра из путешествия поведение его действительно круто меняется.

Нельзя сказать, чтобы распространители этой легенды рассчитывали на доверие слушателей: они приводили очень убедительные аргументы ее истинности. Этой легендарной гипотезой объяснялись самые непонятные для москвича стороны поведения царя, и в том был секрет ее популярности. Старица Платонида про его императорское величество говорила: «он-де швед обменный, потому догадывайся-де: делает Богу противно, против солнца крестят и свадьбы венчают, и образы пишут с шведских персон, и посту не может воздержать, и платье возлюбил шведское, и со шведами пьет и ест, и из их королевства не выходит, и швед-де у него в набольших, а паче-де того, догадывайся: он извел русскую царицу, и от себя сослал в ссылку в монастырь, чтоб с нею царевичев не было, и царевича-де Алексея Петровича извел — своими руками убил для того, чтоб ему, царевичу, не царствовать, и взял-де за себя шведку царицу Екатерину Алексеевну, и та-де царица детей не родит, и он-де, государь, сделал указ, чтоб с предбудущего государя крест целовать, и тот-де крест целует за шведа, одноконечно-де станет царствовать швед, родственник или брат царицы Екатерины Алексеевны, и великий-де князь Петр Алексеевич (внук Петра) родился от шведки с зубами...».

Но для людей, привыкших корень вещей и непонятных явлений искать не на земле, хотя бы и в

26

Стекольном царстве, а в потусторонних сферах, образы которых запечатлелись в нездоровом творчестве благочестивой фантазии, — для людей с более мистической настроенностью Петр и его дела не вмещались в легенду о немецком происхождении государя. Немцы тоже люди, и безнаказанно бороть на Бога обыкновенному немцу тоже не дано. Затем, так искусно «обойти» русский народ и ближайших к трону лиц, чтобы они не заметили в немце — Петре отменного от государя человека, — тоже для простого смертного несбыточно. Дело здесь не простое. «Государь-то наш, что ныне на Москве, Петр Алексеевич, — не прост человек: он антихрист...»

Где и кто первым пустил эту гипотезу, уяснявшую необычные дела, Петром вершенные, неизвестно. Только мысль о Петре-антихристе, как ветер, загуляла по русской равнине: ее передавали друг другу в отдаленных окраинах Сибири, Архангельской губернии, на Украине, так же как и в центре. Гипотеза становилась тем более вероятною и популярною, что в делах и поведении Петра так много было черт, напрашивавшихся на сравнение со страшным образом народной фантазии, питаемой нездоровым чтением Апокалипсиса и подобных ему творений. Дела Петра могли привести в сомнение даже самого трезвого человека, только не безразличного к православию, которое в массе воплощалось в часовнях, колоколах, в формах перстосложения, в мощах, иконах и т. п. элементах практического проявления религиозной мысли того (да того ли только?) времени. Против всех этих проявлений русского христианства прямо или косвенно пошел

Петр. «Времена ныне пошли неудобоносимыя, — думал про себя православный. — Государь Бога гонит: мощи и иконы рушит, часовни разбирает, колокола снимает, курит, мясо ест и другим велит в посты и среды с пятницами; сам правил без патриарха... Какой же он христианин: гонитель христианства, стало быть, «настали времена, и воцарился антихрист...»

Даже «инквизитор», на обязанности которого было вылавливать «противные слова», вразумлять и доносить, — и тот усомнился, слыша подобные речи. «Нет, то не антихрист, — успокаивал он, собеседника для очистки совести, — разве предтеча антихриста...»

И если так «лукавил» инквизитор, то что же должен был думать православный человек? Благочестивая фантазия заработала над сплетением мистического клубка из элементов действительности: «Хотел было антихрист в патриархи поставить киевского митрополита, — по своему объяснял монах Степан своему спутнику факт отмены патриаршества. — Вот и привели его в соборную церковь ставить, а митрополит говорит: «Дай мне, чтоб были старопечатныя книги — и буду патриархом, а ежели не так, — не хочу». А антихрист-то, в ответ на то, выхватил палаш и замахнулся на митрополита, да как замахнулся, так и упал на него... Знатно, за то случилось с ним это, — заключил Степан, — что он, антихрист, не может о святых книгах слышать... благодать Божья за это и ушибла его (намек на нервные судороги Петра). А поднял его Александр Меншиков, и по поднятии мол-

28

вил антихрист ко всем: не будет вам патриарха!..»

Еще в большее смущение приходили православные оттого, что Петр называл себя «Христом Господним» (в смысле помазанника).

Люди с мистической настроенностью и притом проникнутые апокалипсическими образами (особенно раскольники) прямо указывали отмеченные Откровением черты антихриста в Петре... Иван Андреев, иконописец, «двадцать лет скитавшийся по разным городам и селам и деревням и в пустыне за Нижним в Керженце Бога ради, пришел к Москве, а сколь давно, не упомнить, и в доме ямщика Степана Леонтьева говорил таковы слова: государь-де наш принял звериный образ: носит собачьи кудри... и нарядил людей бесом, поделал немецкое платье и епанчи жидовские...». Так неясный образ апокалипсического зверя принимает реальное воплощение.

А вот и «печать антихриста»: «Первое, что переменили веру, другое — крест, третье — платье, четвертое — брадобритие, пятое — на челах подбривают, шестая — станут солдат печатать в руки...».

Да и чтимые книги прямо указывали в своих пророческих местах на Петра как антихриста, и только «обойденные им» не могли узнать ясного как Божий день «знамения». В книге Кирилла об антихристе, изданной, когда Петра I еще на свете не было, прямо говорится: «Во имя Симона Петра имеет быти гордый князь мира сего антихрист». — Чего же больше? Подобная же книга погубила старого конюха царя Федора Алексеевича, произнесшего «непристойныя слова». Не собою он выдумал эти слова, а слышал в 1724 году от крестьянина, который читал книгу Ефрем, а в ней написано: «Нынешний государь не царь, а Антихрист и родился от нечистыя девы и в скорых числах поставит стражей своих по градским воротам и велит у православных христиан усы и брады брити и наденет на всех немецкое платье». — А эта книга Ефрем от церкви ставлена. Еще рассказывали нищие, что в книгах Маргарете и Кириллове Евангелии написано то же: «А сам собою размышлял, что при прежних царях немецкого платья солдаты и никто не нашивали и бород не бривали, да и Бог немецкого платья и бород брить не повелел, да и в немецком безбородый человек не пригож».

Раз сливался Петр в некоторых частях своих с бредовым образом антихриста, то не трудно было разъяснить и «озверить» такие его дела, которые никак не подходили под Апокалипсис. Даже военные подвиги Петра делались уликою против него: «Да он же, де государь, неприятельские города берет боем, а иные лестью, и то де по писанию сбывается; и Царь-град он, государь, возьмет».

Один кавалер вступился за Петра и привел, по-видимому, несокрушимые аргументы в пользу того, что Петр не может быть антихристом: «Я знаю подлинно, — убеждал Левшутин раскольников, — что он, Государь, благочестивый, родился от благочестивого корня: от царя Алексея Михайловича, от царицы матери его Натальи Кирилловны; персоною в их нарышкинскую породу походит на Федора Кирилловича, и в церковь ходит, и святую литургию слушает, и по великим постам пост держит, и причащается, и в прошлых годах, как мать его, царица

Наталья Кирилловна, немоществовала, из Новодевичья монастыря во дворец принесен был образ Пресвятыя Богородицы, и он, Государь, тому образу молился со слезами.

— Куда-де какую притчу сказываешь ты про Петра! — отвечал насмешливо раскольник Кузьма Павлов. — В книгах писано, что он, антихрист, лукав и к церкви прибежен будет и ко всем милостив будет, а что Петр в церковь ходит — и в церквах ныне святости нет, для того ему и не возбраняется. А чел ты тетрадь Кузьмы Андреева? Лихо на него, Петра, в тетрадке показано!».

В этих легендах степенный москвич почерпал оправдание не только для своих «скаредных браней» и «неистовых слов», но толчки и к «предерзостным» делам против Петра, который был обменный немец, льстивый антихрист, кровопийца, курилка, все что угодно, но только не настоящий царь: значит, против него все позволено. И многие втихомолку «посягали», но в большинстве случаев с «негодными средствами». Вынимали «след» из-под ног государя, чтоб превратить вынутую землю в кровь: «сколь-де скоро на государев след ту кровавую землю выльем, столь-де скоро он живота своего гонзнет», — думала одна москвичка. Солдаты полка корпуса Регимонта отправились по делам полковника в Москву и взяли с собой зелья с намерением «дождаться в Москве великого государя, то зелье, как будет он, государь, идти, на переходе посыпать через дорогу, и как-де государь на то зелье найдет, и того-де часу его, государя, не станет». Другие пытались достать волос государя, чтоб сделать его милостивым, третьи с тайной радостью рассуждали об его болезни и учитывали возможность скорой смерти; один фанатик, по свидетельству Штелина, даже проник в кабинет Петра с «превеликим ножом» с целью «зарезать» Петра «за обиды своей братии и нашей веры...»

Пусть все это были трусливые желания и жалкие «покушения с негодными средствами». Но они были грозным симптомом той степени оппозиционной ненависти, когда она, при благоприятных условиях, из единичных переживаний переходит в массовый взрыв. Это массовое брожение и зачалось в Москве вокруг царевича Алексея Петровича, ставшего знаменем и центром, к которым стихийно стягивались недовольные, сливая с делом царевича свое дело, с его личным протестом свое общественное недовольство. В деле царевича Алексея ярче всего сказалась истина, что «блогодать Божья и в немощах совершается». Алексей Петрович по натуре своей вовсе не был способен к каким бы то ни было активным геройским выступлениям, да еще против такого соперника, как Петр Великий; тем не менее доходившие до него отклики народного недовольствия и в его робкой душе породили смелые желания насильственно избавиться от «ненавистного тирана» и уничтожить все его «богомерзкия дела».

Сыновней любви у Алексея неоткуда было взяться. Петр нещадно бил сына. Все разговоры Петра с Алексеем в детстве ограничивались допросами, чему он выучился, как провел день. Отношение Петра к сыну колебалось между равнодушием и лютой злобой с ненавистью. Не было любви к отцу у Алексея, помнящего судьбу матери, насильственно заточенной в монастырь, когда ему исполнилось девять лет. Когда же Алексей был изобличен в том, что тайно посетил свою мать в Суздальском монастыре, гнев отца дошел до предела.

Свою жену, принцессу Шарлотту, Алексей то жестоко бил беременную сапогами по животу, то падал в обморок, видя, как она мучается в предродовых схватках.

Петр Великий обращался к своему наследнику с такими посланиями: «Горесть меня съедает, видя тебя, наследника, весьма в направлении дел государственных непотребного» и «Так остаться, как желаешь быть, ни рыбой ни мясом, невозможно. Не то я с тобой как со злодеем поступлю». Петр I грозит сыну, собираясь постричь его в монахи. Никаких особых грехов за Алексеем не числится, но он сын нелюбимой Евдокии, возле него группируются силы, недовольные Петром.

Алексей, напуганный угрозами отца, захватив с собой свою любовницу Ефросинью, бежит в Вену под покровительство австрийского императора, родственного ему по жене. Император обещает не выдавать своего зятя и ассигнует ему пенсию — три тысячи флоринов ежемесячно.

Петр I выманил сына в Россию, пообещав ему исполнить давнюю мечту, — разрешить женитьбу на Ефросинье. Это была ловушка. 3 февраля 1817 года *1717* в Кремле устраивается торжественное собрание духовенства и высших гражданских чинов. Совершается суд над недостойным сыном. Алексей в качестве обвиняемого является «без шпаги», бледный и перепуганный.

Нерешительность, трусость и физическое отвращение к какому-либо труду заставили его бежать от соблазна, на который толкали его окружающие, и бегством царевич погубил дело своих ближайших друзей, как и дело активного выступления инстинктивно тянувшейся к нему оппозиции. Дело это было раскрыто как раз в тот момент, когда оно из тесного кольца окружавших царевича лиц стало пускать свои корни в массу. В этом мы можем убедиться из тех заявлений подчас фанатического сочувствия царевичу Алексею, какое неоднократно высказывалось в обществе и смело повторялось в застенке.

В 1718 году Петр потребовал у подданных отречения от наследника Алексея Петровича и присяги своему второму трехлетнему сыну (от Екатерины) Петру Петровичу. 2 марта Петр I был в церкви. Во время богослужения перед ним явился старик и подал ему бумаги. Петр принял их и развернул первую: это был печатный экземпляр присяги царевичу Петру Петровичу и отречение от царевича Алексея Петровича. Под присягою, где следовало быть подписи присягающего, написано было крючковатым, но четким крупным почерком:

«Святым пречестным Евангелию и животворящему Христову Кресту поклоняюся и лобызаю ныне и всегда за избавление моих грехов и за охранение от тяжких моих видимых и невидимых врагов; а за неповинное отлучение и изгнание всероссийского престола царского Богом хранимого государя царевича Алексея Петровича христианскою совестью и судом Божиим и пресвятым Евангелием не клянусь и на том животворящего Креста Христова не целую и собственною своею рукою не подписуюсь, еще к тому и прилагаю малоизбранное от богословской книги Назианзина могущим вняти в свидетельство изрядное, хотя за то и царской гнев на мя произлиется, буди в том воля Господа Бога моего Иисуса Христа по воле Его святой за истину аз раб Христов Иларион Докукин страдати готов. Аминь, аминь, аминь».

Смертного приговора оказалось недостаточным, чтобы успокоить свирепость Петра.

Записи гарнизонной канцелярии рассказывают о пытках, которые производились в тот день, когда произошла «скоропостижная смерть Алексея». Лефорт сообщает: «В день смерти царь в четыре часа утра отправился в подземелье. Здесь в сводчатом подземелье Алексея подняли на «кобылу». Удары кнутом вместо палача наносил сам царь».

Алексей умер раньше, чем приговор успели привести в действие. Царский манифест, подписанный Петром, указывает на «жестокую болезнь, подобную апоплексии». Все остальные современники указывают иную причину: царевичу была отрублена голова. Девице Крамер было поручено пришить голову к телу казненного. Позже эта умелая портниха сделает придворную карьеру и станет гофмейстериной великой княжны Натальи, дочери казненного Алексея.

Дабы избежать в будущем появление самозванцев, тело старались сохранить как можно дольше.

Члены дипломатического корпуса осведомились у Петра, как быть с ношением траура. Его ответ был краток: «Царевич умер, как преступник. Траура не полагается».

Народная молва зачислила Алексея в святые мученики.

В сентябре 1722 года в надворный суд вломился «вельми шумный» сын площадного подьячего, Иван Михайлов.

— Кто ваш государь? — заорал он, обращаясь к дежурному.

— Наш государь, — отвечал дневальный, — Петр Великий, император и самодержец всероссийский.

— Ваш государь Петр Великий, а я... холоп государя своего Алексея Петровича и за него... голову свою положу, хотя-де меня и распытать...

В том же году к царскому денщику Орлову пристал на улице пьяный, бывший служитель царевича Алексея, и шумно заявлял, что он верно царевичу служил: «судит-де того Бог, кто нас обидел...»

Офицеры Кропотова полка, товарищи вышеупомянутого капитана Левина, в дружеских беседах жалели о царевиче, даже плакали о нем.

Они рассказывали Левину: «Государь царевича запытал и в хомут он умер за то, что он, царевич, богоискательный человек и не любит немецкой политики».

Раскольники по-своему объясняли трагедию царевича, выражая ему сочувствие: «Царь — не прямой царь, а антихрист; приводил царевича в свое

36

состояние, и он его не послушал, и за то его и убил...».

Тень на пытке замученного царевича вставала в народном сознании мстительной грозою из-за моря.

В 1720 году солдат Малышников сообщал в шинке: «...нам по указу велено идти в Ревель.

— Вот что! Стало быть, опять же война да сражение будет? — полюбопытствовали собутыльники.

— Ничего ведь не поделаешь, — отвечал солдат, — пришли к Кроншлоту цесарских (австрийских) и шведских девяносто кораблей, и просят у его царского величества бою; а буде-де бою не будет, так чтоб отдали великого князя...» Вывод ясен: великого князя (царевича) нет — надо воевать...

Неизвестно, чем бы кончилось «дело царевича», в котором московская оппозиция нашла знамя для своего выступления, если бы оно не было вовремя раскрыто.

Тот интерес, который всецело захватил Петра при розыске этого дела, та жестокость, которую он проявил к его ближайшим и отдаленнейшим участникам, а равно и к лицам, выражавшим участие много позже уже не существующему царевичу, показывают, что Петр в этом деле видел для себя такую же опасность, какую ему удалось уже раз подавить в лице стрельцов, этой первой организованной оппозиции Москвы против Петра. Не безынтересно отметить, что именно в трагедии царевича Алексея фиксировался в народном сознании образ борьбы старого с новым, — каковая и была передана в народной песне о Петре и царевиче.

Может быть, не бессознательно эта песня выводит первую жену Петра из враждебной ему Швеции. Жизнь супругов «в каменной Москве была, как цветы цвела», пока не явился у них «радость-царевич», которого «называть стали тут наследничком». Этот-то наследничек, по мнению былины, и внес разлад в семью.

Царевич Алексей по своему характеру не был похож на отца: у него было больше склонности к образу жизни своего «правдедка» — Михаила Федоровича.

Повивальная бабка Маримьяна будто бы рассказывала писарю Бунину: «Бояре-де затем не смеют говорить против Петра, что лишь де кто на него (Петра) какое зло подумает, то он-де тотчас и узнает; а коли б не то, то они, бояре, давно б его уходили». На вопрос Бунина, почему государь все знает, бабка отвечала: «Он-де сему научился...». Эта высшая похвала сыску, самому тонкому уху и глазу Петра, не была только продуктом знакомства писаря Бунина с «Прикладами, как пишутся комплементы разные...»

Что похвала эта была заслуженна, можно видеть из разговора кн. Василия Вл. Долгорукого, чувствовавшего за собой тайные грешки, с кн. Богданом Гагариным.

«Слышал ты, — обратился Долгорукий к Гагарину, — что дурак царевич сюда идет, потому что отец посулил женить его на Афросинье. Жолв ему, не женитьба! Черт его несет! Все его обманывают нарочно!»

Этот страх пред всеведущим Петром ощущался многими и после его смерти. В келье одного из московских монастырей шел разговор о только что умершем Петре:

«Противно, что государь монахам велел жениться, а монахиням замуж идти», — сказал инок Самуил. Монах Селиверст стал его унимать: «Полно, дурак, врать: за такия слова тебя свяжут». — «Теперь государя нет, бояться некого», — успокаивал себя и собеседника Самуил. — «О дурак, дурак, — возразил Сильвестр, — хотя государя и не стало, да страх его остался!» Вот в этом всеобщем страхе, который пережил своего носителя, и нужно искать разгадку той парализованности и нерешительности, какую проявляли враги Петра, чувствовавшие себя и свой мозг в щупальцах того спрута, который сидел сначала в Преображенском Застенке, в виде Ромодановских, а потом, сверх того, и в Тайной канцелярии Петербурга в лице гр. Петра Андр. Толстого и его клевретов. Но этот страх не долго продолжался, и уже через 10—13 лет обнаружилась цена того молчания, которым напутствовали высшие слои русского общества дела Петра Великого: «Память Петра I, — писал Фоккеродт в 1737 году, — в почтении только у простоватых и низшего звания людей (им было плохо и после Петра) да у солдат, особливо у гвардейцев, которые не могут еще позабыть того значения и отличия, какими они пользовались в его царствование. Прочие хоть и делают ему пышные похвалы в общественных беседах, но, если, имеешь счастье коротко познакомиться с ними и снискать их доверенность, они поют уже другую песню... Большинство их не только взваливает на него самые гнусные распутства и самые ужасные жестокости, но даже утверждает, что он не настоящий сын царя Алексея.

ПОТЕХИ ПЕТРА II

В ночь на 28 января 1725 года Петр лежал в агонии. Важнейшие сановники и сенаторы собрались во дворце для совещания о наследнике престола. Уже лишившийся речи император успел написать холодеющей рукой: «Отдайте все...». Третье слово осталось недописанным.

Екатерина I царствовала недолго, около двух лет. Желая обеспечить себе власть и после смерти Екатерины, Меншиков настоял на назначении престолонаследником десятилетнего мальчика Петра, сына убитого Петром I царевича Алексея.

После смерти Петра очень скоро сказалось отсутствие его железной руки, которая одна могла направлять к согласным действиям все части налаженной им с таким трудом машины. Не чувствуя более над собою грозы, сотрудники Петра принялись прежде всего за грабеж государственного достояния, каждый за свой страх. Между ними быстро возникло соперничество и разделение, начались раздоры, образовались враждебные друг другу партии. В этих условиях получила возможность выдвинуться русская группа, тяготевшая к Москве.

Ее шансы особенно поднялись после кратковременного царствования Екатерины I и падения Меншикова. Петр II, еще будучи великим князем, сблизился с нею в лице камер-юнкера князя Ивана Алексеевича Долгорукого, к которому он так сильно привязался, что почти не расставался с ним: рассказывали, что оба они спали не только в одной комнате, но и в одной постели. Отец молодого Долгорукого, князь Алексей, еще при Меншикове был гофмейстером великой княжны Натальи Алексеевны, очень дружной с братом. Источник влияния Долгоруких на мальчика-императора был довольно низменного свойства: они умели угождать ему, отвлекая его от серьезных занятий, и оказались незаменимыми мастерами по части всевозможных увеселений. Перспектива праздной и веселой жизни, которой можно было предаваться в обществе Долгоруких, несомненно, была одним из побуждений, толкнувших Петра II на разрыв с Меншиковым, стоявшим на его пути в качестве властного и сурового ментора. Когда светлейший князь со всею семьею отправился в ссылку, Долгорукие получили решительное преобладание при дворе, и вместе с тем стали обозначаться следствия их фавора. Петр, ученье которого и до того времени шло туго, окончательно забросил книгу, не слушая робких представлений своего воспитателя Остермана, и весь отдался забавам под руководством своих фаворитов. Он — тогда еще двенадцатилетний мальчик — привык гулять по целым ночам с князем Иваном. За городом его любимым развлечением стала охота, вкус к которой сумел пробудить в нем князь Алексей, сам страстный охотник.

Долгорукие, истые бояре московского склада, благодаря своей близости к царю явились наиболее влиятельными выразителями стремлений русской придворной группы, мечтавшей о возврате в Москву. С их возвышением оживились надежды людей, которые только ждали благоприятного случая, чтобы покончить навсегда с ненавистным Петербургом и реставрировать, хотя бы отчасти, московские порядки. Такой случай представился, когда господство Долгоруких при дворе упрочилось после падения Меншикова. Тактика, которой им следовало держаться, вытекала сама собою из характера их фавора, обусловленного личными свойствами Петра II. От мальчика его лет и его развития нельзя было ожидать уменья разобраться в политических соображениях, какие могли быть приведены в пользу той и другой резиденции; его выбор должен был склониться на сторону той из них, где жилось веселее. Долгоруким было нетрудно соблазнить его картинами привольной московской жизни, перспективою блестящих охот в обильных дичью подмосковных местах. Многие тогда ждали, что, отведав приманки московской жизни, царь уже не захочет отказаться от них и что участь Петербурга, с переездом двора в Москву, где по традиции должна была совершиться коронация, будет решена. Старорусская группа торжествовала, искренние сторонники преобразования приходили в ужас при мысли, что делу Петра I грозит крушение и что переезд в Москву станет для него началом конца.

4 февраля 1728 года Петр II торжественно въехал в Москву, а 24 февраля короновался в Успенском соборе. Надежды и опасения современников оправдались: царь не вернулся в Петербург, и впер-

вые, после продолжительного перерыва, Москва на целых два года стала постоянным местопребыванием двора.

К этому времени уже успели заглохнуть традиции московского периода, когда придворный элемент занимал видное место в жизни «царствующего града». При Петре I старый придворный быт разложился, и вместе с тем исчезла из царского окружены та специфическая атмосфера, которая составляет душу двора. Правда, тогда же появились в России новые, перенесенные из Европы формы придворной жизни, но это были именно формы, не заполненные соответственным содержанием, хотя материала для такого содержания можно было при желании найти сколько угодно в русском обществе. Петру нужны были не украшенные разными громкими званиями камер-лакеи, пригодные только для выполнения церемониальных обрядностей, а сотрудники, с которыми он мог и работать, и отдыхать после работы. «Компания» при нем преобладала над двором. Она не разлучалась с ним и в Москве, когда он наездом бывал там, с ней он проводил время в Немецкой слободе и Лефортове за работой и шумными, непринужденными пирушками. Потехи в кругу близких людей, потехи маскарадные, в которых «компания» смешивалась с улицей, триумфальные процессии — вот показная сторона московского времяпровождения Петра I, не имевшая ничего общего с придворными церемониями. Екатерина и в свое царствование не заглянула в Москву. Впрочем, и при ней традиции «компании» господствовали в придворной жизни.

При Петре II, казалось, налицо были все условия, необходимые для создания двора в настоящем смысле слова. В Москве вокруг царя столпилось множество людей, бегавших от дела, любивших широко и весело пожить. Правительственная деятельность заглохла. В правящих сферах замечалось утомление после встряски, пережитой при Петре I, желание покоя во что бы то ни стало, отвечавшее такому же настроению народа. Сам царь сторонился от серьезных занятий, обнаруживал отвращение к ним. Несмотря на такое скопление благоприятных задатков, придворная жизнь (в смысле безделья урегулированного, введенного в обрядовые формы, какое господствовало при дворах императриц, преемниц Петра II) не наладилась. Придворные празднества были крайне редки, приемы во дворце, сопровождавшиеся банкетами и иногда иллюминациями, бывали только в царские дни и в дни орденских праздников (св. Андрея и св. Александра Невского). О куртагах, спектаклях, маскарадах не было и помину. Петр, постоянно отлучавшийся из Москвы на охоту, появлялся в своем дворе в качестве редкого гостя и, видимо, тяготился всякими придворными церемониями. Иностранные министры, проживавшие тогда в Москве, по целым неделям выжидали возможности залучить царя на устраиваемые ими празднества. Не объединенный общеобязательным отбыванием придворной повинности, двор распался на насколько отдельных кружков, из которых каждый жил особою жизнью.

Петр замкнулся в кружке Долгоруких, которые ревниво оберегали его от всякого постороннего влияния. Говорили, что они постарались даже не допустить сближения между ним и его бабушкой, царицей Евдокией (Лопухиной, первой женой Петра I), проживавшей с 1727 года в Москве сначала в Новодевичьем, потом в Вознесенском кремлевском монастыре. По-видимому, Долгорукие имели основание опасаться этого сближения: при первом свидании с внуком и его сестрою Натальей, состоявшемся в присутствии цесаревны Елизаветы Петровны, старая царица убеждала его изменить образ жизни и жениться, хотя бы даже на иностранке. Петр отнесся к бабушке очень холодно и хотя назначил ей приличное содержание — 60 тыс. рублей в год, но свиданий с нею стал избегать. Вскоре она была удалена из Кремля опять в Новодевичий монастырь. Происками Алексея Долгорукого современные наблюдатели объясняли и охлаждение.Петра к Елизавете, с которою он раньше был очень дружен и делил постоянно свои забавы. Поговаривали даже, что он был неравнодушен к своей красивой и веселой тетке и одно время ревновал ее к фавориту, кн. Ивану. Как бы то ни было, все заметили, что в Москве Петр стал чуждаться Елизаветы, и дружеские отношения между ними постепенно прекратились.

Остермана, как возможного соперника, кн. Алексей также, несомненно, сильно недолюбливал, но не предпринимал против него решительных мер, отчасти потому, что под него, тонкого политика и незаменимого дельца, подкопаться было очень трудно, отчасти же и потому, что от него нельзя было ожидать серьезного сопротивления долгоруковской группы.

Кн. Алексею приписывались совершенно определенные замыслы. Он хотел, устранив со своего пути всех соперников, подчинить Петра всецело своему влиянию, внушить ему старые русские взгляды, возбудить в нем ненависть к учреждениям и законам деда и склонить его к женитьбе на одной из своих дочерей. Преследуя эти цели, кн. Алексей старался ни на шаг не отпускать от себя Петра, выдумывая для него каждый день новые забавы и новые выезды.

Вскоре после коронации, в марте 1728 года, царь переехал из Кремля в ~~Немецкую~~ слободу, в так называемый Слободской (бывший Лефортов) дворец, а в начале апреля уже уехал из Москвы на охоту. Этим выездом открылся ряд его охотничьих экскурсий, тянувшийся до ноября 1729 года. Алексей Долгорукий, всюду сопровождавший его, часто возил с собою жену и дочерей; после охоты обыкновенно устраивался бал, танцевали и играли в карты далеко за полночь. К царской компании присоединялись ватаги помещиков с своими сворами, и вся орда дружно вытаптывала хлеб, гоняясь по полям за дичью. Охотились под Москвою, в Коломенском и Боровском уездах, но Петру случалось заезжать и дальше: зимою 1729 года он долго жил в Туле и, по преданию, охотился в Чернском уезде. Подобный же характер носили и развлечения Петра в Москве, где он постоянно тешился кулачным боем, медвежьими травлями и садками на зайцев.

Иван Долгорукий, нехотя принимавший участие в охотах, объяснял испанскому посланнику, что не ездит с царем потому, что не хочет быть свидетелем глупостей, которые заставляют его делать, и наглости, с какою относятся к государю члены его компании. Нет, конечно, основания относиться с недоверием к этому отзыву о нравах царского кружка, но и сам князь Иван едва ли имел право выступать в качестве моралиста. Современники изображают его человеком необразованным (Кантемир: «...невежеством наипаче приметный, на ловли с младенчества воспитан с псарями»), буйным, преданным пьянству и распутству. Рассказывали, что, не довольствуясь постоянною связью с замужней женщиной, он давал волю своему темпераменту: иногда даже дам, приезжавших к его матери, затаскивал к себе и насиловал. В этом отношении, по словам кн. М. Щербатова («О повреждении нравов в России»), он был видным представителем золотой молодежи своего времени, когда «честь женская не более была в безопасности в России, как от турков во взятом граде». Однако в нем, тогда двадцатилетнем молодом человеке, были, по-видимому, и хорошие задатки — иначе трудно объяснить сильную привязанность, которую он сумел внушить к себе такой недюжинной женщине, как Наталья Борисовна Шереметева, вышедшая за него замуж уже после падения Долгоруких при Анне Ивановне и разделившая с ним изгнание.

Постоянное общение со знатными и незнатными доезжачими, конечно, не имело облагораживающего влияния на молодого царя. Он грубел, становился недоступным для интересов, выходивших за пределы псарни и конюшни. Ко всему, что могло отвлечь его от излюбленных потех, он был равнодушен, даже к военщине, игре в солдатики, которая так захватывала подростков из следующей династии, он не обнаруживал никакой склонности. Остерман хотел устроить под Москвою лагерь с 12—15 тыс. войска, чтобы приохотить Петра к военному делу, но этот проект не удалось осуществить из-за постоянных отлучек царя, очевидно не желавшего менять охоту на солдатские экзерциции. Тем меньше можно было думать об ученье, и в обстановке, окружавшей Петра, растрачивался, конечно, и тот скудный образовательный багаж, который он вынес из своих прежних занятий с учителями. Он понимал по-немецки, знал кое-что по-латыни (умел, по крайней мере, заменять в письме русские слова соответственными латинскими), но этим, кажется, и ограничивались его познания. Он никогда не обладал охотой к ученью, а учили его слегка, «чему-нибудь и как-нибудь», и в лучшем случае в его память могли западать лишь обрывки кое-каких поверхностных знаний. Однако, по отзывам современников, он не был лишен способностей, имел ум живой и проницательный, отличную память, и если бы ему было дано надлежащее образование, то из него вышел бы хороший правитель.

Вообще же облик Петра вырисовывается недостаточно определенно из тех сведений, которые дошли до нас, и это объясняется, конечно, тем, что он далеко не был сложившимся человеком, хотя в некоторых отношениях был развит не по летам. Испанский посланник, герцог Лириа, еще до отъезда двора из Петербурга, писал о нем: «Царь уже дает знать, что может быть другом женского пола и даже в высочайшей степени, он уже имел свои любовные похождения». Очевидно, раннее сближение с Иваном Долгоруким и игра в жениха и невесту, изученная им благодаря Меншикову, обручившему его со своею дочерью, не прошли даром. Физически он также развился очень рано и в Москве производил впечатление крепкого, но малоинтеллигентного юноши. Леди Рондо пишет, что он высок, очень полон для своих лет, загорел на охоте, но что взгляд его пасмурен и в нем нет ничего привлекательного, хотя черты его лица красивы.

МАЛЕНЬКИЕ БИРОНЫ

Впервые после долгого перерыва Анна доставила Москве возможность наблюдать подлинную придворную жизнь. 28 апреля 1730 года совершилось ее коронование, затмившее, по отзывам очевидцев, своим великолепием коронование Петра II, затем начались коронационные торжества, продолжавшиеся целую неделю, — приемы во дворце, балы, банкеты. В городе устраивались фейерверки и иллюминации, подобных которым, по словам Лирия, в России до той поры не видали.

Но и после коронации, когда придворная жизнь вошла в обычную колею, характер ее не изменился. Праздники следовали один за другим, балы и банкеты чередовались с маскарадами, концертами, спектаклями. При дворе появились итальянская опера, оркестр и солисты-виртуозы — императрица сама любила театр и музыку. Маскарадами тешились иногда — как, например, в феврале 1731 года — в течение десяти дней подряд. Сверх того, установились регулярные придворные собрания, бывавшие еженедельно два раза, и благодаря им карточная игра достигала небывалых до тех пор размеров. В один присест проигрывались целые состояния, тысяч до двадцати, в квинтич и банк. Анна собственно поощряла игру, хотя не увлекалась ею и нимало не интересовалась выигрышем.

Не посчастливилось в ее царствование только вакхическим торжествам, составлявшим при ее дяде неотъемлемую часть придворного ритуала: не терпя пьянства, она допускала лишь раз в год, в день ее восшествия на престол (29 января), церемонию такого рода, «праздник Бахуса», очень, впрочем, скромный по размерам, — все участники его должны были выпивать по большому кубку венгерского, преклонив колена перед императрицей.

Анна была среднею из трех дочерей царя Ивана Алексеевича и царицы Прасковьи Федоровны (Салтыковой). При Петре I она была выдана замуж за курляндского герцога Фридриха Вильгельма, который вскоре умер. Старшая ее сестра, Екатерина, вышла за герцога мекленбургского Карла Леопольда, прижила с ним дочь Анну, ставшую после смерти Анны Ивановны правительницей, потом покинула его и из Мекленбурга переселилась в Россию. Младшая, Прасковья, была в морганатическом браке (брак лица, принадлежащего к царствующему дому, с лицом не царского рода, не дающий прав престолонаследия) с Иваном Дмитриевым-Мамоновым. Царица Прасковья Федоровна, женщина крутого и жесткого нрава, не ладила со своими дочерьми и даже прокляла Екатерину и Анну — с последней, впрочем, сняла проклятие незадолго до своей смерти, по просьбе Петра I. Сестры Анны ничем особенным не выдавались: о Екатерине было известно только, что она любит мужчин, Прасковья слыла просто за женщину недалекого ума.

В семье Анна была, несомненно, самой сильной индивидуальностью. Молодость ее прошла в мизерной обстановке курляндского двора, не дававшей возможности развернуться ее власти и самолюбивой натуре. Приходилось терпеть постоянные унижения, жить подачками богатой русской родни, а потребность в роскоши, влечение к придворной помпе и тогда уже были у нее сильны. Нетрудно представить себе, как эта жизнь должна была действовать на ее от природы вовсе не мягкий характер. Она стала осмотрительна и сдержанна, но внутренне ожесточилась.

В год избрания на русский трон Анне было 37 лет. Тогда это была высокая, тучная женщина, не лишенная известной грубоватой представительности, с некрасивым, почти мужским лицом, покрытым рябинами.

Общее впечатление было скорее в ее пользу, если верить наблюдателям-иностранцам, но русская современница, правда, очень враждебно относясь к ней, Наталья Бор. Шереметева, невеста Ив. Долгорукого, нарисовала такой портрет ее: «Престрашного была взора; отвратное лицо имела; так была велика — когда между кавалеров идет, всех головой выше и чрезвычайно толста».

Все внешние пути спали с Анны, когда толпа, собравшаяся во дворце 25 февраля, вручила ей самодержавие, и, очутившись наконец на престоле, она поспешила устроить себе жизнь по своему вкусу.

С первых же шагов в Москве она была не одна — следом за нею проскользнул в ее дворец фаворит Эрнст Иоганн Бирень (Buren) или Биронь, как он писался впоследствии, «волгавшись» в древний французский род Biron'ов. В России этого человека знали и раньше. Было известно, что, попав ко дворцу в Митаве, где отец и дед его состояли на службе в герцогских конюшнях, он быстро подкопался под своего предшественника по должности фаворита, обер-гофмейстера Петра Бестужева, и прочно сел на его место.

До конца жизни Анны он остался единственным ее обладателем — заметим, кстати, что из всех русских императриц XVIII века она была наиболее приспособленной по природе к монологам.

Фавор ее и слепая привязанность к нему Анны бросились всем в глаза в Москве, когда они вместе приехали на коронацию Петра II; влиятельные сферы тогда уже стали коситься на эту связь, и как ни старался он втереться в милость у сильных людей, как ни ревностно разыскивал собак для Ив. Долгорукого, — отношение к нему русского двора не изменилось, и Анне, добивавшейся увеличения своей субсидии, пришлось проглотить горькую пилюлю в виде заявления Совета, что деньги будут даны с условием, чтобы Бирон не распоряжался ими. Депутация, предложившая Анне в Митаве корону, потребовала от нее обещания не брать с собою фаворита в Россию.

Неудивительно, что, появившись вновь в Москве уже в качестве первого друга императрицы, он принес с собой затаенную злобу и желание мести, которые должны были еще более обостриться, когда они заметили всеобщее раздражение против себя и прочих влиятельных немцев.

В 1923 году И. К. Василевский писал:

«Эрнст Иоганн Бирон, служивший у Бестужева-Рюмина «по вольному найму для канцелярских занятий», однажды, 12 февраля 1718 года, по случаю болезни Бестужева, заменил его при передаче бумаг герцогине курляндской Анне Иоанновне. С первой же встречи, увидев красивого и наглого молодого человека, Анна Иоанновна не скрывает своей заинтересованности. Она в восторге от нового знакомства, приказывает Бирону каждый день являться к ней с докладом, делает его своим личным секретарем, а затем и камер-юнкером.

У молодого человека темное прошлое. Многие говорили о его службе при конюшнях, рассказывали о том, как после осложнений, возникших на почве разгульной жизни и безденежья, он вынужден был бежать ночью, тайно из Кенигсберга.

Репутация его была установлена прочно. Курляндское дворянство никоим образом не желало принимать этого проходимца в свою среду. И когда Анна Иоанновна в качестве герцогини назначила его камер-юнкером, курляндское дворянство официально заявило свой протест. В будущем Бирон, не ограничиваясь самодержавной властью в России, добьется своего назначения на пост герцога Курляндского и сумеет люто отомстить своим недоброжелателям. Но теперь, когда Анна еще не знает о российском престоле, она старается всеми силами задобрить курляндское дворянство и создать хотя бы какое-нибудь положение своему фавориту. Для этого она, стараясь женить его на представительнице старинной дворянской фамилии в Курляндии, находит пожилую и нищую девицу, весьма некрасивую, с лицом, изрытым оспой, но зато имеющую длинный титул фон Тротта-Трейден.

Старая, обезображенная оспой дева, при всей своей нищете, на этот брак не идет. Родственники невесты в ужасе от такого мезальянса, но герцогиня применяет все приемы, пользуясь всеми средствами, и добивается-таки своего. Бирону удалось обвенчаться, и эта новая семья фаворита делается на долгие годы, до самой смерти Анны Иоанновны, одновременно и семьей российской императрицы.

Жена Бирона — ее неразлучный друг. Поверенная всех ее тайн. Анна Иоанновна все время проводит в семействе фаворита.

Всегда исключительно суровая и резкая, бьющая по щекам придворных дам и фрейлин, Анна Иоанновна неузнаваема во время игр в мяч, в волан, во время пускания змея с маленькими Биронами. Эти маленькие немецкие дети на долгие годы становятся грозой всех придворных русского двора. Маленькие Бироны бегают по дворцу, обливают чернилами старых вельмож, срывают с них парики, бьют их хлыстом, и представители самых знатных дворянских фамилий России угодливо хихикают в ответ на эти забавы. Когда Карлуша Бирон, гуляя по дворцовым оранжереям, несмотря на запрещение своего гувернера Шварца, объелся зеленых слив, пришедшая в ярость Анна Иоанновна отправляет несчастного гувернера за границу. Мгновенно попадает в тюрьму придворный метрдотель Кирш, осмелившийся недостаточно почтительно отнестись к издевательствам одного из маленьких Биронов. Такие кары ожидают даже немцев. Что же говорить о русских, которые считались в это время людьми третьего сорта, чем-то вроде негров или китайских кули. Когда старый генерал-аншеф князь Барятинский оказывается недовольным тем, что Карлуша Бирон бьет его, явившегося на прием, хлыстом, Бирон-папа изумлен:

— Как! Вы недовольны?! Вон! В отставку!

Главные заботы Анны Иоанновны с того времени, как она очутилась на троне, сводились к тому, чтобы удивить мир великолепием и пышностью. С характерной для нувориша психологией она неустанно думает о том, чтобы перегнать богатством все остальные европейские дворы. Она строит исключительный по роскоши дворец, где, кроме театра, тронной залы, церкви, — 70 личных покоев императрицы, пышно разукрашенные, заполненные дорогой и крикливой золоченой мебелью».

С именем Бирона неразрывно связано представление о мелочно-злом, мстительном тиране, крайне неразборчивом в средствах и ни в ком не уважавшем человеческого достоинства. Таков и был в действительности этот представительный господин, говоривший, по выражению одного современника, о лошадях или с лошадьми как человек, а о людях или с людьми как лошадь.

Многие тиранические акты правительства Анны ставились ему в вину, но в сущности трудно разобрать, к кому из них прилипло больше грязи и крови, испачкавших эту страницу русской истории. Верно то, что эти два существа казались созданными друг для друга и жили душа в душу. Анна была безгранично предана своему фавориту, отождествляла его интересы со своими, сливала свою жизнь с его жизнью. Его воля часто была для нее знаком.

Говорили, что, щедрая по природе, она не решалась без его ведома даже оделять денежными подачками домашнюю прислугу.

Часа не могла она пробыть без своего любимца и старалась ни на шаг не отпускать его от себя. Каждое утро он проводил в конюшне и манеже, и, чтобы не разлучаться с ним в эти часы, грузная Анна выучилась ездить верхом.

На вечеринки и всякие увеселения в домах частных лиц она смотрела очень косо, боясь, как бы они не отвлекли от нее Бирона, называла их распутством и колко выговаривала за них. Сам Бирон порою тяготился такой привязанностью своей подруги и часто жаловался, что у него нет даже четверти часа на свои удовольствия.

Эта жизнь в конце концов могла бы надоесть нежной паре, если бы она не разнообразилась постоянными забавами, приспособленными к интеллектуальному уровню дочери царя Ивана и ее фаворита-конюха. Анна не могла обойтись без шутов и женщин, способных болтать без умолку, которых свозили к ней со всех концов России. Целые вечера она просиживала на стуле, слушая трескотню бабьих речей, и забавлялась криком и драками шутов. Характерен подбор последних: странная и уродливая внешность, глупость или просто косноязычие составляли достаточный ценз для приема в «дурацкий орден» при дворе; остроумные выходки ценились меньше, чем ругань и драка, и такие шуты, как итальянцы Пьеро Мира, он же Педрилло, наживший остроумием более 20 тыс. рублей, были очень редки.

Представительство, придворная помпа поглощали тот избыток свободного времени, который не был заполнен развлечениями в интимной обстановке.

Царствование Анны можно считать временем расцвета придворной жизни в настоящем смысле слова. При ней эта жизнь превратилась в сплошную феерию, затянувшуюся на десять лет, тщательно и обдуманно налаженную. Это была непрерывная цепь сцен и актов, имевших почти ритуальный характер.

«При дворе, — говорил кн. М. Щербатов, — начались «порядочные многолюдные собрания» — собрания регламентированные, участие в которых было сделано обязательным для толпы статистов, допущенных в царские передние. Анна и Бирон в полной мере использовали неожиданно доставшиеся им ресурсы, чтобы проявить во всем блеске организаторские способности, долго не находившие себе достойного приложения в сравнительно убогой обстановке митавского двора».

Аннинский двор обходился государству вшестеро дороже, чем двор Петра I. Но, ложась тяжелым бременем на государственный бюджет, блеск придворной жизни оказывался не менее, если не более, разорительным для частных лиц. Обязательные расходы на представительство непомерно возросли, а средств на их покрытие было по-прежнему мало у верхов тогдашнего общества, все богатство которых сводилось к продуктам их деревенского хозяйства.

Правда, уже в царствование Петра II при дворе вошло в обычай делать новый костюм ко всякому празднику (о чем не без горечи упоминает Лириа, сам постоянно испытывавший денежные затруднения вследствие неаккуратности испанского казначейства), но праздники тогда бывали сравнительно редко. При Анне, хотевшей видеть постоянно на своих придворных новые богатые костюмы, траты на гардероб вызывали всеобщий ропот. Придворный, который издерживал в год на платье только 2—3 тыс. рублей, не мог похвастать щегольством. Один саксонец сказал польскому королю Августу II, глядя на его пышно одетый двор, что следовало бы расширять городские ворота для впуска дворян, напяливших на себя целые деревни, — этот bon mot был бы не менее уместен при Анне в России, где костюмы оплачивались именно деревнями.

Зато развитие вкуса далеко не шло вровень с прогрессом роскоши.

Манштейн говорит, что Анне не без труда и не сразу удалось облагородить придворную роскошь, но это отзыв в значительной степени подрывается тем, что тот же современник сообщает о внешней культуре русского общества. В быту высшего класса кричащая роскошь, по его словам, уживалась с полным отсутствием вкуса и поразительным неряшеством. Часто при богатейшем кафтане парик был отвратительно вычесан; прекрасную штофную материю неискусный портной портил неуклюжим покроем; или, если туалет был безукоризнен, экипаж был из рук вон плох: господин в богатом костюме ехал в дрянной карете, которую тащили клячи.

Женские наряды соответствовали мужским, и на один изящный туалет попадалось десять безобразно одетых женщин.

Из другого источника мы узнаем, что Анна и Бирон сами не могли считаться образцами хорошего вкуса. Ни она, ни он не терпели темных цветов, и их эстетика допускала только пестроту. Бирон пять или шесть лет сряду ходил в пестрых женских штофах. Даже седые старики, в угоду Анны, являлись ко двору в костюмах розового, желтого и зеленого попугайного цвета. Убранство домов было отмечено тем же вкусом: наряду с обилием золота и серебра в них бросались в глаза страшная нечистоплотность.

За время пребывания в Москве Анна несколько раз перекочевывала из дворца во дворец. После коронационных торжеств в мае она заглянула в головинский дом на Яузе, а затем переехала с двором в свою родовую вотчину, село Измайлово, где и оставалась до конца октября, пока в Кремль возле цейхгауза строился, по плану Растрелли, новый дворец, деревянный «Анненгоф».

Летом она ездила на праздник преп. Сергия (5 июля) в Троицкую лавру в сопровождении министров, двора, обеих своих сестер и Елизаветы Петровны.

Зимою она жила в Кремле, в следующем, 1731 году, летом перебралась во вновь отстроенный для нее летний «Анненгоф» на Яузе, подле головинского дома, и оставалась там до самого отъезда в Петербург 7 января 1732 года.

ПЕТР III — ИСТРЕБИТЕЛЬ КРЫС И МЫШЕЙ

Петру III, унаследовавшему трон после Елизаветы Петровны, с первых дней жизни предсказывали страшное будущее: в день его рождения взорвался пороховой ящик. Вскоре трехлетний мальчик лишился матери, умершей от простуды.

В ноябре 1741 года российская императрица Елизавета Петровна, не имеющая официального наследника, пишет своему немецкому племяннику, что она намерена призвать его к себе и готовить к престолонаследию.

Елизавета любила разнообразить свое времяпрепровождение выездами в московские окрестности, где она тешилась соколиною и псовой охотой. У нее были дворцы в Тайнинском, Братовщинском, Воскресенском монастырях, на Воробьевых горах. Охотно посещала она также подмосковные имения своих вельмож, в особенности имения своего фаворита Алексия Разумовского: Горенки, Знаменское и Перово (в Перово, по преданию, она была обвенчана с Разумовским осенью 1742 года).

Несколько раз совершались «походы» в Воскресенский монастырь (Новый Иерусалим) и в Троицкую лавру. Последнюю Елизавета навещала не менее трех раз в каждый приезд в Москву и считала долгом придать очень своеобразный характер этому: пройдя в день верст пять, она возвращалась в карету к исходному пункту, отдыхала, потом опять шла пешком, опять ехала в карете — нужно было только пройти известное число верст, хотя бы при этом и приходилось топтаться на месте. Такой «поход» длился целые недели, иногда не меньше месяца. В лавре устраивалась торжественная встреча: архимандрит в воротах монастыря говорил приветственную речь, семинаристы, в белых одеждах, с венками на головах и зелеными ветвями в руках, пели сложенные ad hoc канты, палили пушки, зажигалась иллюминация. Дня три—четыре проходили в хождении по церквам и пирах в императорских покоях и у архимандрита. В Воскресенском монастыре Елизавета любила справлять именины (5 сентября) с целою толпой придворных, деля время между молитвой и вечеринками во дворце.

Современники отмечают новое усиление придворной роскоши в царствование Елизаветы.

«Двор, — говорит кн. М. Щербатов, — подражая или, лучше сказать, угождая императрице, в златотканые одежды облекался; вельможи изыскали в одеянии все, что есть богатое, в столе — все, что есть драгоценное, в питье — все, что есть реже, в услуге — возобновя древнюю многочисленность служителей, приложили к оной пышность в одеянии их».

Известную роль в этом случае сыграла, конечно, строгая регламентация представительства, простиравшаяся на экипажи, число прислуги, костюмы. Для каждого придворного съезда назначался особый род костюма — робы, самары или шлафоры для «женских персон», цветное или «богатое» платье для мужчин. Военные при дворе не имели права танцевать в мундирах. В маскарадных костюмах, даже на «публичных» маскарадах, не допускались хрусталь и мишура. Иногда эта регламентация принимала даже экстравагантный характер.

В 1744 году, по приказу Елизаветы, мужчины должны были являться на придворные маскарады в женском платье, женщины — в мужском. Ничего не могло быть, по словам Екатерины II («Записки»), безобразнее и забавнее этого зрелища: дамы в громадных фижмах казались гигантами в сравнении с кавалерами, которые выглядели мальчиками в своих придворных кафтанах. Метаморфоза никому не была по душе, кроме императрицы, которая, обладая стройным станом и очень красивыми ногами, выигрывала в мужском костюме.

Вообще Елизавета любила страстно наряды, и если они не блистали особым изяществом, зато богатство и количество их были изумительны. Она сама рассказывала Екатерине, что после пожара головинского дома в огне погибло 4000 ее платьев, а после ее смерти Петр III нашел в ее гардеробе более

15 000 платьев, два сундука шелковых чулок, несколько тысяч лент, башмаков и туфель и пр.

Обилие и богатство при сомнительном вкусе — характерная черта роскоши общества, еще не вышедшего из варварского состояния. На фаворите Алексее Разумовском, милостью его высокой подруги, не жалевшей для него казенного сундука, сияли, в виде аляповатых бриллиантовых пуговиц, апилет и орденские знаки.

В 1923 году Василевский писал:

«Всю жизнь боявшаяся покушений и заговоров, все дни свои ждавшая переворота, Елизавета Петровна очень внимательно относилась к вопросу о своем наследнике. Она знала, что ее, выражаясь мягко, легкомысленный образ жизни известен всем, и даже не пыталась поэтому передать престол кому-нибудь из своих внебрачных детей. «Это будет непрочно», — решила раз и навсегда Елизавета и детей своих от разных отцов раздала под чужими именами вельможам.

На роль наследника престола ею был избран принц Гольштейнский Карл Петр Ульрих.

Этот назначенный ею наследник (по определению всегда ехидного В. О. Ключевского, «самое неприятное из всего неприятного, что только оставила после себя императрица Елизавета») был ее племянником, сыном сестры Елизаветы и внуком шведского короля Карла XII. Вследствие этого мальчику, кроме трона маленького герцогства Гольштейнского, «грозила серьезная опасность стать наследником двух крупных престолов — шведского и русского».

Поначалу маленького Карла Петра Ульриха готовили к шведскому престолу. Он изучал шведский язык, лютеранский катехизис, латинскую грамматику. О России, русском языке он не имел и понятия. Но вот испуганной Елизавете понадобилось укрепить свой трон назначением «законного престолонаследника».

Исполняя возложенное на него поручение, майор Корф уже привез в Петербург герцога Карла Петра Ульриха. Его поторопились женить на принцессе Ангальт-Цербстской — Софии Фредерике Августе. Кому же непонятно, что соединение Карла Петра Ульриха Гольштейн-Готторпского с Софией Фредерикой Августой Ангальт-Цербстской должно естественно дать в результате переименование одного из них в самодержца всероссийского Петра III Романова, а второй — в ее императорское величество Екатерину II. Для русского престола, для самодержцев российских воистину «закон не писан».

Когда четырнадцатилетнего Карла Петра Ульриха привезли в Россию, он приехал таким неучем, что даже Елизавета Петровна, женщина в этом отношении довольно беспечная, пришла в ужас и заахала! Мальчик-то был явно ненормальным, типичный вырожденец с дегенеративными чертами лица, белесыми глазами и всегда полуоткрытым ртом. Даже В. О. Ключевский, несмотря на цензурные условия своего времени, говорит об этом царе как об алкоголике, человеке ленивом и вздорном, который «в лета мужества остался тем же, чем был в детстве: на серьезные вещи он смотрел детским взглядом, к детским затеям относился с серьезностью взрослого мужа».

Когда после двухлетнего пребывания на троне Петр III по системе, которая к тому времени уже успела обратиться при русском дворе в традицию, будет сброшен с престола Екатериной, когда он будет задушен в Ропше, всем будет казаться, что иначе и быть не могло. «Он дал себя прогнать с престола Екатерине, как мальчик, которого отсылают спать», — презрительно скажет о покойном король Фридрих. «Снисходительность была важнейшей ошибкой этого государя, — авторитетно заявит доживающий свои дни Бирон. — Руссими должно повелевать не иначе, как кнутом и топором».

Петр III, как и Павел I, оклеветан и слишком очернен на страницах истории — таково было мнение хорошо знавшего и прекрасно чувствовавшего русскую историю Льва Толстого. Кое-какие добрые черты в характере Петра III и вправду успели проявиться. Петр III уничтожил, например, Тайную канцелярию Петра I. По выражению принятого им указа, это ведомство «дает способ клеветать людям на своих врагов, почему отныне Тайная канцелярия уничтожается навсегда». Мы знаем, что это «навсегда» в царском указе сохранит свою силу ненадолго, но наличие добрых намерений Петра III здесь бесспорно.

Столь же ярко проявлялись его добрые намерения в указе об уничтожении обязательной службы для дворян. По свидетельству современника, этот указ вызвал всеобщее ликование. Люди целовались на улицах, поздравляли друг друга. Был еще указ о запрещении преследования раскольников. Раскольникам, бежавшим в прежнее время за границу, он позволял вернуться в Россию, отвел им землю и приказал «защищать от всяческих обид».

Наряду с этими добрыми чертами в характере Петра III сплошь и рядом оказывается ярко выраженный тип буйного психопата. Уже когда в январе 1742 года Карл Петр Ульрих торжественно въезжает в Петербург, когда его торжественно встречают с пышностью, подобающей будущему императору, он на всех видевших его производит впечатление полуидиота.

Первая забота, которую приходится взять на себя выписавшей его Елизавете, — это забота о целом штате врачей, которые принялись за лечение этого хилого, развинченного мальчика, похожего на впавшего в детство старика.

Маленького Карла Петра Ульриха прежде всего переименовали. Отныне он — его императорское величество Петр Федорович. Но Карл Петр Ульрих не только истерически влюблен в свою родину, готов молиться на Фридриха II, но еще и болезненно ненавидит Россию. Он ничего не понимает из того, чему его пытаются обучить. Он играет в солдатики, травит крыс, а с одиннадцатилетнего возраста приучен напиваться допьяна с придворными лакеями.

Елизавета относилась к своему наследнику с гневом и отвращением. Она горько жалуется на «проклятого урода». В последние годы царствования у нее появилась было мысль выслать Петра III из России, лишить его престола и объявить своим наследником шестилетнего сына Петра III — Павла. Но так как Павел и физически и морально был уродлив ничуть не меньше своего отца, эта мысль так и осталась неосуществленной.

Болезненный и жалкий кретин, Петр III долгие годы царствования Елизаветы остро мечтал о своем восшествии на престол. Елизавета вела войны с Пруссией, которую он обожал, с Фридрихом, на которого он молился, и Петр III мечтал встать у власти, резко прервать войны, возвратить Фридриху все, что успели добыть своей кровью русские солдаты.

«Ум его, гольштински тесный, пугался всего в России, — говорит Ключевский, — как пугаются дети, оставшись одни в обширной пустой комнате.» Он боялся всего русского, называл Россию «проклятой страной» и даже не пытался как-то освоиться с ней, с той страной, власть над которой передавалась в его руки.

Призыв гольштинского принца, как мы видели, объяснялся тем, что захватившая власть путем переворота и сама панически боявшаяся возможности нового переворота Елизавета желала укрепить свое положение на троне провозглашением законного наследника. Во имя этих же соображений она считала необходимым как можно скорее женить «проклятого урода», хотя уже тогда боялась, что потомства от него ждать не придется.

Выбор невесты был чрезвычайно затруднительным, западные дворы не желали родниться с русским царствующим домом, ибо памятовали о тех постоянных переворотах, которые вошли в систему в России. И совсем мало желания испытывали они отдавать замуж какую-нибудь из принцесс за перекрещенного в Петра III Карла Петра Ульриха. Его странности, его болезненные выходки, постоянное кривлянье, его хилость не были секретом. Сведения об этом можно встретить в донесениях на родину послов, живших в России уже в первые годы после приезда Петра в Петербург.

Когда в поисках невесты Елизавета запросила Фридриха II, не согласится ли он отпустить в Россию свою сестру, Фридрих ответил отказом: «Ни одной из своих сестер я в Россию не отдам». Но подыскать подходящую невесту из дружественной ему семьи, чтобы на всякий случай укрепить связи с русским двором, Фридрих все же постарался. И невеста была найдена. Это была София Фредерика Августа, принцесса из захудалого рода, дочь генерала, служившего в армии прусского короля. Есть известия, что эта невеста — незаконная дочь Фридриха. Мать невесты отличалась бурным темпераментом, какой проявила и в России. Приехав в Петербург пристраивать дочь, она не забыла и о себе. Ее роман с вельможей Бецким стал притчей во языцех. Ее дочь, будущая императрица Екатерина II, всю жизнь оказывала Бецкому совершенно необычные почести — при встрече с ним целовала ему руку и этой особой почтительности к нему не скрывала от придворных.

Брак престолонаследника с принцессой захудалого европейского рода мог оказаться мезальянсом. По существу же невеста была несравненно значительнее, умнее, ярче, чем жалкий урод, ее жених. Карточку Ангальт-Цербстской принцессы показали Елизавете. Портрет понравился, произвел впечатление. И вот счастливой невесте послана валюта, отпущено из русской казны на дорогу 10 тысяч рублей, и она с матерью едет в Россию.

Юные годы принцессы прошли невесело, в постоянной нужде и лишениях. Переменить убогую, нищенскую жизнь на огромную Россию с ее возможностями молоденькой принцессе казалось очень интересным. Судя по ее письмам того времени, молоденькая пятнадцатилетняя девушка в восторге. Еще больше ликует приехавшая с ней мать, сумевшая очень быстро оценить полученные в день приезда подарки — табакерку с драгоценностями, которые показались ей более внушительными, чем ордена, которыми щедро увесили грудь приехавшей невесты. Орденов было у них достаточно и на родине. Правда, жених оказался непрезентабельным. В свой дневник невеста записывает впечатления от первой встречи: «У него очень грубые черты лица, кожа, исковерканная оспой. Волосы его коротко стриженные, а парик придает ему еще более уродливый вид. Он мне ужасно неприятен!».

Впрочем, личные переживания никогда не считались при дворе имеющими какую бы то ни было важность. София Фредерика Августа уже присоединена к православной вере, уже наименована Екатериной Алексеевной. «Ее высочество — красавица из себя, очаровала всех, — описывает церемонию присоединения к православию репортер петербургской газеты. — В церкви царила мертвая тишина. Все взоры были устремлены на вновь помазанного члена православной семьи, и все сердца бились в пользу его.»

Слог у репортера довольно тяжелый, но и в самом деле невеста, очень быстро овладевшая русским языком, владеющая к тому же западноевропейским лоском, рядом с полуидиотом-женихом производила очень большое впечатление.

И вот настали торжественные празднества по поводу бракосочетания их императорского высочества. На улицах и площадях Петербурга герольды три дня кряду объявляли об этом событии. Перед дворцом сооружены фонтаны, выбрасывающие вместо воды вино. Пить разрешено всем верноподданным. «Душа меру знает» — это правда, но возле фонтанов собираются неистовые толпы, которые приходится разгонять солдатам. На площадях становятся огромные столы для дарового угощения народа. На Неве — корабли, которые салютом пушек приветствуют новобрачных. Свадьба отпразднована пышно. «В союзе сей четы нельзя не видеть Всевышнего», — так начинает свою речь по случаю бракосочетания митрополит в Казанском соборе.

Во время церемонии всюду суетится, во все вмешивается, всем мешает новоявленная теща. Спокон веку нищая, попав в Россию, дорвавшись до «своего термина», она превзошла самое себя. Она выклянчивает все новые и новые подарки, заводит самые невероятные сплетни, успевает поссорить между собой всех придворных, заводит любовную интригу с директором воспитательного дома, требует для себя каких-то особых карет, заявляет, что ей должно быть отведено наиболее видное место в свадебной процессии, создает столько интриг, суеты и осложнений, что все приближенные единодушным хором умоляют Елизавету Петровну как можно скорее отправить «тещу» туда, откуда она приехала.

Жених с изъянцем, но так или иначе брак сост -
ялся. Елизавета нетерпеливо ждет внука или внучку, но все сроки миновали, а признаков продолже-
ния рода все нет.

В большой зале дворца освещение тусклое.
Сальные свечи уже заменены стеариновыми, но, по
новизне дела, стеариновых свечей как следует готовить еще не умеют. Фитили дымят, чадят, дают мало света.

Высокая, вертлявая, суетливая фигура, отражаясь тенью в высоких зеркалах, кажется призраком.
Фигура делает странные движения, потирает руки,
ходит вокруг стола на цыпочках. Лицо этого человека с оскаленными зубами узкое, продолговатое. Ос-
клабленный рот беззвучно смеется. Белесые невы-
разительные глаза кажутся безумными.

В зал входит невысокого роста, красивая, эф-
фектная женщина.

— Смирно! На караул! — кричит мужчина.

Женщина становится во фронт, берет в руки ружье, проделывает по команде целый ряд упражнений. В перерывах между ними она справляется о
причинах радости тонконогого мужчины.

Оказывается, его императорское величество доволен по поводу торжества справедливости. Только
что ему удалось закончить военный суд над пойман-
ной крысой. Процесс был проведен по всем правилам. Крыса оказалась виновной в нападении на
крахмального часового, стоящего на столе возле
картонной казармы. Суд закончился смертным при-
говором, и вот над столом висит пойманная крыса.

Беззвучно смеется, потирая руки, его величество император Петр III. Снова и снова до утра проделывает военные упражнения под грозную команду царственного супруга очаровательная, женственная Екатерина.

«Все наши ночи с мужем уходили на выделывание под команду военных артикулов, экзерсисов с ружьем и маршировку по прусскому образцу. Целыми часами стояла я с ружьем в руках, — расскажет впоследствии в своих «Записках» императрица Екатерина. — Мне казалось, что я годилась для чего-нибудь другого.»

Перед нами воистину странная пара, какой еще не видели даже много видавшие стены русских дворцов.

Елизавета устраивает совещания с целым рядом врачей. Она в тревоге, по полуидиот Петр меньше всего на свете интересуется Екатериной. Он все играет в куклы, в деревянные солдатики, вешает мышей и крыс, хоронит их со всеми воинскими почестями, заставляет жену упражняться с оружием, и Екатерина со вздохом записывает в своем дневнике: «Мой возлюбленный муж мною вовсе не занимается. Он проводит все свое время с лакеями или играет с солдатиками. Я зеваю и не знаю куда деться со скуки».

Годы идут. Петр III уже далеко не мальчик. Но он остается верен себе. Двадцативосьмилетний балбес все так же изнуряет своих лакеев военной муштрой, дрессирует собак, заставляет взламывать все полы во дворце, чтобы разыскать крысу, ускользнувшую от очередной казни, а Екатерина, тоскуя в одиночестве, все определеннее начинает думать о будущем. «Рано или поздно, — пишет она в дневнике, — я буду властительница России в самом обширном значении этого слова.»

И Екатерина уже в то время, при жизни Елизаветы, начинает энергично готовиться к будущей роли. Она изучила русский язык, она пытается знакомиться с историей России. Но Елизавете Петровне нужно совсем не это. Ей нужен внук, а его нет.

По приказу Елизаветы к молодой женщине и ее мужу в качестве менторши прикрепляется некая Чоглокова, пользующаяся славой примерной супруги и добродетельной матери. У нее самой дюжина детей, она это дело изучила в совершенстве. Чоглоковой вменено в обязанность следить за добродетелью супругов, чтобы никто из них не увлекался на стороне и не растрачивал пылких чувств, которые нужны отечеству и трону. Чоглоковой даются не этот предмет особые письменные инструкции, доселе сохранившиеся в сенатском архиве.

В этом любопытном документе указано: «Великая княгиня, которую мы призвали быть достойной супругой нашего возлюбленного племянника, осчастливлена этой нашей царской щедростью только в видах того, что ее высочество сумеет повлиять своим умом и своими душевными качествами на его императорское высочество и, привязав к себе тем его сердце, подарит дорогому нам отечеству православного наследника, нашему же императорскому дому достойного наследника».

Программа достижения этой цели указана весьма подробно. Екатерине рекомендуется прежде всего «проявить полное подчинение характеру ее супруга, ибо от этого зависит ее же счастье и благополучие». От нее требуется, чтобы она «проявляла всевозможные любезности и старания» для достижения высокой цели обеспечения династии престолонаследником.

Чоглоковой предписывается «наставить великую княгиню в любезности, в любви, в уважении и теплоте к супругу, стараясь тем смягчить его характер».

Опытная Чоглокова делает со своей стороны все возможное, но Петр женой не интересуется. «Если бы он хотел любви, это было бы для меня вовсе не трудно», — пишет в своих записках Екатерина.

Но Петру интересны все женщины на свете, кроме его жены. Он занимается фрейлинами, женами своих лакеев, может увлечься первой встречной, лишь бы она могла пить, не отставая от него. Его рекорды в этой области изумительны. Старая поговорка «пьет как сапожник» в применении в Петру III звучала бы «пьет как самодержец».

Хроника того времени, очень подробно отраженная в дневниках самой Екатерины, много рассказывает об унылых любовных похождениях Петра III, который как будто нарочно подбирает самых некрасивых женщин. Некая Шапирова, за ней Теплова, потом Елизавета Воронцова. Эта Воронцова, сестра Дашковой, славилась своим уродством. Толстая, малорослая женщина с лицом, изрытым оспой, лишенная ума и «всяких добрых качеств», держала Петра под башмаком и оказывала на него огромное влияние. Екатерина не только не восстает против похождений своего супруга, но даже сама подыскивает для него тех, кого при дворе в то время называли «фаворит-султаншами».

«Нет ничего ужаснее, чем быть женой мужа-ребенка, — пишет Екатерина в этот период. — Я, вне всякого сомнения, любила бы его, если бы только это было возможно, если бы он только пожелал этого.»

Историки уже в этот период жизни Екатерины указывали на те ее увлечения, бороться с которыми была приставлена госпожа Чоглокова. Совершенно бесспорным представляется, однако, что бурный темперамент этой женщины был разбужен совершенно необычно. Когда после восьмилетнего супружества Петра и Екатерины выяснилось, что надежды Елизаветы Петровны дождаться внуков не имеют под собой почвы, то именно Елизавета со своими приближенными позаботилась о приискании любовника для Екатерины. Им оказался молодой граф Салтыков. По свидетельству Рюлье, французского посла, оставившего большой труд с описанием этой эпохи, Салтыков «отличался прекрасной наружностью и недальним умом», то есть совмещал в себе именно те качества, которые требовались.

Великому канцлеру Бестужеву-Рюмину поручено было предуведомить Екатерину, подготовить ее к той «жертве», которая от нее требовалась, и отрекомендовать ей Салтыкова. По словам Рюлье, услышав, что от нее требуется, она негодовала, угрожала, указывала даже на то, что при отсутствии детей она сама с успехом может заменить на престоле своего мужа. Но все ее доводы канцлера не убедили. Екатерина обозлилась и заявила, что сейчас пойдет жаловаться ее императорскому величеству. Старый канцлер с улыбкой ответил, что предложение, с которым он пришел, продиктовано самой императрицей.

— Нельзя жаловаться на то, что исходит от нее же, — сказал канцлер. — Вдумайтесь лучше в те опасности, которым вы, продолжая упорствовать, подвергаете империю.

Выслушав это, Екатерина внезапно меняет точку зрения.

— Я все понимаю, — говорит она, не опуская взгляда. — Приведите его сегодня же вечером.

В декабре 1761 года Елизавета скончалась. Началась церемония похорон императрицы. В церковь изредка появлялся Петр — шептался с дамами, насмехался над священниками. «Неосторожно, — говорил английский посол князю Голицыну, — начинает новый император свое царствование.»

Петр III был умерщвлен заговорщиками, он умер, не будучи коронован. В одном из своих последних писем к Екатерине он говорил о своем отречении. Он писал, что хочет сделаться философом, просил оставить ему верного слугу, негра Нарцисса, дать ему любимую собаку и скрипку, на которой он так охотно играл.

Петля затянулась на шее жертвы. Курьер Екатерины, который присутствовал при убийстве, утверждал, что никогда в жизни не слышал более ужасного стона. По официальной версии, Петр III скончался от болезни, которой страдал уже долгое время.

Через тридцать четыре года Павел велел открыть его гроб и короновать мертвое тело.

ПАВЕЛ I НА ПУТИ ПОРОКА

Павел I является родоначальником новой русской династии — династии Павловичей. По 1856 год в России царствовали его непосредственные преемники: Александр и Николай Павловичи, а Николай II — живой портрет своего прадеда.

Екатерина в первые годы жизни Павла не имела возможности заботиться о воспитании сына. Императрица Елизавета Петровна предоставила себе исключительное право воспитывать великого князя. Екатерина говорит, что не одобряла распоряжений императрицы в этом отношении. Когда Панин был назначен воспитателем великого князя, Елизавета Петровна, совершенно независимо от Екатерины, велела составить инструкцию для Панина. Екатерина, видавшая обыкновенно своего сына не чаще одного раза в неделю, была недовольна выбором воспитателя, которого она, однако, не сменила и после кончины Елизаветы. Много лет спустя, в 1793 году, говоря о воспитании старшего своего внука, великого князя Александра Павловича, Екатерина сказала Храповицкому: «Какая разность между воспитанием его и отцовским. Там не было мне воли сначала, а после, по политическим причинам, не брала от Панина. Все думали, что ежели не у Панина, так он пропал».

Павел I родился 20 сентября (1 октября по новому стилю) 1754 года. Кто был его отцом, трудно сказать. При известной влюбчивости Екатерины II никто не может поручиться за то, что она жила с одним мужчиной. Правда, ее главным любовником за время беременности пред рождением Павла был камергер ее мужа Сергей Салтыков, но не может подлежать сомнению, что под влиянием царицы Елизаветы Петровны и окружавших Петра III царедворцев и Петр III находился в интимных сношениях со своей женой. Петр III, видимо, был не совсем бесплоден, ибо до рождения Павла Екатерина два раза не донесла плода и родила преждевременно.

Екатерина вполне справедливо опасалась, что ее преждевременные роды могут навести ее врагов из придворных Петра на мысль устранить ее от трона и подучить придурковатого Петра III жениться на одной из его возлюбленных. Ведь два дня спустя после знакомства со своей невестой Петр без всякой застенчивости заявил ей, что он обручился с ней, только уступая просьбам своей тетки-императрицы, но что он на самом деле влюблен в фрейлину Лопухину, на которой, собственно, и намеревался жениться, а спустя две недели после свадьбы беззастенчиво заявляет жене, что фрейлина Карр куда как красивее Екатерины и что он поэтому влюблен в нее. Впоследствии Петр считал необходимым даже щеголять своими супружескими неверностями.

Так, достоверно известно, что он зачастую приходил совершенно пьяный в спальню Екатерины и, еле стоя на ногах, будил ее только для того, чтобы сообщить ей о каких-либо новых своих похождениях, о преимуществах и красоте той или другой своей новой фаворитки, и, расстроив и отколотив свою жену, ложился преспокойно в свою кровать и моментально засыпал в самом игривом настроении духа. Французский посланник Бретейль доносит в 1762 году своему двору, что Петр III, будучи наследником, прямо-таки угрожал Екатерине, что он поступит с нею, как Петр I со своей женой, т. е. пострижет и упрячет ее.

Екатерина, таким образом, должна была серьезно опасаться за свою жизнь. То, что на нее могло зло обрушиться через это несчастное стечение обстоятельств, видно из указа Елизаветы, напечатанного в знаменитом сочинении Бильбасова «История Екатерины II». Указ этот гласит: «Великая княгиня, которую мы призвали быть достойной супругой нашего возлюбленного племянника великого князя наследника цесаревича Петра Федоровича, осчастливлена этою нашей царскою щедротой только в видах того, что ее высочество сумеет повлиять своим умом и высокими душевными качествами на его императорское высочество и привяжет тем к себе сердце августейшего супруга своего, дорогому нам отечеству подарит православного наследника, нашему же Императорскому дому достойного преемника. Но так как сие возможно лишь в том случае, если брак их высочеств покоится на основах взаимной искренней любви и супружеского согласия и для этого ее высочеству необходимо проявлять полное подчинение характеру ее супруга, то и надеемся мы, что великая княгиня сознает, что от этого зависит ее же счастье и благополучие, и, следуя этому сознанию, проявит всевозможные любезности и старания для достижения этой высокой цели». Поистине удивительный документ, в высшей степени характерный для придворных русских нравов минувшего столетия!

Итак, Екатерине было довольно ясно сказано, что ее же счастье и благополучие зависят от рождения великого князя — православного наследника. Но как быть? Как родить, когда муж ее не живет с нею, венерически болен и, по всей вероятности, начинает страдать полной импотенцией? Нужно было позаботиться о заместителе, распустить слух об импотенции Петра, якобы излечить его и таким образом по рождении сына уверить его, что новорожденный его кровь и плоть.

Вследствие вышеупомянутого указа Екатерина стала бдительнее и внимательнее к своему мужу, она старалась доказать, что не она виновна в бездетности ее брака, и прямо заявляет, что, «если бы он хотел быть любимым, для нее это не представляло бы особого труда», но Петр остается по-прежнему равнодушным к своей жене. Приставленная в качестве надзирательницы к Екатерине госпожа Чоглокова должна была доложить императрице Елизавете, что без посторонней помощи могущественная Россия останется без наследника. Елизавета стала опасаться за трон, зная, что умная и честолюбивая цербстка слишком верит в свою звезду и не остановится ни перед чем для достижения своих целей. Она поэтому сначала соглашается на хирургическую операцию ее преемника, якобы для устранения его бесплодности, т. е. она поддается на явный обман, хотя она хорошо знает, что Екатерина уже беременна от интимного сожительства с камергером наследника Сергеем Салтыковым. А затем она втайне соглашается со связью ее племянницы с Салтыковым, так как вся цель была дать России законного наследника.

Мы не должны поэтому удивляться тому, что она вполне равнодушно выслушала доклад своего канцлера Бестужева о предстоящем разрешении от бремени Екатерины, и, когда Бестужев без всяких обиняков стал говорить о необходимости признать законность этого ребенка, так как этого требует и государственная мудрость и опытность, и указывать на то, что как Екатерина, так и заместитель (заместители?) Петра скорее заслуживают благодарность, нежели кару, так как они обеспечивают монархии в грядущем строгий порядок в престолонаследии, а это повлечет к внутреннему миру, — Елизавета не стала вдаваться в разбор этой макиавеллистической теории канцлера и 20 сентября (1 октября) 1754 года с большим торжеством праздновала рождение великого князя Павла, родоначальника ныне царствующей династии Павловичей, — одного отца у него во всяком случае не было, и фамилии самостоятельной новый род не имеет; приходится назвать его именем его настоящего основателя.

О рождении Павла существует в России еще и другое предание. Как мы ниже увидим, Екатерине не показали младенца, а немедленно после родов Елизавета унесла его в свои покои, а роженицу оставили без всякого присмотра. Отсюда и появилось предание о том, что рожденный младенец был не мальчиком, а девочкой. По рождении девочки придворные унесли ее, а Елизавета, у которой на всякий случай находился младенец мужского рода киргизского происхождения в запасе, объявила сего последнего будущим преемником престола.

Нам, однако, кажется эта легенда весьма неправдоподобной. Ведь нужно было народу доказать только мужеспособность Петра III — больше ничего. Был ли этот плод наследника мужского или женского рода, это ведь было на первый раз безразлично, и незачем было бы прибегать к чужим детям — и к тому еще детям столь низкого происхождения, — чтобы посадить их на русский трон.

Одинаково несправедливым кажется нам мнение многих исследователей, что Павел I — прямой сын Салтыковых и что ныне царствующая русская династия — династия Салтыкова. Характер Павла I, как мы ниже увидим, настолько походит на характер Петра III, что, по теории наследственности, в Павле должно было течь немало своеобразной крови его полоумного отца.

Одним словом, Павел I — плод нескольких отцов, но сын Екатерины. Он положил основание новому мужскому поколению — и это поколение Павловичей.

Происхождение Павла от нескольких отцов и подпадение его под рубрику незаконнорожденных никогда, впрочем, не было тайной в России.

Детство Павла прошло весьма печально, а воспитание его было еще того хуже. Немедленно после родов Елизавета забрала его к себе, так как, по ее мнению, она имела гораздо более прав на него, чем его мать, ибо без ее согласия ему бы никогда не быть признанным законнорожденным. На Екатерину не обращали не только никакого внимания, но обращение с нею походило на полное отвращение. Ее оставили без всякого присмотра в постели, и, как она сама утверждает, она все время плакала и стонала, а в городе и во всем государстве ликовали. И действительно, едва ли рождение какого-либо иного европейского принца праздновалось более шумно и продолжительно. Целый год продолжались балы и маскарады то при дворе, то на дому у высших сановников. Фаворит Елизаветы И. Шувалов устроил костюмированный бал с небывалой иллюминацией; на этом бале маски менялись, и он продолжался целых двое суток.

Итак, у Екатерины отняли ее ребенка, и она сама боялась просить его и спрашивать о нем. Хитрая Екатерина хорошо понимала, что всякое заботливое внимание с ее стороны к сыну могло быть истолковано в обратном смысле, т. е. в смысле недоверия ее к Елизавете. Только чрез 40 дней после родов Екатерине дали посмотреть, и то вскользь, на Павла.

Что же касается Петра, официального отца Павла, то он о своем сыне совершенно не заботился. Этот вечно пьяный и занятый играми со своими лакеями полуидиот не мог возвыситься даже до макиавеллистической теории о династии; его Россия лишь настолько интересовала, насколько она ему доставляла средства на его попойки и кутежи, а на самом деле он предпочел бы жить в своей Голштинии капралом своего идеала Фридриха II Прусского.

На Павла он перенес всю свою антипатию к Екатерине, конфисковал в свою казну сумму в 120 000 рублей, назначенную императрицей Елизаветой для Павла, держал его, как и мать его, вдали от своего двора и имел в виду лишить его права на престол.

С тем большей ревностью и тем большим вниманием посвятила себя Павлу императрица Елизавета. Тем, что она согласилась признать его законность, она приобрела на него все права и смотрела на него, как будто он был ее собственные кровь и плоть. Ее притягивало к Павлу его невинность, которой при ее дворе и с фонарем в руках среди бела дня нельзя было найти, и она дрожала за всякое его движение.

К несчастью для Павла, эта любовь была лишь чисто животная и отразилась на всем его телосложении и здоровье.

Сама Екатерина рассказывает, что Елизавета поместила Павла в своих покоях и на каждый его крик немедленно сама появлялась. Павел был помещен в очень теплой комнате, лежал в люльке, обитой мехом черной лисицы, закутанный во фланель, накрытый атласным покрывалом на вате, а над этим покрывалом в свою очередь находилось другое розовое меховое бархатное покрывало. Неудивительно, что Павел I под этим прикрытием постоянно потел — и эта странная заботливость отразилась на младенце так, что он впоследствии, уже в отроческом возрасте, при малейшем ветре простуживался и хворал.

Еще хуже было то, что его окружили многочисленными няньками и бабками, которые извратили мальчика не только физически, но и нравственно.

«У семи нянек дитя без глазу», — говорит пословица. Так и вышло с воспитанием Павла I. Это был болезненный, слабый мальчик, и если его физическое воспитание стояло ниже всякой критики, то его нравственное и умственное было совсем омерзительное.

Шести лет его уже взяли в оперу, где давались французская трагедия «Митридат» и балет, и шести лет он сидел за придворными обедами и принимал иностранных посланников в особых аудиенциях!

Но ужасом преисполняется душа всякого русского патриота при известиях о тех положительно искусственных усилиях испортить воображение отрока чтением безнравственных книг, сладкими и чрезмерными яствами, зрелищем безнравственных пьес, а главное, бесстыдными беседами и разговорами в присутствии ребенка. Рано, очень рано стремились направить Павла на путь порока и разврата!

Павлу позволялось читать все без разбору, и так как его научное образование было совершенно ложное и при изучении «права и подобных государственных наук» он лишь скучал, то он с тем большею страстью предавался чтению книг, раздражающих половую и нервную систему.

Так, ему давали читать «Жиль Блаз», на любовных сценах останавливали его особенное внимание.

Павел был очень впечатлительный мальчик, неудивительно поэтому, что подобного рода книги разгорячили его воображение и очень рано пробудили в нем неопределенные чувства и страстные желания похоти, а его окружающим и придворным доставило это искусственное половое раздражение невинного ребенка особое удовольствие.

Испорченные до мозга костей развратники умилялись наивным возбуждением мальчика, и старая блудница Екатерина сама вызывала похотливые чувства в своем сыне. Так, будучи раз вместе с ним в Смольном монастыре, она шутя спросила наследника, не хочет ли он поселиться среди этих девушек, а в театре она желает знать, какая из актрис ему более нравится, а затем — какая из ее фрейлин.

Известно, что сластолюбцы чувствуют особое наслаждение в развращении и растлевании невинных детей. Итак, мы видим, что фаворит Екатерины граф Григорий Орлов, мечтавший о возведении на престол сына своего Бобринского, прижитого с Екатериной, предлагает Павлу посещать фрейлин ее величества, живших во дворце, а фрейлины в свою очередь были выучены — да их, впрочем, едва ли надо было научать — влиять в указанном смысле на молодого великого князя. Когда Павел высказал опасение, что мать рассердится, Екатерина восторженно разрешает ему это. И вот он отправляется к фрейлинам; лицо его возбужденно сияет, его сопровождают его воспитатель Панин и граф Орлов. Они посетили всех фрейлин: иную он позволил себе пощупать, иным он пожимал страстно руки, — и, когда он вернулся в свои покои, он разлегся на диване, предаваясь сладким мечтам о запрещенной любви.

Понятно, что визиты не ограничились одним этим разом и повторялись затем без всяких провожатых.

Но на что был способен 12-летний мальчик, физически едва развитый? Конечно, серьезных последствий его похождения иметь не могли, ими только имелось в виду вызвать раннее пробуждение страстей в мальчике.

Эти неопределенные чувства перешли наконец в настоящую любовь, и 12-летний Павел имел уже довольно ясные понятия о любви и о том, в чем она выражалась. Да, он знал, что мужья надувают своих жен и что замужние женщины принимают у себя по ночам чужих мужчин — холостых и женатых, 12-летний, он был посвящен во все тайники законной и запрещенной любви. В 1765 году дали ему разыграть целую историю детской любви с фрейлиной Верой Чоглоковой, дочерью той Чоглоковой, которая в свое время была назначена в надзирательницы к Екатерине, — онанизм воображения был готов.

Екатерина под предлогом испытания мужеспособности Павла сводит его в 1768 году, т. е. когда ему только исполнилось 14 лет, с женщиной, и восторг ее не знает пределов, когда от этого мальчика рождается сын.

Все это может показаться неправдоподобным, до того это сводничество противно всем человеческим законам, а вместе с тем как в России, так и за границей сохранилось не только имя женщины, отдавшейся на совершение преступления, но и преступного плода.

Женщина, которая растлила 14-летнего мальчика, была Софией Чарторыйской и находилась на 22-м году своей жизни. Эта София Чарторыйская была из очень хорошей семьи; ее отец был сенатором, и она была замужем за флигель-адъютантом Петра III Михаилом Чарторыйским. После смерти мужа она, еще очень молодая женщина, переиспытала, по обычаю женщин екатерининского двора, многих мужчин, и, наконец, Екатерина свела ее со своим 14-летним сыном. Плодом этого сожительства был мальчик, которого назвали Семеном Великим и который жил до 8-летнего возраста в покоях Екатерины, где она его всем показывала как молодцеватый плод ее ребенка, результат мужеских сил Павла. Семен Великий, впрочем, как и многие незаконные дети от высокопоставленных лиц, умер в молодости.

Чарторыйская же вышла замуж за графа Петра Разумовского, которого Павел I по восшествии на престол и в благодарность за ночи, проведенные с его невестой, произвел в сенаторы и действительные тайные советники.

Из записок Порошина мы узнаем кое-что о неблагоприятных условиях воспитания великого князя. Постоянно окруженный взрослыми, в своих разговорах нисколько не стеснявшимися присутствием царственного отрока, он слышал о многом, чего не подобало знать мальчику. Из некоторых замечаний Порошина видно, что Павел уже довольно рано обнаруживал некоторую странность воззрений, нетвердость и изменчивость привязанностей. Порошин однажды сказал великому князю: «С лучшими намерениями в мире, вы будете ненавидимы». Другой наставник Павла, иеромонах Платон, рассказывает о его нраве в молодости следующее: «Великий князь был особо склонен и к военной науке и часто переходил с одного предмета на другой, не имея терпеливого к одной вещи внимания, и наружностью всякою в глаза бросающеюся более прельщался, нежели углублялся во внутренность». Императрицу упрекали в том, что она недостаточно заботилась о воспитании Павла. Княгиня Дашкова утверждает, что великий князь в отроческом возрасте производил впечатление неудачно и медленно развивающегося мальчика. Напротив, барон Димсдель говорил следующее о благоприятных условиях воспитания великого князя: «Он очень ловок, силен и крепок, приветлив, весел и очень рассудителен, что не трудно заметить из его разговоров, в которых очень много остроумия. Что касается до его воспитания, то едва ли есть принц, которому было бы оказано более внимания. Он имеет по всем наукам отличных учителей».

В первое время царствования Екатерины Павел бессознательно разыгрывал роль претендента. Ходили разные слухи о том, будто некоторые из знатнейших сановников мечтали о воцарении великого князя. Рассказывали, что Алексей Орлов старался убедить императрицу в необходимости возведения на престол Павла, как только он достигнет совершеннолетия, что такие же внушения делал Екатерине Сальдерн, что Панин действовал в этом же направлении.

Можно считать вероятным, что, в случае брака Екатерины с Григорием Орловым, положение Павла сделалось бы критическим. Размолвка императрицы с Орловым имела благоприятные последствия в том отношении, что Екатерина сделалась ласковее к Павлу. Множество кратких записок императрицы к Панину, в которых упоминается о великом князе, свидетельствует о том, что она внимательно следила за воспитанием сына и что вообще отношения между Екатериною и великим князем в это время были вполне удовлетворительны. То же самое впечатление производят некоторые замечания в письмах Екатерины к г-же Бьельке. Так, напр., описывая веселую жизнь в Царском Селе летом 1772 года, императрица говорит: «Никогда мы так не веселились в Царском Селе, как в эти девять недель, проведенные с моим сыном, который делается красивым мальчиком». В другом письме: «Во вторник я снова отправляюсь в город с моим сыном, который уже не хочет оставлять меня ни на шаг и которого я имею честь так хорошо забавлять, что он за столом иногда подменивает записки, чтобы сидеть со мною рядом; я думаю, что мало можно найти примеров такого согласия в расположении духа». В 1773 году в одной из записок Екатерины к Павлу сказано: «Я назначу час или два в неделю, по утрам, в которые вы будете приходить ко мне одни для слушания дел. Таким образом, вы ознакомитесь с ходом дел, с законами страны и с моими правительственными принципами». Однако Павел не принимал участия в делах управления. Напротив того, Екатерина ревниво следила за тем, чтобы никто не осмеливался даже обращаться к нему с какими-нибудь просьбами.

К 1774 году относятся следующие замечания в

депешах английского посланника: «Императрица, как говорят, удвоила внимание к его императорскому высочеству и особенно отличает Панина»... «Императрица имеет полное основание быть довольной великим князем. Недавно она высказала, что обязана великой княгине за то, что ей возвращен ее сын, и что она поставит задачей своей жизни доказать свою признательность за такую услугу». Впрочем, случались и недоразумения, появлялось раздражение. Так, напр., в письме к Гримму от 20 декабря 1774 года императрица жаловалась на великую княгиню: «Она во всем любит крайности... не слушается никаких советов... не видно ни привлекательности, ни ума, ни благоразумия... не учится русскому языку» и пр. Когда Наталья Алексеевна скончалась, Екатерина тотчас же стала думать о втором браке Павла. Во время поездки великого князя в Берлин, где он должен был встретиться с выбранною для него невестою, виртембергскою принцессою — впоследствии Мариею Федоровною, — мать и сын обменивались многими письмами, отличавшимися искренностью и непринужденностью. В них, между прочим, затрагивались вопросы, касавшиеся администрации.

Пребывание Павла в Берлине и знакомство с Фридрихом II привели к тому, что великий князь пристрастился к Пруссии, тогда как Екатерина в то же время склонялась к сближению с Австрией. Таким образом, политические воззрения императрицы и великого князя разделились. Современники утверждают, что Екатерина все более и более старалась удалять великого князя от дел. Впрочем, в кружках иностранных дипломатов не высоко ценили способности Павла.

Антагонизм между императрицею и «молодым двором» усиливался. Мы знаем, каким образом в 1780 году произошло некоторое сближение между племянником Фридриха II и Павлом, в то именно время, как императрица в обращении с прусским принцем Фридрихом Вильгельмом II выказывала явную холодность.

Когда Павел в 1789 году выразил желание участвовать в военных действиях, Екатерина ни за что не хотела дозволить ему отправиться в поход. По словам одного иностранного дипломата, великий князь в это время не пользовался никаким влиянием. Тот же современник рассказывает о следующем эпизоде. Труппа немецких актеров хотела было поставить на сцене трагедию «Гамлет». Сначала директор театров выразил согласие, но затем, однако, узнав содержание пьесы, решительно запретил ее представление. Публике это сделалось известным и, разумеется, возбудило любопытство; все хотели прочесть «Гамлета», покупали пьесу за большие деньги и очень верно объясняли себе причину, по которой она была запрещена на театре.

В антагонизме между императрицею и лицами, ее окружавшими, с одной стороны, и «молодым двором» — с другой, была значительная доля мелочности. Рассказывали, что, когда Екатерина однажды запретила носить особенно роскошные уборы и платья, эта мера была направлена главным образом против великой княгини Марии Федоровны. Когда Мамонов стал относиться к молодому двору с особенным вниманием, Екатерина выразила ему свое неудовольствие. Потемкин осыпал упреками одного сановника за то, что последний был на балу, устроенном великокняжескою четою. Дашкова не ездила в Гатчину, говоря, что считает ниже своего достоинства разыгрывать там роль шпиона. Когда начались переговоры о браке, дочери Павла со шведским королем Густавом IV, родители невесты играли в придворных празднествах довольно бледную роль и оставались на заднем плане. То же самое бросалось в глаза и при бракосочетаниях Александра и Константина. Вдобавок молодой двор постоянно нуждался в деньгах; императрица обращала очень мало внимания на нужды великого князя и его супруги.

Павел был мастер наживать себе ярых врагов. Он был бичом своей семьи, своего двора, своего народа. Он вел страну к полному расстройству ее сил, в его царствование его капризы и припадочные наития являлись законом, он не взвешивал ни за, ни против, а все, что ему взбредало в голову, немедленно приводилось в исполнение. При дворе кипела какая-то неимоверная суетливая деятельность. Как говорит Трачевский, Павел назначал приемы с 5 часов утра. Он писал и отменял указы, распекал и ревизовал, ездил по городу, но больше всего занимался экзерцициями и плац-парадами по-прусски, причем везде первенствовали «гатчинцы», как называла Екатерина II отряд войск, данный ему для потехи, когда он был наследником.

Всюду Павел был окружен людьми, желавшими его смерти и чувствовавшими, что Россией управляет умопомешанный. Войны объявлялись одна за другой, и истощенная Россия находилась в страшном ужасе... Семья Павла страдала, его старший сын уже начал колебаться под влиянием советов настоящих патриотов. Русская интеллигенция чувствовала себя страшно угнетенной, авторитет власти давил всякого более или менее образованного человека и нарушал спокойствие семейств даже в будничной жизни.

Пять лет правления Павла сделали Россию хронически нервной, состояние сделалось невыносимым и влекло неминуемо к катастрофе.

И вот лучшие люди своего времени сговорились приступить к заговору и заставить Павла отречься от престола в пользу его сына Александра.

До чего Павел был всеми без исключения презираем, видно из того, что заговорщики открыли свой замысел его родному сыну и попросили его согласия.

Полгода уговаривали заговорщики Александра — наконец они получили его согласие, и так как при подозрительности Павла колебание могло сделаться опасным для самих заговорщиков, то было решено приступить как можно скорее к делу. Ночь на 25 марта 1801 года была назначена для нанесения рокового удара.

Главными двигателями заговора были Пален и три брата Зубовых. В лучших руках заговор не мог быть. Зубовы руководились личной ненавистью к Павлу, Валериан Зубов чувствовал себя особенно задетым монархом, а именно: когда Екатерина скончалась, русские войска под начальством В. Зубова находились в Пруссии. Вступив на престол, Павел дал приказ войскам вернуться на родину, так как находил эту войну излишней, но не известил о своем приказе главноначальствующего Зубова. Этого оскорбления Зубов не мог забыть, и оно является одним из главных мотивов его столь ревностного участия в заговоре.

Платона же Зубова Павел в своей пылкости обвинил в растрате государственных денег из военных сумм, и этого тоже было достаточно, чтобы породить неизгладимую ненависть в душе заговорщика. Третьего, Николая Зубова, Павел тоже не миловал, и он присоединился к заговору в силу ненависти своих братьев к Павлу.

Наконец, Пален был изворотливый, холодный, решительный и вероломный лифляндец, хитростью вкравшийся в доверие к Павлу, который возвел его в графское достоинство, сделал петербургским губернатором и главой почтамта.

До чего велика должна была быть в народе ненависть к Павлу, до чего Россия должна была чувствовать себя истощенной, если подобные лица могли получить согласие добродушного Александра на переворот и привлечь на свою сторону всю армию и лучших людей своего времени!

24 марта ночью офицеры, начиная с поручика и кончая генералом, собрались на квартире у Зубовых. За ужином один из Зубовых раскрыл план и цель сходки и вместе с Паленом объявил, что великий князь Александр покровительствует заговорщикам. Это последнее обстоятельство решило дело заговора...

Шампанское текло ручьями, возбужденные и разгоряченные заговорщики ровно в полночь отправились двумя партиями — одна под командой Зубовых и генерала Бенингсена, другая под командою Палена — всего 120 человек — решать судьбу царя. Цель была устранить монарха от дел. Зубовы шли на явное убийство.

Во дворце между тем Павел и все прочие члены семьи улеглись спать, лишь Александр не мог сомкнуть глаз: он был преисполнен грусти и тревоги и не мог скрыть от себя той опасности, которая угрожала всей семье, если бы план почему-либо не удался.

Главный же доверенный и оберегатель личности Павла, Кутайсов, кутил в эту ночь, и, хотя за ужином с его любовницами подали донос с полными именами заговорщиков, он по обыкновению сказал: «Дела завтра поспеют», — спрятал письмо в карман и ни на минуту не отвлекся от своих развлечений.

Незадолго перед своей смертью подозрительный Павел построил себе с безумной расточительностью Михайловский дворец у Летнего сада, опоясанный глубокими рвами с водой, и замыкался в нем, окруженный наперсниками, в надежде скрыться таким образом от рук убийц. Он поселился в нем, даже не переждав времени, пока он высохнет, — Мария Федоровна и дети заболели от сырости, для него этот новый дворец стал его могилой.

При помощи хороших провожатых первая партия пробралась с потайными фонарями до самого входа в туалетную комнату императора. Дежурный молодой лакей стал призывать на помощь, его прикончили и убрали с дороги. Убийством началось дело переворота.

Но крик разбудил Павла, он сознает, что что-то неладно, и трусливо выскакивает из постели, хочет пробраться к своей жене — но входы по его же приказанию забиты наглухо; совершенно раздетый, он прячется за занавесами.

Заговорщики, сначала ошеломленные неожиданным препятствием в лице слуги, останавливаются на минуту, но потом, сообразив, что идти назад для них равносильно смерти, пробираются к постели монарха. Не видя его здесь, они смущенно отступают назад, начинают его искать в комнате со свечами в руках и находят его бесчувственно дрожащим за складками портьеры.

Павел оказался совершеннейшим трусом: ему суждено было так же бесславно умереть, как он бесславно царствовал.

Шпаги обнажаются, Павла усаживают на стул, прочитывают ему заранее приготовленное отречение от престола, суют ему перо в руку, ведут им по бумаге — и царя Павла не стало. Генерал Бенингсен, один из главных заговорщиков, берет подписанную бумагу и удаляется.

Теперь настает ужасная минута. Зубовы в деле отречения не приняли никакого участия; это они предоставили другим. Лишенный трона, Павел для них был тираном, чудовищем, удачным врагом — Николай Зубов первый бросается на государя, ругая его самыми площадными выражениями. Два других брата присоединяются, и вот начинается ожесточенная борьба. Сначала они его бьют, как Павел бил своих министров и свою жену; затем они набрасывают на него офицерский шарф и начинают его душить. В минуту крайней опасности и близости смерти Павел собирает все свои последние силы; ему удается просунуть руку между шарфом и шеей, и он кричит: «Воздуху, воздуху!». Но убийцы разъярены, они жаждут крови: Павлу отрубают руку и начинают стягивать шарф с обоих концов. Безобразная сцена, имеющая едва ли себе подобную в истории царствующих домов всего мира!

Павла не стало. Раскрасневшийся Николай Зубов имеет еще дерзость лично явиться к Александру с докладам о совершившемся деле.

В намерениях Александра не было и помину об убийстве. Потрясенный, он падает наземь.

Его восшествие на престол совершилось необычно тихо и скромно.

Лишенный с детства материнской любви, Павел никаким образом не мог стать ни хорошим семьянином, ни достойным государем.

Фаворитизм, без сомнения, содействовал созданию той бездны, которая существовала между Екатериною и ее сыном, цесаревичем Павлом Петровичем. Когда-то Меншиков стоял между Петром Великим и царевичем Алексеем. В царствование Елизаветы Петровны Шуваловы и Разумовские не без основания считались противниками наследника престола, Петра Федоровича. Отношения между любимцами Екатерины — Орловым, Потемкиным, Зубовым, с одной стороны, и «молодым двором» — с другой, были натянуты.

Таким образом создавался порочный круг: не знавший материнской любви государь был задушен с ведома своей жены и старшего сына.

«ЖАЛЬ, ЧТО ФЕИ ВЫШЛИ ИЗ МОДЫ»

Громадная разница в отношениях Екатерины к сыну и внукам ярко бросается в глаза. Эта разница могла иметь громадное значение при решении вопроса о престолонаследии.

В письмах Екатерины к барону Гримму почти вовсе не упоминается о Павле; немногие проскальзывающие замечания являются как бы случайными и внешними; о характере наследника или об отношениях к нему императрицы не говорится ни слова. Совсем иную роль играет в этих письмах великий князь Александр Павлович. Из относящихся к нему замечаний Екатерины видно, что она страстно любила своего внука.

Сообщая Гримму о рождении Александра, императрица замечает между прочим: «Что ж такого особенного выйдет из этого мальчика... Жаль, что феи вышли из моды; они наделили бы вам ребенка всем чем угодно; я бы их щедро вознаградила и шепнула бы им на ухо: природы, милостивые государыни, запасите природы; остальное почти все есть дело природы». В другом письме сказано о воспитании ребенка, о мерах для удачного физического развития его и пр.

В письме к королю Густаву III императрица сообщила некоторые подробности о приемах ухаживания за ребенком, причем обращалось особенное внимание на гигиенические условия; для большей наглядности Екатерина отправила к Густаву и куклу с тою самою корзиною, в которой лежал первое время по рождении великий князь.

Александр родился 12 декабря 1777 года. Он был сыном Павла от второго брака с вюртембергской принцессой Марией Федоровной. Наиболее выдающийся историк России этого времени Шильдер, а также профессор Ключевский не разделяют мнения, что Александр благодаря хлопотам бабушки Екатерины получил хорошее воспитание; он был воспитан очень заботливо, но не хорошо, и нехорошо именно потому, что слишком заботливо. Вскоре после рождения бабушка оторвала внука от матери, чтобы воспитать его по правилам тогдашней философской педагогики, т. е. «по законам разума и в принципе добродетели».

Во всех отношениях и чрезвычайно тщательно Екатерина руководила всеми подробностями воспитания внука. Она была в восхищении от необычайных способностей его. Ежедневно, несколько часов сряду, ребенок находился в комнате бабки; она с ним играла, выбирала и выдумывала для него игрушки. Понятно, что мальчик всей душой привязался к ней. Вскоре она стала сочинять для него детские книги, изобретала для него костюмы с целью лучшего сохранения его здоровья; рисунок такой одежды приложен к одному из писем Екатерины к Гримму. Особенно подробно императрица описывала игры и забавы Александра, сообщала о сделанных им замечаниях и вопросах, о его красоте, веселости. Когда ему было четыре года, Екатерина сама начала учить его арифметике; когда он выучился грамоте, императрица радовалась его страсти к книгам. Мелочи бесед, происходивших между Екатериною и ее внуком и воспроизведенных в письмах к Гримму, свидетельствуют о необычайной способности императрицы входить в положение ребенка, приспосабливаться к его понятиям и интересам.

Тогда «Эмиль» Руссо считался ходячим учебником такой педагогики, этот учебник требовал, чтобы воспитание давалось человеку крепкое, закаливавшее против всех житейских и физических невзгод. Согласно с этим Екатерина поместила маленького внука в комнате Зимнего дворца, обращенной окнами к Адмиралтейству, чтобы заранее приучить ухо его к пушечным выстрелам, но слуховой нерв ребенка не вынес преждевременного закала, и великий князь на всю жизнь остался туг на одно ухо. Когда внук стал подрастать, она составила план воспитания, по обычаю своему довольно полными пригоршнями зачерпнув правила в буквальном переводе из сочинений Локка. Вместе с тем образован был штат воспитателей, главным из наставников был избран полковник Лагарп, швейцарский республиканец, восторженный, но осторожный поклонник тогдашних французских идей, «ходячая и говорливая французская книжка». Учить великого князя русскому языку призван был Михаил Никитич Муравьев, очень почтенный и образованный человек и очень недурной писатель в либерально-комическом и сентиментально-дидактическом направлении. Наконец, общий надзор за воспитанием поручен был графу Салтыкову, одному из вельмож екатерининской школы, который знал твердо только одно — как жить при дворе; делал, что скажет жена, и подписывал, что подаст секретарь; впрочем, его партитура в этом педагогическом оркестре состояла в том, чтобы предохранять великого князя от сквозного ветра и засорения желудка.

Лагарп, по собственному признанию, принялся за свою задачу очень серьезно, как человек, сознающий свою обязанность перед великим народом. Он начал читать с великими князьями, с Александром и Константином, которые ему были поручены, латинских и греческих классиков: Демосфена, Плутарха, Тацита; английских и французских историков, философов и публицистов: Локка, Гиббона, Руссо, Мабли и т. д. Во всем, что он говорил и читал питомцам, шла речь о человеческом разуме, о человеческом благе, о происхождении общества, о равенстве людей, о справедливости и настойчивее всего о свободе человека, о нелепости и вреде деспотизма, о гнусности рабства и т. д. Добрый и умный Михаил Муравьев подливал масла в огонь, читая ребенку свои идиллии о любви к человечеству, о законе мысли, заставляя переводить все тех же Локка, Гиббона, Руссо и т. д. Все это говорилось и читалось будущему самодержцу российскому в возрасте от 10 до 14 лет, т. е. довольно преждевременно. В эти годы, когда люди живут непосредственно впечатлениями и инстинктами, отвлеченные идеи превращаются у них в политические образы, моральные принципы — в чувства; преподавание Лагарпа и Муравьева не давало ни реальных знаний, ни логической дрессировки ума, не вводило в историческую действительность и не могло еще серьезно возбуждать и направлять мысли.

Высокие идеи в уме двенадцатилетнего политика и моралиста отлагались как политическая и моральная сказка, наполнявшая детское воображение недетскими образами и волновавшая его незрелое сердце очень зрелыми чувствами. Если мы прибавим к этому графа Салтыкова с его доморощенным курсом придворной гигиены и придворных манер, то легко заметить, какой пробел оказался в воспитании великого князя; его учили, как чувствовать и как держать себя, но не учили, как мыслить и действовать, ему не задавали ни житейских, ни научных вопросов, которые бы он разрешал сам, ошибаясь и поправляясь, ему на все давали готовый ответ, политические и нравственные догматы, непререкаемые истины, которые оставалось только прочувствовать и затвердить; его не заставляли ломать голову, его не воспитывали, а как сухую губку пропитывали дистиллированной и общечеловеческой моралью, насыщали лакомствами европейской мысли.

Великий князь не был знаком со школьным трудом, с его миниатюрными горестями и радостями, он не ведал борьбы школьника с учебником, не испытал побед на холодных полях ученических тетрадей, тех побед и поражений, которые, может быть, одни только и дают школе серьезное воспитательное значение. Александр очень много читал, еще больше слушал, но он мало учился! Из записок второстепенных русских учителей мы часто видим горькие жалобы на его праздность, медленность и лень, нелюбовь его к так называемым упражнениям. Когда великий князь подрос настолько, чтобы понимать, а не чувствовать лишь возвышенные уроки Лагарпа, он искренно привязался к идеалисту-республиканцу и стал слушать его с наслаждением, только то был художественный моцион, а не умственная работа. Благодаря преподаванию Лагарпа и Муравьева легко понять, какой обильный прием политических и нравственных идиллий дан был великому князю. Эта идиллия подействовала на его вкусы, великий князь стал рано думать о сельском уединении, не мог без восторга пройти мимо полевого цветка, крестьянской избы и т. п.; он рано привык скользить по житейским явлениям легким взглядом того человека, для которого жизнь — приятное препровождение, а мир — обширный кабинет для эстетических и политических наслаждений.

С летами все кардинально изменилось. Случилось так, что этот огромный и полезный процесс в Александре был прерван. Зная по опыту, как добродетель тает легко под палящими лучами страсти, императрица Екатерина поспешила застраховать своего внука, женив его в 1798 году, когда ему не исполнилось еще 21 года; для этого была призвана баденская принцесса Елизавета Алексеевна. Каков бы ни был взгляд на брак, но прав фонвизинский недоросль, сказав, что женитьба или замужество —

конец учению. Теперь для Александра пошли другие интересы, началось другое развитие, не похожее на прежнее юношеское. Греция и Рим, республика, свобода, равенство — какое же место, спрашивается, в этом калейдоскопе героических образов и политических идеалов занимает Россия со своим невзрачным прошедшим, с неограниченной монархией, с крепостным правом и тому подобными особенностями политическими и социальными, как в голове великого князя родная действительность могла укладываться с тем, что проповедовал гувернер-республиканец?

Очень просто: эту действительность признавали как факт низшего разбора, как стихийное неразумное явление, признавали ее и игнорировали, т. е. ничего о ней больше знать не хотели. Лагарп в этом отношении поступал с великим князем, как в былое время поступала гувернантка с девушкой. Воспитательница, девица не первой молодости, нарисует, бывало, воспитаннице очаровательный мир благовоспитанных людских отношений, основанных на правилах строгой морали, строжайшей вежливости, в котором даже показать кончик носка из-под платья грех, — и вдруг обе девы тут же в доме налетают на натуральную сцену: юная устремит на старую изумленный и сконфуженный взгляд, а та успокоит ее и скажет: «Ничего, иди к себе». Лагарп осторожно обходил больные места русского государственного и общественного порядка, а впоследствии он советовал питомцу и не лечить их. С грузом античного образования и самоновейших политических идей Александр вступил в действительную жизнь. Она встретила его не то чтобы сурово, а как-то бессмысленно. Бабушкин внук, он был вместе с тем и сыном своего отца и стал в очень неловкое положение между отцом и бабушкой. То были два двора, два особых мира; нравственное расстояние между ними было несравненно шире географического. Каждую пятницу старшие великие князья, Александр и Константин, должны были отправляться в Гатчину, по субботам бывал парад. Старший великий князь был командиром второго батальона, младший — третьего, вечером они возвращались в Петербург. В Гатчине Александр слушал жестокую команду, суровые слова, видел казарменные жесты и размахиванья, а вечером, возвратясь в Петербург, попадал в салон Екатерины, в те залы Зимнего дворца, которые назывались Эрмитажем (уединением) и где императрица проводила вечера в избранном обществе; здесь шли толки о самых важных политических предметах, велись самые остроумные беседы, шутились самые изящные шутки, смотрелись самые отборные французские пьесы, а грешные дела и чувства облекались в самые опрятные прикрытия.

Вращаясь между двумя столь непохожими дворами, Александр должен был жить на два ума, держать две парадные физиономии, кроме ежедневной домашней. Какая школа для выработки натянутости, осторожности, скрытности, неискренности и как мало она была похожа на школу Лагарпа и Муравьева.

С вниманием и заботливостью Екатерина занималась воспитанием великого князя Константина Павловича. В 1784 году она составила подробную инструкцию для воспитателей и наставников своих внуков. Этот педагогический труд казался ей особенно удавшимся, так что она любила раздавать при случае списки его разным лицам. В инструкции, составленной Екатериною, главное внимание было обращаемо на гигиенические условия, на физическое воспитание, на развитие силы воображения ребенка, на возбуждение в детях чувства сострадания и пр. Некоторые замечания свидетельствуют о необычайной психологической наблюдательности императрицы; в них заметно влияние господствовавших в то время на западе педагогических теорий.

Благодаря всему этому Александр воспитывался весьма тщательно. У него были замечательные наставники: Масон учил его математике, Паллас естественным наукам. Особенно многим был он обязан Лагарпу, возбудившему в нем любовь к человечеству, уважение к прирожденным правам всех и каждого. О том, в какой мере серьезно Лагарп занимался воспитанием великого князя, свидетельствуют хранящиеся в Императорской Публичной библиотеке в С.-Петербурге учебные книги и тетради последнего.

Летом Александр и Константин обыкновенно находились на даче вместе с Екатериною, работали в саду, предпринимали поездки и пр. Императрица с восхищением следила за развитием их способностей. Александр в короткое время выучился английскому языку, обнаруживал ловкость при изучении столярного ремесла, отличался способностью к драматическому искусству, верховой езде и пр. Екатерина в своих письмах к Гримму весьма подробно рассказывала обо всем этом.

Каковы были отношения Екатерины к внукам, видно также из многих писем ее к великим князьям, писанным во время путешествий в Финляндию в 1783 году, в Вышний Волочок в 1785 году, в Крым в 1787 году. Эти письма могут считаться образцами игривости, любезности в обращении взрослых с детьми; они свидетельствуют о необычайной сердечной теплоте, об истинной любви Екатерины к внукам.

Окончив воспитание великих князей Александра и Константина, Екатерина позаботилась о их женитьбе. Об этом говорится весьма подробно в письмах к Гримму. Императрица была в восхищении от невесты великого князя Александра Павловича, принцессы Елизаветы. Столь же тщательно она заботилась о женитьбе Константина Павловича.

Не все лица, находившиеся при дворе, были в той же мере, как Екатерина, очарованы характерами, способностями и успехами великих князей. В письмах и записках Лагарпа, Масона, иностранных дипломатов и др. встречаются гораздо менее благоприятные отзывы об Александре и Константине.

Незадолго до кончины Екатерины Ростопчин писал к Воронцову, русскому послу в Англии, об отношениях между Екатериною и Павлом: «По-видимому между ними доброе согласие, такое, по крайней мере, какое возможно между 70-летнею (sic) матерью и 42-летним наследником, который изнемогает от досады и ждет не дождется, когда ему вступить на престол...». Рассказывали о следующем эпизоде.

В последние годы царствования Екатерины духовник ее, отец Савва, был избран также в духовники Павлу; однажды на исповеди он спросил у великого князя, «не имеет ли чего на душе против государыни-матери?». Тотчас же после воцарения Павел велел арестовать и допросить отца Савву: не имел ли он тайного повеления от покойной государыни на исповеди узнать о намерениях великого князя и не думал ли, что он о чем-нибудь проговорится? Духовник был оправдан, но его уволили на покой.

Аббат Жоржель, находившийся в России в 1799—1800 годах, говорил в своих записках: «Екатерина II хотела назначить Александра своим преемником, и если бы она прожила еще месяца два или три, то Павел никогда не вступил бы на русский престол.»

С разных сторон утверждали, что Екатерина готовила распоряжение об устранении от престолонаследия Павла и о возведении на престол Александра. Так, напр., в записках Фонвизина рассказано, что бумага такого содержания, хранившаяся у Безбородки, должна была быть опубликована в день тезоименитства императрицы, т. е. 24 ноября 1796 года, что случившаяся за две недели до этого кончина императрицы совершенно изменила положение дела и что Безбородко счел нужным сообщить Павлу о таком распоряжении, когда сын умирающей императрицы уже взял в свои руки бразды правления. Чрезвычайно любопытен также следующий рассказ князя Сергея Михайловича Голицына: «По смерти императрицы Екатерины II кабинет ее был запечатан несколько дней; император Павел Петрович позвал великого князя Александра Павловича, князя Александра Борисовича Куракина и (кажется) Ростопчина и велел им открыть кабинет и разобрать бумаги. Александр Павлович с Куракиным и Ростопчиным втроем отправились в кабинет; там нашли они между прочим дело о Петре III, перевязанное черною ленточкою, и завещание Екатерины, в котором она говорила о совершенном отстранении от престола великого князя Павла Петровича, вступлении на престол великого князя Александра Павловича, а до его совершеннолетия назначила регентшею великую княгиню Марию Федоровну. Александр Павлович по прочтении сего завещания обратился к Куракину и Ростопчину и взял с них клятву, что они об этом завещании умолчат; после этого он бросил завещание в топившуюся печку. По возвращении к Павлу Петровичу, он спросил их, что они нашли; они сказали ему. Потом он спросил: Нет ли чего обо мне? — Ничего нет, — отвечал Александр Павлович. Тогда Павел перекрестился и сказал: Ну, слава Богу!».

И в записках Саблукова упоминается об уничтожении каких-то деловых бумаг в минуту воцарения Павла. Там сказано: «До нас дошли любопытные слухи о том, что произошло во дворце по прибытии нового императора: говорили; что он с графом Безбородкою деятельно занимался жжением бумаг и документов в кабинете ее величества».

В записках Энгельгардта сказано: «Говорят, что императрица сделала духовную, чтобы наследник был отчужден от престола, а по ней бы принял скипетр внук ее Александр, и что она хранилась у графа Безбородки. По приезде государя (Павла) в С.-Петербург, он отдал ему оную лично. Правда ли то, неизвестно. Многие, бывшие тогда при дворе, меня в том уверяли». То же утверждает и Державин в объяснениях на свои сочинения. «Сколько известно», — говорит он, — «было завещание, сделанное императрицею Екатериною, чтобы после нее царствовать внуку ее, Александру Павловичу». В своих записках Державин передает следующий знаменательный факт из времени своей службы при Екатерине: «Граф Безбородко, выпросясь в отпуск в Москву и откланявшись с императрицею, вышел из кабинета ее, зазвал Державина в темную перегородку, бывшую в секретарской комнате, и на ухо сказал ему, что императрица приказала ему отдать некоторые секретные бумаги касательно до великого князя, то, как пришлет он к нему после обеда, чтоб пожаловал и принял у него; но неизвестно для чего, никого не прислал, уехал в Москву, и с тех пор Державин ни от кого ничего не слыхал о тех секретных бумагах. Догадывались некоторые тонкие царедворцы, что они те самые были, за открытие которых, по вступлении на престол императора Павла, осыпан он от него благодеяниями и пожалован князем. Впрочем, с достоверностью о сем здесь говорить не можно, а иногда (т. е. со временем) другие, имеющие лучшие сведения, о том всю правду откроют свиту».

А. И. Тургенев, в собственноручных заметках на полях записок Грибовского, выражает одно недоразумение по поводу участия Безбородки в предположенном Екатериною устранении от престола вели-

111

кого князя Павла Петровича. Здесь нельзя согласиться, пишет он, — «что Екатерина, оставив Безбородку хотя и не в опале, однако ж вне своего внимания, поручила ему составить духовное свое завещание и вверила хранение оного ему. По кончине ея, гнусный Безбородко обнаружил всю подлость и коварство свойств, соврожденных малороссам: он не Сенату, а Павлу, наследнику Екатерины, предъявил завещание».

Сюда же относится разговор, писанный в конце прошлого века под названием «Екатерина в полях Елисейских». Здесь Екатерина требует в свои чертоги Безбородку, напоминает этому «недостойному рабу» своему, что ему была поручена тайна кабинета, что чрез него, по смерти Екатерины, должен был осуществиться важный план, которым определено было, при случае скорой ее кончины, возвести на престол Александра, что этот акт был подписан ею и участниками тайны. «Ты изменил моей доверенности», — упрекает Екатерина Безбородку, — не обнародовал его после моей смерти. Я уверена, сколь была любима моими родственниками и больше всего подданными: они бы его исполнили. Ты забыл милость мою, променял общее и собственное свое благо на пустое титло князя, сделал России рану, которую целый век лечить потребно. Что молчишь, несправедливый человек? Чем загладишь сей поступок? Россия стонет, угнетаемая Павлом, и я еще имею столько снисхождения говорить о сем с орудием ее злосчастия.» Упав на колена, Безбородко признает себя виноватым в необнародовании повеления Екатерины, но оправдывается неожиданностью ее кончины, изменою подписавшихся под завещанием особь, неизвестностью завещания народу и страхом пред неумолимою строгостью Павла и пр.

Существуют и живые, устные предания о том, как Безбородко поступил с завещанием Екатерины о престолонаследии. Одно из этих известий гласит, что когда Павел и Безбородко разбирали бумаги в кабинете Екатерины, то граф указал Павлу на пакет, перевязанный черною лентою, с надписью: «Вскрыть после смерти моей в Совете». Павел, предчувствуя, что в пакете заключается акт об устранении его от престола, акта, который был будто бы писан рукою Безбородки и о котором, кроме его и императрицы, никто не знал, вопросительно взглянул на Безбородку, который, в свою очередь, молча указал на топившийся камин. Эта находчивость Безбородки, одним движением руки отстранившим от Павла тайну, сблизила их окончательно.

Другое устное известие утверждает, что Безбородко, узнав о безнадежном положении Екатерины, сию же минуту поехал в Гатчину, где и подал запечатанный пакет Павлу, которого встретил на площадке лестницы.

Наконец, есть предание, что бумаги по этому предмету (манифест о престолонаследии) были подписаны важнейшими государственными людьми, в том числе Суворовым и Румянцевым-Задунайским. Немилость к первому и внезапная кончина второго тотчас, как он узнал о восшествии на престол Павла, произошли будто бы именно вследствие этого.

Со смертью Екатерины кончилась двусмысленная жизнь; она заменилась однообразными, но очень суровыми тревогами; эти тревоги происходили из старинных отношений отца к сыну; отец рано стал питать недоверие к сыну, рано от него оторванному; сын стал рано питать некоторое недоверие к отцу. Оба они были неправы, и оба не были виноваты. С воцарением Павла Александр назначен был на пост военного губернатора в Петербурге и командиром расположенных в округе войск, он должен был испытывать ежедневные тревоги, трепетать вместе с обществом перед новыми замыслами государя. Эти тревоги, среди которых завязалась популярность великого князя, надолго набросила тень на его настроение.

Надо признать, что Александр шел к престолу не особенно гладкой и ровной дорогой, с пеленок над ним перепробовали немало мудреных и причудливых воспитательных экспериментов; его не вовремя оторвали от матери для опытов разной естественной педагогики; ни в бабушкином салоне, ни на отцовском вахтпараде, ни в лагарповской аудитории его не выучили как следует родному языку; современники свидетельствуют, что Александр до конца жизни не мог вести по-русски разговора о каком-нибудь сложном предмете. Так воспитывался великий князь и с таким запасом понятий, чувств и наблюдений он вступил на престол. Давно уже у него сложился политический идеал, который он высказывал в беседе с редкими людьми, к которым относился откровенно; к числу их принадлежал молодой образованный поляк Адам Чарторыйский, которого приставила к нему мать. Князь Адам Чарторыйский позже уже вспоминал эти беседы с великим князем, от которых он был в большом восторге. Александр, встретив в окружающем обществе единственного человека, перед которым он мог открыться, кажется, старался вынести из души все, что там лежало, он открыто признавался, что ненавидит деспотизм, в каких бы формах он ни проявлялся, и следил с живым участием за ходом французской революции, за рождением французской республики и желал ей всякого успеха; он высказывал также, что считал наследственную власть нелепым учреждением, что выбор лица, носителя верховной власти, должен принадлежать не рождению, а голосу нации, которая всегда выберет лучшего управителя.

Когда возник вопрос о приискании старшему сыну Павла жены, Екатерина призвала в Петербург двух принцесс Баден-Дурлах, тетка которых была первой женой Павла. В конце 1792 года принцессы эти прибыли к императорскому дворцу и остановились во дворце Потемкина, где они были приняты Екатериной сообща с ее тогдашней «пробир-дамой». Старшая из них понравилась Александру, и 9 октября 1793 года была отпразднована свадьба с необычной даже для того времени помпой.

На молодого великого князя и его супругу возлагались самые пышные надежды. Ему тогда исполнилось 16, ей 15 лет. Великая княгиня Елизавета была «прекрасна, благородной осанки, элегантных и чистых нравов, обладала умом и талантом, а также изысканным вкусом, характер у ней был добродушный, скромный и полный преданности». Таковы были отзывы о молодой супруге будущего императора. Что же касается великого князя Александра, то граф Делагард в своих воспоминаниях о Венском конгрессе отзывается о нем следующим образом: «В нем почти осуществляется идеал, восхищавший нас в Телемахе, но, хотя мать его и обладает всеми качествами Пенелопы, отец его далеко не был Одиссеем, и не Ментор руководил его воспитанием. Александр имеет благородные убеждения, правильное суждение о вещах, острый ум. Сердце его от природы открытое и без фальши». В 1791 году Потемкин в одном из своих писем к Екатерине пишет об Александре: «Он ангел, он принц моего сердца, рожденный и воспитанный для блага государства».

Великий князь Александр Павлович был любимцем Екатерины II, и императрица мечтала даже о том, чтобы престол перешел после ее смерти непосредственно к нему, минуя Павла. Тем не менее Александр обрадовался смерти бабки ничуть не меньше Павла. Он был доволен, что «ему впредь не придется слушаться старой бабы». Судьба его в качестве наследника престола была лучше, нежели положение Павла при жизни старой императрицы. От отца своего Александр получал пенсию 500 000 рублей в год; кроме того, великой княгине было ассигновано ежегодно отдельно 150 000 рублей. Павел назначил своего сына шефом второго гвардейского полка и генеральным инспектором армии, начальником канцелярии войны и флота, главным директором полиции империи и президентом Сената... Но вся эта роскошь длилась недолго. Подозрительность Павла преследовала сына на каждом шагу. Любимцы императора обращались с наследником свысока. Александр не смел замолвить ни слова для лиц, которых он желал протежировать, подобное заступничество послужило бы верной гибелью для них.

Александр I «Благословенный» был чрезвычайно слабого характера. Он не обладал достаточной силой воли для того, чтобы отстранить от себя людей сомнительных, которым со временем удалось получить власть над ним.

Внезапная смерть Павла на всю жизнь испугала Александра, и воспоминание об этой смерти настолько сильно и в продолжение всей жизни влияло на него и мучило его, что одно время многие были убеждены в том, что эта смерть не обошлась без участия Александра. Спасение от этих ужасных воспоминаний Александр находил в мистериях религиозного мистицизма, все добрые начинания, которые он имел в виду для блага своей родины, были забыты, все идеалы его полиняли, и земные желания его исчезли. Мечтательница баронесса Крюденер после бурно проведенной молодости бросилась в объятия религии и мистицизма; в бурные времена начала нашего столетия она приобрела на своих современников, даже на самых высокопоставленных, такое сильное влияние, которое в настоящее время кажется нам необъяснимым. Император Александр совершенно отдался и подчинился этой женщине, и влияние ее на него было столь сильно, что все свои решения, даже государственного характера, он принимал лишь после молитв.

И в то время как Александр отдался религии, управление государством всецело было предоставлено таким любимцам его, как Аракчеев. И хуже всего было то, что этот самый Аракчеев был совершенно не самостоятельным человеком, а куклой в руках его многочисленных любовниц, перед которыми, однако, унижались самые высокопоставленные лица империи.

Точно таким, как его отношение к государству, было и отношение Александра к его супруге Елизавете Алексеевне. Вначале казалось, что брак этот будет из счастливых. Но непостоянство и потребность в страстной любви потянули наконец Александра к другим женщинам, так что в конце концов оба супруга жили совершенно отдельной и даже уединенной жизнью. Любовные похождения Александра были чрезвычайно многочисленны, и в чувствах своих он был весьма непостоянен. Но наконец его пленила одна женщина настолько сильно, что он остался ей верен в продолжение всей жизни. То была жена друга молодости Александра, Дмитрия Нарышкина. Некоторое время серьезную конкуренцию Нарышкиной составляла графиня Бобринская, и из этой связи Александра происходит польский род Варпаховских. Но в конце концов всех соперниц победила Нарышкина.

Мария Антоновна Нарышкина была от рождения полькой, дочерью князя Четвеpинского, который в 1794 году во время варшавских бунтов повешен народом. Еще очень молодой девицей ее выдали замуж за любимца Александра I, за Дмитрия Нарышкина. Как только государь увидел ее в первый раз, он смертельно влюбился и немедленно добился успеха у Нарышкиной. Говорят, что в один прекрасный день, когда император был в отличном расположении духа, он назначил Нарышкина обер-егермейстером со словами, обращенными к супруге обманутого мужа: «Так как я ему поставил рога, то пусть же он теперь заведует оленями».

Результатом этой связи были трое детей, из которых царь безумно любил дочь Софью. Дети все назывались Нарышкиными, несмотря на то что муж Марии Антоновны отлично знал, что не он их отец. В своих воспоминаниях о Венском конгрессе граф Делагард повествует, что сам Дмитрий Нарышкин ответил императору Александру на вопрос его: «Как поживает твоя дочь Софья?» — «Но, Ваше Величество, ведь она вовсе не моя дочь, а Ваша...». В другой раз царь осведомился у своего любимца о жене его и его детях. Нарышкин цинично ответил: «О каких детях Ваше Императорское Величество справляется? О моих или о Ваших?». Софью Нарышкину, которую император впоследствии узаконил и возвел в достоинство графини Романовой, постигла трагическая участь; она была такой же красавицей, как и ее мать; но она была слабого здоровья и умерла 17 лет от роду накануне дня, назначенного для ее свадьбы с графом Андреем Шуваловым. Эммануил Нарышкин, также сын Александра I, умер занимая должность обер-гофмаршала императора Николая II.

Нарышкина, однако, не оставалась верной своему царственному любовнику и обманывала мужа и Александра поочередно с князем Гагариным, который за это был выслан за границу, и с адъютантом Александра графом Адамом Ояровским. Однажды Александр пожелал посетить Нарышкину на ее даче в Петергофе; приезд его вызвал целый переполох; царь увидел, как адъютант его искал спасения в платяном шкафу. Царь был поражен и обратился к своему адъютанту со словами: «Ты похитил у меня самое дорогое. Тем не менее с тобой я обращусь и дальше как с другом. Твой стыд будет моей местью». И действительно, Александр простил своего адъютанта, который не только остался в занимаемой им должности, но и достиг очень высоких ступеней служебной лестницы. Нарышкина же окончательно проиграла свою партию и не смела больше показываться на глаза императору. После смерти ее мужа и императора она выехала в Германию, поселилась в Тегернзее близ Мюнхена и умерла там в 1854 году.

После разрыва с Нарышкиной Александр снова зажил с супругой своей Елизаветой Алексеевной, и следует лишь удивляться той любви и самоотверженности, на которую была способна императрица, с которой она приняла легкомысленного и заставлявшего ее так много перестрадать супруга. Но уже было поздно, время счастья и супружеской любви было отмерено чрезвычайно скупо: 21 ноября 1825 года Александр умер в Таганроге, и через несколько недель, на пути следования его останков в Петербург, сопровождая тело своего супруга, императрица скончалась в городке Белове.

Относительно смерти Александра не замедлила образоваться легенда о том, что царь вовсе не скончался, а что вместо него положен в гроб другой труп обыкновенного смертного. Русская история полна такими легендами, полна самозванцами и верой в несуществующих самозванцев. Недаром же слово «самозванец» почти что непереводимо ни на один из иностранных языков. На легенде о том, что Александр вовсе не умер, а отправился в Сибирь в качестве отшельника, не стоило бы останавливаться, если бы легенда эта не была одно время чрезвычайно распространена в русском обществе и не послужила бы даже предметом серьезного исторического труда, принадлежащего перу великого князя Георгия Михайловича, который в своем исследовании окончательно опроверг эту басню. Помимо любви нашего народа к чудесным сказаниям о смерти русских царей, сказание о долгой отшельнической жизни Александра объясняется и тем мистически-религиозным настроением, в котором государь этот пребывал во второй половине своего царствования, в особенности после знакомства и долгой связи его с баронессой Крюденер.

ДВЕ ДУШИ И ДВЕ СЕМЬИ

АЛЕКСАНДРА II

Когда Александр Николаевич родился в одном из дворцов московского Кремля, его отец не был еще не только императором, но даже и наследником. Таким образом, в маленьком Александре не видели будущего монарха, и только этим объясняется, что он в детстве и юности избежал того воспитания, какое всегда получали будущие русские цари. Его отец Николай Павлович горько временами сожалел, что он сам получил вполне недостаточное образование, и, несмотря на свой суровый, деспотический, чисто бурбонский характер, он хотел сделать из своего сына сколько-нибудь порядочного человека. Но полное непонимание задач и хода воспитания не дали ему возможности выбрать для сына надлежащих воспитателей.

Так, военным гувернером маленького Александра был генерал Мердер, человек в высшей степени ограниченный, стремившийся сделать из маленького принца послушного и исправного солдата, несмотря на то что мальчику была военная служба противна. Но отец, ставший уже к тому времени наследником престола, также находил, что его преемник должен был повиноваться строгому отцу. Когда Александру исполнилось 8 лет, его воспитание поручили знаменитому поэту Василию Андреевичу Жуковскому. Последний выработал план воспитания цесаревича, который, по мысли Жуковского, должен быть человеком образованным, без излишнего научного багажа, но должен знать и понимать все то, что относится к его будущей роли самодержца и царя. Особенно сильное значение Жуковский придавал изучению истории, являющейся воспитательницей монархов в том смысле, что она их учит поднимать свои народы на столь высокий уровень, чтобы закон и порядок были основными началами государственной жизни и общего благосостояния. Свобода и порядок, писал Жуковский, суть одно и то же. Свобода и порядок! Как прекрасно звучало это на бумаге! Но как мало мог воспринять эти великие принципы маленький Александр, видевший вокруг себя деспотический режим отца, грубейший произвол его любимцев и ставленников, как равно и сплошное беззаконие, бывшее всегда высшим принципом всей административной, полицейской и чиновной России.

Жуковский не был тем энергичным человеком с сильным характером, влияние которого могло бы составить в душе цесаревича должный противовес всему тому, что творилось вокруг впечатлительного мальчика. Так, например, с одной стороны, Жуковский превосходно уживался с Мердером, хотя, с другой стороны, и протестовал против того, что мальчика заставляют заниматься почти исключительно военными упражнениями: народ ведь не полк солдат и Россия не казарма. С одной стороны, Жуковский выработал свой план образования цесаревича, но, с другой стороны, сам же советовал, чтобы приглашен был еще один высший воспитатель. Россия была к тому времени настолько бедна людьми, что выбор остановился сначала на греке, графе Каподистрии, но, когда тот предпочел стать во главе своей родины, высшее наблюдение за образованием Александра поручено было опять-таки солдату, генерал-лейтенанту Ушакову. К счастью для его воспитанника, сей бравый, но вполне недальновидный и неумелый педагог, не сумел даже приобрести хоть какое-нибудь влияние на Александра. Последний был предан одному лишь Жуковскому и перенял от него вдумчивость и серьезное отношение к своим обязанностям.

Двойственность характера воспитателя отразилась и на его воспитаннике. Александр всю жизнь остался человеком мягким, нерешительным, доступным всякого рода внешним влияниям и рабом всех своих внутренних побуждений, всегда разнообразных, временных и противоречащих друг другу.

10 сентября 1831 года император Николай объявил своего сына официально наследником престола, а 4 мая 1834 года Александр, еще только шестнадцати лет от роду, объявлен был совершеннолетним и получил целый ряд весьма высоких, на первый взгляд, весьма ответственных, но, в сущности, фиктивных назначений. Он стал и атаманом казачьих войск, и главнокомандующим гвардейским гренадерским корпусом, и первым адъютантом своего отца.

Время уходило на парады, смотры и тому подобное переливание из пустого в порожнее, и занятия с целым рядом лиц, приглашенных читать цесаревичу специальные курсы, шли спустя рукава и урывками. Сперанский доказывал юноше, что право остается правом лишь до тех пор, пока оно покоится на правде, в противном случае оно уже не право, но произвол. Но как могло это запечатлеться в душе юноши, если данная ему власть над безмолвно покорными войсками была сплошным проявлением личного произвола? Граф Канкрин читал цесаревичу курс о денежном обращении и финансах, барон Бруннов знакомил его с дипломатическими отношениями России и держав, но Николай I, любивший властвовать безгранично и бесконтрольно, не давал возможности сыну вмешиваться в какую бы то ни было область государственного управления. В 1837 году он послал Александра в сопровождении Жуковского и генерала Кавенина в путешествие по Сибири. Какую бы цель он ни преследовал при этом, меньше всего жестокий и мстительный Николай желал, чтобы Александр вошел в какое бы то ни было соприкосновение с декабристами, этими величайшими мучениками земли русской. Когда Николай сам подверг в 1825 году инквизиторскому допросу Николая Александровича Бестужева, тот сказал ему смело и открыто: «В этом-то и все несчастье, что Ваше Величество можете сделать все, что Вам угодно, ибо Вы стоите выше закона. Мы добивались лишь того, чтобы судьба Ваших подданных в будущем зависела только от закона, но никак не от Ваших капризов».

Николай выслушал эти слова спокойно и говорил позже, что во время всего своего царствования он надеется не быть вынужденным выслушать столько горькой правды, сколько выслушал он от одного Бестужева. Красивые, но пустые слова! Во все время царствования Николая вся Россия вопияла горько к небу о правде, праве и законности, но ближайшие приближенные Николая достаточно хорошо позаботились, чтобы эта правда никогда не дошла до его ушей. Цесаревичу во время его поездки по Сибири также было показано только лишь внешнее благополучие и фальсифицированное общее довольство. Тем не менее Александр виделся с некоторыми декабристами, говорил с ними, утешал их и взял на себя роль заступника за них перед отцом. Николай сменил гнев на милость: некоторые декабристы назначены были солдатами в кавказскую армию, а другим разрешено было переселиться в тот или другой из сибирских городов. Юноше Александру нравилось играть роль милостивого цесаревича: будучи назначен канцлером Гельсинг-форского университета, он принимал меры, способные несколько примирить финляндцев с режимом его отца, нарушавшего на каждому шагу финляндскую конституцию; он сумел достать себе и читал с удовольствием остроумные мемуары Петра Александровича Валуева, бичевавшего русскую администрацию и чиновничество, благодаря его заступничеству были в 1848 году помилованы приговоренные к смерти венгерские инсургенты. Но и только. Николай не позволял сыну заходить дальше заступничества и маленьких просьб.

Доказано даже, что Николай приказал пресловутому Третьему отделению следить за каждым шагом Александра и доносить ему о результатах этого надзора. Чтобы держать сына подальше от Петербурга, Николай часто посылал его за границу с какой-нибудь пустячной миссией к иностранным дворам. Кроме того, Александр объездил южную Россию, Кавказ и Армению. Казалось бы, эти путешествия должны были познакомить Александра с русским народом и различными народцами, которыми он в будущем должен будет править, с их нравами, обычаями и образом жизни, но губернаторы и полицмейстеры заботились о том, чтобы будущий царь знал одну лишь внешнюю, показную сторону русской жизни.

Догадываясь, что русскую жизнь старательно и сознательно фальсифицируют перед его глазами, и мечтая о том, что такая-то и такая-то стороны русской жизни должны быть реформированы, Александр вполне уже освоился с мыслью, что раньше или позже он будет безраздельным властелином над всей колоссальной Россией, над всем многомиллионным русским народом, тем более глубоко и тяжело был он поражен, когда его младший брат Константин стал предъявлять права на русский трон.

«Ты, — говорил он Александру, — родился еще тогда, когда отец был только лишь еще великим князем. Я же родился, когда отец уже носил на голове корону. Я родился в пурпуре, и только я один имею право наследовать отцу.»

Александр, однако, и не думал уступать, подобно своему дяде Константину Павловичу, брату свои права на престол. К его счастью, император Николай стал на его сторону и, умирая, призвал к себе Константина, чтобы взять с него клятву в преданности и миролюбии по отношению к старшему брату. Константин действительно поклялся одним из первых в верноподданничестве Александру, когда несколько дней спустя Николай умер и его старший сын под именем Александра II вступил на престол.

Теоретик русского анархизма князь Петр Кропоткин в 1861 году был произведен в фельдфебели Пажеского корпуса, который одновременно являлся камер-пажом императора и «становился лично известен государю, что считалось, конечно, важным шагом в дальнейшей карьере». О своей жизни при дворе Петр Кропоткин рассказал в «Записках революционера»:

«В придворной жизни, без сомнения, много живописного.

Элегантная утонченность манер (хотя, быть может, и поверхностная), строгий этикет, блестящая обстановка, несомненно, производят впечатление. Большой выход — красивое зрелище. Даже простой прием у императрицы нескольких дам резко отличается от обыкновенного визита. Прием происходит в великолепной зале, гости вводятся камергерами в расшитых золотом мундирах, за императрицей следуют великолепно одетые пажи и фрейлины — и все выполняется с особой торжественностью. Быть действующим лицом в придворной жизни для мальчика моих лет, конечно, было больше чем любопытно. К тому же нужно сказать, что на Александра II я тогда смотрел как на героя своего рода: он не придавал значения придворным церемониям, начинал тогда работать в шесть часов утра и упорно боролся с реакционной партией, чтобы провести ряд реформ, в ряду которых освобождение крестьян составляло лишь первый шаг.

Но по мере того как я присматривался к казовой стороне придворной жизни и время от времени видел мельком, что творится за кулисами, я убедился в ничтожности этих церемоний, которыми лишь слабо прикрывается то, что желают скрыть от толпы. Больше того, я убедился, что эти мелочи до такой степени поглощают внимание двора, что препятствуют видеть явления первой важности, и что из-за театральности часто забывается действительность. Мало-помалу стал тускнеть также и тот ореол, которым я окружил Александра. И если бы я когда-нибудь лелеял иллюзию насчет деятельности в придворных сферах, она исчезла бы к концу первого же года.

В большие праздники, а также в царские дни во

дворце бывал большой выход. Тысячи офицеров, от генералов до капитанов, а также высшие гражданские чиновники выстраивались в громадных залах дворца, чтобы отвесить низкий поклон, когда император с семьею торжественно проследуют в церковь. Все члены императорской фамилии собирались для этого в гостиной и весело болтали, покуда не наступал момент надеть маску торжественности. Затем процессия выстраивалась. Император подавал руку императрице и шел впереди. За ним следовал его камер-паж, а за ним дежурный генерал-адъютант и министр двора. За императрицей или, точнее, за бесконечным шлейфом ее платья шли два камер-пажа, поднимавшие этот шлейф на поворотах и потом расправлявшие его во всей красе. Далее шли: наследник, которому тогда было лет восемнадцать, великие князья и княгини, согласно порядку престолонаследий. За каждой из великих княгинь следовал ее камер-паж. Далее тянулась длинная вереница старых и молодых статс-дам и фрейлин в так называемых русских костюмах, то есть в бальном платье, которое почему-то предполагалось похожим на сарафан.

Когда процессия проходила, я мог наблюдать, как каждый из высших военных и гражданских чиновников, прежде чем отвесить свой поклон, старался украдкой уловить взгляд царя. И если тот отвечал кому-нибудь на поклон улыбкой, одним или двумя словами или даже чуть заметным кивком, то преисполненный гордости счастливец оглядывал соседей, ожидая от них поздравлений.

Из церкви процессия возвращалась в том же порядке. Затем каждый спешил по своим собственным делам. Кроме немногих фанатиков придворного этикета да молодых дам, большинство присутствовавших считали выходы скучной барщиной.

Два или три раза в зиму во дворце давались большие балы, на которые приглашались тысячи гостей. После того как император открывал танцы полонезом, каждому предоставлялось веселиться как угодно. В бесконечных, блестяще освещенных залах было сколько угодно места молодым девушкам укрыться от бдительного глаза маменек и тетушек. Молодежь веселилась во время танцев, а за ужином всегда как-то выходило так, что молодые пары усаживались вдали от стариков.

Моя служба на балах была не из легких. Александр II не танцевал и не сидел, а все время ходил между гостей. Камер-пажу приходилось идти на некотором расстоянии от царя так, чтобы не торчать слишком близко и вместе с тем быть под рукой, чтобы явиться немедленно на зов. Это сочетание присутствия с отсутствием давалось нелегко. Не требовал его и император: он предпочел бы, чтобы его оставили одного, но таков уж был обычай, которому царю приходилось подчиниться. Хуже всего было, когда Александр II входил в толпу дам, стоявших вокруг танцующих великих князей, и медленно двигался там. Не особенно легко было пробираться среди этого живого цветника, который расступался, чтобы дать дорогу царю, но сейчас же замыкался за ним. Сотни дам и девиц не танцевали, а стояли тут же в надежде, что, быть может, кто-нибудь из великих князей заметит их и пригласит на польку или на тур вальса.

О влиянии двора на петербургское общество можно судить по следующему. Если родители замечали, что какой-нибудь великий князь обратил внимание на их дочь, они прилагали все старания, чтобы девушка влюбилась в высокую особу, хотя отлично знали, что дело не может кончиться браком. Я не мог бы даже представить себе тех разговоров, которые услыхал раз в «почтенной» семье, после того как наследник два или три раза потанцевал с молодой семнадцатилетней девушкой. По этому поводу родители ее строили различные блестящие, по их мнению, планы.

Каждый раз, когда мы бывали во дворце, мы обедали и завтракали там. Придворные лакеи тогда рассказывали нам — желали мы их слушать или нет — скандальную придворную хронику. Они знали решительно все, что происходило во дворцах. То была их среда. В интересах истины должен сказать, что в тот год, о котором я говорю, скандальная хроника была беднее событиями, чем в семидесятых годах. Братья Александра II тогда только что женились, а сыновья его были еще слишком молоды. Но об отношениях императора к княжне Долгорукой, которую Тургенев так хорошо обрисовал в «Дыме» под именем Ирины, во дворце говорили еще более открыто, чем в петербургских салонах. Раз, когда мы вошли в комнату, где переодевались всегда, нам сообщили, что «княжна Долгорукая сегодня получила отставку, на этот раз полную». Полчаса спустя я увидел княжну Долгорукую. Она явилась в церковь с распухшими от слез глазами.

Все время службы она глотала слезы. Остальные дамы держались поодаль от несчастной, как бы для того, чтобы ее лучше видели. Прислуга уже вся знала про событие и обсуждала его на свой собственный лад. Было нечто отвратительное в толках этих людей, которые за день до того пресмыкались перед этой самой дамой.

Ежегодно 6 января, как известно, происходит полухристианский, полуязыческий обряд освящения воды на Иордани. Он также соблюдается при дворе. На Неве, против дворца, сооружается павильон. Императорская фамилия, предшествуемая духовенством, идет из дворца поперек великолепной набережной к павильону, где после молебствия крест погружается в воду. Тысячи народа на набережной и на льду следят издали за церемонией. Все, конечно, стоят без шапок во время молебствия. В тот год был очень сильный мороз, и один старый генерал надел из предосторожности парик; но когда старик, пред выходом на улицу, поспешно накидывал в передней шинель, то не заметил, как парик его был сбит на сторону и был посажен пробором поперек. Константин Николаевич увидел это и во все время службы пересмеивался с молодыми великими князьями. Все они смотрели на генерала, который глупо ухмылялся, не понимая, чем он мог вызвать такое веселье. Константин, наконец, шепнул брату, который тоже взглянул на генерала и рассмеялся.

Несколько минут спустя, когда процессия на обратном пути опять была на набережной, старый крестьянин протолкался сквозь двойную цепь солдат, стоявших вдоль пути, и упал на колени перед царем, держа вверх прошение.

— Батюшка-царь, заступись! — крикнул он со слезами, и в этом восклицании сказалось все вековое угнетение крестьян. Но Александр II, смеявшийся за несколько минут пред тем по поводу съехавшего на бок парика, прошел теперь мимо, не обратив даже внимания на мужика. Я шел за Александром и заметил в нем только легкое содрогание испуга, когда мужик внезапно появился и упал перед ним. Затем он прошел, не удостоив даже взглядом человека, валявшегося в его ногах. Я оглянулся.

Флигель-адъютанта не было. Константин, который шел за нами, так же не обратил внимания на просителя, как и его брат. Не было никого, кто бы мог принять бумагу. Тогда я взял ее, хотя знал, что мне сделают за это выговор: принимать прошения было не моим делом; но я вспомнил, сколько должен был перенести мужик, покуда добрался до Петербурга, а затем пока пробрался сквозь ряды полиции и солдат. Как и все крестьяне, подающие прошение царю, мужик рисковал попасть в острог, кто знает на какой срок.

В день освобождения крестьян Александра II боготворили в Петербурге; но замечательно то, что, помимо этого момента энтузиазма, его не любили в столице. Брат его, Николай Николаевич, неведомо почему был очень популярен среди мелких лавочников и извозчиков. Но ни Александр II, ни Константин, вождь партии реформ, ни Михаил не пользовались особою любовью ни одного класса из населения столицы. Александр II унаследовал от отца много черт деспота, и они просвечивали иногда, несмотря на обычное добродушие его манер. Он легко поддавался гневу и часто обходился крайне пренебрежительно с придворными. Ни в вопросах политики, ни в личных симпатиях он не был человеком, на которого можно было положиться, и вдобавок отличался мстительностью. Сомневаюсь, чтобы он искренно был привязан к кому-нибудь. Окружали его и были близки ему порой люди совершенно презренные, как, например, граф Адлерберг, за которого Александр II постоянно платил долги; другие же прославились колоссальным воровством. Уже с 1862 года можно было опасаться, что Александр II вновь вступит на путь реакции. Правда, было известно, что он хочет преобразовать суд и армию, что ужасное телесное наказание отменяется и что России дадут местное самоуправление, а может быть, какой-нибудь вид конституции, но малейшие беспорядки подавлялись по его приказанию с беспощадной строгостью. Каждое такое возмущение он принимал за личное оскорбление.

Из всей императорской фамилии, без сомнения, наиболее симпатичной была императрица Мария Александровна. Она отличалась искренностью, и когда говорила что-либо приятное кому, то чувствовала так. На меня произвело глубокое впечатление, как она раз благодарила меня за маленькую любезность (после приема посланника Соединенных Штатов). Так не благодарит женщина, привыкшая к придворной лести. Она, без сомнения, не была счастлива в семейной жизни. Не любили ее также и придворные дамы, находившие ее слишком строгой: они не могли понять, отчего это Мария Александровна так близко принимает к сердцу «шалости» мужа. Теперь известно, что Мария Александровна принимала далеко не последнее участие в освобождении крестьян. Но тогда про это мало знали. Вождями партии реформы при дворе считались великий князь Константин и великая княгиня Елена Павловна, главная покровительница Николая Милютина в высших сферах. Больше знали о том деятельном участии, которое принимала Мария Александровна в учреждении женских гимназий. С самого начала, в 1859 году, они были поставлены очень хорошо, с широкой программой и в демократическом духе. Ее дружба с Ушинским спасла этого замечательного педагога от участи многих талантливых людей того времени, то есть от ссылки.

Мария Александровна сама получила хорошее образование и хотела дать такое же своему старшему сыну. С этой целью она пригласила в преподаватели лучших специалистов в различных областях знания, в том числе Кавелина, хотя она и знала о дружбе его с Герценом. Когда Кавелин упомянул ей про это, Мария Александровна ответила, что сердита на Герцена только за резкие отзывы о вдовствующей императрице.

Наследник был необыкновенно красив, быть может даже слишком женствен. Он ничуть не был горд и во время выходов приятельски болтал с камер-пажами. (Помню даже, что во время новогоднего приема дипломатического корпуса я пытался объяснить ему, насколько просто одетый посланник

Соединенных Штатов, Уашберн, выгодно отличается от разряженных, как попугаи, остальных посланников.) Но те, которые хорошо знали наследника, совершенно верно отзывались о нем как о глубоком эгоисте, совершенно неспособном душевно привязаться к кому-нибудь. Что касается учения, то все старания матери пропали даром. В августе 1861 года наследник окончательно провалился на экзаменах, происходивших в присутствии отца. Помню даже, как через несколько дней после этого провала, на параде в Петергофе, на котором командовавший наследник сделал какую-то ошибку, Александр крикнул ему громко, так что все слышали: «Даже этому не можешь научиться!» Как известно, наследник умер двадцати двух лет от болезни спинного мозга.

Александр Александрович, ставший наследником в 1865 году, являлся полной противоположностью брату. Он так напоминал мне лицом и сознанием своего величия Павла I, что я часто говорил: «Если Александр когда-нибудь вступит на престол, то будет другим Павлом I в Гатчине и примет такую же смерть от своих придворных, как прадед его». Он упорно не хотел ничему учиться. Говорили, что Александр II нарочно не учил второго сына, а сосредоточивал все внимание на наследнике, так как пережил сам немало неприятных минут вследствие того, что Константин был образованнее его. Сомневаюсь, однако, чтобы это было так. Александр Александрович с детства терпеть не мог учения. Писал он (мой брат видел оригиналы его телеграмм к невесте в Копенгаген) до невероятности безграмотно.

По-французски писал он так: Ecri a oncle a propos parade... les nouvelles sont mauvaisent», а по-русски: «Сидим за субботиным столом и едим батвению» и так далее в таком роде.

Говорят, к концу жизни его характер исправился, но в 1870 году и гораздо позднее он являлся настоящим потомком Павла I. Я знал в Петербурге офицера, шведа по происхождению (родом из Финляндии), которого командировали в Соединенные Штаты заказать ружья для русской армии. Во время аудиенции цесаревич дал полный простор своему характеру и стал грубо говорить с офицером. Тот, вероятно, ответил с достоинством. Тогда великий князь пришел в настоящее бешенство и обругал офицера скверными словами. Офицер принадлежал к тому типу вполне верноподданных людей, держащихся, однако, с достоинством, какой часто встречается среди шведских дворян в России. Он немедленно ушел и послал цесаревичу письмо, в котором требовал, чтобы Александр Александрович извинился. Офицер прибавлял, что если через двадцать четыре часа извинения не будет, то застрелится. Это был род японской дуэли. Александр Александрович не извинился, и офицер сдержал свое слово. Я видел его у моего близкого друга в тот день, когда он ежеминутно ждал, что прибудет извинение. На другой день его не было в живых. Александр II очень рассердился на сына и приказал ему идти за гробом офицера вплоть до могилы; но даже и этот страшный урок не излечил молодого человека от романовской надменности и запальчивости.

Во время польской революции пробудился в нем

деспот, и, подстрекаемый Катковым, он не нашел другого выхода, как виселицы, так точно и теперь, следуя внушениям того же злого гения — Каткова, он ничего не придумал, кроме назначения особых генерал-губернаторов с полномочием вешать.

Тогда, и только тогда, горсть революционеров — Исполнительный Комитет, поддерживаемый, однако, растущим недовольством среди образованных классов и даже среди приближенных к царю, объявил ту войну самодержавию, которая, после нескольких неудачных покушений, закончилась в 1881 году смертью Александра II.

Два человека жили в Александре II, и теперь борьба между ними, усиливавшаяся с каждым годом, приняла трагический характер. Когда он встретился с Соловьевым, который выстрелил в него и промахнулся, Александр II сохранил присутствие духа настолько, что побежал к ближайшему подъезду не по прямой линии, а зигзагами, покуда Соловьев продолжал стрелять. Таким образом он остался невредимым. Одна пуля только слегка разорвала шинель. В день своей смерти Александр II тоже проявил несомненное мужество.

Перед действительной опасностью он был храбр, но он беспрерывно трепетал пред призраками, созданными его собственным воображением. Единственно, чтобы охранить свою императорскую власть, он окружил себя людьми самого реакционного направления, которым не было никакого дела до него, а просто нужно было удержать свои выгодные места.

Без сомнения, он сохранил привязанность к матери своих детей, хотя в то время он был уже близок с княжной Юрьевской-Долгорукой, на которой женился немедленно после смерти императрицы.

— Не упоминай мне про императрицу: мне это так больно, — говорил он не раз Лорис-Меликову. А между тем он совершенно оставил Марию Александровну, которая верно помогала ему раньше, когда он был освободителем. Она умирала в Зимнем дворце в полном забвении. Хорошо известный русский врач, теперь уже умерший, говорил своим друзьям, что он, посторонний человек, был возмущен пренебрежением к императрице во время ее болезни. Придворные дамы, кроме двух статс-дам, глубоко преданных императрице, покинули ее, и весь придворный мир, зная, что того требует сам император, заискивал пред Долгорукой. Александр II, живший в другом дворце, делал своей жене ежедневно лишь короткий официальный визит.

Когда Исполнительный Комитет свершил смелую попытку взорвать Зимний дворец, Александр II сделал шаг, до того беспримерный. Он создал род диктатуры и облек Лорис-Меликова чрезвычайными полномочиями. Этому генералу, армянину родом, Александр II уже раньше давал диктаторские полномочия, когда в Ветлянке, в низовьях Волги, проявилась чума и Германия пригрозила мобилизовать свою армию и объявить Россию под карантином, если эпидемия не будет прекращена. Теперь, когда Александр II увидал, что он не может доверяться бдительности даже дворцовой полиции, он дал диктаторские права Лорис-Меликову, а так как Меликов считался либералом, то новый шаг истолковали в том смысле, что скоро созовут Земский Собор. Но после взрыва в Зимнем дворце новых покушений немедленно не последовало, а потому Александр II опять успокоился, и через несколько месяцев, прежде чем Меликов мог выполнить что бы то ни было, он из диктатора превратился в простого министра внутренних дел.

Внезапные припадки тоски, во время которых Александр II упрекал себя за то, что его царствование приняло реакционный характер, теперь стали выражаться сильными пароксизмами слез. В иные дни он принимался плакать так, что приводил Лорис-Меликова в отчаяние. В такие дни он спрашивал министра: «Когда будет готов твой проект конституции?». Но, если два-три дня позже Меликов докладывал, что органический статут готов, царь делал вид, что решительно ничего не помнит. «Разве я тебе говорил что-нибудь об этом? — спрашивал он. — К чему! Предоставим это лучше моему преемнику. Это будет его дар России.»

Когда слух про новый заговор достигал до Александра II, он готов был предпринять что-нибудь, но когда в лагере революционеров все казалось спокойным, он прислушивался к нашептываниям реакционеров и оставлял все, как было прежде.

Лорис-Меликов со дня на день ждал, что его попросят в отставку.

В феврале 1881 года Лорис-Меликов доложил, что Исполнительный Комитет задумал новый заговор, план которого не удается раскрыть, несмотря на самые тщательные расследования. Тогда Александр II решил созвать род совещательного собра-

140

ния из представителей от земств и городов. Постоянно находясь под впечатлением, что ему предстоит судьба Людовика XVI, Александр II приравнивал предполагавшуюся «общую комиссию» тому собранию нотаблей, которое было созвано до Национального Собрания 1789 года.

Проект должен был поступить в Государственный совет; но тут Александр II стал снова колебаться. Только утром первого марта 1881 года, после нового, серьезного предупреждения со стороны Лорис-Меликова об опасности, Александр II назначил следующий четверг для выслушивания проекта в заседании Совета Министров. Первое марта падало на воскресенье, и Лорис-Меликов убедительно просил царя не ездить на парад в этот день ввиду возможности покушения.

Тем не менее Александр II поехал. Он желал увидеть великую княжну Екатерину Михайловну, дочь его тетки Елены Павловны, которая в шестидесятых годах была одним из вождей партии реформ, и лично сообщить ей приятную весть, быть может как акт покаяния перед памятью Марии Александровны. Говорят, царь сказал великой княжне: «Я решил созвать собрание именитых людей». Но эта запоздалая и нерешительная уступка не была доведена до всеобщего сведения, на обратном пути из манежа Александр II был убит.

Известно, как это случилось. Под карету, чтобы остановить ее, была брошена бомба. Несколько черкесов из конвоя была ранены. Рысакова, бросившего бомбу, тут же схватили. Несмотря на настоятельные убеждения кучера не выходить из кареты — он утверждал, что в слегка поврежденном экипаже можно еще доехать до дворца, — Александр II все-таки вышел. Он чувствовал, что военное достоинство требует посмотреть на раненых черкесов и сказать им несколько слов. Так поступал он во время русско-турецкой войны, когда, например, в день его именин сделан был безумный штурм Плевны, кончившийся страшной катастрофой.

Александр II подошел к Рысакову и спросил его о чем-то, а когда он проходил затем совсем близко от другого молодого человека, Гриневецкого, стоявшего тут же, на набережной, с бомбою, тот бросил свою бомбу между обоими так, чтобы убить и себя и царя. Оба были смертельно ранены и умерли через несколько часов.

Теперь Александр II лежал на снегу, истекая кровью, оставленный всеми своими сторонниками! Все исчезли. Кадеты, возвращавшиеся с парада, подбежали к умирающему царю, подняли его с земли, усадили в сани и прикрыли дрожащее тело кадетской шинелью, а обнаженную голову — кадетской фуражкой. Да еще один из террористов с бомбой, завернутой в бумагу, под мышкой, риску быть схваченным и повешенным, бросился вместе с кадетами на помощь раненому...

Человеческая природа полна таких противоположностей.

Так кончилась трагедия Александра II. Многие не понимали, как могло случиться, чтобы царь, сделавший так много для России, пал от руки революционеров. Но мне пришлось видеть первые реакционные проявления Александра II и следить за ними, как они усиливались впоследствии; случилось так-же, что я мог заглянуть в глубь его сложной души; увидать в нем прирожденного самодержца, жестокость которого была только отчасти смягчена образованием, и понять этого человека, обладавшего храбростью солдата, но лишенного мужества государственного деятеля, — человека сильных страстей, но слабой воли, — и для меня эта трагедия развивалась с фатальной последовательностью шекспировской драмы.

Последний ее акт был ясен для меня уже 13 июня 1862 года, когда я слышал речь, полную угроз, произнесенную Александром II перед нами, только что произведенными офицерами, в тот день, когда по его приказу совершились первые казни в Польше.

Дикая паника охватила придворные круги в Петербурге. Александр III, который, несмотря на свой колоссальный рост, не был храбрым человеком, отказался поселиться в Зимнем дворце и удалился в Гатчину, во дворец своего прадеда Павла I. Я знаю это старинное здание, планированное как вобановская крепость, окруженное рвами и защищенное сторожевыми башнями, откуда потайные лестницы ведут в царский кабинет. Я видел люк в кабинете, через который можно бросить неожиданно врага в воду — на острые камни внизу, а затем тайные лестницы, спускающиеся в подземные тюрьмы и в подземный проход, ведущий к озеру. Тем временем подземная галерея, снабженная автоматическими электрическими приборами, чтобы революционеры не могли подкопаться, рылась вокруг Аничкова дворца, где Александр III жил до восшествия на престол».

Князь Кропоткин говорил о том, что у Александра II было «две души». Не только «две души», говорю я, у него было и две семьи. В 1862 году он, глава большого семейства, увидел на балу подростка, впервые выведенного в свет, — княжну Екатерину Долгорукую. Четыре года ожидал император, пока ей исполнится двадцать. А потом княжна стала посещать императорский дворец, своим ключом открывая потайную дверь в спальне Александра. После того как Екатерина родила четвертого ребенка, он отвел своей второй семье апартаменты в Зимнем прямо над комнатами умирающей от туберкулеза царицы Марии, урожденной принцессы Гессен-Дармштадской. Шумные детские игры отравляли последние минуты жизни императрицы. Мария умерла в 1880 году. Через сорок дней состоялось тайное венчание. Месяц спустя Александр почувствовал себя плохо. Врач констатировал: силы Государя подорваны сексуальными излишествами. «Вчера мы вцепились друг в друга, — писала Екатерина, — и впали в состояние экстаза на грани помешательства...»

«Я все еще переполнен восторгом, — отвечал Александр, — после нашего последнего безумства было так хорошо, что хотелось кричать.»

После смерти императора, гонимая ненавистью наследников, Екатерина покинула Россию, уехала в Париж, взяв с собой на память один из оторванных взрывом пальцев Александра.

ЧАСТЬ II. КОНЕЦ ДОМА РОМАНОВЫХ

ЗЛОЙ РОК

О злом роке, преследовавшем семью Романовых, знали все. Воспитатель царских детей П. Жильяр писал:

«Будущая Императрица Александра Федоровна, Алиса Гессенская, четвертый ребенок великого герцога Людовика Гессенского и Алисы Английской (младшей дочери королевы Виктории), родилась 6 июня 1872 года в Дармштадте. Она рано потеряла свою мать и большую часть своего воспитания получила при английском дворе. Здесь она скоро сделалась любимой внучкой королевы Виктории, перенесшей на белокурую Алису всю нежность, которую питала к ее матери.

В возрасте 17 лет молодая принцесса долго гостила в России у своей сестры Елизаветы, вышедшей замуж за Великого Князя Сергея Александровича, брата Императора Александра III. Она принимала участие в жизни Двора, присутствовала на парадах, приемах и балах и, будучи очень красива, имела успех. Все видели уже в ней невесту Наследника Цесаревича, но вопреки всеобщему ожиданию Алиса Гессенская вернулась в Дармштадт, не дождавшись никакого предложения.

Не остался ли у нее от этого некоторый осадок? Как бы то ни было, пять лет спустя, когда ей было сделано официальное предложение, она проявила некоторое колебание. Обручение все же состоялось в Дармштадте в течение лета 1894 года; затем жених и невеста провели некоторое время при английском дворе. Наследник Цесаревич вслед за этим вернулся в Россию. Несколько месяцев спустя молодая принцесса принуждена была поспешно ехать в Ливадию, где умирал Император Александр III. Она присутствовала при его агонии и вместе с Императорской семьей сопровождала через всю Россию гроб с останками покойного Императора.

Перенесение тела с Николаевского вокзала в Петропавловский собор состоялось в грустный ноябрьский день. Огромная толпа теснилась по пути траурного шествия, двигаясь по грязным от мокрого снега улицам. При проезде процессии можно было слышать, как женщины из простонародья, набожно крестясь, перешептывались, намекая на молодую принцессу: «Она вошла к нам за гробом, она несет с собой несчастье».

И в самом деле, с первых же дней в России несчастье как будто привязалось к стопам той, которую за ее веселость и ослепительную красоту в молодости называли «sunshine» — «луч солнышка».

26 ноября, иначе говоря, менее месяца после кончины Александра III, среди общей горести, состоялась свадьба. Год спустя Императрица родила первого ребенка — дочь, которую назвали Ольгой.

14 мая 1896 года в Москве состоялась коронация молодой четы. Злой рок уже, казалось, гнался за ними: все помнят, что эти торжественные празднества дали повод ужасному случаю, который стоил жизни многочисленным жертвам. Поспешившие отовсюду на праздник крестьяне столпились ночью на Ходынском поле, где должна была состояться раздача подарков. Вследствие дурной организации произошла паника, и более двух тысяч человек были раздавлены или задохлись в канавах под натиском толпы, которую обуял ужас.

Утром, когда Царь с Царицей прибыли на Ходынское поле, они еще не были осведомлены об ужасной катастрофе. Они узнали истину, лишь вернувшись в город, и то... — узнали ли они ее когда-нибудь в ее полном объеме? Как не могли понять окружающие, что, скрывая истину от молодой Царственной четы, ее лишали возможности непосредственно выказать сострадание и горе? Вместо этого создавалось отталкивающее впечатление людей, равнодушных к народному бедствию.

Засим прошло несколько лет спокойного семейного счастья, во время которых могло казаться, что злой рок разжал свои когти.

За рождением Ольги Николаевны последовало явление на свет трех полных здоровья и жизни дочерей, которые составляли радость своих родителей. Но эта радость была не без примеси, ибо заветное их желание не было еще осуществлено: его могло осуществить только появление на свет Наследника. Рождение последней Великой Княжны, Анастасии Николаевны, было в первую минуту

147

крупным разочарованием... А годы проходили. Наконец 12 августа 1904 года, в разгар русско-японской войны, Государыня родила столь долгожданного сына. Радость была безграничная. Казалось, что все былые горести забыты, что перед супругами откроется новая пора счастья. Увы! Это было лишь короткой передышкой, за которой последовали новые несчастья: сначала, в январе, кровопролитие на Дворцовой площади, воспоминанию о коем, как ужасному кошмару, суждено было преследовать их в течение всей жизни, затем плачевное окончание русско-японской войны. Их единственным утешением в эти сумрачные дни был их любимый ребенок, и, увы, скоро пришлось убедиться в том, что Цесаревич болен гемофилией. С этой минуты жизнь матери стала сплошной, душу разрывающей тревогой. Она знала ее — эту страшную болезнь: ее дядя, ее брат и два ее племянника умерли от нее. С детства ей говорили об этой болезни как о чем-то ужасающем и таинственном, против чего люди бессильны. И вот ее единственный сын, этот ребенок, который ей был дороже всего на свете, был поражен ею, и смерть будет сторожить его, следовать за ним по пятам, чтобы когда-нибудь унести его, как уже унесла стольких детей в ее семье.

Нет, надо бороться, надо спасти какой угодно ценой. Невозможно, чтобы наука была бессильна, средство спасения, быть может, все же существует, и оно будет найдено. Доктора, хирурги, профессора были опрошены, но тщетно они испробовали все способы лечения.

Вошла Императрица с Великим Князем Наследником на руках. Она шла к нам с очевидным намерением показать мне сына, которого я еще не знал. На лице ее сияла радость матери, которая увидела наконец осуществление самой заветной своей мечты. Чувствовалось, что она горда и счастлива красотой своего ребенка. И на самом деле, Цесаревич был, в то время, самым дивным ребенком, о каком только можно мечтать, с своими чудными белокурыми кудрями и большими серо-голубыми глазами, оттененными длинными загнутыми ресницами. У него был свежий и розовый цвет лица здорового ребенка, и, когда он улыбался, на его круглых щечках вырисовывались две ямочки. Когда я подошел к нему, он посмотрел на меня серьезно и застенчиво, лишь с большим трудом решился протянуть мне свою маленькую ручку.

Во время этой первой встречи я несколько раз видел, как Императрица прижимала Цесаревича к себе нежным жестом матери, которая как будто всегда дрожит за жизнь своего ребенка; но у нее эта ласка и сопровождавший ее взгляд обнаруживали так ясно и так сильно скрытое беспокойство, что я был уже тогда поражен этим. Лишь много времени спустя мне пришлось понять его значение.

Алексей Николаевич был центром этой тесно сплоченной семьи, на нем сосредоточивались все привязанности, все надежды. Сестры его обожали, и он был радостью обоих родителей. Когда он был здоров, весь дворец казался как бы преображенным; это был луч солнца, освещавший и вещи, и окружающих. Счастливо одаренный от природы, он развивался бы вполне правильно и равномерно, если бы этому не препятствовал его недуг. Каждый кризис требовал недель, а иногда и месяцев покоя, а когда кровотечение бывало более обильно, то в результате наступало общее малокровие, и ему, часто на долгое время, запрещалась всякая напряженная работа. Таким образом, можно было использовать только промежутки между заболеваниями, что, несмотря на живость его ума, крайне затрудняло его образование.

Великие Княжны были прелестны своей свежестью и здоровьем. Трудно было найти четырех сестер, столь различных по характерам и в то же время столь тесно сплоченных дружбой. Последняя не мешала их личной самостоятельности и, несмотря на различие темпераментов, объединяла их живой связью. Из начальных букв своих имен они составили общее имя: «Отма». Под этой общей подписью они иногда делали подарки или посылали письма, написанные одной из них от имени всех четырех.

Я думаю, что всем будет понятно удовольствие, которое я испытываю, отдаваясь здесь некоторым личным воспоминаниям. Это позволит мне вызвать вновь к жизни во всей полноте непосредственности и жизнерадостности их молодости, я бы сказал, почти детства — этих молодых девушек, которые стали жертвами самого ужасного рока в ту пору, когда для других в их годы наступает расцвет.

Старшая, Ольга Николаевна, обладала очень

живым умом. У нее было много рассудительности и в то же время непосредственности. Она была очень самостоятельного характера и обладала быстрой и забавной находчивостью в ответах. Вначале мне было не так-то легко с нею, но после первых стычек между нами установились самые искренние и сердечные отношения.

Она все схватывала с удивительной быстротой и умела придать усвоенному оригинальный оборот. Я вспоминаю, между прочим, как на одном из наших первых уроков грамматики, когда я объяснял ей спряжения и употребление вспомогательных глаголов, она прервала меня вдруг восклицанием: «Ах, я поняла, вспомогательные глаголы — это прислуга глаголов; только один несчастный глагол «иметь» должен сам себе прислуживать!»...

Она много читала вне уроков. Когда она стала старше, всякий раз как я давал ей книгу, под предлогом трудности текста или незначительности интереса, который он представлял, я отмечал на полях места или главы, которые она должна была пропускать, с тем, чтобы потом вкратце передать ей их содержание. Я делал так из предосторожности.

Однажды одно упущение с моей стороны доставило мне одну из неприятнейших минут моей педагогической карьеры, но, благодаря находчивости Государя, все окончилось лучше, чем я мог ожидать.

Ольга Николаевна читала «Les Miserables» Виктора Гюго и дошла до описания битвы под Ватерлоо. В начале урока она передала мне, как всегда, список слов, которые она не поняла. Каков же был мой ужас, когда я увидел выписанным слово, создавшее славу героя, командовавшего гвардией! Я был уверен, что соблюл все предосторожности... Я попросил книгу, чтобы проверить свои отметки, и убедился в своей непростительной забывчивости. Чтобы избежать щекотливого объяснения, я вычеркнул злосчастное слово и вернул ей листок. Ольга Николаевна воскликнула:

— Каково! Вы вычеркнули слово, смысл которого я вчера спрашивала у папа!

Если бы молния упала у моих ног, она не произвела бы во мне большего потрясения.

— Как, вы...

— Ну да, и он сначала меня спросил, откуда я знаю это слово, а потом сказал, что это очень сильное выражение, которое повторять не надо, но что в устах генерала, его сказавшего, оно было в ту минуту самым прекрасным словом французского языка.

Несколько часов спустя я встретил Государя на прогулке в парке, он отозвал меня в сторону и сказал мне самым серьезным голосом:

— Вы, однако, обучаете моих дочерей странному подбору слов!

Я запутался в смущенных объяснениях, но Государь расхохотался и перебил меня:

— Бросьте, не смущайтесь, я отлично понял все, что произошло, и сказал моей дочери, что это страница славы французской армии.

Татьяна Николаевна, от природы скорее сдержанная, обладала волей, но была мне откровенна и непосредственна, чем старшая сестра. Она была также менее даровита, но искупала этот недостаток большей последовательностью и ровностью характера. Она была очень красива, хотя не имела прелести Ольги Николаевны.

Я помню, как депутация крестьян одной из центральных губерний России пришла однажды поднести подарки Наследнику Цесаревичу. Трое мужчин, из которых она состояла, по приказу, отданному шепотом боцманом Деревенко, опустились на колени перед Алексеем Николаевичем, чтобы вручить ему свои подношения. Я заметил смущение ребенка, который багрово покраснел. Как только мы остались одни, я спросил его, приятно ли ему было видеть этих людей перед собою на коленях.

— Ах нет! Но Деревенко говорит, что так полагается!

— Это вздор! Государь сам не любит, чтобы перед ним становились на колени. Зачем вы позволяете Деревенко так поступать?

— Не знаю... я не смею.

Я переговорил тогда с боцманом, и ребенок был в восторге, что его освободили от того, что было для него настоящею неприятностью.

Но еще более существенными обстоятельствами были его одиночество и неблагоприятные условия, в которых протекало его воспитание. Я отдавал себе отчет в том, что это почти роковым образом должно быть так; что воспитание каждого царственного ребенка клонится к тому, чтобы сделать из него существо одностороннее, которое в конце концов оказывается далеким от жизни благодаря тому, что в своей юности он не был подчинен общему закону».

ЭТА БОЛЕЗНЬ ИМЕЛА ЗНАЧЕНИЕ ГОСУДАРСТВЕННОЙ ТАЙНЫ...

Даже не все близкие люди знали полную правду о загадочной и страшной болезни цесаревича Алексея.

Учитель французского П. Жильяр вспоминал:

«Императрица изъявила желание, чтобы я занялся с Алексеем Николаевичем, которому было в то время восемь с половиной лет, и он не знал ни слова по-французски. Я дал ему первый урок и наткнулся вначале на серьезные трудности. Моя преподавательская деятельность вскоре прервалась, потому что Алексей Николаевич, который с самого начала показался мне недомогающим, должен был лечь в постель. Когда мы приехали с моим коллегой, мы оба были поражены бледностью ребенка, а также тем, что его носили, как будто он не способен был ходить. Значит, недуг, которым он страдал, без сомнения, усилился...

Несколько дней спустя стали шепотом говорить, что его состояние внушает живейшее беспокойство и что из Петербурга вызваны профессора Раухфуст и Федоров. Жизнь, однако, продолжалась по-прежнему; одна охота следовала за другой, и приглашенных было больше, чем когда-либо... Однажды вечером, после обеда, Великие Княжны Мария и Анастасия Николаевны разыгрывали в столовой, в присутствии Их Величества, свиты и нескольких приглашенных, две небольшие сцены из пьесы Мольера «Мещанин во дворянстве» («Le bourgeois gentil-homme»). Исполняя обязанности суфлера, я спрятался за ширму, заменявшую кулисы. Немного наклонившись, я мог наблюдать в первом ряду зрителей Императрицу, оживленную и улыбающуюся в разговоре со своими соседками.

Когда представление окончилось, я вышел внутренней дверью в коридор перед комнатой Алексея Николаевича. До моего слуха ясно доносились его стоны. Внезапно я увидел перед собой Императрицу, которая приближалась бегом, придерживая в спешке обеими руками длинное платье, которое ей мешало. Я прижался к стене, она прошла рядом со мной, не заметив меня. Лицо ее было взволнованно и отражало острое беспокойство. Я вернулся в зал; там царило оживление, лакеи в ливреях обносили блюда с прохладительными угощениями; все смеялись, шутили, вечер был в разгаре. Через несколько минут Императрица вернулась; она снова надела свою маску и старалась улыбаться тем, кто толпился перед ней. Но я заметил, что Государь, продолжая разговаривать, занял такое место, откуда мог наблюдать за дверью, и я схватил на лету отчаянный взгляд, который Императрица ему бросила на порог. Час спустя я вернулся к себе, еще глубоко взволнованный этой сценой, которая внезапно раскрыла предо мною драму этого двойного существования.

Хотя состояние больного еще ухудшилось, однако во внешнем образе жизни не было перемен. Только Императрица казалась все меньше и меньше; но Государь, подавляя свое беспокойство, продолжал охотиться, и каждый вечер к обеду являлись обычные гости.

17 октября прибыл, наконец, из Петербурга профессор Федоров. Я видел его на минуту вечером; у него был очень озабоченный вид. На следующий день были именины Алексея Николаевича. Этот день был отмечен только богослужением. Следуя примеру Их Величества, все старались скрыть свою тревогу.

19 октября жар еще усилился: 38,7° утром, 39° вечером. Императрица вызвала профессора Федорова среди обеда. В воскресенье, 20 октября, положение еще ухудшилось. За завтраком было, однако, несколько приглашенных. Наконец, на следующий день, когда температура дошла до 39,6° и сердце стало очень слабо, граф Фердерикс спросил разрешения Государя публиковать бюллетени о здоровье: первый бюллетень был в тот же вечер послан в Петербург.

Значит, потребовалось вмешательство министра, чтобы решились открыто признать серьезность положения Царевича.

Почему Император и Императрица подвергли себя столь ужасному принуждению? Зачем, раз у них было только одно желание — быть подле своего больного ребенка, они заставляли себя показываться, с улыбкой на устах, среди своих гостей? Дело в том, что они не хотели, чтобы стало известно, какой болезнью страдает Великий Князь Наследник. Я понял, что эта болезнь в их глазах имела значение государственной тайны.

Утром 22 октября температура ребенка была

39,1°. Однако к полудню боли понемногу утихли, и доктора могли приступить к более полному обследованию больного, который до тех пор не позволял этого, вследствие невыносимых страданий, которые он претерпевал.

В три часа был отслужен молебен в лесу; на нем присутствовало множество соседних крестьян.

С кануна этого дня стали служить по два раза в день молебны об исцелении Великого Князя Наследника. Так как в Спале не было храма, то с начала нашего пребывания в парке поставили палатку с маленькой походной церковью. Там теперь и утром, и вечером служил священник.

Прошло еще несколько дней, в течение которых острая тревога сжимала все сердца. Наконец наступил кризис, и ребенок начал выздоравливать, но это выздоровление было медленное, и, несмотря на все, чувствовалось, что беспокойство еще продолжается. Так как состояние больного требовало постоянного и очень опытного наблюдения, профессор Федоров выписал из Петербурга одного из своих молодых ассистентов, хирурга Владимира Деревенко, который с этого времени остался состоять при ребенке.

В печати того времени много говорилось о болезни Цесаревича; по этому поводу ходили разные, самые фантастические рассказы. Лично я узнал истину лишь позднее из уст доктора Деревенко. Кризис был вызван падением Алексея Николаевича в Беложеве: выходя из маленькой лодки, он стукнулся левым бедром об ее края, и удар вызвал довольно обильное внутреннее кровоизлияние. Ребенок был уже на пути к выздоровлению, когда в Спале недостаточная осторожность внезапно осложнила его состояние. У него образовалась кровеносная опухоль в паху, которая угрожала перейти в тяжкое заражение крови.

6 ноября, когда опасность повторения стала менее угрожающей, ребенка перевезли с бесконечными предосторожностями из Спалы в Царское Село, где семья провела зиму.

Состояние здоровья Алексея Николаевича требовало постоянного и очень специального медицинского ухода. Болезнь в Спале вызвала временное омертвение нервов левой ноги, которая отчасти утратила свою чувствительность и оставалась согнутой — ребенок не мог ее вытянуть. Потребовалось лечение массажем и применение ортопедического аппарата, который постепенно вернул ногу в нормальное состояние. Нечего говорить, что при таких обстоятельствах я не мог помышлять о возобновлении занятий с Наследником Цесаревичем. Такое положение продолжалось до летних вакаций 1913 года.

Я имел обыкновение каждое лето возвращаться в Швейцарию; в этом году Императрица дала мне знать, за несколько дней до моего отъезда, что она намерена по моему возвращению доверить мне обязанности наставника Алексея Николаевича. Это известие преисполнило меня одновременно радостью и страхом. Я был очень счастлив доверию, которое мне оказали, но боялся ответственности, ложившейся на меня. Я чувствовал, однако, что не имею права уклониться от тяжелой задачи, которая мне предстояла, раз обстоятельства дозволяли мне, быть может, оказать непосредственное влияние, как бы оно ни было мало, на духовное развитие того, кому придется в свое время быть Монархом одного из величайших государств Европы.

Я ожидал, что буду позван к Императрице и от нее получу точные указания и распоряжения. Но она оставалась невидима, не присутствовала даже за столом. Она только просила мне передать через Татьяну Николаевну, что во время прохождения курса лечения последовательные занятия с Алексеем Николаевичем невозможны. Чтобы ребенок мог ко мне привыкнуть, она меня просила сопровождать его во всех прогулках и проводить около него возможно больше времени.

Тогда у меня произошел длинный разговор с доктором Деревенко. Он мне сообщил, что Наследник Цесаревич болен гемофилией (кровоточивостью), наследственной болезнью, в известных семьях, передающейся из поколения в поколение через женщин к детям мужского пола. Ей подвержены только мужчины. Он объяснил мне, что малейшая царапина могла повлечь за собой смерть ребенка, так как кровообращение гемофилика ненормально. Кроме того, оболочка артерий и вен так хрупка, что всякий ушиб, усиленное движение или напряжение вызывают разрыв сосудов и приводят к роковому концу. Вот какова была ужасная болезнь, которой страдал Алексей Николаевич; постоянная угроза смерти висела над его головой: падение, кровотечение из носа, простой порез — все было для него смертельно.

Его нужно было окружать особым уходом и заботами в первые годы его жизни и постоянной бдительностью стараться предупреждать всякую случайность. Вот почему к нему, по предписанию врачей, были приставлены, в качестве телохранителей, два матроса с Императорской яхты: боцман Деревенко и его помощник Нагорный, которые по очереди должны были за ним следить.

Когда я приступил к моим новым обязанностям, мне было не так-то легко завязать первые отношения с ребенком. Я должен был говорить с ним по-русски, отказавшись от французского языка. Положение мое было щекотливо. Не имея никаких прав, я не мог требовать подчинения.

Как я уже сказал, я был вначале удивлен и разочарован, не получив никакой поддержки со стороны Императрицы. Целый месяц я не имел от нее никаких указаний. У меня сложилось впечатление, что она не хотела вмешиваться в мои отношения с ребенком. Этим сильно увеличилась трудность моих первых шагов, но это могло иметь то преимущество, что, раз завоевав положение, я мог бы более свободно утвердить свой личный авторитет. Первое время я часто терялся и даже приходил в отчаяние. Я подумывал о том, чтобы отказаться от принятой на себя задачи.

К счастью, я нашел в докторе Деревенко отличного советника, помощь которого мне была очень ценна. Он посоветовал мне быть терпеливее. Он объяснил, что, вследствие постоянной угрозы жизни ребенка и развивавшегося в Императрице религиозного фатализма, она предоставила все течению времени и откладывала день ото дня свое вмешательство в наши отношения. Не желая причинять лишних страданий своему сыну, если ему, быть может, не суждено было жить. У нее не хватало храбрости вступать в борьбу с ребенком, чтобы навязывать ему меня.

Я сам сознавал, что условия неблагоприятны. Но, несмотря на все, у меня осталась надежда, что со временем состояние здоровья моего воспитанника улучшится.

Тяжелая болезнь, от которой Алексей Николаевич только что начал оправляться, очень ослабила его и оставила в нем большую нервность. В это время он был ребенком, плохо переносившим всякие попытки его сдерживать; он никогда не был подчинен никакой дисциплине. Во мне видел человека, на которого возложили обязанность принуждать его к скучной работе и вниманию и задачей которого было подчинить его волю, приучить его к послушанию. Его уже окружал бдительный надзор, который, однако, позволял ему искать убежища в бедствии, к этому надзору присоединился теперь новый элемент настойчивости, угрожавший отнять это последнее убежище. Не сознавая еще этого, он это чувствовал чутьем. У меня создалось вполне ясное впечатление глухой враждебности, которая иногда переходила в открытую оппозицию.

Я чувствовал на себе страшную ответственность; несмотря на все предосторожности, было немыслимо предупредить возможность несчастных случайностей. Их было три в течение первого месяца.

Тем временем дни шли за днями, и я чувствовал, как укрепляется мой авторитет. Я мог отметить у своего воспитанника все чаще и чаще повторявшиеся порывы доверчивости, которые были для меня как бы залогом того, что вскоре между нами установятся более сердечные отношения.

По мере того, как ребенок становился откровенным со мной, я лучше отдавал себе отчет в богатстве его натуры и убеждался в том, что при наличии таких счастливых дарований было бы несправедливо бросить надежду.

Алексею Николаевичу было тогда 9,5 лет. Он был довольно крупным для своего возраста, имел тонкий, продолговатый овал лица с нежными чертами, чудные светло-каштановые волосы с бронзовыми переливами, большие сине-серые глаза, напоминавшие глаза его матери. Он вполне наслаждался жизнью, когда мог, как резвый и жизнерадостный мальчик. Вкусы его были очень скромны. Он совсем не кичился тем, что был Наследником Престола, об этом он всего меньше помышлял. Его самым большим счастьем было играть с двумя сыновьями Деревенко, которые оба были несколько моложе его.

У него была большая живость ума и суждения и много вдумчивости. Он поражал вопросами выше своего возраста, которые свидетельствовали о деликатной чуткой душе. Я легко понимал, что те, которые не должны были, как я, внушать ему обаяние, могли без задней мысли легко поддаваться его обаянию.

В маленьком капризном существе, каким он казался вначале, я открыл ребенка с сердцем, от природы любящим и чувствительным к страданиям, потому что сам он уже много страдал. Как только это убеждение вполне сложилось во мне, я стал бодро смотреть на будущее. Моя работа была бы легка, если бы не было окружавшей нас обстановки условий среды.

Я поддерживал, как уже об этом выше сказал, лучшие отношения с доктором Деревенко, но между нами был один вопрос, на котором мы не сходились. Я находил, что постоянное присутствие двух матросов — боцмана Деревенко и его помощника Нагорного было вредно ребенку. Это внешняя сила, которая ежеминутно выступала, чтобы отстранить от него всякую опасность, казалось мне, мешала укреплению внимания и нормальному развитию воли ребенка. То, что выигрывалось в смысле безопасности, ребенок проигрывал в смысле действительной дисциплины. На мой взгляд, лучше было бы дать ему больше самостоятельности и приучить находить в самом себе силы и энергию противодействовать своим собственным импульсам, тем более, что несчастные случаи продолжали повторяться. Было невозможно все предусмотреть, и чем надзор становился строже, тем более он казался стеснительным и унизительным ребенку и рисковал развить в нем искусство его избегать, скрытность и лукавство. Это был лучший способ, чтобы сделать из ребенка, и без того физически слабого, человека бесхарактерного, безвольного, лишенного самообладания, немощного и в моральном отношении. Я говорил в этом смысле с доктором Деревенко. Но он был так поглощен опасением рокового исхода и подавлен, как врач, сознанием своей тяжелой ответственности, что я не мог убедить его разделить мои воззрения.

Только одни родители могли взять на себя решение такого вопроса, могущего иметь столь серьезные последствия для ребенка. К моему великому удивлению, они всецело присоединились ко мне и заявили, что согласны на опасный опыт, на который я сам решился, сознавали вред, причиняемый существующей системой тому, что было самого ценного в их ребенке. Они любили его безгранично, и именно эта любовь давала им силу идти на риск какого-нибудь несчастного случая, последствия которого могли быть смертельны, лишь бы не сделать человека, лишенного мужества и нравственной стойкости.

Алексей Николаевич был в восторге от этого решения. В своих отношениях к товарищам он страдал от постоянных ограничений, которым его подвергали. Он обещал мне оправдать доверие, которое ему оказывали.

Как ни был я убежден в правильности такой постановки дела, мои опасения лишь усилились. У меня было как бы предчувствие того, что должно было случиться...

Вначале все шло хорошо, и я начал было успокаиваться, как вдруг внезапно стряслось несчастье, которого мы так боялись. В классной комнате ребенок влез на скамейку, поскользнулся и упал, стукнувшись коленкой об ее угол. На следующий день он уже не мог ходить. Еще через день подкожное кровоизлияние усилилось, опухоль, образовавшаяся под коленом, быстро охватила нижнюю часть ноги. Кожа натянулась до последней возможности, стала жесткой под давлением кровоизлияния, которое стало давить на нервы и причиняло страшную боль, увеличивающуюся с часу на час.

Я был подавлен. Ни Государь, ни Государыня не сделали мне даже тени упрека; наоборот, казалось, что они всем сердцем хотят, чтобы я не отчаялся в задаче, которую болезнь делала еще более трудной. Они как будто хотели своим примером побудить и меня принять неизбежное испытание и присоединиться к ним в борьбе, которую они вели уже так давно. Они делились со мною своей заботой с трогательной благожелательностью.

Императрица сидела у изголовья сына с начала заболевания, нагибалась к нему, ласкала его, окружала его своей любовью, стараясь тысячью мелких забот облегчить его страдания. Государь тоже приходил, как только у него была свободная минута. Он старался подбодрить ребенка, развлечь его, но боль была сильней материнских ласк и отцовских рассказов, и прерванные стоны возобновлялись. Изредка отворялась дверь, и одна из Великих Княжен на цыпочках входила в комнату; целовала маленького брата и как бы вносила с собой струю свежести и здоровья. Ребенок открывал на минуту свои большие глаза, уже глубоко очерченные болезнью, и тотчас снова их закрывал.

Однажды утром я нашел мать у изголовья сына. Ночь была очень тихая. Доктор Деревенко был в беспокойстве, так как кровотечение еще не удалось остановить и температура подымалась. Опухоль снова возросла, и боли были еще нестерпимее, чем накануне. Цесаревич, лежа в кроватке, жалобно стонал, прижавшись головой к руке матери, и его тонкое, бескровное личико было неузнаваемо. Изредка он прерывал свои стоны, чтобы прошептать только одно слово «мама», в котором он выражал все свои страдания, все свое отчаяние. И мать целовала его волосы, лоб, глаза, как будто этой лаской она могла облегчить его страдания, вдохнуть ему немного жизни, которая его покидала. Как передать пытку этой матери, беспомощно присутствовавшей при мучениях своего ребенка в течение долгих часов смертельной тревоги, этой матери, которая знала, что она причина этих страданий, что она передала ему ужасную болезнь, против которой бессильна человеческая наука! Как понимал я теперь скрытую драму этой жизни и как легко мне было восстановить этапы ее долгого крестного пути.

Когда мать поняла, что от людей ей ждать помощи нечего, она все надежды возложила на Бога. Он один мог совершить чудо! Но это вмешательство надо заслужить! Будучи и без того очень набожной, она отдалась всецело, со страстью и порывом, которые во себе носила, — православной вере. Жизнь дворца приняла строгий, почти суровый характер. Избегались празднества, и сократилась до пределов возможного вся внешняя, показная жизнь, требованиям которой монархам приходится подчиняться. Мать мало-помалу уединялась от окружающих и замыкалась в себе.

Тем временем между приступами болезни ребенок возрождался к жизни. Возвращалось здоровье, и он забывал страдания и принимался за игры и веселье. В такие минуты невозможно было поверить, что он подвержен неумолимому недугу, который может унести его с минуты на минуту. И каждый раз, как Императрица видела его розовые щечки, слышала его веселый смех, видела его резвые прыжки, огромная надежда наполняла ее сердце, и она говорила себе: «Господь услышал мою молитву и наконец сжалился надо мною».

Но внезапно болезнь снова обрушивалась на ребенка, вновь повергала его на одре страданий, приводила его к самым вратам смерти».

БОЖЕ, ЦАРЯ ХРАНИ!

Никколо Маккиавели (1469—1527) в трактате «Государь» советовал политикам «уподобиться» зверям — Льву и Лисе.

«Надо знать, что с врагами можно бороться двумя способами: во-первых, законами, во-вторых, силой. Первый способ присущ человеку, второй — зверю; но так как первое часто недостаточно, то приходиться прибегать ко второму.

Отсюда следует, что Государь должен усвоить то, что заключено в природе и человека, и зверя. Не это ли иносказательно внушают нам античные авторы, повествуя о том, как Ахилла и прочих героев древности отдавали на воспитание кентавру Хирону, дабы они приобщились к его мудрости? Какой иной смысл имеет выбор в наставники получеловека-полузверя, как не тот, что Государь должен совмещать в себе эти природы, ибо одна без другой не имеет достаточной силы.

Итак, из всех зверей Государь пусть уподобится двум: Льву и Лисе. Лев боится капканов, а Лиса —

Волков. Следовательно, надо быть подобным Лисе, чтобы уметь обойти капканы, и Льву, чтобы отпугнуть Волков. Тот, кто всегда подобен Льву, может не заметить капкана. Из чего следует, что разумный правитель не может и не должен оставаться верным своему обещанию, если это вредит его интересам и если отпали причины, побудившие его дать обещание».

Последний российский Государь не обладал ни качествами Льва, ни качествами Лисы. На всем лежала печать упадка.

П. Жильярд писал:

«Понедельник 17 августа 1914. — Прибытие Их Величеств в Москву было самым трогательным и умилительным зрелищем, какое мне довелось видеть до сих пор...

После обычных приемов на вокзале мы длинной вереницей экипажей направились в Кремль. Огромная толпа наполняла площади и улицы; люди взбирались на крыши лавок, как гроздья висели на деревьях скверов, влезали в окна магазинов, толпились на балконах и у окон домов. И под непрерывный звон колоколов всех церквей из тысяч уст разносился внушительный своим религиозным величием и сдержанным волнением тот чудный русский гимн, в котором выражена вера целого народа:

Боже, Царя храни!

Сильный, державный, Царствуй на славу нам. Царствуй на страх врагам, Царь православный.

Боже, Царя храни!

Сквозь раскрытые настежь двери церквей были видны огни свечей, горящих перед иконостасами,

Не сохранил! Причина? Почему?

священники в полном облачении, с золотыми крестами в руках, благословляли Царя при его проезде. Звуки гимна то замирают, то вновь крепнут и растут, как молитва с могучим и величественным припевом.

Боже, Царя храни!

Шествие приближается к Воскресенским воротам. Государь выходит из экипажа и, по обычаю, входит в часовню приложиться к чудотворной иконе Иверской Божьей Матери. Он выходит, делает несколько шагов и останавливается, господствуя над несметной толпой. Его лицо серьезно и проникновенно; неподвижно внемлет он голосу своего народа и как бы входит в общение с ним. Еще раз он слышит биение сердца великой России...

Он поворачивается затем к часовне, крестится, накрывается и медленно подходит к экипажу, который скрывается в старинных воротах и проезжает в Кремль.

Алексей Николаевич опять очень жалуется сегодня вечером на боли в ноге. Сможет ли он завтра ходить, или придется его нести, когда Их Величества отправятся в собор? Государь и Государыня в отчаянии. Ребенок не мог уже участвовать на выходе в Зимнем дворце. Это почти всегда так, когда ему надо показаться народу: можно быть почти уверенным, что в последнюю минуту явится какое-нибудь осложнение. И правда, кажется, что его преследует злой рок!

Вторник 18 августа. — Когда сегодня Алексей Николаевич убедился, что не может ходить, он пришел в большое отчаяние. Их Величества тем не менее решили, что он все же будет присутствовать при церемонии. Его будет нести один из казаков Государя. Но это жестокое разочарование для родителей: они боятся, что в народе распространится слух, будто Цесаревич калека.

В одиннадцать часов, когда Государь появился на верху Красного крыльца, несметная толпа, теснившаяся на площади, восторженно его приветствовала. Он медленно спустился под руку с Государыней, сопутствуемый длинным шествием, и направился по помосту в Успенский собор. Он входит в церковь среди восторженных кликов толпы. Присутствуют митрополиты: Киевский, Петербургский и Московский, а также высшее православное духовенство. По окончании службы члены Императорской семьи прикладываются по очереди к святым мощам. Они следуют затем в Чудов монастырь, где молятся у гробницы святителя Алексея.

Еще долго после возвращения Их Величеств во дворец народ продолжал стоять на площади в надежде их снова увидеть. И когда мы вышли несколько часов спустя, на площади были еще толпы крестьян.

Четверг 20 августа. — Энтузиазм все растет и растет. Кажется, будто народ московский, гордясь пребыванием Царя среди него и желая удержать его в Москве возможно дольше, хочет привлечь его выражением своей любви. Манифестации делаются все более и более непосредственными, бурными и яркими.

Мы каждый день выезжаем на автомобиле с Алексеем Николаевичем. Обыкновенно мы направляемся на Воробьевы горы, откуда открывается поразительный вид на долину Москвы-реки и на Царскую столицу. С этого места Наполеон, перед вступлением в Москву, смотрел на нее 14 сентября 1812 года. Зрелище это поистине величественно: на первом плане, у подножия холма, Новодевичий монастырь со своим кремлем и шестнадцатью башнями с бойницами, немного позади его Священный город со своими четырьмястами пятьюдесятью церквами, с дворцами, садами, монастырями, обнесенными зубчатыми стенами, с их золотыми куполами и причудливыми формами их ярко расцвеченных глав.

Сегодня утром, во время нашего возвращения с обычной прогулки, шофер принужден был остановиться при въезде в один из переулков около Якиманки — так велика была толпа. Она состояла исключительно из простонародья и окрестных крестьян, пришедших в город по делам или в надежде увидеть Царя. Вдруг раздались крики: «Наследник!.. Наследник!..». Толпа бросилась вперед, нас окружили, мы очутились как в кольце, словно в плену у этих мужиков, рабочих, торговцев, которые толкали друг друга, кричали и пробивались вперед, чтобы лучше разглядеть Цесаревича. Женщины и дети, мало-помалу осмелев, влезают на подножки автомобиля, протягивают руки через дверцы и, когда им удается коснуться до ребенка, кричат с торжеством: «Я его тронула, я тронула Наследника!».

Испуганный бурным проявлением этих народных чувств, Алексей Николаевич откинулся в глубину автомобиля. Он был бледен, взволнован неожиданностью этой народной манифестации, принимавшей столь крайние и новые для него формы. Однако он скоро оправился, видя добрые улыбки этих славных людей, но оставался сконфуженным и смущенным вниманием, предметом которого сделался; он не знал, что ему говорить и делать. Что касается меня, то я не без страха спрашивал себя, как все это кончится. Я знал, что для прогулок Наследника Цесаревича не делается никаких нарядов полиции, так как ни время, ни направление их не могли быть заранее установлены. Я начинал бояться какого-нибудь несчастного случая в невероятной сутолоке и давке, происходившей вокруг нас.

Наконец появились два толстых, запыхавшихся городовых, грозно кричавших изо всех сил. Толпа с покорным послушанием русского мужика заколебалась и медленно отступила. Я дал приказание боцману Деревенко, следовавшему за нами в другом автомобиле, ехать вперед, и нам таким образом удалось медленно выбраться из толпы.

Год 1917.

Поставленный генералом в известность о последних петроградских событиях, Государь поручил ему передать по телефону Родзянко, что он готов на все уступки, если Дума считает, что она в состоянии восстановить порядок в стране. Ответ был: уже поздно. Было ли это так в действительности? Распространение революционного движения ограничивалось Петроградом и ближайшими окрестностями. И, несмотря на пропаганду, престиж царя был еще значителен в армии и среди крестьян. Разве недостаточно было дарования конституции и поддержки

Думы, чтобы вернуть Николаю II популярность, которою он пользовался в начале войны?

Ответ Думы ставил перед Царем выбор: отречение или попытка идти на Петроград с войсками, которые оставались ему верны; но это была гражданская война в присутствии неприятеля... У Николая II не было колебаний, и утром он передал генералу Родзянко телеграмму с уведомлением председателя Думы о своем намерении отречься от престола в пользу сына.

Несколько часов спустя он приказал позвать к себе в вагон профессора Федорова и сказал ему:

— Сергей Петрович, ответьте мне откровенно, болезнь Алексея излечима?

Профессор Федоров, отдавая себе отчет во всем значении того, что ему предстояло сказать, ответил:

— Государь, наука говорит нам, что эта болезнь неизлечима. Бывают, однако, случаи, когда лицо, одержимое ею, достигает почтенного возраста. Но Алексей Николаевич, тем не менее, во власти случайностей.

Государь грустно опустил голову и прошептал:

— Это как раз то, что мне говорила Государыня... Ну, раз это так, раз Алексей не может быть полезен Родине, как я бы того желал, то мы имеем право сохранить его при себе.

Решение им было принято, и вечером, когда приехали из Петрограда представители Временного правительства и Думы, он передал им акт отречения, составленный им заранее; в нем он отрекался за себя и за своего сына от русского престола в пользу своего брата Великого Князя Михаила Александровича. Вот текст этого документа, который своим благородством и горячим патриотизмом привел в восхищение даже врагов Государя:

АКТ
об отречении Государя Императора Николая II от престола государства Российского в пользу Великого Князя Михаила Александровича

В дни великой борьбы с внешним врагом, стремящимся почти три года поработить нашу Родину, Господу Богу угодно было ниспослать России новое тяжкое испытание. Начавшиеся внутренние народные волнения грозят бедственно отразиться на дальнейшем ведении упорной войны. Судьба России, честь геройской нашей армии, благо народа, все будущее дорогого нашего Отечества требуют доведения войны во что бы то ни стало до победного конца. Жестокий враг напрягает последние силы, и уже близок час, когда доблестная армия наша, совместно со славными нашими союзниками, сможет окончательно сломить врага. В эти решающие дни в жизни России почли мы долгом совести облегчить народу нашему тесное единение и сплочение всех сил народных для скорейшего достижения победы, и, в согласии с Государственной думой, признали мы за благо отречься от престола государства Российского и сложить с себя Верховную власть.

Не желая расстаться с любимым сыном нашим, мы передаем наследие наше брату нашему Великому Князю Михаилу Александровичу и благословляем его на вступление на престол государства Российского.

Заповедуем брату нашему править делами государственными в полном и ненарушимом единении с представителями народа в законодательных учреждениях на тех началах, кои будут ими установлены, принеся в том ненарушимую присягу. Во имя горячо любимой Родины призываем всех наших верных сыновей Отечества к исполнению своего святого долга перед ним, повиновением царю в тяжелую минуту всенародных испытаний помочь ему, вместе с представителями народа, вывести государство Российское на путь победы, благоденствия и славы. Да поможет Господь Бог России.

г. Псков. 2 марта 1917 года. 15 час. 3 мин.

НИКОЛАЙ II.

Царь был свергнут. Германия готовилась одержать самую крупную свою победу, но это торжество могло еще быть вырвано из ее рук. Для этого достаточно было, чтобы сознательная часть общества вовремя спохватилась и сплотилась вокруг Великого Князя Михаила Александровича, который по воле брата — акт об отречении ясно на это указывает — должен был сделаться конституционным монархом в полном смысле этого слова. К этому не было никаких препятствий, потому что еще не было наличности такого большого народного движения, которое не поддается никакой логике, увлекая народ в пропасть и неизвестность. Революция была делом исключительно петроградского населения, большинство которого без колебания стало бы на сторону нового мо-

175

нарха, если бы Временное правительство и Дума подали ему в этом пример. Армия, еще хорошо дисциплинированная, представляла значительную силу; что же касается большинства народа, то оно не знало даже о том, что что-нибудь случилось.

Желание закрепить за собой власть и страх, который внушали крайние левые, привели к тому, что была упущена эта последняя возможность предотвратить катастрофу. На следующий день после отречения Государя Великий Князь Михаил Александрович, по совету всех членов Временного правительства, отрекся в свою очередь и предоставил Учредительному собранию разрешение вопроса о будущем образе правления в России.

Непоправимое совершилось. Исчезновение Царя оставило в душе народной огромный пробел, который она была не в силах заполнить. Сбитый с толку и не знающий, на что решиться в поисках идеала и верований, способных заменить ему то, что он утратил, народ находил вокруг себя лишь полную пустоту.

Весь день 15 марта прошел в подавленном ожидании событий. В 3,5 часа доктор Боткин вызвал к телефону и справился о здоровье Алексея Николаевича. Как мы узнали впоследствии, по городу распространился слух о его смерти.

Пытка Государыни продолжалась и на следующий день. Она уже третьи сутки была без известий о Государе, и ее мучительная тревога возрастала от вынужденного бездействия.

Муки Императрицы в эти дни смертельной тревоги, когда без известий от Государя она приходила в отчаяние у постели больного ребенка, превзошли все, что можно себе вообразить. Она дошла до крайнего предела сил человеческих; это было последнее испытание, из которого она вынесла то изумительно светлое спокойствие, которое потом поддерживало ее и всю ее семью до дня их кончины.

К концу дня во дворец получилось известие об отречении Государя. Государыня отказывалась ему верить, считая это ложью. Однако немного позднее Великий Князь Павел Александрович подтвердил это известие. Она все еще отказывалась верить ему, и, только когда Великий Князь сообщил ей подробности, Ее Величество сдалась наконец перед очевидностью. Государь отрекся от престола накануне вечером, в Пскове, в пользу своего брата Великого Князя Михаила Александровича.

Отчаяние Государыни превзошло все, что можно себе представить. Но ее стойкое мужество не покинуло ее. Я увидел ее вечером у Алексея Николаевича. На ней лица не было, но она принуждала себя, почти сверхчеловеческим усилием воли, прийти, по обыкновению, к детям, чтобы ничем не обеспокоить больных, которые ничего не знали о том, что случилось с отъезда Государя в Ставку.

Поздно ночью мы узнали, что Великий Князь Михаил Александрович отказался вступить на престол и что судьба России будет решена Учредительным собранием.

На следующий день я вновь застал Государыню у Алексея Николаевича. Она была спокойна, но очень бледна. Она ужасно похудела и постарела за эти несколько дней.

Днем Ее Величество получила телеграмму от Государя, в которой он старался успокоить ее и сообщал, что ждет в Могилеве предстоящего приезда Вдовствующей Императрицы.

Прошло три дня. 21 марта, в 10 часов утра, Ее Величество вызвала меня и сказала, что генерал Корнилов от имени Временного правительства только что объявил ей, что Государь и она арестованы и что все те, кто не желает подвергаться тюремному режиму, должны покинуть дворец до четырех часов. Я ответил, что решил остаться.

— Государь возвращается завтра, надо предупредить Алексея, надо все ему сказать... Не сделаете ли вы этого? Я пойду поговорить с дочерьми.

Было заметно, как она страдает при мысли о том, как ей придется взволновать больных Великих Княжен, объясняя им об этом отречении их отца, тем более, что это волнение могло ухудшить состояние их здоровья.

Я подошел к Алексею Николаевичу и сказал ему, что Государь возвращается завтра из Могилева и больше туда не вернется.

— Почему?

— Потому, что ваш отец не хочет быть больше Верховным Главнокомандующим!

Это известие сильно его огорчило, так как он очень любил ездить в Ставку. Через несколько времени я добавил:

— Знаете, Алексей Николаевич, ваш отец не хочет·быть больше Императором.

Он удивленно посмотрел на меня, старясь прочесть на моем лице, что произошло.

— Зачем? Почему?

— Потому, что он очень устал и перенес много тяжелого за последнее время.

— Ах да! Мама мне сказала, что, когда он хотел ехать сюда, его поезд задержали. Но папа потом опять будет Императором?

Я объяснил ему тогда, что Государь отрекся от престола в пользу Великого Князя Михаила Александровича, который в свою очередь уклонился.

— Но тогда кто же будет Императором?

— Я не знаю, пока никто!

Ни слова о себе, ни намека на свои права наследника. Он сильно покраснел и был взволнован. После нескольких минут молчания он сказал:

— Если нет больше Царя, кто же будет править Россией?

Я объяснил ему, что образовалось Временное правительство, которое будет заниматься государственными делами до созыва Учредительного собрания, и что тогда, быть может, его дядя Михаил взойдет на престол. Я еще раз был поражен скромностью этого ребенка.

В 4 часа двери дворца запираются. Мы в заключении! Сводно-гвардейский полк заменен одним из полков царскосельского гарнизона, и солдаты стоят на часах уже не для того, чтобы нас охранять, а с тем, чтобы нас караулить.

22 марта, в 11 часов утра, приехал наконец Государь в сопровождении гофмаршала князя Долгорукого. Он немедленно поднялся к детям, где его ожидала Государыня.

После завтрака он зашел к Алексею Николаевичу, где я находился в ту минуту, и разговаривал со мною с обычной простотой и благожелательностью. Но при виде его побледневшего и похудавшего лица было ясно, что он также много перестрадал за время своего отсутствия.

Возвращение Государя, несмотря на обстоятельства, было большим счастьем для его семьи. Государыня Мария Николаевна и больные дети, когда их осведомили о положении, испытали на его счет столько страха и тревоги! Для них было большим утешением чувствовать себя вместе во время такого сурового испытания. Им казалось, что это облегчало их скорбь и что громадная любовь, которую они испытывали друг к другу, давала им достаточно сил, чтобы перенести страдания.

Несмотря на обычное его самообладание, Государю не удавалось скрыть глубокого потрясения, которое он пережил, но он быстро оправился, окруженный лаской своей семьи. Он посвящал ей большую часть своего дня; остальное время он читал или гулял с князем Долгоруким. Вначале ему было запрещено ходить в парк и предоставлено лишь пользование примыкавшим к дворцу маленьким садом, еще покрытым снегом и окруженным часовыми. Но Государь принимал все эти строгости с изумительным спокойствием и величием духа. Ни разу ни слова упрека не слетело с его уст. Дело в том, что одно чувство, более сильное даже, чем семейные связи, преобладало в нем — это была его любовь к Родине. Чувствовалось, что он готов все простить тем, кто подвергал его унижению, лишь бы они оказались способными спасти Россию.

Государыня проводила почти все свое время на кушетке в комнате Великих Княжен или у Алексея Николаевича. Волнения и жгучая тревога физически истощили ее, но по возвращении Государя она почувствовала нравственное успокоение; она жила очень сильной внутренней жизнью и мало разговаривала, уступая, наконец, той повелительной потребности в отдыхе, которая так давно ощущалась ею. Она была счастлива, что не приходится больше бороться и что она может всецело посвятить себя тем, кого она любила такой великой любовью. Одна Мария Николаевна продолжала еще ее беспокоить. Она заболела гораздо позднее сестер, и ее болезнь осложнилась злокачественными воспалениями легких; организм ее, хотя и очень крепкий, с трудом боролся с болезнью. Она к тому же была жертвой своего самоотвержения. Эта семнадцатилетняя девушка без счета расходовала свои силы в дни революции. Она была самой твердой опорой матери. В ночь на 13-е марта она неосторожно вышла на воздух вместе с Государыней, чтобы поговорить с солдатами, подвергаясь холоду в то время, как уже чувствовала первые приступы заболевания. По счастью, остальные дети чувствовали себя лучше и находились на пути к полному выздоровлению.

Наше царскосельское заточение, казалось, должно было долго длиться: был поднят вопрос о предстоящей отправке нас в Англию. Но дни проходили, и отъезд наш постоянно откладывался. Дело в том, что Временное правительство было вынуждено считаться с крайними элементами, и чувствовалось, что власть мало-помалу ускользает из его рук. Мы были, однако, всего в нескольких часах езды от железной дороги до финляндской границы, и необходимость проезда через Петроград была единственным серьезным препятствием. Таким образом, казалось, что, действуя решительно и с соблюдением полной тайны, было бы не так трудно перевезти царскую семью в один из портов Финляндии, а оттуда за границу. Но все боялись ответственности, и никто не решался себя скомпрометировать. Злой рок тяготел над ними!»

ГОРДОСТЬ ПАЛАЧЕЙ

Последний законный наследник русского престола появился на свет несчастным, неизлечимо больным ребенком. Но не болезнь стала причиной ранней смерти Алексея Николаевича. Его убили люди, которые не имели представления о любви к ближнему и сострадании.

Палачи гордились совершенным убийством.

Вспоминает Петр Ермаков — участник расстрела (орфография подлинника в основном сохраняется):

«...На меня выпало большое счастье произвести последний пролетарский советский суд над человечеим тираном, коронованным самодержцем, который в свое царствование судил, вешал и расстрелял тысячи людей, за это он должен был нести ответственность перед народом. Я с честью выполнил перед народом и страной свой долг, принял участие в расстреле всей царствующей семьи...»

«...Итак, Екатеринбургский исполнительный Комитет сделал постановление расстрелять Николая, но почему-то о семье, о их расстреле в постановлении не говорилось, когда позвали меня, то мне сказали: «На твою долю выпало счастье — расстрелять и схоронить так, чтобы никто и никогда их трупы не нашел, под личную ответственность сказали, что мы доверяем, как старому революционеру».

Поручение я принял и сказал, что будет выполнено точно, подготовил место, куда везти и как скрыть, учитывая все обстоятельства важности момента политического.

Котда я доложил Белобородову, что могу выполнить, то он сказал: «Сделай так, чтобы были все расстреляны, мы это решили». Дальше я в рассуждения не вступал, стал выполнять так, как это нужно было.

а год? Idioth

Получил постановление, 16 июля в 8 часов вечера сам прибыл с двумя товарищами и другим латышом, теперь фамилию не знаю, но который служил у меня в моем отряде в отделе карательном. Прибыл в 10 часов ровно в дом особого назначения, вскоре пришла моя машина малого типа грузовая.

В 11 часов было предложено заключенным Романовым и их близким, с ними сидящим, спуститься в нижний этаж, на предложение сойти к низу были вопросы — для чего? Я сказал, что вас повезут в центр, здесь вас держать больше нельзя, угрожает опасность. Как наши вещи? — спросили. Я сказал — ваши вещи соберем и выдадим на руки, они согласились, сошли к низу, где для них были поставлены стулья вдоль стены.

Хорошо сохранилось в моей памяти, с первого фланга сел Николай, Алексей, Александра, старшая дочь Татьяна, далее доктор Боткин сел, потом фрейлина и дальше остальные. Когда все успокоились, тогда я вышел, сказал шоферу: «действуй», он знал, что надо делать, машина загудела, появились выхлопки. Все это нужно было для того, чтобы заглушить выстрелы, чтобы не было звука слышно на воле.

Все сидящие чего-то ждали. У всех было напряженное состояние, изредка перекидывались словами. Но Александра несколько слов сказала не по-русски. Когда все было в порядке, тогда коменданту дома Юровскому дал в кабинете постановление Областного Исполнительного комитета, то он усомнился — почему всех. Но я ему сказал: надо всех и разговаривать нам с вами долго нечего, времени мало, пора приступать. Я спустился к низу совместно с комендантом, надо сказать, что уж заранее было распределено кому и как стрелять, я себе взял самого Николая, Александру, дочь, Алексея, потому что у меня был маузер, им можно было работать. У остальных были наганы. После спуска в нижний этаж мы немного обождали. Потом комендант предложил всем встать, но Алексей сидел на стуле.

Тогда стал читать приговор — постановление, где говорилось: по постановлению Исполнительного комитета — расстрелять. Тогда у Николая вырвалась фраза: Так нас никуда не повезут? Ждать больше было нельзя, я дал выстрел в него в упор, он сразу упал, но и остальные также. В это время поднялся между ними плач, один другому бросались на шею. Затем дали несколько выстрелов, все упали. Тогда я стал осматривать их состояние: которые были еще живы, я давал новый выстрел в них. Николай умер с одной пули, жене дано две, и другим также по несколько пуль.

При проверке пульса, когда уже были мертвы, я дал распоряжение всех вытаскивать через нижний ход в автомобиль и сложить. Так и сделали, всех покрыли брезентом. Когда эта операция была окончена около часа ночи с 16 на 17 июля 1918 года автомобиль с трупами направился в лес через Верх-Исетск по направлению дороги в Коптяки, где мною было выбрано место для зарытия трупов. Но я заранее учел момент, что зарывать не следует, ибо я не один, а со мной еще есть.

Я вообще мало кому мог доверять это дело, и тем паче, что я отвечал за все, то я заранее решил их жечь. Для этого приготовил саперную кислоту и керосин, все было усмотрено. Но не давая никому намека сразу, я сказал: мы их спустим в шахту, и так решили.

Тогда я велел всех раздеть, чтобы одежду сжечь, и так было сделано. Когда стали снимать с них платья, то у самой и дочерей были найдены медальоны, в которых вставлена голова Распутина. Дальше под платьями на теле были особо приспособленные лифики двойные, подложена внутри материала вата и где были уложены драгоценные камни и прострочены. Это было у самой и четырех дочерей. Все это было штуками передано члену Уралсовета Юровскому. Что там было я вообще не поинтересовался на месте, ибо было некогда. Одежду тут же сжег. А трупы отнесли около 50 метров и спустили в шахту. Она не была глубокая, около 6 саженей, ибо все эти шахты я хорошо знаю. Для того, чтобы можно было вытащить для дальнейшей операции с ними. Все это я проделал, чтобы скрыть следы от своих лишних присутствующих товарищей.

Когда все это было окончено, то уж был полный рассвет, около 4 часов утра... Это место находилось совсем в стороне дороги около 3 верст.

Когда все уехали, то я остался в лесу, об этом никто не знал. С 17 на 18 июля я снова прибыл в лес, привез веревку, меня спустили в шахту, я стал каждого по отдельности привязывать, по двое ребят вытаскивали (эти трупы). Когда всех вытащили, тогда я велел класть на двуколку, отвезти от шахты в сторону, разложили на три группы, облили керосином, а самих (то есть трупы) серной кислотой. Трупы горели до пепла и пепел был зарыт. Все это происходило в 12 часов ночи 17 на 18 июля 1918 года. После всего 18 доложил. На этом заканчиваю все. <u>29.10.47 года. Ермаков.</u>»

В этих воспоминаниях множество фактических ошибок, которые опровергаются показаниями других свидетелей: машина прибыла не в 10, а в полночь. Маузер был не только у Ермакова, но и у Юровского... и т. д. Но все эти детали Ермакову неважны. Главный его пафос: доказать, что он, Ермаков, все сам организовал и всех, всех убил.

И он щедро приписывает себе и то, что совершили другие расстрельщики...

Множество разговоров вызвала напечатанная

Эдуардом Радзинским история о странном человеке, находившемся в 1949 году в психиатрической больнице в Карелии, который доказывал, что он и есть спасшийся сын последнего царя. Письмо врача этой больницы Д. Кауфман было столь загадочно и красочно, что возникал вопрос: существовал ли вообще такой больной в действительности, не мистификация ли это?

Вот письмо заместителя главного врача психиатрической больницы номер 1 Карельской АССР В. Э. Кивиниеми, который проверял историю болезни этого пациента, находившуюся в архиве больницы.

«...Итак, у меня в руках история болезни номер 64 на Семенова Ф. Г., 1904 года рождения, поступившего в психиатрическую больницу 14.01.49 года. Красным карандашом помечено «заключенный»... Выбыл из больницы 22.09.49 года в ИТК номер 1 (имеется расписка начальника конвоя Михеева).

В больницу Семенов поступил из лазарета ИТК. В направлении врача... описывается острое психическое состояние больного и указано, что Семенов все время «ругал какого-то Белобородова» (фамилия председателя Уралсовета, руководившего расстрелом царской семьи). В психиатрическую больницу поступил в ослабленном физическом состоянии, но без острых признаков психоза... За время лечения окреп физически. С момента поступления был вежлив, общителен, держался с достоинством и скромностью, аккуратен. Врачом в истории болезни отмечено, что он в беседе не скрывал своего происхождения. «Манеры, тон, убеждение говорят за то, что

187

ему знакома была жизнь высшего света до 1917 года.» Семенов Ф. Г. рассказывал, что он получил домашнее воспитание, что он сын бывшего царя, был спасен в период гибели семьи, доставлен в Ленинград, где жил какой-то период времени, служил в Красной Армии кавалеристом, учился в экономическом институте (по-видимому, в городе Баку), после окончания работал экономистом в Средней Азии, был женат, имя жены Ася, затем говорил, что Белобородов знал его тайну, занимался вымогательством... В феврале 1949 года был осмотрен врачом-психиатром из Ленинграда Генделевичем, которому Семенов заявил, что у него нет никакой корысти присваивать чужое имя, что он не ждет никаких привилегий, так как понимает, что вокруг его имени могут собраться различные антисоветские элементы, и чтобы не принести зла, он всегда готов уйти из жизни. В апреле 1949 года Семенову была проведена судебно-психиатрическая экспертиза, был признан душевнобольным, подлежащим помещению в психиатрическую больницу МВД. Последнее следует рассматривать как гуманный акт по отношению к Семенову для того времени, так как есть разница между лагерем и больницей. Сам Семенов положительно относится к этому...»

Вновь обратимся к свидетельству наставника царских детей П. Жильяра:

«В конце января 1919 года я получил телеграмму от генерала Жанена, которого знал в Могилеве в бытность его начальником французской военной миссии при Ставке. Он приглашал меня приехать к нему в Омск. Несколько дней спустя я покинул Тюмень и 13 февраля приехал во французскую военную миссию при омском правительстве.

Отдавая себе отчет в исторической важности следствия, производившегося с исчезновением царской семьи, и желая знать его результаты, адмирал Колчак поручил в январе генералу Дитрихсу привезти ему в Екатеринбург следственное производство, а также все найденные вещи. 5 февраля он вызвал следователя по особо важным делам Николая Алексеевича Соколова и предложил ему ознакомиться с расследованием. Два дня спустя министр юстиции Старынкевич поручил ему продолжать дело, начатое Сергеевым.

Тут я познакомился с г. Соколовым. С первого нашего свидания я понял, что убеждение его составлено, и у него не остается никакой надежды. Что касается меня, то я еще не мог поверить такому ужасу.

— Но дети, дети! — кричал я ему.

— Дети разделили судьбу родителей. У меня по этому поводу нет и тени сомнения!

— Но тела?

— Надо искать на поляне — там мы найдем ключ от этой тайны, так как большевики провели там три дня и три ночи не для того, чтобы просто сжечь кое-какую одежду.

Увы, заключения следователя не замедлили найти себе подтверждение в показании одного из главных убийц — Павла Медведева, которого незадолго перед тем взяли в плен в Перми. Ввиду того, что Соколов был в Омске, его допрашивал 25 февраля в Екатеринбурге Сергеев. Он признал совершенно точно, что Государь, Государыня и пять детей, доктор Боткин и трое слуг были убиты в подвальном этаже дома Ипатьева в течение ночи с 16 на 17 июля».

А палачи оспаривали право главного «расстрельщика».

При Хрущеве сын старого большевика Михаила Медведева обратился в ЦК партии с просьбой о помощи, поскольку его отец расстреливал царя.

Медведев-младший просил разрешения сдать в ЦК воспоминания отца об участии в расстреле семьи царя, подарить Никите Сергеевичу «браунинг», из которого убит Николай II, и оставить за его матерью право пользоваться «столовой лечебного питания» — закрытым распределителем ЦК.

Глава расстрельной команды Юровский в выступлении на совещании старых большевиков говорил:

«...Покончив с расстрелом, нужно было переносить трупы, а путь сравнительно длинный, как переносить? Принимать трупы я поручил Михаилу Медведеву, это бывший чекист...».

Воспоминания Михаила Медведева не были напечатаны из-за их «незначительности», пистолет сдан в Музей революции.

Учитывая заслуги М. А. Медведева перед Советским государством, за его вдовой оставили «право пользоваться столовой лечебного питания (филиал № 2).

Лев Разгон писал:

«Палачество — приведение в исполнение казней — утратило в наше время всю вековую зловещность этой профессии. Пушкин усматривал падение общественных нравов в том, что образованные люди позволяют себе издавать и читать записки парижского палача. Но более чем через сто лет после Пушкина Андрей Свердлов показал мне рукопись сделанной им литературной записи воспоминаний коменданта Кремля Малькова.

В этих грубых и не самых правдивых воспоминаниях несколько страниц было посвящено подробнейшему описанию того, как сам Мальков расстреливал Каплан; как с помощью присутствующего при этом Демьяна Бедного он тащил ее труп в Кремлевский сад, как они этот труп облили керосином и сожгли.

Я сказал полуавтору воспоминаний, что хвастливое описание казни женщины отвратительно и несомненно будет издательством вычеркнуто... И точно. Вычеркнули. В таком виде книга вышла уже несколькими изданиями...».

СТРАХ, КОТОРЫЙ НИКАК
НЕ ОТСТУПИТ

В 1917 году общенациональный кризис в России сопровождался кризисом власти.

Один из лидеров кадетской партии В. Д. Набоков вспоминал о работе Временного правительства: «Припоминается ежедневная лихорадочная работа, начинавшаяся с утра и прерывавшаяся только завтраком и обедом. Припоминаются беспрерывные телефоны, ежедневные посетители — почти полная невозможность сосредоточиться. И припоминается основное настроение: все переживаемое казалось нереальным. Не верилось, что нам удалось выполнить две основные задачи: продолжение войны и благополучное доведение страны до Учредительного собрания».

На волне февральской революции возник «феномен Керенского» — эсера, министра-председателя Временного правительства, занявшего после подавления корниловского мятежа пост Верховного главнокомандующего. На массовую аудиторию внешность Керенского и манера его выступлений действовали завораживающе. Один из известнейших журналистов того времени Вас. Немирович-Данченко писал про манеру выступлений Керенского: «Не только сам горит — он зажигает все вокруг священным огнем восторга. Слушая его, чувствуешь, что все ваши нервы протянулись к нему и связались с его нервами в один узел.

Вам кажется, что это говорите вы сам, что в зале, в театре, на площади нет Керенского, а это вы перед толпою, властитель ее мыслей и чувств. У него и у вас одно большое сердце, и оно сейчас широко, как мир, и, как он, прекрасно.

Сказал и ушел Керенский. Спросите себя: сколько времени он говорил? Час или три минуты? По совести, вы ответить не в силах, потому что время и пространство исчезли. Их не было. Они вернулись только сейчас».

Сам Керенский, отвечая на вопросы журналистов, рассказывал о своих ощущениях во время выступлений перед аудиторией: «Что скажу — не знаю... Повеление, приказ, что сказать идет откуда-то изнутри, из глубины. Такой приказ, которого ослушаться нельзя, — строгий, настойчивый приказ.

Слова подбираю только вначале, перед тем, как начать.

Ведь приказ должен быть передан простым и ясным языком. Но, когда начну, подобранное куда-то исчезает. Являются новые, другие слова, нужные, точные, ясные. Их надо только поскорее сказать, так как другие слова спешат, теснятся, выталкивают друг друга...

Когда говорю, никого не вижу... Ничего не слышу... Все время в груди горячие волны... Оттого голос вибрирует, дрожит. Выражений не выбираю... Слова свободно приходят и уходят... Аплодисменты входят в сознание толчками, действующими, как нервные токи... Вообще все время чувствую нервные токи, идущие от слушателей ко мне...».

Посол Французской республики М. Палеолог записал в своем дневнике о Керенском: «Простое чтение его речей не дает никакого представления о его красноречии, ибо его физическая личность, может быть, самый существенный элемент чарующего действия его на толпу... Ничто не поражает нас так, как его появление на трибуне, с его бледным, лихорадочным, истерическим, изможденным лицом.

Взгляд его, то притаившийся, убегающий, почти неуловимый за закрытыми веками, то острый, убегающий, молниеносный. Те же контрасты и в голосе, который — обычно глухой и хриплый — обладает неожиданными переходами, великолепными по своей выразительности и звучности.

Наконец, временами, таинственное вдохновение, пророческое или апокалипсическое, преобразует оратора и излучается из него магнетическими токами.

Пламенное, напряженное лицо, неуверенность или порывистость его слов, скачки его мысли, сомнамбулическая медленность его жестов, его остановившийся взгляд, судороги его губ, его торчащие волосы делают его похожим на мономана или галлюцинирующего. Трепет пробегает по аудитории... Все индивидуальные воли растворяются; все собрание охвачено каким-то гипнозом».

Май 1917 года стал апогеем славы Керенского, «популярнейшего представителя коалиционного правительства». Ему внимали тысячные толпы. Его слова попадали на благодатную почву революционного оборончества. Он в это время, по выражению газеты «Утро России», — «Бог, кумир неприкосновенный фетиш, ниспосланный Небом для спасения России...

Исстрадавшийся, измученный войной, продовольственной неудачей, обессиленный лихорадкой общественного перестроения, народ испытывает острую жажду власти, он ищет твердую руку, хочет кому-нибудь поверить, отдать душу, пойти за ним».

Керенский провозгласил Россию республикой.

Вершина карьеры Керенского стала отправной точкой краха его популярности. В начале мая ЦИК Советов рабочих и солдатских депутатов, менее чем за месяц до этого доверивший Керенскому спасение революции, впервые встретил его появление гробовым молчанием. Через неделю ситуация повторилась в Москве на открытии Государственного совещания: при появлении министра-председателя левая часть зала демонстративно безмолвствовала.

Неспособность возглавляемого Керенским Временного правительства стабилизировать обстановку в стране и его отказ поддержать выступление генерала Корнилова обострили отношения министра-председателя и с правым лагерем. По его собственным словам, он находился «между молотом правых и наковальней левых».

В октябре 1917 пресса писала про Керенского как про актера, теряющего популярность.

В 1997 году внучка Керенского живет в Саратове и борется за демократию.

Она решилась заявить о себе только в 1993 году. Вечный страх, что заберут, отступил перед желанием встретиться с английскими родственницами — тоже внучками Керенского. Она прочитала об их приезде в Ульяновск, на родину деда, в местной газете «Саратовские вести». Пришла в редакцию, но... Кэтрин Уолкер и Элизабет Хадсон уже уехали домой.

О своем деде Людмила Александровна узнала, когда решила вступить в партию. «Тебя не примут», — сказала ей мать Мария Павловна Корсакова и назвала свою девичью фамилию.

Как жили потомки человека, провозгласившего Россию республикой?

Жили в полуподвальной пристройке. Из тех лет в Ртищеве запомнила Людмила Алексеевна, как за восемь километров в любую погоду на работу ходила. А еще как зимой 41-го к ним подселили на постой отдыхающего после госпиталя фронтовика. Ему, доблестному командиру Виктору Решетилову, она посвятила робкие юношеские стихи. А он прочитал и похвалил:

— У меня товарищ тоже поэт, Евгений Долматовский. Мы жили с ним в одном дворе и учились в одном классе. Вот бы ему показать.

Вышла замуж, переехала с мужем и ребенком в Саратов. Там закончила курсы чертежников, пошла на «почтовый ящик» конструктором. С мужем в конце концов развелась, а мальчик поступил в вертолетное училище. И здоровье оставил в Афганистане, откуда вернулся инвалидом третьей группы...

Без работы внучка Керенского не сидит. Коллеги во вневедомственной охране ее любят, а начальники опасаются: больно принципиальная, когда перемены в стране начались, одной из первых записалась в Демпартию России (за что ее первый раз из вневедомственной охраны и уволили). На митинги ходила, листовки распространяла, а когда поняла, что руководству стало не до идей, а больше власть интересует, ушла из движения.

И стала добровольным помощником милиции: ходит в рейды, делает контрольные покупки — когда ее обвешивают, появляются люди в форме...

А в 1975 году внучка Керенского поймала злостного преступника. Увидела случайно, как среди бела дня здоровый бугай милиционера бьет. Закричала: «Ты чего, негодник этакий, делаешь!». Хулиган оторопел и... побежал от нее, маленькой и худенькой. Погоня была настоящей, с падениями, лавированием среди машин. Когда Людмила Алексеевна наконец схватила бандюгу за голову, тот прокусил ей до крови руку. Но тут подоспела милиция...

Сын Валерий, майор авиации в отставке, — последний мужчина из рода Керенских, живущих в России. Вот и хочется узнать Людмиле Алексеевне Кашкиной: а как там в Англии? Она прочитала в «Неделе», что в городе Регби живет сын Керенского Глеб.

Любая революция представляет собой сложный и длительный процесс изменения настроений в широких социальных слоях.

Февральская революция была «бескровной». Министр иностранных дел Временного правительства Павел Милюков утверждал: «Обе революции стояли в полнейшем контрасте друг с другом. Первую, февральскую, мы называли «бескровной» и считали национальной и разумной.

Но вторая ~~революция~~ *переворот*, октябрьская, наоборот, разъединила нацию и стала сигналом длительной гражданской войны, в которой были применены худшие виды насилия».

ЧАСТЬ III. ПОБЕДИТЕЛИ

РЕЗИДЕНЦИЯ СОВЕТСКОГО
ПРАВИТЕЛЬСТВА

Открытие мемориальной доски в честь павших борцов Октября явилось кульминационным моментом празднования 1-й годовщины революции.

...На высокую трибуну у Кремлевской стены поднялся председатель Московского совета П. Г. Смилдовия.

— Волею Совета, выбранного народом, — начал он речь (и мгновенно площадь затихла), — мы открываем теперь памятную доску нашим павшим в борьбе за освобождение товарищам. Московский Совет поручает открыть эту доску вам, Владимир Ильич...

Ленин приблизился к доске. Скульптор Коненков передал Владимиру Ильичу ножницы. Вождь революции, приподнятый на руки окружающими, перерезал шнур, соединявший полотнища занавеса. Покрывало спало, и перед тысячами присутствующих предстала аллегорическая белокрылая фигура Гения, олицетворявшая Победу. В правой руке она крепко сжимала древко темно-красного знамени с изображением герба РСФСР, а в вытянутой в сторону левой — зеленую пальмовую ветвь мира. У ног

Победы — воткнутые в землю сабли и ружья, перевитые траурной лентой. На склоненных в прощальном боевом привете знаменах — слова: «Павшим в борьбе за мир и братство народов». В золотые лучи солнца, восходящего за крылом Победы, была скомпонована надпись, полукругом огибавшая солнечный диск, — «Октябрьская 1917 революция».

Под гром аплодисментов и приветственные крики Ленин поднялся на трибуну. Он произнес речь:

«Товарищи! Мы открываем памятник передовым борцам Октябрьской революции 1917 года...

На долю павших в Октябрьские дни прошлого года товарищей досталось великое счастье победы. Величайшая почесть, о которой мечтали революционные вожди человечества, оказалась их достоянием: эта почесть состояла в том, что по телам доблестно павших в бою товарищей прошли тысячи и миллионы новых борцов, столь же бесстрашных, обеспечивших этим героизмом массы победу.

Пусть их лозунг станет нашим лозунгом, лозунгом восставших рабочих всех стран. Этот лозунг — «Победа или смерть!».

— Победа или смерть! — загремела в ответ Красная площадь.

— Победа или смерть! — вторило гулкое эхо у Кремлевской стены.

В декабре 1918 года «Известия ВЦИК» в заметке под выразительным заголовком «Доколе?» писали: «Над могилами беззаветных, подчас безвестных героев, жертв Октябрьской победы пролетариата... на Историческом музее и Спасской башне высоко и четко рисуются в воздухе... двуглавые орлы, символ царского произвола. Доколе?».

К 20-й годовщине революции на Кремлевских башнях укрепили рубиновые пятиконечные звезды: они были выполнены по эскизам художника-академика Ф. Ф. Федоровского.

Март 1918. Советское правительство переезжает в Москву, и Кремль становится его резиденцией. Тяжелые двери проездных башен закрываются перед простыми москвичами, как когда-то перед завоевателями. А через месяц из-за древних стен выходит интереснейший документ — декрет Совнаркома «О снятии памятников, воздвигнутых в честь царей и их слуг, и выработке проектов памятников Российской Социалистической Революции». Что ж, стремление поскорее соорудить монументы в ознаменование великого переворота, преобразившего Россию, хотя было и объяснимо, но мировая история еще не знала правительственного документа, призывавшего к массовой ликвидации старых памятников. Декрет требовал не откладывать дела в долгий ящик и выражал желание, «чтобы в день 1-го Мая были уже сняты некоторые наиболее уродливые истуканы».

Роль «наиболее уродливого истукана» сыграл в Кремле памятник Александру II. Это было величественное сооружение. Над обрывом, на кромке холма, возвышался шатер, по бокам — галереи с портретами коронованных особ царствующей фамилии. Под шатром — статуя «царя-освободителя и мученика».

Главным результатом этих событий было рож-

200

дение мысли о возможности каких-либо разрушений в Кремле. Древние памятники мало кого интересовали. Редкие группы иностранцев и организованные экскурсии советских рабочих (по специальным спискам) проникали порой за охранявшиеся ворота. Здесь их ждала четко отработанная программа: три храма на Соборной площади, потом Оружейная палата.

В 1389 году овдовевшая Великая Княгиня Евдокия Дмитриевна, супруга Великого Князя Московского, народного героя Дмитрия Донского, основала возле Спасских (Фроловских) ворот Кремля Вознесенский монастырь. Здесь она приняла постриг под именем Ефросинии, здесь была погребена. С тех пор монастырский собор Вознесения Господня стал усыпальницей женщин великокняжеского и царского рода. С. М. Соловьев писал, что государь Всея Руси в светлый праздник Пасхи, после богослужения, шел вначале в Вознесенский собор поклониться гробу матери и только после — в Архангельский, к гробнице отца. Таким было значение храма.

Монастырь стал первой привилегированной женской обителью. Созданный в XVI веке новый богатейший приют получил название Новодевичьего, то есть нового по сравнению с Вознесенским. Ныне только это название косвенно напоминает об исчезнувшем монастыре в Кремле.

Мысль о спасении царицыных могил появилась сразу, как только стало ясно — уничтожения монастыря не избежать. Кому первому она пришла в голову — неизвестно, но сомнений ни у кого из музейных сотрудников не возникло. Так как дело было необычное, ответственное, создали специальную государственную комиссию в составе Н. Н. Померанцева, Д. П. Сухова, В. К. Клейна, А. В. Орешникова. Секретарями назначили В. Н. Иванова, С. А. Зомбе.

Прежде всего составили схему расположения всех надгробий в Вознесенском соборе. Определили порядок работы: начать с западного входа и от крайнего правого угла постепенно продвигаться к алтарю.

Вначале секретарь комиссии списывал с надгробия весь текст. Затем за дело брались трое каменщиков и превращали памятник в кучу щебня. Под ним оказывался 20—30-сантиметровый слой песка. В ход пускались лопаты, и вот уже видна расчищенная плита, закрывающая могилу. На ней тоже текст, более подробно рассказывающий о покоящемся здесь лице. В протокол тщательно переносится каждое слово, фотограф делает снимок. Плиту отваливают и на поверхность поднимают белый каменный саркофаг. Снимают крышку, и снова щелкает фотоаппарат.

Высокие царицы лежат спеленатые. Ткань разворачивают, и она разваливается прямо в руках. Ее кусочки помещают между стеклами, помечают. Кроме непонятного назначения сосудов, в саркофагах нет бытовых предметов, украшений, даже крестов. Лишь у одной из сестер Петра на пальце золотое кольцо.

Мария Долгорукая, первая жена Михаила Романова, одна из всех погребена в парчовом сарафане (он сейчас в Оружейной палате), волосы в серебряной нитке. У других — в простых волосянках.

Постепенно собор с размытыми могилами и выставленными гробами принимает жуткий, апокалипсический вид. И вдруг среди этого кошмара появился один из тех, кто правил тот бал. Гулко простучали кованые сапоги, и над могильной плитой замер легендарный Клим Ворошилов. То ли проверяя ход строительства, то ли по бесхитростному любопытству, пожаловал будущий маршал посмотреть на бывших цариц. Щелкнул фотограф, снимая очередной саркофаг, и заодно увековечил над ним героические сапоги наркомвоенмора.

Выкопанные саркофаги нужно было куда-то срочно убрать из собора, который уже готовились взрывать. Вначале перенесли их в помещение звонницы возле Ивана Великого. Но оставлять останки в служебных помещениях показалось слишком кощунственным. Тогда местом размещения выбрали подвал Судной палаты, пристройки у Архангельского собора. Большие каменные саркофаги по одному или сразу по нескольку ставили на телегу, и единственная лошадь медленно везла через Ивановскую площадь Анастасию Романову и Ефросинью Старицкую (ее предполагавшуюся отравительницу), Елену Глинскую (мать Грозного) и Марфу Собакину (знаменитую царскую невесту). Сместилось время, и рядом могли оказаться две жены царя Михаила и две — царя Алексея; властолюбивая Софья Витовна и беспринципная Мария Нагая, что признала за сына-царевича беглого расстригу... Через дыру по доскам 52 гробницы спустили вниз, и вскоре уже мало кто знал о содержимом сырого подвала.

Впрочем, не совсем. Однажды антропологи около трех месяцев зачем-то провозились, обмеряя останки несчастных цариц. Потом подвал превратился в свалку... Его снова расчистили, установили, кто где лежит, вытащили из саркофагов последнее, что можно отнести в музей.

Но муки Кремля на том не закончились. Едва затянувшуюся рану вновь разбередили в хрущевскую оттепель. Новым «победителям» понадобился новый дворец-гигант. И непременно в Кремле. И снова резанули по живому.

От здания старых кремлевских казарм (1810) перетаскивали к Арсеналу тяжелые орудия работы известных мастеров, перевезли Царь-пушку, а само здание, немало послужившее Кремлю (одно время в нем размещалась Оружейная палата), прочное и строгое, не задумываясь, снесли. Между прочим, это сооружение было своеобразным памятником славы России. В XIX веке его украшали бюстами православных полководцев, барельефами на исторические сюжеты. Разбили стоявшие за ним корпуса — кавалерские, офицерский, кухонный. Кавалерские имели особое значение. Здесь в одной из квартир некоторое время жил В. И. Ленин. На этом основании фрагмент корпусов уцелел, но пропал интересный архитектурный комплекс. Там же, в кремлевских квартирах, жили когда-то многие из «победителей» прошлых лет. Именно там происходило то, что описано в знаменитых записках Бажанова. В одном из зданий была и квартира Сталина, полученная им в 1919 году, по свидетельству Троцкого, вместо намеченных императорских апартаментов Большого Кремлевского дворца. Здесь жили Дзержинский, Калинин, Куйбышев.

Корреспондент «Комсомольской правды» А. Гамов взял интервью у тети Поли, которая много лет боролась с кремлевской грязью.

После президента она — единственный человек в Кремле, у кого пропуска не спрашивают. До войны она убирала в кабинетах Молотова, Берии, Ворошилова и Микояна. «Они работает всю ночь, а ты их ждешь. Как уйдут на покой — вызывают. И с тряпкой — до самого утра. Самый чистый кабинет был у Молотова. На столе — ни пылинки. Сам, что ли, протирал? Интеллигент! А у Климент Ефремыча с Анастасом Иванычем все урны были в скомканных бумажках. Не берегли бумагу: одно словечко — и в урну. А Клим еще и кляксы сажал. Вот с Лаврентием Палычем у меня были большие проблемы. Он все, что ни писал, разрывал на клочки; а то ножницами — чик-чик — на мелкие кусочки. Попробуй потом все это собери, пылесосов-то не было. Чудноватый он был какой-то...»

Знает баба Поля лучше всяких историков, кто из вождей что выпивал и по скольку, потому как в ее обязанности входило удалять из кабинетов порожние бутылки. «Ой, пили, грешные, пили. Прямо на работе! От Молотова я все больше посуду из-под шампанского выносила либо от заморского вина. Бывало, помногу. Микоян — тот к коньяку прикладывался, но сильно не злоупотреблял — поллитру в три дня. Ворошилов из фляжек хлебал водочку, бутылки в его урне редко встречались. А вот Берия, кажись, вовсе на работе не поддавал. Все скрытничал, чудной он какой-то...»

А сейчас в Кремле много пьют? Баба Поля ойкнула и, смутившись, строго заметила: «Я на этот вопрос отвечать не уполномочена!».

Всех вождей в Кремле она делила и делит на две категории: тех, кто, входя, вытирает ноги на пороге, и кто этого не делает. К первой категории относятся: Сталин, Брежнев, Ельцин, Бурбулис и Чубайс. Все остальные — ко второй. Правда, есть еще подгруппа так называемых «галошников» — это те, кто на сапоги либо туфли натягивает резиновые калоши, чтобы снять их в нужный момент. В этом себя неплохо зарекомендовал Суслов, бывало, оголошивался Лаврентий Павлович.

Страшнее всего в Кремле бабе Поле было в Великую Отечественную, когда прямо над Красной площадью кружили фашистские самолеты, а однажды одна бомба угодила в Арсенал, где баба Поля обычно мыла полы. Пришла утром — а мыть-то и нечего: все разгромлено, лежит неразорвавшаяся бомба, а вокруг — раненые. Она носила раненых, перешагивая через бомбу.

Потом — когда Хрущев «бомбил» Кремль, чтобы построить себе Дворец съездов. Баба Поля помнит, как обрушилась какая-то стена, и тоже было много раненых. И она опять их выносила. «Я Никиту с той поры невзлюбила. Когда его сняли, я у него в аккурат на даче убирала. А он бегает взад-вперед, как сумасшедший, только работать мешает. Порушил — отвечай!» Потом — Руцкой с Хасбулатовым в октябре 93-го собирались «брать Кремль».

Баба Поля боялась, что Кремль опять разбомбят, а их с Ельциным выгонят с работы. «Слава Богу, обошлось...». Про Горбачева баба Поля вспоминает мало: «Я у него полы не мыла, поэтому не знаю, что он за человек. Да и как-то незаметно съехал из Кремля. Мне говорят: вон, Михаил поехал. А я только: да ну...».

Про Брежнева: «Он был разный. Сперва вроде бодренький бегал. А потом как-то смотрю — лица на нем нет. Ой, думаю, укатали Ильича. Когда умер — плакала. Жальчее Сталина было. Да и всех их жалко, кто ушел. Работали ж вместе. И люди в основном неплохие. Добрые. И не спорь со мной, я в Кремле жизнь прожила. Знаю, кто чего стоит...».

Когда заболел Ельцин — бабушка Поля ходила сама не своя. «Все думала, вдруг чего случится? Человек-то он хоть и непостоянный, а неплохой. Всегда первый со мной здоровкается. Как-то мою полы, а он идет: ну что, теть Поль, как дела? За кого голосовать-то будете? Это еще до операции... За вас, говорю. Ну-ну, говорит, хорошо. Работайте... Устало так сказал, сердешный. Победил и слег. Я уж так переживала, думала, передачку снести или носки связать, чтобы ноги не застудил. Да кто ж пустит? У него, чай, другие убирают, помоложе. Не знаю, какой там порядок? Я и за Сталиным прибиралась, и за этим Берией, а за Борисом Николаевичем, видно, теперь уж не придется...»

Одним из любимых занятий русских царей была стрельба по воронам. «Гулял и убил ворону», — писал Николай II в своем дневнике 8 ноября 1904 года.

Вороны пережили царей и остались в Кремле при советской власти.

Генерал-майор в отставке М. С. Докучаев отдал почти сорок лет жизни (1951—1989) службе в системе, обеспечивающей безопасность высших партийных чинов. На основе своих личных наблюдений он создал книгу «Москва. Кремль. Охрана»:

«Сталин страшно не любил ворон, вернее, он терпеть их не мог. Считал их слишком умными птицами и не мог понять секрета их долгожительства. Он сравнивал их с людьми, одетыми в черное. Их истошные крики, как правило, выводили его из нормального состояния. Свое негативное отношение к воронам он передал и ближайшему окружению. Об этом хорошо знали комендант Кремля и начальник его охраны, которые специально занимались борьбой с воронами на территории Кремля. Это была настоящая война, в которой применялись различные средства для истребления ворон. В них стреляли из мелкокалиберных винтовок, пытались травить, но ничего не получалось. На какие только хитрости не шли, чтобы отучить ворон селиться в Кремле. Их специально приучали к кормлению на Ивановской площади, но, когда им давали отравленный корм, вороны, как по команде, отворачивались от него и улетали. Они нашли приют на колокольне Ивана Великого, вокруг колоколов на звоннице, в куполах соборов, под крышами зданий Кремля. Тысячи ворон ежедневно обгаживали исторические памятники, задавая тем самым работу блюстителям чистоты и порядка в Кремле.

Борьба с засильем ворон в Кремле была в центре забот всех его комендантов. Каждый из них внес свой вклад в нее, применяя свои методы, и стремился избавиться от них. Особенно много внимания уделял этому генерал-лейтенант Сергей Семенович Шорников, который находился в должности коменданта Кремля с 1968 по 1987 год.

Ворон уничтожали, а они прибавлялись и прибавлялись. И тогда решили испытать еще один способ. Обучили солдат соколиной охоте на ворон. Как только в Кремле появлялись вороны, взлетали соколы и били их на лету. Вороны боялись соколов, стали обживаться в местах, недоступных для них. И как бы в насмешку одна ворона умудрилась устроить себе гнездо прямо перед окнами кабинета коменданта Кремля С. С. Шорникова. Война с воронами в Кремле продолжается и по сей день».

Законы престолонаследия перестали действовать в советском Кремле. Началась борьба за власть без правил. А побеждал в этой борьбе сильнейший.

Так, в стаях крыс существует четкая иерархия. Когда вожак подходит к любой из крыс и становится в позу угрозы, то крыса должна принять позу подчинения — припасть к земле. У вожака при этом раздувается воротник. Убедившись в своей власти, он отходит удовлетворенный. Вожак нуждается в подтверждении своей власти. Чувство комфорта и безопасности в стае зависит от степени близости к вожаку. Подхалимы дерутся между собой.

Этологи, изучающие жизнь и поведение животных в естественных условиях, заметили, что в крысиных стаях время от времени появляются крысы-диссиденты. Крысы-диссиденты не реагируют на позу угрозы позой подчинения, как бы ни раздувал вожак свой воротник. Ученые убедились, что если в стае появляется больше двух диссидентов, то сердце вожака не выдерживает, и он погибает от инфаркта. Так происходит смена лидера в крысиной стае.

КАША БЕЗ ВСЕГО

Вспоминает Всеволод Цюрупа — сын наркома продовольствия Александра Дмитриевича Цюрупы.

«Вправе ли я сплетать мои мальчишеские свидетельства с документами эпохи?

Вот мое оправдание: у меня хранится книга-реликвия.

Это экземпляр первой Конституции РСФСР 1918 года.

Ее будут обогащать социальными завоеваниями Конституции СССР, когда наша Родина станет могущественной державой.

Но эта — первая.

На ее титульном листе написано рукой отца:

«Моим детям — вместо завещания. 1920 год. Москва».

Отец не вручал ее нам с высокими словами. Просто надписал. После его смерти я нашел ее среди книг.

Эти слова для меня — будто набатный колокол.

Они зовут и требуют. В них щедрость, и сила, и доверие к нам, детям. Моим детям — значит, всем детям, маленьким и вырастающим детям следующих поколений, — вместо завещания...

Отец доверил нам ответственность за то, что завоевано революцией...

Из трех его сыновей, воевавших в Великую Отечественную, лишь мне одному довелось после победы у Кремлевской стены, сняв пилотку у доски с дорогим отцовским именем, наедине с памятью, с совестью, молча отчитаться за всех троих — как мы поняли свой долг.

...Вернулись к часу, когда отец идет домой с одного из многих заседаний, длившихся до утренних зорь в этот тяжкий и последующие трудные годы. Он входит в квартиру, еще по-ночному тихую. Спят дети — трое младших и недавно удочеренная девочка из Поволжья, Гайша бика-Киреева, ее родители умерли от голода. Отец бросает взгляд на свой рабочий стол, нет ли писем от сыновей с фронта.

В кабинете отца ждет чай без сахара, ломоть хлеба. Знаю случай, когда он пил сладкий чай. Не хватало сил. Перед глазами маячили темные круги. Позвонил Петру Авдеевичу Кузько, который возглавлял секретариат наркома:

— Неделю не видел сахара. Не найдется ли у вас один-два кусочка?

Было неслыханно, чтоб нарком о чем-то попросил для себя. Однажды брат Дима и сестра Валя вернулись из школы в слезах. Ребята не давали им прохода:

— Вы, комиссарские дети! Ваш отец виноват, что нас плохо кормят!

Отец молча слушал их жалобы. Погладил Валю по ее темноволосой, с длинными косами голове, сказал мягко:

— Не обижайтесь на них, они не виноваты, они голодны...

Было ли у нас дома лучше?

После уроков, примчавшись с девочкой домой, помню, Валя шарила в шкафах в поисках съестного. Шкафов было много в квартире, ранее принадлежавшей барону Фредериксу, министру двора, ведавшему дворцовыми церемониями, когда царь приезжал из Петербурга в Москву. Апартаменты шли анфиладой, но ее перегородили, и в следующих комнатах жили семьи других ответственных работников. Итак, шкафов было много, но съестного в них — ни крошки.

Во взрослые годы та девочка, что приходила с Валей, призналась:

— Я думала: вот уж наемся досыта. Меня ошарашило, когда увидела, что у вас дома еще хуже, чем у нас...

Валя, боевая девчонка, ходила в красной косынке, состояла в ЧОНе (части особого назначения). Шла гражданская война, в городах орудовали враждебные элементы. Комсомольцев обучали военному делу: учили стрелять, занимались строевой подготовкой. Преграждая путь подводам и редким автомобилям, ребята по-пластунски ползали по мостовой, мчались в атаку, крича «ура». Валя кричать стеснялась, у нее получается писк...

В тот час, когда девочки прибежали к нам домой, ел я один, младший. Я еще не ходил в школу, так как не окреп после путешествия по детским приемникам для беспризорных по пути из Уфы. С тарелкой супа, оставленного мне мамой, я расправился. Сидел на подоконнике с моим куском черного хлеба, намазанным (трудно сказать, откуда взявшейся в доме) горчицей.

Вскоре отец стал брать меня с собой в Наркомпрод, в Верхние торговые ряды (ныне ГУМ). Мы вместе выходили из Спасских ворот, часовые отдавали честь народному комиссару, отец отвечал, и я прикладывал руку к шапчонке. Я хотел быть часовым. Став постарше, я хотел быть курсантом кремлевской школы имени ВЦИК и, как мой брат Петр, нести караульную службу на посту № 27, охраняя Ленина. Но это — потом. А сейчас я шел с отцом по Красной площади и оглядывался на часового. Он был мой знакомый. Однажды, когда я был один, он долго разгадывал фамилию на поем пропуске, а возвращая, сказал:

— Ишь ты! Курносый, в точности, как мой брательник. — И вдруг спросил: — А правду говорят, что комиссары по осьмушке хлеба получают? — Я кивнул. Он покачал свой папахой: — Меньше, чем мы, красноармейцы. — И оглянувшись, сунул руку под полу шинели и достал и вложил мне в ладонь ржаную лепешку. — И валяй отсюдава скорей, — сказал он мне тогда, — я из-за тебя устав службы нарушаю...

В кабинете отца я устраивался на глубоком подоконнике и смотрел на Красную площадь. Иногда строем проходили красноармейцы с винтовками, на головах — островерхие шлемы с красными звездами, на ногах — обмотки. Шли с песней. Однажды отец стал рядом со мной у окна, проводил их взглядом, сказал: — Любо поглядеть, крепкие башмаки. А сколько еще воюют разутыми, чуть ли не в лаптях.

Увидал, что я гляжу на него во все глаза, пообещал:

— Обуем. Всех обуем. И вооружим. И накормим.

Иной раз, к моей радости, проезжал конный взвод, цокая копытами. Или, скрежеща колесами, проходил грузовой трамвай с дровами, ящиками или мешками. Для пассажирского движения у столичной электростанции не хватало энергии, не было топлива. Какой праздник настанет для нас, мальчишек, когда пустят по московским улицам трамваи и они побегут с веселыми звонками. Мы не знали, что трамвай принесет в нашу семью горе...

Красная площадь за окном была огромной. Еще не было Мавзолея. Да, его еще не было!.. Под Кремлевской стеной зеленела припорошенная снегом трава на могилах борцов революции.

Я сидел на подоконнике в кабинете народного комиссара и играл без игрушек. Это уж потом я получу по ордеру с печатью самокат, доску на колесах, и мы с ребятами будем гонять мимо Царь-пушки. И в школьные годы нам, кремлевским мальчикам, детям сотрудников правительственных учреждений, выдадут по просьбе Ленина настоящий футбольный мяч, вместо тряпичного, которого гоняли по плацу, когда там не шли строевые занятия или конные выезды курсантов школы имени ВЦИК (тогда она называлась Первая Московская революционная пулеметная школа). Впрочем, тряпичный мяч сшили старшие мальчики, а мы, мелюзга, обходились чуркой...

На подоконнике в отцовском кабинете мне не хватало оловянных солдатиков, оставленных в Уфе. Но мы с 12-летним Димой уехали из Уфы ночью, поспешно, когда на другом конце города уже шла стрельба. Мама с Валей уехали из освобожденной Уфы раньше, знакомые должны была нас привезти вслед, но белые опять прорвались в город.

Уфа переходила из рук в руки. Ее захватили белочехи, колчаковцы, дутовцы. Красная Армия снова гнала врагов из города. После первого освобождения Уфы Фурманов писал: «А сколько здесь было расстреляно красных, знают только белые жандармы да темная ночь».

И вот снова враг у ворот города. Детей Цюрупы знакомые люди укутали, усадили в розвальни, довезли до железнодорожной станции; поверх голов толпы, атакующей эшелон, через окно сунули в вагон. Только мы стали на пол меж скученных тел, упираясь носами в чьи-то кожухи и мешки, как начался обстрел, и нас вытащили обратно.

Недавно мы с сестрой Валей точно установили, когда они с мамой покинули Уфу: на какой-то станции они побежали на привокзальный рынок купить хлеба — пресные, без соли, лепешки. Возвращались к вагону, когда стали гудеть паровозы, все движение замерло. Железнодорожник сказал, что в Германии зверски убиты Роза Люксембург и Карл Либкнехт. Это было 15 января 1919 года.

А нас с Димой везли позже. Помню езду в кибитке по заснеженной башкирской степи под темным небом. Нас, комиссарских детей, которым грозила расправа, переправили через фронт. Согревались кипятком из железных кружек. На каком-то перегоне — обстрел, скрежет тормозов, крики. Бежим, спотыкаясь о шпалы. Мы отбились от знакомых людей. Как во сне — детские приемники, детские дома. Мы потерялись. Каким-то чудом нас нашли. И вот — Москва, автомобиль, впервые увиденный, куда-то несущиеся отражения огней в стеклах.

Кутафья башня, и часовой в косматой папахе накалывает на штык наши пропуска...

Где было перед отъездом вспомнить об оловянных солдатиках!

Играю коробками из-под духов, подобранными для меня заботливой сотрудницей в заброшенных торговых рядах. Я их ненавижу, атлас цепляется за мои шершавые пальцы и вдобавок пахнет духами. Сотрудница шепнула мне дружески, что коробочки эти похожи на кареты сказочных принцесс. Конечно, раньше она была девчонкой, потому и рассуждала по-девчоночьи.

Подумаешь, принцессы! Я ответил громко, что всех принцесс вместе с царями и королями мы свергнем.

Отец, оторвавшись от дел, стал хохотать. (Редко он смеялся в ту пору!) У него был заразительный, ясный, молодой смех, и все смеялись вокруг. Он сказал, что я максималист.

В кабинете шли заседания, звонили телефоны. Люди докладывали, просили, требовали. Выдержанный, ровный голос отца иногда отвердевал, я оборачивался, видел, что он бледнел, обозначались желваки под кожей исхудалых щек. Мне хотелось подойти, ткнуться лбом ему в грудь. Но я не смел.

Мы с отцом ходили обедать в наркомпродовскую столовую. В ней было людно. Питались все — сотрудники, мой знакомый курьер, и члены коллегии Наркомпрода, и люди, приезжавшие из разных краев; часто мои ноги стояли на торбах, которые они задвигали под стол.

На раздаче отцу старались налить лишнюю тарелку для меня.

— Что сыну положено, он получит дома, — отказывался отец.

Мы с ним ели вдвоем его обед. Суп из селедочных голов или мелкой тюльки и кашу. Взрослые говорили, что пшено горчит, но, по-моему, все было прекрасно.

По свидетельству Л. А. Фотиевой, Владимир Ильич предложил устроить столовую сперва человек на 30 — «наиболее отощавших, наиболее оголодавшихся», где мне тоже не однажды пришлось есть с отцом его обед. За длинным столом велись веселые споры: как называть эту пшенную кашу — каша без всего? Каша без ничего? Или каша с ничем?

Эту шутку повторяли у нас дома при каждой трапезе. Но тогда, в столовой, мне понравилось, как один приезжий дядька, выскребая жидкую кашу

217

деревянной щербатой ложкой из тончайшей, с фарфоровыми кружевами тарелки, сказал:

— По-царски едят. Крупинка за крупинкой гоняется с дубинкой.

— Недокаша, пересуп, — ответил другой кратко.

Ясно помню эту столовую, разномастные тарелки, стук ложек. Помню людей и голоса. И роскошную бороду Отто Юльевича Шмидта, в будущем — известного исследователя Арктики.

...Потом уже отец больше не брал меня в Наркомпрод, я учился в школе, мы приносили обед в судках из столовой.

Стало ли у нас сытнее? Наверно. Но на второе брали только котлеты, их на порцию давали по две штуки и можно было разделить на всех. Это уже благополучное время — котлеты!

Дело в том, что нас, детей, всегда в семье было много. С 1920 по 1925 год прибавилось у нас четыре девочки. Сперва — Гайша. Перед ее приездом отец сказал нам:

— Она будет вашей сестрой. Отнеситесь к ней так, чтобы она не чувствовала, что она приемная девочка.

Затем поселилась у нас дочь папиного соученика, умершего от туберкулеза. Потом один сотрудник привез с Урала 15-летнюю Пишу, Епистимию, сироту, которая хорошо пела. Пиша жила у нас, пока повзрослела, ее приняли в интернат музыкальной школы.

А еще раньше в нашу семью вошла Аля. В Уфе умерла мамина двоюродная сестра, оставив дочку. Ее отец с семьей не жил.

Папа написал ему, вот это письмо лежит передо

218

мной: «Дорогой Федор Лаврентьевич... Мы знаем, Вам безмерно трудно... Мы предлагаем: пусть Алечка переезжает к нам: мы приютили ее как родную дочку; дадим ей все, что сможем дать, — все, что даем и своим детям, поместим в учебное заведение... просим Вас согласиться. Письмо это шлю в нескольких экземплярах, разными путями, чтобы оно непременно достигло Вас...».

Алечка жила у нас всегда, вплоть до замужества. Первая из детей получила высшее образование, с годами стала заслуженной учительницей Республики — Александрой Федоровной Бобковой.

Так что семья у нас всегда была большая. А отец получал сравнительно небольшую зарплату, «партмаксимум».

Однажды — это еще в 1919 году — Владимир Ильич пришел к нам в час обеда. Отца не было. Владимир Ильич решительно отказался от еды, посидел с нами, пошутил.

И вот нежданно-негаданно для отца — записка, посланная Владимиром Ильичом 15 мая 1919 года в Президиум ЦИК.

«Цюрупа получает 2000 руб., семья 7 чел., обеды по 12 руб. (и ужин), в день 84 x 30 = 2520 рублей.

Недоедают! Берут 4 обеда, этого мало. Дети — подростки, нужно больше, чем взрослому.

Прошу увеличить жалованье ему до 4000 руб. и дать сверх того пособие 5000 руб. единовременно семье, приехавшей из Уфы без платья. Прошу ответить.

Ленин.»

219

Это про нас с Димой! После ленинской записки нас обмундировали! По ордеру! Сестра Валя вспоминает мальчишеские рубахи и штаны из простой ткани, которые не раз стирала для нас, младших. Но я-то помню другое: я получил суконный шлем с красной звездой, и, хоть он налезал мне на уши, не было предела моей гордости. Я повесил над кроватью листовку, выпущенную в 1918 году Реввоенсоветом, я считал, что она теперь имеет ко мне непосредственное отношение.

«Смотри, товарищ! А вот Красная Звезда! Она — отличительный знак красноармейца... На красноармейской звезде изображены плуг и молот. Плуг — пахаря-мужика. Молот — молотобойца-рабочего. Это значит, что Красная Армия борется за то, чтобы звезда правды светила пахарю-мужику и молотобойцу-рабочему, чтобы для них была воля и доля, отдых и хлеб, а не одна только нужда, нищета и беспрерывная работа. Все под Красную Звезду, товарищи! Она есть звезда освобождения всех трудящихся от голода, войны, нищеты и рабства. Она есть звезда счастья...»

А есть все равно хотелось. Это чувство не отвязывалось до ночи.

Помню случай, поразивший меня, мальчишку, до глубины души. Что-то мне понадобилось в отцовском кабинете. Дверь была открыта, но, не дойдя до нее, я словно споткнулся, услышал жесткий, неузнаваемый голос отца. Он говорил по телефону:

— Если не выполните, я прикажу вас расстрелять.

Он положил трубку на рычаг и поднял голову.

Его лицо были не только гневным, оно было страдающим. Понял ли я тогда, что отцу трудно быть жестоким, но другим сейчас он быть не может?

— Саботажник, — затрудненно переводя дыхание, сказал он. — Негодяй. Прости меня, сынок.

Речь шла о задержке хлебных маршрутов для голодающих.

В Кремле квартиру убирали втроем — Аля, Гайша и я, это была наша обязанность. Постели за собой заправляли все. Отец не терпел неряшливости. Свою обувь чистил сам.

Требовательность отца не тяготила нас. Ни он, ни мама никогда не повышали голоса. Мы любили родителей — мамину мягкость, которую нещадно эксплуатировали, ее милое нежное лицо и русые волосы. Любили отцовский голос, его смех, внимательные глаза. Он всегда был очень занят, но для каждого из нас, разных по возрасту и душевному складу, он находил нужное именно этому человеку слово. Нежность его к нам была уважительна.

Ранние школьные годы одарили меня дорогим воспоминанием. Как-то по дороге из школы домой я задержался возле черного «Роллс-Ройса», автомобиля Владимира Ильича. Кроме Ленина, этот автомобиль каждое утро возил на работу Марию Ильиничну и Надежду Константиновну, а она всегда забирала с собой нашу маму, которая в то время тоже работала в Наркомпросе.

Черный старый прямоугольный «Роллс-Ройс», похожий на станинную карету, казался нам, кремлевским мальчишкам, верхом технического совершенства. Тогда, наверно, еще не родилось поколение конструкторов, которые создадут обтекаемые современные машины.

Шофер Ленина, товарищ Гиль, обещал нам, ребятам, непременно покатать нас, когда в стране станет вволю горючего. А пока разрешал крутить баранку и трогать рычаги, объяснял их назначение. Однажды вдруг подверг нас экзамену — что для чего? Оказалось, что я один запомнил, и он сказал, что, мол, буду автомобилистом, а может, поведу броневик или танк.

Я чрезвычайно гордился этой похвалой. Танков мы еще не видели. Но три броневика шли на параде по Красной площади. Мы, ребята, смотрели на них с Кремлевской стены, между зубцами. Стена очень толстая, приходилось тянуть шею, чтобы видеть. Мы горько переживали, когда один из броневиков зафыркал, остановился, и красноармейцы вытащили его с площади на руках. Это было, наверно, в один из первых ноябрьских парадов, потому что красноармейцев помню в зимней форме.

Товарищ Гиль оказался прав. Я за жизнь накрутил много километров на спидометрах разных машин. И танк довелось водить на действительной в танковой бригаде им. Калиновского, хотя служил командиром башни. Но всю Великую Отечественную я прошел без моторов, артиллеристом, орудийным номером, старшиной. Наш 354-й артиллерийский полк был на конной тяге, он проходил там, где не пройти было машинам. И в тяжкие дни отступления, и в долгожданные, счастливые дни наступления многие сотни километров по раскисшим или обледенелым дорогам мы, помогая лошадям, на руках вытаскивали орудия...

А тогда в детстве, помню, ленинский шофер учил нас слушать мотор, и мы клали руки на включенные дрожащие рычаги.

И как раз совпало в тот день, когда я крутился возле «Роллс-Ройса». Надежда Константиновна настояла, чтобы Владимир Ильич, чрезвычайно переутомленный, страдавший бессонницей, хоть немного отдохнул, подышал воздухом. И я, счастливо подвернувшись им под руку, был взят в незабываемую прогулку.

Была ранняя весна. Какого года? Полагаю, 21-го. За городом в колеях, помню, стояла вода, стянутая стрелами льда. Они хрустели под колесами автомобиля, и грязные брызги летели в снег. Да, в лесу еще лежал снег. Автомобиль, объезжая колеи, кренился, и по стеклам скреблись ветки. Когда машину встряхивало, шлем с красной звездой — моя гордость! — сползал мне на брови.

У солнечной опушки Надежда Константиновна попросила остановить машину. На оттаявшем склоне уже пробивалась трава. Владимир Ильич распахнул дверцу. Я услышал, он сказал — какая тут благодать и тишина.

Чтобы не нарушить эту тишину, я старался не шелохнуться. Но Владимир Ильич заговорил сам. По-моему, он глядел на робко зеленевшую траву, когда повторил дважды, что тревога его об одном — только бы прожить без засухи, только бы без засухи...

Надежда Константиновна совсем тихо попросила его откинуть тревоги, отдохнуть, просто подышать.

У меня в памяти осталось, как он тотчас ласково согласился с нею, но тут же нарушил обещание. Повернувшись ко мне, весело сообщил: вот, мол, соберет страна 400 миллионов пудов (при этом он нарисовал в воздухе 400 и еще шесть нулей), и пообещал, что тогда уж мы будем с качалками, будем зерно продавать за границу, закупим у капиталистов станки и машины, и все наши заводы и фабрики заработают.

И, верный своему обыкновению включать в разговор всех присутствующих, повернулся к шоферу, заглянул ему в лицо и спросил, согласен ли тот с его соображениями.

— Как вы говорите, так и будет, Владимир Ильич, — ответил Гиль. Он вышел из машины, перепрыгнул канаву, полную вешней воды, поднялся по зазеленевшему склону и принес надежде Константиновне первый цветок мать-и-мачехи.

Мне двенадцать лет. В январский морозный седой вечер я в нахлобученной до глаз ушанке, в валенках возле Кавалерского корпуса катаюсь по узкой полоске льда. Оборачиваюсь на звук скрипящих по снегу шагов и узнаю отца. В свете фар вижу в его глазах такую боль, что смотреть страшно.

— Папа! — кричу я. Он хватает меня в охапку, прижимает мою голову к себе. Мы стоим молча, вдруг я чувствую, что все его тело содрогается, и понимаю, что он неслышно рыдает.

— Что? Что, папа?.. — Я хочу вырваться из его объятий и в то же время не хочу, нет сил оторваться от него. Задрав голову, снизу смотрю в его искаженное, залитое слезами лицо.

Не отпуская меня, он говорит:

— Владимир Ильич... умер... сынок... Только что, в 6 часов 50 минут вечера, умер Владимир Ильич...

Все было потом — небо рвали криком гудки заводов и паровозов. Был черный медленный поток людей. На площади Свердлова костры, рыжие в морозной мгле. Люди притоптывали вокруг огня, их протянутые к огню руки просвечивали красным.

Верная спутница нашего отца, мама, пережив его на пять лет, умерла в 1933 году. Но в ту пору, о которой я пишу, родители разделяли с нами и заботы и веселье. В нашем доме собиралась молодежь. Засиживались. С транспортом было плохо, и мама ходила и считала диваны — где кого можно уложить спать. Если отец возвращался не слишком поздно, он непременно подсаживался к нам либо подавал веселые реплики из кабинета. Мы накрывали стол для «пира» — бутылки с газированной водой, сыр, хлеб.

Наша семья всегда жила скромно. Отец всю получку (партмаксимум) отдавал маме, по утрам говорил:

— Маня, дай, пожалуйста, на папиросы.

Когда мамы не стало, сестра Валя нашла ее записную книжечку, в ней столбиком были записаны незначительные суммы, одолженные до получки...

Полстолетия жили в семье — все в щербинах — уцелевшие фаянсовые тарелки с характерными для той поры надписями: «Борьба родит героев», «Кто не работает, тот не ест». Теперь такие можно встретить только в музеях.

Тут, в столовой, помню такую сцену... В ней и в ее последствиях отразилось отношение отца к воспитанию детей. Мама показывает ему синяк на моей физиономии, жалуется:

— Приходит который раз в синяках и отмалчивается.

Не выдержав внимательного взгляда отца, я признался: когда, гуляя, хожу вдоль стены Зачатьевского монастыря (для краткости мы называли его «Зачмон»), на меня налетает какой-то мальчишка и навязывает мне драку.

— Он старше тебя? — спросил отец.

— Нет. Но сильнее меня и ловчей.

Я всякий раз оказывался битым. Можно бы пойти в обход, но это значило позорно отступить, и я каждый день нарывался на ненавистный неравный поединок.

Мама сказала отцу:

— Не желает твой сын ходить другой дорогой. Это твой, твой бес упрямства сидит в нем!

— Пожалуй, что мой, — согласился папа. — Только вы, женщины, не вздумайте навязывать ему провожатых. Не оскорбляйте его мужское самолюбие.

— Мужское? — мама улыбнулась. Младший в семье, я в свои 11 лет все еще казался ей маленьким. Она стала объяснять отцу, что я ослабленный, что добрый и не люблю драться. Мне были обидны эти слова. Хотя драться я действительно не любил.

Но отец возразил маме:

— Добрый — это хорошо. Однако в народе говорят, что добро должно быть с кулаками, иначе как ему, добру, свое доброе защитить от зла? И вот что, Маня, хватит сына опекать. Видишь, как он от себя опеку отталкивает? Укрепить его надо.

— Ах, Саша, — ответила мама. — Это все теории, а у него опять синяк.

Нет, оказалось, это была не теория. Летом меня и двух двоюродных братьев-однолеток под водительством студента Коли на три месяца каникул отправили в самостоятельное путешествие за тысячу верст, в Казахстан, на кумыс. Теперь там курорт, а тогда эти места были дикие. Поезд вез только до Петропавловска, дальше путь был разрушен. Добирались на лошади. Жили «дикарями», научились стрелять, уток добывали в пути на малых озерах. Не необъезженном коне скакали по ковыльной степи. Когда конь сбрасывал, старались не реветь. Я неосторожно подошел к коню сзади, он лягнул меня в горло. Еле выжил. А когда встал, старый казах сказал мне:

— Ничего, крепче будешь.

За лето выпили, наверно, цистерну кумыса, загорели, вволю надышались степным воздухом. Первыми словами, которые мы услышали, вернувшись, были:

— Как помужественели мальчики!

И я уверовал, что помужественел. С тем и пошел мимо «Зачмона». И мой недруг налетел на меня. Но теперь я крепко дал ему сдачи. Его как ветром сдуло. В нем не оказалось «отцовского беса упрямства».

Как же хохотали отец и братья, когда я рассказывал о победном сражении «под Зачмоном»!

Мой старший брат Дмитрий, отвоевав гражданскую, в 27-м году стал курсантом школы имени ВЦИК в Кремле. В день, когда умер наш отец, Дмитрий обратился к командующему эскадроном с просьбой об увольнительной.

— Должна быть заверенная телеграмма из дома, — сказал комэск.

Наш дом был рядом, в Кремле.

Дмитрий ответил:

— Взгляните в окно, вывешивают траурные флаги, может, они послужат вместо телеграммы?

Комэск охнул. Ему и в голову не приходило, что его курсант — сын заместителя Председателя Совнаркома.

— Это к тому, — сказал я Королеву, — что всегда держу в уме крыловскую басню про гусей: они хвастались, что их предки Рим спасли. А мужик стеганул их хворостиной: оставьте предков, мол, в покое. А что вы сделали такое?..»

«Я ПРИНАДЛЕЖАЛ К ЧИСЛУ ВЕЛЬМОЖ»

Бежавший из Кремля в Париж секретарь Сталина Бажанов вел жизнь напряженную и в то же время монотонную, типичную для российского эмигранта. Он зарабатывал на хлеб журналистским трудом.

Бажанов умудрялся довольно сносно жить на свои журналистские гонорары только потому, что уж слишком ничтожны были его потребности. Даже в ранней молодости его вкусы и привычки были почти спартанскими: он не курил, пил только чай, решительно отказывался даже от рюмки вина; он не был гурманом, и пища была для него лишь средством поддержания жизни, но никак не удовольствием. Он никогда не покупал дорогих вещей, не имел никаких ценностей, одевался очень скромно, не давая себе труда следить за модой.

Такой образ жизни не способствовал его популярности среди русской эмиграции. Это общество, в силу привычки и традиций, нередко вело беззаботную жизнь, не сообразуясь с реальными возможностями. Даже спустя десять лет после революции эта среда почти не изменилась, продолжая оставаться белоэмигрантской — не только по происхождению, но и по взглядам и пристрастиям. Появление здесь бывшего сталинского секретаря было явление экстраординарным.

Помимо того, что Бажанов занимал в коммунистическом Кремле столь высокий пост, он вообще был первым коммунистом, с которым белоэмигранты столкнулись на французской земле.

Только в одном отношении Бажанов вполне отвечал представлениям, которые обобщенно принято именовать «парижским стилем»: он был неравнодушен к хорошеньким женщинам. Он так никогда и не женился, предпочитая независимую жизнь в отелях семейному уюту и меблированной квартире, которую можно было бы назвать домом. Когда его спрашивали, почему он и в Советской России не делал попыток «создать семью», он просто отвечал: «Я не имел морального права жениться. Моя жена автоматически стала бы заложницей в глазах Сталина. Кроме того, она легко могла бы остаться вдовой». Это мрачное объяснение было вполне справедливым. Бажанов мог бы насчитать множество случаев, когда его жизнь подвергалась опасности, но о которых нельзя было с полной уверенностью сказать, что они были подстроены ОГПУ. Наряду с этим, он насчитывал с десяток настоящих покушений, например попытку подстроить автомобильную аварию или нападение какого-то испанского анархиста, вооруженного ножом. Другие явные попытки разделаться с Бажановым были задуманы более тонко. Так, на него однажды натравили темпераментного и ревнивого мужа некоей дамы, с которой Бажанов якобы находился в связи. Дело по чистой случайности не кончилось убийством...

В СССР увлечение Бажанова хорошенькими женщинами не меньше, чем в Париже. Его кремлевские романы носили авантюрный характер. За любовными похождениями секретаря Сталина вело наблюдение ГПУ.

Живя в Париже, Борис Бажанов вспоминал:

«ГПУ... Как много в этом слове для сердца русского слилось.

В год, когда я вступал в коммунистическую партию (1919), в моем родном городе была власть большевиков. В апреле в день Пасхи вышел номер ежедневной коммунистической газеты с широким заголовком «Христос воскресе». Редактором газеты был коммунист Сонин. Настоящая фамилия его была Крымерман, он был местный еврей, молодой и добродушный. Этот пример религиозной терпимости и даже доброжелательности мне очень понравился, и я его записал коммунистам в актив. Когда через несколько месяцев в город прибыли чекисты и начали расстрелы, я был возмущен, и для меня само собой образовалось деление коммунистов на доброжелательных, «идейных», желающих построения какого-то человеческого общества, и других, представляющих злобу, ненависть и жестокость, убийц и садистов, что дело не в людях, а в системе.

Во время моего последующего пребывания на Украине я узнал много фактов о жестоком кровавом терроре, проводимом чекистами. В Москву я приехал с чрезвычайно враждебными чувствами по отношению к этому ведомству. Но мне практически не пришлось с ним сталкиваться до моей работы в Оргбюро и Политбюро. Здесь я прежде всего встретился с членами ЦКК Лацисом и Петерсом, бывшими в то же время членами коллегии ГПУ. Это были те самые знаменитые Лацис и Петерс, на совести которых были жестокие массовые расстрелы на Украине и других местах гражданской войны — число их жертв исчислялось сотнями тысяч. Я ожидал встретить исступленных, мрачных фанатиков-убийц. К моему великому удивлению, эти два латыша были самой обыкновенной мразью, заискивающими и угодливыми маленькими прохвостами, старающимися предупредить желания партийного начальства. Я опасался, что при встрече с этими расстрельщиками я не смогу принять их фанатизм. Но никакого фанатизма не было. Это были чиновники расстрельных дел, очень занятые личной карьерой и личным благосостоянием, зорко следившие, как помахивают пальцем из секретариата Сталина. Моя враждебность к ведомству перешла в отвращение к его руководящему составу.

Но дело обстояло не так просто с председателем ГПУ Феликсом Эдмундовичем Дзержинским. Старый польский революционер, ставший во главе ЧК с самого ее возникновения, он продолжал формально ее возглавлять до самой своей смерти, хотя практически мало принимал участия в ее работе, став после смерти Ленина председателем Высшего Совета Народного Хозяйства (вместо Рыкова, ставшего председателем Совнаркома). На первом же заседании Политбюро, где я его увидел, он меня дезориентировал и своим видом, и манерой говорить. У него была наружность Дон-Кихота, манера говорить человека убежденного и идейного. Поразила меня его старая гимнастерка с заплатанными локтями. Было совершенно ясно, что этот человек не пользуется своим положением, чтобы искать каких-либо житейских благ для себя лично. Поразила меня вначале и его горячность в выступлениях — впечатление было такое, что он принимает очень близко к сердцу и остро переживает вопрос партийной и государственной жизни. Эта горячность контрастировала с некоторым холодным цинизмом членов Политбюро. Но в дальнейшем мне все же пришлось несколько изменить мое мнение о Дзержинском.

В это время внутри партии была свобода, которой не было в стране: каждый член партии имел возможность защищать и отстаивать свою точку зрения. Так же свободно происходило обсуждение всяких проблем на Политбюро. Не говоря уже об оппозиционерах, таких как Троцкий и Пятаков, которые не стеснялись резко противопоставлять свою точку зрения мнению большинства, — среди самого большинства обсуждение всякого принципиального или делового вопроса происходило в спорах. Сколько раз Сокольников, проводивший денежную реформу, восставал против разных решений Политбюро по вопросам народного хозяйства, говоря: «Вы мне срываете денежную реформу; если вы примете это решение, освободите меня от обязанностей Наркома финансов». А по вопросам внешней политики и внешней торговли Красин, бывший Наркомом внешней торговли, прямо обвинял на Политбюро его членов, что они ничего не понимают в трактуемых вопросах, и читал нечто вроде лекций.

Но что очень скоро мне бросилось в глаза, это то, что Дзержинский всегда шел за держателями власти, и если отстаивал что-либо с горячностью, то только то, что было принято большинством. При этом его горячность принималась членами Политбюро как нечто деланное и поэтому неприличное. При его горячих выступлениях члены Политбюро смотрели в стороны, в бумаги, и царило впечатление неловкости. А один раз председательствовавший Каменев сухо сказал: «Феликс, ты здесь не на митинге, а на заседании Политбюро». И, о чудо! Вместо того, чтобы оправдать свою горячность («принимаю, мол, очень близко к сердцу дела партии и революции»), Феликс в течение одной секунды от горячего взволнованного тона вдруг перешел к самому простому, прозаическому и спокойному. А на заседании тройки, когда зашел разговор о Дзержинском, Зиновьев сказал: «У него, конечно, грудная жаба; но он что-то уж очень для эффекта ею злоупотребляет». Надо добавить, что, когда Сталин совершил свой переворот, Дзержинский с такой же горячностью стал защищать сталинские позиции, с какой он поддерживал вчера позиции Зиновьева и Каменева (когда они были у власти).

Впечатление у меня в общем получилось такое. Дзержинский никогда ни на йоту не уклоняется от принятой большинством линии (а между тем, иногда можно было бы иметь и личное мнение), это выгодно; а когда он горячо и задыхаясь защищает эту ортодоксальную линию, то не прав ли Зиновьев, что он использует внешние эффекты своей грудной жабы?

Это впечатление мне было довольно неприятно. Это был 1923 год, я еще был коммунистом, и для меня кто-кто, а уж человек, стоявший во главе ГПУ, нуждался в ореоле искренности и порядочности. Во всяком случае, было несомненно, что в смысле пользования житейскими благами упреков ему сделать было нельзя — в этом смысле он был человеком вполне порядочным. Вероятно, отчасти поэтому Политбюро сохраняло его формально во главе ГПУ, чтобы он не позволял подчиненным своего ведомства особенно расходиться: у ГПУ, обладавшего правом жизни и смерти над всем беспартийным подсоветским населением, соблазнов было сколько угодно. Не думаю, что Дзержинский эту роль действительно выполнял: от практики своего огромного ведомства он стоял довольно далеко, и Политбюро довольствовалось здесь скорее фикцией желаемого, чем тем, что было на самом деле.

Первый заместитель Дзержинского (тоже поляк), Менжинский, человек со странной болезнью спинного мозга, эстет, проводивший свою жизнь лежа на кушетке, в сущности тоже очень мало руководил работой ГПУ. Получилось так, что второй заместитель председателя ГПУ, Ягода, был фактически руководителем ведомства.

Впрочем, из откровенных разговоров на заседаниях тройки я быстро выяснил позицию лидеров партии. Держа все население в руках своей практикой террора, ГПУ могло присвоить себе слишком большую власть вообще. Сознательно тройка держала во главе ГПУ Дзержинского и Менжинского как формальных возглавителей, в сущности от практики ГПУ далеких, и поручала вести все дела ГПУ Ягоде, субъекту малопочтенному, никакого веса в партии не имевшему и сознававшему свою полную подчиненность партийному аппарату. Надо было, чтобы ГПУ было всегда и во всем подчинено партии и никаких претензий на власть не имело.

Этот замысел лидеров партии осуществлялся без труда. ГПУ из подчинения аппарату не выходило. Но озабоченные только отношениями ГПУ и партии, руководители относились с полным безразличием к непартийному населению и фактически отдали всю его огромную массу в полный произвол ГПУ. Лидеров интересовала власть, они были заняты борьбой за власть внутри партии. Вне партии был выставлен против населения заслон ГПУ, вполне действительный и запрещавший населению какую бы то ни было политическую жизнь, следовательно, ликвидировавший малейшую угрозу власти партии. Партийное руководство могло спать спокойно, и его очень мало занимало, что население все больше и больше схватывается в железные клещи гигантского аппарата политической полиции, которому коммунистический диктаторский строй предоставляет неограниченные возможности.

Первый раз я увидел и услышал Ягоду на заседании комиссии ЦК, на которой я секретарствовал, а Ягода был в числе вызванных к заседанию. Все члены комиссии не были еще в сборе, и прибывшие вели между собой разговоры. Ягода разговаривал с Бубновым, бывшим еще в это время заведующим Агитпромом ЦК. Ягода хвастался успехами в развитии информационной сети ГПУ, охватывавшей все более и более всю страну. Бубнов отвечал, что основная база этой сети — все члены партии, которые нормально всегда должны быть и являются информаторами ГПУ; что же касается беспартийных, то вы, ГПУ, конечно, выбираете элементы, наиболее близкие и преданные советской власти. «Совсем нет, — возражал Ягода, — мы можем сделать сексотом кого угодно, и в частности людей, совершенно враждебных советской власти». — «Каким образом?» — любопытствовал Бубнов. — «Очень просто, — объяснил Ягода. — Кому охота умереть с голоду? Если ГПУ берет человека в оборот с намерением сделать из него своего информатора, как бы он ни сопротивлялся, он все равно в конце концов будет у нас в руках: уволим с работы, а на другую нигде не примут без секретного согласия наших органов. И в особенности, если у человека есть семья, жена, дети, он вынужден быстро капитулировать».

А незадолго до этого письма у меня был такой случай. В ЦК были устроены для сотрудников ЦК группы по изучению иностранных языков. Я бывал на группах по изучению английского и французского. В группе английского я познакомился с очень хорошенькой молодой латышкой Вандой Зведре, работавшей в аппарате ЦК. В это время я был вполне свободен; мы с Вандой друг другу понравились, но оба приняли это просто как приятную авантюру. Ванда была замужем за крупным чекистом. Она жила с мужем на Лубянке, в доме ГПУ, — в нем были квартиры для наиболее ответственных чекистов. Ванда бывала у меня, но как-то пригласила меня к себе, в ее квартиру на Лубянке. Мне было любопытно посмотреть, как живут чекистские верхи в их доме; я к ней пришел вечером после работы. Ванда объяснила мне, что муж ее уехал в командировку, и предложила остаться у нее на ночь. Это мне показалось чрезвычайно подозрительным — «неожиданно» вернувшийся из командировки муж, застав меня в кровати своей жены, мог разрядить в меня свой наган, и все прошло бы как обыкновенная история драмы ревности; муж бы показал, что он не имеет понятия, кто я такой. Под предлогом необходимости поработать еще над какими-то срочными бумагами, я отказался (впрочем, подозревал я не Ванду, а ГПУ, которое могло воспользоваться представившимся случаем).

В Советской России у меня был только один роман, вот этот. Она... Андреева, Аленка, и ей двадцать лет. История Аленки такова. Отец ее был генералом и директором Путиловского военного завода. Во время гражданской войны он бежал от красных с женой и дочерью на юг России. Там в конце гражданской войны на Кавказе он буквально умер от голода, а жена его сошла с ума. Пятнадцатилетнюю дочку Аленку подхватила группа комсомольцев, ехавших в Москву на съезд, и привезла в Москву. Девчонку определили в комсомол, и она начала работать в центральном аппарате комсомола. Была она на редкость красива и умна, но нервное равновесие после всего, что она пережила, оставляло желать лучшего.

Когда ей было семнадцать лет, генеральный секретарь ЦК комсомола товарищ Петр Смородин влюбился в нее и предложил ей стать его женой. Что и произошло. Когда ей было девятнадцать лет, она перешла работать в аппарат ЦК партии на какую-то техническую работу. Тут я с ней встретился. Роман, который возник между нами, привел к тому, что она своего Смородина оставила. Правда, вместе мы с ней не жили. Я жил в 1-м Доме Советов, а рядом был Дом Советов, отведенный для руководителей ЦК комсомола. У нее там была комната, и рядом с ней жили все ее подруги, к обществу которых она привыкла.

Роман наш длился уже полтора года. Но Аленка не имела никакого понятия о моей политической эволюции и считала меня образцовым коммунистом. Открыть ей, что я хочу бежать за границу, не было ни малейшей возможности. Я придумал такую стратагему.

В последние месяцы я перевел Аленку из ЦК на работу в Наркомфин, секретарем Конъюнктурного Института. Работа эта ей очень нравилась и очень ее увлекала. Я придумал ей командировку в Финляндию, чтобы собрать там материалы о денежной реформе, которые будто бы по ведомству были очень нужны. Через Наркомфин я провел эту командировку мгновенно. Я надеялся, что она пройдет и через ГПУ (заграничные служебные паспорта подписывает Ягода), тем более, что я еду в Норвегию, а она в Финляндию. Я рассчитывал на обратном пути встретить ее в Гельсингфорсе и только здесь открыть ей, что я остаюсь за границей; и здесь предложить ей выбор: оставаться со мной или вернуться в Москву. Естественно, если она решила вернуться, всякие риски бы для нее отпали — она бы этим доказала, что моих контрреволюционных взглядов не разделяет и соучастницей в моем оставлении Советской России не является.

Проходит день, моя команда готова. Это три конькобежца: Яков Мельников, в данный момент самый сильный конькобежец в мире, в особенности в беге на короткую дистанцию (500 метров), Платон Ипполитов, который очень силен на среднюю (1500 м), и молодой красноармеец Кушин, показывающий лучшие времена на длинные дистанции (5000 и 10 000 м). Надо спешно выезжать. Иначе опоздаем в Трондгейм, где будет происходить первенство. Но мой паспорт должен подписать Ягода. А звоня в ГПУ, я ничего не могу добиться о моем паспорте кроме того, что он «на подписи» у товарища Ягоды, а товарища Ягоду я добиться по телефону никак не могу, даже к «вертушке» он не подходит. Я быстро соображаю, в чем дело. Ягода делает это нарочно, чтобы сорвать нашу поездку. Если мы не выедем сегодня, мы в Трондгейм опоздаем. Что Ягоде и нужно.

Я иду к Молотову и объясняю ему, как Ягода, задерживая мой паспорт, пытается сорвать нашу поездку. Я напоминаю Молотову, что я еду по постановлению Оргбюро ЦК. Молотов берет трубку и соединяется с Ягодой. Ягоде он говорит очень сухо: «Товарищ Ягода, если вы думаете, что можете таким путем сорвать постановление ЦК, вы ошибаетесь. Если через пятнадцать минут паспорт товарища Бажанова не будет лежать у меня на столе, я передаю о вас дело в ЦКК за умышленный срыв решения ЦК партии».

А мне Молотов говорит: «Подождите здесь, товарищ Бажанов, это будет недолго». Действительно, через десять минут, грохоча тяжелыми сапогами, появляется фельдъегерь ГПУ: «Товарищу Молотову, чрезвычайно срочно, лично, в собственные руки, с распиской на конверте». В конверте мой паспорт. Молотов ухмыляется.

В тот же день мы выезжаем. В Осло мы попадаем вечером накануне дня, когда разыгрывается первенство. Но попасть в Трондгейм не можем — последние поезда в Трондгейм уже ушли, а свободно-

240

го аэроплана найти не можем — они все там, в Трондгейме. Нам приходится удовлетвориться состязанием со слабой рабочей командой. Но времена, которые показывает наша команда, лучше, чем времена на первенство мира. Газеты спорят, кто выиграл первенство морально.

Полпредша в Норвегии, Коллонтай, приглашает в полпредство генерального секретаря ЦК норвежской компартии Фуруботена, и я ему объясняю, как и почему Москва решила сделать поворот в политике Спортинтерна. Коллонтайша добавляет Фуруботену, какой пост я занимаю в ЦК партии, и это сразу снимает все возможные возражения.

В северных странах спорт играет несравненно большую роль, чем у нас. Газеты печатают в изобилии фотографии нашей команды и мою — капитана. Мы — все вместе, мы на катке встретились и разговариваем (главным образом жестами) с юной чемпионкой мира по фигурному катанию Соней Энье, очаровательным пятнадцатилетним пупсом, и т. д.

Вечером я решаю отправиться в оперу, послушать, как норвежцы ставят «Кармен». То, что я ни слова не понимаю по-норвежски, меня не смущает, Кармен я знаю наизусть. В первом антракте я выхожу в фойе пройтись и останавливаюсь у колонны. Одет я не совсем для оперы, но публика меня по сегодняшним газетным фотографиям узнает — «это и есть большевистский капитан команды». Мимо меня проходит прелестная девица, сопровождаемая двумя очень почтительными и воспитанными юношами, она о чем-то с ними спорит, они вежливо не соглашаются. Вдруг становится понятным, в чем дело. Она направляется ко мне и заводит со мной разговор. Она говорит и по-французски, и по-английски. Сходимся на французском. Сначала разговор идет о команде, о коньках. Потом собеседница начинает задавать всякие вопросы: и о Советах, и о политике, и о литературе. Я лавирую (я ведь должен остаться за границей) и стараюсь говорить двусмысленно, острить и отшучиваться. Собеседницу разговор очень увлекает, и мы его продолжаем во всех следующих антрактах. Я замечаю, что проходящие очень пожилые и почтенные люди кланяются ей чрезвычайно почтительно.

Я ее спрашиваю, что она делает. Работает? Нет, она у родителей, учится. Вечер проходит очень оживленно.

На другой день, когда я прихожу в полпредство, Коллонтайша мне заявляет: «Час от часу не легче; теперь мы уже ухаживаем за королевскими принцессами». Я отвечаю, выдерживая партийную манеру: «А кто ж ее знает, что она королевская принцесса, на ней не написано».

Но рапорт об этом идет, и Сталин меня спросит: «Что это за принцесса, за которой вы ухаживали?». Последствий, впрочем, это никаких не имеет.

Я с моей командой возвращаюсь через Финляндию. В Гельсингфорсе я надеюсь застать Аленку. Увы, она в Ленинграде и просила меня звонить ей, как только я приеду. Я звоню. Она мне сообщает, что выехать не смогла, так как Ягода паспорт ей подписать отказался.

Положение получается очень глупое. Если я ос-

242

таюсь за границей, по всей совокупности дела она будет рассматриваться как моя соучастница, которая неудачно пыталась бежать вместе со мной, и бедную девчонку расстреляют совершенно ни за что, потому что на самом деле она никакого понятия не имеет о том, что я хочу бежать за границу. Решать приходится мгновенно. Наоборот, если я вернусь, никаких неприятных последствий для нее не будет. Я записываю в свой пассив неудачную попытку эмигрировать, сажусь в поезд и возвращаюсь в советскую Россию. Ягода уже успел представить Сталину цидульку о моем намерении эмигрировать, да еще с любимой женщиной. Сталин, как всегда, равнодушно передает донос мне. Я пожимаю плечами: «Это у него становится манией». Во всяком случае, мое возвращение оставляет Ягоду в дураках. Совершенно доказано, что я бежать не хотел — иначе зачем бы вернулся. Человеческие возможные мотивы такого возвращения ни Сталину, ни Ягоде недоступны — это им и в голову не придет.

Так как теперь совершенно ясно, что как я ни попробую бежать, Аленку с собой я взять никак не смогу, у меня нет другого выхода, как разойтись с ней, чтобы она ничем не рисковала. Это очень тяжело и неприятно, но другого выхода у меня нет. К тому же я не могу ей объяснить настоящую причину. Но она — девочка гордая и самолюбивая, и при первых признаках моего отдаления принимает наше расхождение без всяких объяснений. Зато ГПУ, которое неустанно занимается моими делами, решает использовать ситуацию. Одна из ее подруг,

Женька, которая работает в ГПУ (но Аленка этого не знает), получает задание, которое и выполняет очень успешно: «Ты знаешь, почему он тебя бросил? Я случайно узнала — у него есть другая дама сердца; все ж таки, какой негодяй, и т. д.». Постепенно Аленку взвинчивают, убеждают, что я скрытый контрреволюционер, и уговорят (как долг коммунистки) подать на меня заявление в ЦКК, обвиняя меня в скрытом антибольшевизме. Ягода опять рассчитывает на своих Петерса и Лациса, которые заседают в партколлегии ЦКК. Но для этого надо все же взять предварительное разрешение Сталина. Так просто к Сталину и обращаться не стоит. Но тут (это уже весна 1926 года, и Зиновьев, Каменев и Сокольников в оппозиции) приходит случайное обстоятельство. Я продолжаю встречаться с Сокольниковым. Сталина это не смущает — я работаю и в Наркомфине, и у меня с ним могут еще быть всякие дела по этой линии. Но Каменев просит меня зайти к нему. С января 1926 года Каменев уже не член Политбюро, а кандидат. Я не вижу оснований не зайти к нему, хотя и не знаю, зачем я ему нужен. Я захожу. Каменев делает попытку завербовать меня в оппозицию. Я ему отвечаю очень кислыми замечаниями насчет программных расхождений, которые он развивает: я не младенец и вижу, что здесь больше борьбы за власть, чем действительной разницы. Но ГПУ докладывает Сталину о том, что я был у Каменева. Тогда Сталин меняет отношение к делу и соглашается, чтобы меня вызвали в ЦКК и выслушали обвинения Аленки — женщина, с которой вы были близки, может знать о вас интересные секреты. (Конечно, по советско-сталинской практике надо было пойти к Сталину и рассказать ему о разговоре с Каменевым, но мне глубоко противна вся эта шпионско-доносительная система, и я этого не делаю.)

На ЦКК Аленка говорит, в сущности, вздор. Обвинения в моей контрреволюционности не идут дальше того, что я имел привычку говорить: «наш обычный советский сумасшедший дом» и «наш советский бардак». Это я действительно говорил часто и не стесняясь. Собеседники обычно почтительно улыбались — я принадлежал к числу вельмож, которые могут себе позволить критику советских порядков, так сказать, критику хозяйскую. Когда она кончила, я беру слово и прошу партколлегию не судить ее строго — она преданный член партии, говорит то, что действительно думает, полагает, что выполняет свой долг коммунистки, а вовсе не клевещет, чтобы повредить человеку, с которым разошлась. Получается забавно. Аленка, обвиняя меня, ищет моего исключения из партии, что для меня равносильно расстрелу. Между тем я, не защищаясь сам, защищаю мою обвинительницу. Ярославский, который председательствует, спрашивает, а что я скажу по существу ее обвинений. Я только машу рукой: «Ничего». Партколлегия делает вид, что задерживает против меня суровый упрек, что я ей устроил командировку за границу. Я не обращаю на это никакого внимания — я знаю, что все это театр и что они спросят у Сталина, постановлять ли что-либо. Поэтому на другой день я захожу к Сталину, говорю, между прочим, о ЦКК так, как будто

245

все это чепуха (инициатива обиженной женщины), а потом так же, между прочим, сообщаю, что товарищ Каменев пытался привести меня в оппозиционную веру, но безрезультатно. Сталин успокаивается и, очевидно, на вопрос Ярославского, что постановлять ЦКК, отвечает, что меня надо оставить в покое, потому что никаких последствий это больше для меня не имеет.

Впрочем, это не совсем так. Из всех этих историй что-то остается. Я уже давно удивляюсь, как Сталин, при его болезненной подозрительности, все это переваривает. Весной 1926 года я пробую устроить себе новую поездку за границу, чтобы в этот раз там и остаться. Насчет Аленки я теперь совершенно спокоен. После всех обвинений против меня она теперь ничем не рискует. Если ГПУ попробует в чем-нибудь ее упрекнуть, она скажет: «Я же вам говорила, что он контрреволюционер, а ЦКК мне не поверил. Вот теперь видите, кто прав». И тут, действительно, ничего не скажешь.

Я пишу работу об основах теории конъюнктуры. Такой работы в мировой экономической литературе нет. Я делаю вид, что мне очень нужны материалы Кильского института мирового хозяйства в Германии (они на самом деле очень ценны) и устраиваю себе командировку от Наркомфина на несколько дней в Германию. Но здесь у меня две возможности: или провести поездку через постановление Оргбюро ЦК, что слишком помпезно для такого маленького дела и едва ли выгодно, или просто зайти к Сталину и осведомиться, нет ли у него возражений. Я захожу к Сталину и говорю, что хочу поехать на

246

несколько дней в Германию за материалами. Спрашиваю его согласие. Ответ неожиданный и многозначащий: «Что это Вы, товарищ Бажанов, все за границу да за границу. Посидите немного дома».

Это значит, что за границу я теперь в нормальном порядке не уеду. В конце концов, что-то у Сталина от всех атак ГПУ против меня осталось. «А что, если и в самом деле Бажанов останется за границей; он ведь начинен государственными секретами, как динамитом. Лучше не рисковать, пусть сидит дома.»

Месяца через три я делаю еще одну косвенную проверку, но устраиваю это так, что я здесь ни при чем. На коллегии Наркомфина речь идет о профессоре Любимове, финансовом агенте Советов во Франции. Он беспартийный, доверия к нему нет никакого, подозревается, что он вместе с советскими финансовыми делами умело устраивает и свои. Кем бы его заменить? Кто-то из членов Коллегии говорит: «Может быть, товарищ Бажанов съездил бы туда навести в этом деле порядок». Я делаю вид, что меня это не очаровывает, и говорю: «Если ненадолго, может быть». Нарком Брюханов поддерживает это предложение. Он согласует это с ЦК. Судя по тому, что это не имеет никаких последствий, я заключаю, что он пробовал говорить с Молотовым (едва ли со Сталиным) и получил тот же ответ: «Пусть посидит дома».

Теперь возможности нормальной поездки за границу для меня совершенно отпадают. Но я чувствую себя полностью внутренним эмигрантом и решаю бежать каким угодно способом.

Прежде всего надо, чтобы обо мне немного забыли, не мозолить глаза Сталину и Молотову. Из ЦК я ушел постепенно и незаметно, увиливая от всякой работы там, теперь нужно некоторое время поработать в Наркомфине, чтобы все привыкли, что я там тихо и мирно работаю, этак с годик. А тем временем организовать свой побег.

Моя Аленка постепенно утешилась и вернулась к своему Смородину. По возрасту Смородин уже не в комсомоле и пытается учиться. Несмотря на все его старания, это ему не удается, голова у него не устроена для наук, и он переходит на партийную работу. Тут, очевидно, голова не так нужна, и он доходит до чина секретаря Ленинградского Комитета партии и кандидата в члены ЦК. Но в сталинскую мясорубку 1937 года его расстреливают. Бедная Аленка попадает в мясорубку вместе с ним и заканчивает свою молодую жизнь в подвале ГПУ. Дочка их Мая — еще девчонка, расстреливать ее рано, но, когда она подрастает после войны (кажется, в 1949), и ее ссылают в концлагерь (оттуда она выйдет все же живой)».

Только личная связь со Сталиным и спасла Бажанова от ареста и гибели в ходе первых массовых чисток. Руководитель ОГПУ Ягода уже в течение ряда лет сомневался в благонадежности этого молодого интеллигента, которого никак не удавалось поймать на чем-нибудь серьезном. Эти сомнения были не просто плодом подозрительности главы секретной полиции. Ягода испытывал личную ненависть к Бажанову, который с подчеркнутым отвращением относился и к самому начальнику ОГПУ, и ко всем, кто за ним стоял. Когда в 1925 году Бажанов был смещен со своей кремлевской должности, слежка за ним со стороны «органов» лишь усилилась. Никоим образом нельзя было допустить, чтобы человек с независимым образом мыслей, занимавший ключевые посты в партийной иерархии, покинул страну, унося с собой во внешний мир секреты Кремля. Но Ягоде представлялось особенно заманчивым схватить Бажанова уже на границе, при явной попытке к бегству из СССР, ведь это было бы самым бесспорным доказательством его измены. Однако в канун 1928 года произошла осечка: сталинский секретарь сбежал, прихватив с собой агента ОГПУ.

БЕСЦВЕТНАЯ ФИГУРА

«Страх испытывали все, — не сомневался Аджубей. — Те, кто был особенно близок к вождю, хорошо знали, какую цену приходится платить за эту близость. Иначе не объяснить унизительных, трагических ситуаций в их судьбах.

А каково было Михаилу Ивановичу Калинину, жена которого много лет провела на каторжных работах, а он ничего не мог сделать для облегчения ее участи?

Екатерину Ивановну арестовали в 1937 году, а выпустили по амнистии (!) в 1945-м, когда Михаил Иванович был уже тяжело болен. Выпустили, но не разрешили жить на кремлевской квартире, предложили переехать на другую. Можно представить душевное состояние Екатерины Ивановны, когда ей пришлось идти за гробом Михаила Ивановича рядом со Сталиным, Маленковым, Берия.

Я был знаком с Екатериной Ивановной: в 60-е годы она приходила в редакцию «Известий», просила помочь в организации музея Михаила Ивановича, но никогда не говорила о пережитом.»

«Собственно, много говорить о Калинине не приходится, — утверждал бывший секретарь Сталина Борис Бажанов. — Фигура совершенно бесцветная, декоративный «всероссийский староста», был Лениным введен в Политбюро зря. Здесь его терпели и совсем с ним не считались. На официальных церемониях он выполнял свои сусально-крестьянские функции. Никогда он не имел никаких претензий ни на какую самостоятельность и всегда покорно шел за тем, кто был у власти. На всякий случай ГПУ, чтобы иметь о нем компрометирующий материал, подсовывало ему молоденьких балерин из Большого театра, не без того, чтоб эти операции были одобрены товарищем Каннером. По неопытности Михалваныч довольствовался самым третьим сортом. Компрометацию эту организовывали и из лишнего служебного усердия, так как в сущности ни малейшей надобности в ней не было — Михалваныч никогда не позволил бы себе каких-нибудь выступлений против власть имущих. Даже позже, когда Сталин проводил гигантское истребление деревни, Михалваныч, хорошо знавший деревню, делал вид, что ничего особенного не происходит, самое большее, не выходил из этого добродушно-стариковского ворчанья, к которому Политбюро давно привыкло как к че-

250

му-то, не имеющему никакого значения. Короче говоря, был Михаил Иванович ничтожен и труслив, почему и прошел благополучно все сталинские времена, умер в своей постели и удостоился того, что город Кенигсберг стал называться Калининград. В 1937 году Сталин приказал арестовать его жену. Михаил Иванович и глазом не моргнул: трудные были времена.»

Необходимо отметить, что жена Калинина во время арестов своего мужа (а было это до октябрьского переворота) вела себя совсем по-другому — самоотверженно добивалась свиданий и вместе с детьми отстаивала длинные очереди у ворот тюрьмы, чтобы вручить передачу. Как видно, не всегда долг платежом красен.

Мелочность и хитрость Всесоюзного старосты проглядывает даже в написанных его дочерью воспоминаниях. Хотя книга «Отец» была задумана совсем с иной целью.

«В шестом году мама и отец поженились, и отец повез ее в Верхнюю Троицу. Как вспоминает мама, ее поразила красота нашей деревни: синяя Медведица, а вокруг леса и леса — целое море; она привыкала в Вевеле к настоящему морю, но здесь ей показалось не хуже. Зато с порядком верхнетроицкой жизни, вернее, с ее беспорядком она не могла примириться.

Мама знала, что такое нужда. Отец ее был сапожником, на фабрику она пошла восьми лет, в четырнадцать уже была заправской ткачихой — недаром, когда она приняла участие а стачке, ей было только семнадцать лет. Но такой нужды и такого быта, как у нас в Верхней Троице, в Эстонии она не видела. Ей трудно было понять, как это так — живут в лесах, а баню себе не срубят, моются в русской печи, там, где пекут хлеб. Живут на земле, а впроголодь: больше картошка, капусты до осени не хватает, а коровье масло, если его соберут за лето несколько фунтов, так продают.

Маме все это было дико.

Через год, когда они уже ждали ребенка, отец снова отвез маму в деревню. Ему казалось, что маме здесь будет спокойнее. Но, по правде сказать, в верхнетроицком доме маме не очень-то рады были. И невенчаны они были с отцом, и говорила мама по-русски плохо, и приданого не было за ней никакого — приходилось сарафан у свекрови брать, чтобы на поле пойти.

При этом характером мама была вспыльчивая, прямая. Словом, не ужилась она в Троицком. Вскоре после того, как дедушка умер, она взяла и уехала в Питер.

Отец все еще работал токарем на трубочном заводе, куда его устроил товарищ.

Пока не было мамы, он переселился на остров с выразительным названием Голодай и уже собирался было на отпуск ехать в деревню.

Наверное, ему было жаль, что мама не смогла сжиться с его семьей, но говорить об этом он ничего не стал: он не любил искать правых и виноватых, когда в этом не было смысла. Здесь, на острове Голодай, родился у них первый ребенок, крепыш по тем временам — почти десять фунтов!

Как-то отец пришел очень поздно, мама и мальчик спали уже. Пришел не один, привел товарищей показать им сына. Вынул его тихонько из постели, на стол положил, распеленал, показал товарищам не только ноги и руки, но каждый пальчик в отдельности, так он гордился сыном.

Как я говорила уже, назвали мальчика Валерьяном.

Бабушка, конечно, соблюдала посты, а мама считала, что вся жизнь — пост полуголодный. Что же мучить себя?

Она не верила в Бога еще до встречи с отцом.

Как-то воскресным утром во время поста мама пекла булочки. Налила молока в тесто и, против обыкновения, масла немного в тесто добавила, конечно, чтоб бабушка не заметила. Булочки вышли душистые и румяные. Положила их все горкой на блюдо — свежие, только из русской печки. Мы все едим, а бабушка не притронулась даже.

Мама ее спрашивает: «Что ж ты булочек не берешь?».

Бабушка отвечает: «Чай, они у тебя скоромные».

А мама уверяет ее: «Нет, постные, только сахару положила». Берет бабушка булочку, пьет чай с ней, а сама сомневается: «Ты меня, Катерина, обманываешь, Бог нас покарает».

Теперь и у отца на душе стало спокойней: хозяйство в Троице, какое ни бедное, а на ходу: в случае, если снова его посадят, мы будем накормлены.

Теперь-то уж, когда видно было, что в Петербурге за ним следят, мог же он хоть сколько-то задержаться дома. И дела в хозяйстве стали чуть лучше, и мама уже снова ждала ребенка. Нас, ребят, он любил. Возился с нами. Один из нас на колени ему залезет, другой — сзади, на плечи, а то устроим с ним кучу малу, пока мама нас не разгонит. И все же в конце года он снова сказал маме, что должен ехать.

Мама отвезла его на лошаденке в Кашин и в январе, оставив нас бабушке, отправилась вслед за ним. Наслушавшись бабушкиных рассказов, она боялась рожать в деревне.

Отец опять жил в Петербурге, опять нелегально, опять работал токарем-лекальщиком на орудийном заводе, входил в состав только что восстановленного после разгрома Петербургского комитета партии большевиков.

Снимал он угол в комнате у хозяйки — три шага в длину, два в ширину, на Лиговке. Условий для мамы в ее положении, конечно, тут не было, и через несколько дней он отправил ее в Нарву, где жили ее родители. Там родился у нее третий ребенок — Лида.

Вале было четыре с половиной, мне — два с половиной. И вот в нашей семье — еще одна девочка!

Заехав в Петербург и показав маленькую отцу, мама вернулась в деревню.

Теперь, когда нас было трое, материально в семье стало еще труднее.

Валя, старший, подрос — отец и его стал учить, как жить в нужде, как жить и не ныть. Как-то Валя взял кусок колбасы и стал его есть без хлеба. А отец положил немного колбасы на большой ломоть хлеба и говорит: «Хлеб ты ешь, а колбасу все дальше и дальше от себя отодвигай, пока она на самом краешке не окажется. А когда видишь, что кончился хлеб, тогда и колбасу можно съесть. Это такой фокус. Делай так, и всегда будешь сыт».

В октябре мама приехала к нему повидаться — взяла с собой Валю и Лиду.

Но не успели они побыть с отцом и недели, как его снова забрали. Мама не знала, в какой он тюрьме, обращалась во все полицейские участки, ей отвечали, что такого не знают.

Как-то утром мама одела Валю, ему тогда было лет пять, завернула в одеяло Лиду, она еще грудная была, завязала в платок бутылку и пошла с ребятами в охранное отделение — оставить их было не с кем.

Зашла в приемную, где сидел дежурный. Он спросил ее, что ей нужно. Мама сказала, что, мол, пришла узнать, где ее муж Михаил Иванович Калинин и когда он вернется домой. Сказала, что приехала из деревни с ребятами, мужа забрали, а у нее нет денег, чтобы уехать, и здесь нечем жить. Так это правда и было. Дежурный ответил ей, что ничего не знает и справок никаких не дает.

Мама попросила его указать начальника, который знает и может ей все разъяснить.

Он и этого сделать не хотел.

Тогда мама посадила Валю на диван и сама села рядом с Лидой. Решила сидеть, пока своего добьется: мама у нас упорная была, уж если примет решение — ничто ее не остановит!

Так она просидела с двенадцати до пяти. Дежурный принимал различные меры, чтобы заставить ее уйти, но мама твердо стояла на своем. Пусть, мол, ей скажут, где ее муж и когда он вернется домой. Или пусть ее отведут к тому, кто это знает: без этого она не уйдет. Валя устал, но терпел, а Лида стала кричать из своего одеяла на всю охранку.

Наконец чиновник не выдержал, оставил кого-то вместо себя, сказал, что сейчас вернется, и вышел.

И верно, скоро вернулся, сказал маме, чтобы она с ребятами шла домой, что, мол, дня через три ее муж будет дома.

Мама в это не очень поверила, пообещала, что, если через три дня отца не будет, она снова придет и будет сидеть здесь с детьми, пока его не отпустят.

Кончались уже третьи сутки. Мама выкупала ребят, уложила их спать в девять часов, выстирала пеленки. Вот уже десять, а никого нет.

Мама подумала, что ее обманули, решила, что завтра пойдет опять и хоть три дня будет сидеть, а своего добьется!

В половине одиннадцатого она легла спать, а уснуть не может. За стеной уже пробило одиннадцать, в доме тихо, все уснули давно, а она лежит — к каждому шороху прислушивается. Вдруг слышит — хлопнула нижняя дверь, слышит быстрые шаги по лестнице, тихий стук. Вскочила, что-то накинула на себя, открыла дверь в коридор — он!

Мама вспоминает, что это была очень счастливая встреча. Побыли немного вместе, и снова маме пришлось отправиться в Троицу. Там ведь я оставалась, бабушка, все наше хозяйство. Чтобы делали отец и мать во всех этих бурях с нами тремя, если бы не было этого твердого островка — нашей избы в три окна и скупого надела нашего в Верхней Троице!

Вот и приходилось держаться деревни. ...Теперь, когда мы немного уже подросли, а отцу все труднее было выкраивать время, чтобы помогать в нашем деревенском хозяйстве, бабушка снова стала работать в поле, так же, как мама, а мы, ребята, оставались дома одни. Пашу, Прасковью Ивановну, к этому времени уже выдали замуж.

То, о чем здесь рассказано до сих пор, я знаю от отца, от мамы и от Прасковьи Ивановны. Вот примерно с этого времени, после рождения Лиды, я уже и сама начинаю кое-что помнить.

Конечно, как и всегда бывает, когда человек вспоминает раннее детство, это сначала всего лишь отдельные, отрывочные картины.

Помню себя одну в целом доме. Где остальные в это время были — не знаю. В избе только овца да я на печке сижу. Овца подходит ко мне вплотную и грозит мне рогами. Может, она и не грозила совсем, а поиграть просто хотела, но меня тогда охватила такая оторопь, что я будто приросла к печке, даже отодвинуться, в угол забиться не догадалась.

Но в памяти и совсем другая картина, это уже позже, конечно.

На печке не я, а Лида, младшая наша сестренка. Сидит себе там и потихонечку ноет, от скуки, наверное, а мы с Валей, с братом, наслаждаемся полной свободой — взрослые в поле. У нас только одна

обязанность — к приходу старших нарыть в огороде ведро картошки и начистить ее, остальное время
принадлежит нам самим.

Валя был крепкий, живой мальчик, он умел придумать забавы, а я любила его, рада была, что он
берет меня на свои мальчишечьи подвиги, старалась
от него не отстать.

Помню набег на соседний сад, в котором было
несколько яблонь и жила злая собака. Помню, как
мы с Валей стоим на столе, а над нами подвешенная
к потолку большая керосиновая лампа-«молния».
Лампа была едва ли не лучшим украшением нашей
избы и потому так неудержимо влекла к себе Валю.
Он становился на носочки, тянулся к ней и, дотя-
нувшись, тыкал в нее кончиками пальцев до тех
пор, пока лампа наконец не свернулась на бок, стекло упало и разбилось вдребезги, а мы после этого
долго искали ремень, чтобы спрятать его и избежать наказания.

Мама у нас была строгая. Зато отца мы не боялись: он никого из нас ни разу не тронул.

Приходили к нам в дом девчонки, соседки.

Бабушка говорила: «Ступайте, девочки, на потолок».

На потолок — значит, на чердак. Там мы играли
в камушки — было тогда такая игра.

Ничего другого об этом времени память моя не
сохранила. Став Председателем ВЦИКа, о своей работе отец, как правило, нам не рассказывал. И не
потому только, что мы были еще малы. Не рассказывал он нам о своей работе и позже, когда мы уже
выросли. Он считал, что, если мы живем вместе с

ним, это не значит, что мы имеем право знать о его служебных делах больше других. Разговаривать его, заставить его сказать больше, чем он считал допустимым, никто никогда не мог. Случалось, мы задавали ему вопросы, особенно Валя, на которые он отвечал полушутливо: «Читайте газеты». Сказывались тут, наверное, и привычки времен конспирации, и чувство партийной дисциплины, и природная сдержанность.

Поэтому больше я буду говорить, каким он был дома, о том, что касается его отношений с нами, детьми, и с теми людьми, в общении с которыми мне приходилось его наблюдать. На полноту рассказа об отце я претендовать никак не могу — многого я просто не знаю. По существу, больше всего я видела отца в те часы, которые он считал своим отдыхом. Это было позже, когда гражданская война уже подходила к концу и он уже мог позволить себе иногда отдохнуть, побыть вместе с нами.

Был такой случай, когда мы жили в Москве. Я пошла после школы к подруге, заигралась и не заметила, как пролетело время, а перед вечером ее родители позвали нас на концерт в консерваторию. Концерт затянулся, и я возвращалась домой в первом часу ночи.

Было тогда мне двенадцать лет.

Прихожу домой, отец сидит на диване, сапоги надевает. Видно, собирался идти искать меня. Посмотрел на меня и спросил: «Где ты была?».

Должно быть, они с мамой без меня волновались. Объяснила, как было дело. Он задумался и сказал только: «Ладно, ложись спать».

259

Потом я задавала себе вопрос: почему даже и в этот раз мне не попало?

Мне кажется, он думал в тот вечер о нас, о своих ребятах, о том, как мы живем.

А жили мы сами по себе, без опеки. И потому рано привыкли к самостоятельности. И, наверное, он был рад, что ходила я все-таки в консерваторию, что тянусь я к хорошему.

Но он и не баловал нас.

Как-то случилось так, что я должна была поехать с отцом летом в Верхнюю Троицу, но у него уже начался отпуск, а мне еще нужно было побыть в Москве.

Мне было тогда близко к тридцати. В семье обсуждали, как я доберусь до деревни одна. Вообще-то и не совсем одна: я позвала с собой подругу.

Отец сказал, что это дело простое: здесь можно нас посадить на поезд, а выйти в Кашине мы сумеем.

Мама засомневалась: «А от Кашина как?».

От Кашина до нашей деревни, как известно, еще тридцать верст. И отец и мама не раз мерили ногами эту дорогу.

Тогда отец обратился ко мне: «Ну как, доберетесь пешком?». Раз он так спрашивает, как же не ответить, что доберемся! «Вот и хорошо.»

Он уехал, а мы отправились через неделю.

Соскочили с поезда и пошли. Каждые пять верст — село. Первые десять верст дорога идет лугами, а потом заходит в глубокий тенистый лес.

Подруга моя была из городской семьи, к таким переходам она не привыкла.

Когда оставалось восемь верст до нашей деревни, она сказала: «Я больше идти не могу», — и легла на живот у дороги.

Я уговариваю ее: «Ну ничего, как-нибудь уж дойдешь». Так мы и прошли эти последние восемь верст: она ложилась у дороги и думала, что больше идти не может, а потом снова вставала и шла.

Переехали на лодке Медведицу, и вот мы уже дома.

Бабушка нас пожалела: «Как вы устали! Посидите тут, а я есть соберу».

Отец вошел в дом — был он в светлой рубашке, в старых, залатанных штанах, должно быть, собрался работать — и спрашивает нас, устали мы или нет.

Как сказать, что устали!

Мы обе ответили, что не устали нисколько, а он говорит: «Ну, раз не устали — пошли молотить».

Бабушка ему: «Что ты, Михайло? Они же с дороги».

Но мы уже шли на гумно, к стоявшей там небольшой молотилке.

Отец подавал в машину снопы, а мы подтаскивали их и отгребали половину.

Поработали часа полтора, и, правда, оказалось, что силы у нас еще есть в запасе — только чуть ноги болели. А утром встали здоровые, легкие.

Теперь я сама внучку жалею, так, что и устать ей не даю. А уж если теперь мы, не дай Бог, устанем, считаем, что, значит, работу нужно бросать немедленно. На самом же деле нужно уметь работать через усталость: усталость можно, оказывается,

261

преодолеть. Ведь труд недаром зовут трудом. Если бояться, что может быть трудно, ни в каком деле ничего не достигнешь.

Сам в прошлом рабочий, не умевший делать что-нибудь плохо, больше всего в людях отец ценил трудолюбие, умение работать и старался нас приучить к труду.

Да, он очень ценил в людях трудовое умение. Сказывалось это и в крупном и в малом.

С Катей, женой брата Семена, впервые он встретился в Верхней Троице, в те же первые советские годы.

Встретил ее, как и всех людей он встречал, дружелюбно, но посмотрел на нее с хитринкой и попросил:

— А ну-ка, матушка, пришей-ка мне пуговицу к тужурке. — И добавил, уже не скрываясь: — Посмотрим, какую жену Семен себе выбрал.

Отец носил в ту пору кожаную тужурку и такую же кепку. В дороге, и правда пуговицы, у него отлетели. «Матушке» не было и двадцати, но за дело она взялась со сноровкой, хотя наперстка в доме не нашлось и шить было трудно.

Работой ее отец остался доволен: проверка заключалась, оказывается, в том, что пуговицы нужно было не просто пришить, а так, чтобы они держались «на ножках», чтобы было покрепче.

Отец сказал тогда брату:

— Ну, Семен, хозяйка будет у тебя неплохая.

А новой невестке достал за работу орешки из кармана той же тужурки.

Все это — и проверка, и награждение — было,

конечно, шуткой, но где-то на дне этого эпизода кроется то, что для отца было существенным.

Вспоминаю в связи с этим еще один случай: произошел он тогда же и тоже в Троице.

Как-то отец приехал в деревню не поездом, а на машине. Машин было в ту пору мало. Лошадь, везущая воз, с которой повстречалась машина, испугалась, чуть не встала на дыбы, еще мгновение — и произошла бы беда.

Молодая женщина, которая правила лошадью, каким-то чудом сумела ее удержать и заставила ее себе подчиниться.

Отец остановил машину и вышел навстречу женщине: «Ну и молодчина же ты!».

Женщина ему ответила резко: «Ездите тут, городские, без толку, делать вам нечего, а лошади наши непривычные к вашим машинам».

Она была из другой деревни и не знала в лицо отца.

Он пообещал ей: «Лошади ваши к машинам привыкнут. — И снова сказал: — «А ты молодец».

Потом он рассказывал дома об этой встрече, хвалил женщину за сноровку.

Теперь, когда я думаю об этой черте отца, я понимаю ее как основу его нравственных представлений: ведь тот, кто умеет трудиться, кто стал мастером в своем деле, может прожить честную жизнь, может сохранить человеческое достоинство и независимость. Все остальные нравственные качества — следствие этого первого, самого необходимого.

Больше он нас воспитывал тем, какой сам был, какой уклад сложился в нашей семье.

С детства отец привык к нужде, и оттого бережливость, умение ограничить свои потребности вошли в его плоть и кровь.

Став Председателем ВЦИКа, «президентом», как называли его за границей, он сумел и в этом остаться самим собой.

Но если раньше он был бережлив от нужды, оттого, что чувствовал ответственность перед семьей, то теперь он был скромен в быту от нежелания извлекать личные выгоды из своего положения и еще потому, что хотел, чтоб мы, его дети, выросли не барчуками.

Не было, чтобы он позволил себе что-то оставить в тарелке. Да и все мы были приучены к этому.

Крестьянское отношение к хлебу, к пище так и сохранилось в нем на всю жизнь.

Между прочим, лично себя в еде он ограничивал. Умение это он воспитал в себе, должно быть, тоже в годы нужды, а после придерживался этого сознательно, не хотел себя распускать, терять рабочую форму, ни разу не позволил себе располнеть, всегда был подтянутым.

Одевался он аккуратно, даже дома к столу выходил в костюме.

Но одевался при этом скромно, любил носить старые вещи, к которым привык, на новые переходил с трудом. Помню, как уже во время войны, когда костюм, в котором отец ходил на приемы, пообносился, мы ему посоветовали сшить новый. Он отказался.

— Не об этом сейчас думать. Вот немножко еще поживем, тогда будем костюмы шить.

По мере того, как Валя, Шура и Лида кончали свои институты, они возвращались из Ленинграда домой. Когда мы все получили образование, мы снова стали жить одной большой семьей.

Бывало, соберемся в столовой, а у каждого в комнате свет остается гореть. Отец пройдет по квартире, всюду потушит лампочки, а нам скажет:

— Чего вы не гасите свет? Вот будете самостоятельно жить, придется за все расплачиваться самим, тогда научитесь экономить...

Правда, это было связано не только с тем, что он хотел приучить нас к бережливости в личном быту. В то время в стране не хватало электроэнергии, и он просто не мог видеть небрежного отношения к электричеству.

И больше того, он вообще слишком уважал чужой труд, чтобы спокойно видеть, когда что-то нужное, сделанное руками людей, пропадает без толку.

Например, у нас дома выписывалось много газет и журналов. Он сам собирал прочитанные газеты, собирал журналы и отправлял все это в нашу Троицу, в клуб, что это кому-то там пригодится.

Во время войны Лида, Аня и я жили со своими детьми в Красном Яру, на Урале. Когда Николай, мой муж, вывозил нас обратно в Москву, он купил там двух ягнят — барашка и ярочку английской породы «прекос». За лето у нас на даче ягнята выросли и окрепли. Осенью отец посмотрел на них и сказал: «Ну что они тут без дела резвятся? Это же не игрушка. — И произнес свой приговор: — Отправить их на запад в один из колхозов освобожденных районов».

Как только мы стали работать, отец начал брать с нас деньги за стол и квартиру.

Он говорил:

— Выучились, зарабатываете, вносите в хозяйство. Привыкайте жить за свой собственный счет.

Мне он поручил собирать эти деньги и относить их в Кремлевское хозяйственное управление, откуда мы получали продукты.

В хозяйственном управлении он объяснил:

— У меня все ребята работают. Куда им деньги девать? Если жить на бесплатном, они не на то будут тратить.

Он не хотел, чтобы у нас были лишние деньги.

Как-то Валя попросил у отца денег на новый костюм. Отец посмотрел на него и, улыбнувшись, ответил:

— Пожалуй, я дам лучше Жене.

Валя в ту пору был женат. Женей звали его жену.

— Почему?! — удивился Валя.

— Жене я дам взаймы. Она мне отдаст. А ты не отдашь.

Он хотел, чтобы мы не чувствовали себя детьми президента, чтоб мы жили той жизнью, какой живут все.

Конечно, время теперь было не то, когда он, городской голова, голодал вместе с Валей, как и все остальные питерцы той поры, но лишнего отец не допускал и теперь.

Когда Валя и Шура, окончив институт, стали работать на московских заводах, вставали они затемно и через весь город шагали пешком — ни трамваи, ни автобусы в такое время еще не ходили. Машин тогда было мало, и отец говорил: «Стыдно будет, если директор завода придет пешком, а молодые инженеры на автомобилях подъедут».

Если кто-нибудь из нас заболевал и на дом из поликлиники вызывался врач Мария Ильинична Потемкина, уже немолодая женщина, которую отец очень ценил, он всегда чувствовал перед ней неловкость: «Мария Ильинична, а не преувеличивают ли они свои хвори, не зря ли вас беспокоят? Могли бы, наверное, и сами дойти до поликлиники».

Он воспитывал в нас понимание того, что права, которые он имеет по службе, лично к нам отношения не имеют.

Вино на стол, как правило, у нас не ставилось.

Если же праздник или случай такой, когда принято выпить, — встреча, кто-то в гости пришел, вино, конечно, согласно обычаю, на столе могло появиться: отец не был ханжой. Он даже любил, чтобы люди собрались у него и повеселились. Ценил он застольную беседу, тонкую шутку.

Но сам он не пил никогда. Как-то сказал: «Я выпью каплю, другие — море». Бывало, нальет себе сухого вина в маленькую рюмочку, чтобы других не стеснять и, как и прежде это бывало, просидит с нею весь вечер.

Семья разрасталась. Мы выходили замуж, женились, в семью входили новые люди. Отец умел сделать так, чтобы в доме всем было легко и просто. Может быть, имело значение то, что он вынес из детства: не мог он не помнить, как тяжело было его матери в чужой семье.

Валя впервые привел к нам Женю в день моего рождения.

Как она вспоминает, шла к нам с волнением. За столом Женя сидела молча.

Отец шутливо сказал:

— Валя, что ж ты жену такую выбрал себе — все молчит да молчит?

Потом стол отодвинули, начали танцевать. Танцевала Женя прекрасно — тут ей не мешало волнение.

Отец ее похвалил:

— Танцевать-то она хорошо танцует, — и, улыбаясь, прибавил: — А вот говорить не умеет.

Женя не могла не почувствовать за этой незатейливой шуткой понимание и тепло, желание помочь ей преодолеть стеснение.

К концу вечера она уже чувствовала себя у нас не в гостях. А моему Николаю не пришлось и этой неловкости одного вечера пережить. Мы вместе учились, вместе готовились к экзаменам, он постепенно становился своим в нашем доме.

Он всегда старался нам показать, что мы все для него равны — и свои, и новые члены семьи, что степень родства для него значение не имеет.

А бабушка наша по-прежнему жила в Верхней Троице. Как была она простой деревенской женщиной, так такой и осталась до последних дней своей жизни. Ни уклад ее жизни, ни деревенские ее предубеждения и предметы — ничто в ней не изменилось. Как всегда, целый день она находила дела по хозяйству, жила в мире и дружбе с соседкой.

Кто бы к ней ни пришел, с ней, как и с отцом, всегда всем было легко и просто.

Конечно, бабушка теперь не нуждалась, как в прежние времена: отец каждый месяц высылал ей деньги, мы приезжали летом и помогали ей на пашне и на огороде. Но она ничего не хотели менять в своем обиходе: не хотела отличаться чем-то от своих соседей и нарушать заведенные в деревне обычаи.

Встречая нас, она неизменно ставила на стол одни и те же излюбленные свои угощения: кулебяку или яишню из одного-единственного яйца, сбитого с мукой и молоком, — яишня получалась при этом пышной, высокой и занимала целую сковороду. А еще наша бабушка, как и любая тверская крестьянка, была мастерицей варить пиво, но это, конечно, больше по праздникам.

Никаких разносолов, колбас, ветчин и прочих копчений она не признавала, даже сливочного масла на ее столе в Верхней Троице никогда не бывало. Раньше всего этого по бедности не было, а потом уже по привычке.

Пока бабушка жила в Верхней Троице, лишь одно выделяло ее и давало ей чувство превосходства над окружающими: предметом ее гордости были выращенные ею белые племенные курочки «виандот».

Как-то, поехав в деревню, Николай отвез ей в подарок четырех маленьких курочек и молодого петушка породы «виандот». Порода «виандот» считалась очень хорошей. Николай купил этих цыплят на

269

одной подмосковной ферме, устроил их в небольшой кошелке и всех доставил в сохранности. Бабушка выходила всех пятерых, отгоняла от них во время кормежки старших кур, следила, чтобы не утащил их коршун. Словом, хлопот у бабушки с ними было немало.

Зато, когда они выросли, к ней приходили со всей деревни: приносили простые яйца, просили выменять для разведения на яйца курочки «виандот».

Бабушка никому не отказывала, но проводила процедуру обмена с чувством достоинства.

Отец чаще всего ездил в Троицу так: до Кашина поездом, от Кашина до деревни на лошадях. Посередине дороги, в Зобнине, лошади отдыхали, он заходил в чайную, его немедленно окружали, и уже тут, в дороге, начиналось его общение с земляками: разговор касался всегда самых острых, горячих вопросов дня. Далеко не всегда встречи в пути протекали гладко и безмятежно.

Как-то в трудные времена одна женщина упрекнула его:

— Хорошо тебе, Михаил Иванович, ты ходишь в городских ботинках, а мужики наши до сир пор из чуней не вылезли.

Кстати, сама она тоже одета была неплохо и тоже в городских сапогах. Отец оправдываться не стал, на то, как она одета, внимания не обратил, ответил усмешкой:

— И не стыдно вам будет, если ваш президент станет в чунях ходить?

И ответ этот действовал именно тем, что отец не

270

стал оправдываться. Мужики почувствовали неловкость.

— Да не слушай ты ее, Михаил Иванович, пустое она говорит.

У отца был обычай: приезжая на родину, прежде всего побыть со своею матерью. Было однажды, что кто-то из местных работников встретил его по дороге в деревню и пригласил к себе на обед. Отец ответил, что не может обидеть мать: раз он приехал в родные края, значит, и пообедать прежде всего должен у матери.

Бабушка и отец очень любили друг друга. Достаточно было увидеть, как по-особому теплеют и светятся их глаза, когда они вместе, чтобы это понять. Но слова были скупыми — в нашей семье вообще больших нежностей не было. Я не помню, чтобы отец сказал когда-нибудь «мамочка». Не принято это было в крестьянских семьях. Она ему всегда, сколько я помню, — «Михайло», он ей — «мам», и ничего другого.»

ВЗГЛЯД КАИНА

Жена главы первого Советского правительства Клавдия Тимофеевна Свердлова писала свои воспоминания при помощи сына Андрея.

«4(17) апреля 1911 года у нас родился сын. Мысль о ребенке, о том, как я перенесу первые роды, глубоко волновала Якова Михайловича. Тяжело ему было сидеть в эти дни в тюрьме, чувствовать свое полное бессилие. Но и из тюрьмы он пытался чем-нибудь поддержать меня. Из его писем было видно, что он прочел много специальной медицинской литературы. Он давал мне в письмах квалифицированные советы по гигиене, по уходу за грудными детьми. И одновременно подробно разбирал проблему брака и рождения вообще, ссылался на Платона, Томаса Мора, Льва Толстого, на современных социологов — уж если Яков Михайлович брался за какой-либо вопрос, то изучал его самым обстоятельным образом.

Ребенок еще не родился, а Яков Михайлович уже думает о его воспитании, о том, чтобы он вырос «настоящим человеком». «Самое воспитание, — писал мне Яков Михайлович 29 марта 1911 года, — имеет решающее, почти исключительное значение, наследственные же черты только способности, которые могут или развиться, или заглохнуть в зависимости от целого ряда условий, которые можно в общем назвать средой».

Сколько нежности, сколько внимания и заботы в каждой строчке писем Якова Михайловича, написанных в эти дни! Какая горечь из-за полной невозможности помочь в тяжелую минуту, из-за того, что в такой момент жандармы оторвали мужа от жены, отца от сына!

«Невыразимо больно свое бессилие, — писал мне Яков Михайлович, — невозможность быть полезным самому близкому, дорогому существу. С какой радостью, охотой взял бы на себя самый тщательный уход, самую нежную, трогательную заботу, а тут сидишь за тысячи верст... Хотелось бы перелить весь свой «дух жив», в надежде на укрепление твоего. Тщетно придумываю что-либо наиболее ободряющее, — ничего не могу придумать. Не могу не по бедности своей, ибо я очень богат как твоим ко мне, так и своим к тебе отношением. Будь мы вместе — иное дело. Но пусть и вдали скажется сила моего чувства, пусть оно согревает, ослабляет муки, придает силы легче переносить их!» А какой теплотой проникнуто каждое упоминание о будущем сыне! «Имя? — писал Яков Михайлович. — Да, это вопрос существенный. Ты подчеркнула в письме мое имя, не знаю, хотела ли этим указать и на имя сына или нет. Но предоставляю тебе полную свободу действий и в данном случае, назовешь ли последней буквой алфавита — Я или же первой — А. Я заранее заявляю, что до определенного возраста буду называть зверьком, зверюшкой, зверинькой».

Редко, очень редко бывали мы все, всей семьей, вместе, но уж когда выпадало такое время, не было семьянина лучше Якова Михайловича, не было семьи счастливее и дружнее нашей.

Однако мысли о семье, о ребенке не мешали ему работать с обычным напряжением и упорством.

С того времени как нас разлучили с Яковом Михайловичем, прошло свыше полутора лет. После освобождения из петербургской тюрьмы я жила в Екатеринбурге под надзором полиции. В связи с рождением сына мне пришлось некоторое время там задержаться, но уже осенью 1911 года я, забрав ребенка, скрылась из Екатеринбурга.

Нелегально приехав в Москву, я устроилась у

своей бывшей екатеринбургской приятельницы Сани Анисимовой. Здесь-то у меня и зародилась мысль о поездке в Нарым, но, пока Яков Михайлович находился в Максимкином Яру, куда пароход заходил всего два раза в год, это было практически неосуществимо, тем более с ребенком, которому не исполнилось и года.

Затем пришло письмо из Нарыма. Яков Михайлович писал, что встретимся скоро, но не в Сибири... Из Нарыма я получила несколько писем. Он много писал о сыне, о наших отношениях. Получив первые фотографии сына, Яков Михайлович писал мне:

«И карточки и твои описания наполняют меня гордым, радостным чувством. Всем и каждому я показываю сие произведение искусства... Порой голову занимают мысли о том, что я смогу дать ему, живя мало вместе. Буду ли я при первых шагах его? Буду ли тогда, когда окружающий мир пробудит его сознание, когда он станет задавать различные вопросы? И многое, многое приходит в голову...».

Еще раньше, в другом письме, отправленном из Максимкиного Яра, Яков Михайлович писал:

«Тысячи верст, а порой нет расстояния — и есть оно, и нет... Возникал и раньше, теперь почти нет, вопрос о нашей жизни. Мало вместе, больше вдали, радость — день, печаль, тоска — месяцы. Целесообразна ли, нужна ли наша совместная жизнь? Но, помимо ответа на данный вопрос, ответом же и новый вопрос: «а целесообразен ли, законен ли и самый вопрос?». Прямой ответ — не днями, не временем, а интенсивностью переживаний измерять свою жизнь. Целесообразно, нужно было сходиться. Наш общий рост за время и под влиянием совместной жизни несомненен... Думаю, что мы оба можем сказать с полной уверенностью о неизбежности и желательности повторения всей нашей жизни, если бы пришлось начинать сначала.»

Нам очень мало доводилось бывать вместе. Свердлова сажали в одну тюрьму, меня — в другую, его ссылали в одно место, меня — в другое. Периоды же совместного пребывания на свободе были коротки, редко исчислялись месяцами, чаще неделями и даже днями.

Письмо Якова Михайловича, обещавшее встречу не в Сибири, задержало мой отъезд. Но прошла весна, кончалось лето, а Якова Михайловича не было, не было и писем. Я не знала, что и думать. Ясно было одно: ждать далее бессмысленно. Собрав у товарищей средства на дорогу, я двинулась в путь.

До Томска добралась благополучно, а там — на пароход и вниз по Оби, в Колпашево, где, судя по последним письмам, находился Яков Михайлович.

Туго бы мне пришлось в чужом, незнакомом городе, с ребенком на руках, почти без денег, если бы не друзья. В Томске жила семья Наумовых, старых екатеринбуржцев, которых я знала еще с юности, они-то меня и приютили.

Едва устроившись, я сразу же пошла наводить справки и хлопотать о свидании. Принял меня в жандармском управлении какой-то полковник, по-видимому крупный чин. Как только он услышал, что я жена Свердлова и приехала к мужу, причем не одна, а с ребенком, полковник стал необычайно любезен. Не интересуясь, скреплен ли наш брак церковным обрядом, он сразу признал меня за жену Якова Михайловича и тут же разрешил свидание, да какое! Не в общей канцелярии, через решетку, а в камере у Якова Михайловича, без жандармов.

Я готова была прямо из управления бежать в тюрьму, но время было позднее, приходилось ждать утра. Уж и не знаю, как прошел этот вечер, эта ночь, спать я не могла. В голову лезла всяческая чепуха: то мерещилось, что Якова Михайловича в тюрьме я не застану, что его куда-то перевели, загнали и концов не найдешь; то перед глазами маячил любезный полковник, с наглым смехом отменявший свое разрешение... Не верилось, что через двенадцать, десять, пять часов, через час я увижу Якова Михайловича живого и невредимого. Ведь год и десять месяцев прошло с того дня, когда в ноябре 1910 года он ушел из нашей петербургской квартиры, ушел, чтобы больше не вернуться...

Да стоит ли об этом вспоминать?

Утром подхватила на руки сонного Андрея — и в тюрьму. Со скрипом открывается тюремная калитка... В канцелярии никого, рано!

Идут минуты, хнычет проголодавшийся малыш. Наконец канцелярия открыта, и меня вызывают. Последние формальности — и я в темном тюремном коридоре. Гремят ключи, дверь камеры распахивается настежь...

Яков Михайлович «совершал утреннюю прогулку», быстро шагая по камере из угла в угол —

шесть шагов туда, шесть обратно. О свидании его никто не предупреждал, не знал он и о нашем приезде в Томск. На скрежет ключа в замке он лишь повернул голову, но, когда вместо осточертевшего надзирателя через порог камеры шагнула я с маленьким Андреем на руках, Свердлов остолбенел. А дверь за мною закрылась, и мы остались с глазу на глаз...

Трудно рассказать о подробностях этого свидания, длившегося около часа, да я их и не запомнила. Час пролетел как минута, как мгновение. Кто из нас больше говорил, я или он, кто больше задавал вопросов, кто отвечал, — не знаю, не помню. А тут еще нет-нет да подавал свой голос маленький Андрей. Тогда, в полумраке одиночки томской пересыльной тюрьмы, Свердлов впервые увидал полуторагодовалого сына.

Казалось, мы не успели сказать друг другу и двух слов, как вновь загремели ключи. Свидание окончилось. Прямо из тюрьмы, занеся только Андрея к Наумовым и наскоро покормив его, я отправилась в жандармское управление. Меня снова принял вчерашний полковник. Как вчера, был он внимателен, любезен. Больше того, он сказал, что готов хлопотать... об освобождении Свердлова из тюрьмы и направлении его в ссылку, но при одном условии: если я с сыном поеду вместе с ним.

Так вот она, причина жандармской любезности! Держать осужденного на административную ссылку в тюрьме длительное время было не вполне удобно, загнать же Свердлова в Максимкин Яр, как то намеревались сделать, не было возможности: навигация близилась к концу, до Максимки в это время года не доберешься. Отправить Свердлова назад, в Колпашево, Нарым, Парабель? Опять сбежит, не устережешь.

И тут появляюсь я вместе с сыном. Из писем Свердлова, подвергавшихся перлюстрации, жандармы знали его безграничную привязанность к жене и ребенку, его постоянную тоску по семье. Семья, рассчитывали они, свяжет Свердлова по рукам и ногам, удержит от побега лучше любой стражи. Вместе с семьей можно отправить его и в Парабель, не сбежит! Плохо же знали жандармы большевиков!

Я, конечно, согласилась на предложение полковника, а день спустя томскому губернатору был подан рапорт: «Почтительнейше ходатайствую о поселении Свердлова, ввиду окончания навигации, в с. Парабель, к Свердлову прибыла жена Клавдия Тимофеевна Новгородцева с полуторагодовалым ребенком, которая предполагает остаться с Свердловым в ссылке добровольно».

Ради такого случая жандармы впервые официально признали меня женой Якова Михайловича.

Невероятно оперативен был на сей раз и губернатор. Он в тот же день дал согласие на нашу отправку в Парабель, оговорив, однако, чтобы за Свердловым был учрежден усиленный надзор, и к нему были приставлены два надзирателя.

19 сентября 1912 года мы все: Яков Михайлович с двумя стражниками, я и маленький Андрей — оказались на пароходе «Братья» и отправились в Парабель.

Вся эта спешка объяснялась весьма просто: «Братья» был последним в этом году пароходом, отправлявшимся из Томска вниз по Оби.

Парабель была расположена не на самом берегу Оби, а верстах в трех-четырех от реки. Тем не менее Якову Михайловичу в самой Парабели поселиться не разрешили и направили нас в деревушку Костыревую, отстоявшую еще дальше от Оби, верстах в четырех-пяти от Парабели. Видимо, местное начальство считало, что семья семьей, а чем дальше от реки — тем меньше соблазна, да и наблюдать за Свердловым в маленькой деревушке легче, чем в относительно большом селе, где жили десятки ссыльных.

Костыревая — небольшая глухая деревенька, всего из четырех-пяти дворов. Из ссыльных, кроме нас с Яковом Михайловичем, здесь жили только Ваня Чугурин, Николай Кучменко, Леонид Серебряков да еще старичок ссыльный, дядя Петр, участник аграрных «беспорядков».

Устроились мы, несмотря на все трудности, на большую нужду, неплохо. Мы с Яковом Михайловичем сняли у местного крестьянина Костырева небольшую комнатку. Соседнюю с нами комнату в том же домишке занимали Кучменко и Серебряков. Чугурин жил рядом, дядя Петр — чуть подальше.

Жили все дружно. По вечерам собирались у нас, спорили, шутили, смеялись, иногда пели, хотя с пением дело явно не ладилось: хороших голосов не было, а «решающий» голос Якова Михайловича в таком небольшом хоре звучал слишком оглушительно.

Почти все хозяйственные дела Яков Михайлович взял на себя, и мне с боем приходилось отвоевывать свое право на какое-то участие в домашних работах.

Готовил Яков Михайлович всегда сам, стирал обычно тоже, лишь изредка разрешая мне помочь ему. И дело было не только в том, что годы самостоятельной жизни, тюрьма и ссылка приучили его полностью обслуживать себя, это был вопрос принципа. Подлинные большевики не на словах, а на деле, в своей семье, в личной жизни боролись за равноправие женщины, за ее раскрепощение от домашних дел.

Особенно много возился Яков Михайлович с сыном. Казалось, он с жадностью стремится вознаградить себя за долгую разлуку, а заодно запасается близостью с маленьким Андреем и на будущее.

Уже много позже, из туруханской ссылки, не найдя в моем письме ожидаемой карточки сына, Яков Михайлович писал: «Отсутствие карточки меня крайне огорчило. Так хотелось поглядеть, каков стал наш мальчик. Помню, как больно мне было прощаться с ним, когда я уезжал из Парабели. Часто вспоминаю нашу совместную с ним жизнь».

Иногда мне приходилось отлучаться в Парабель за продуктами. В Костыревой никакой лавчонки, конечно, не было. В этих случаях Яков Михайлович оставался вдвоем с сыном. Как оказалось, он придумал своеобразный способ оставлять мальчонку одного, если ему нужно было в мое отсутствие куда-либо выйти.

Однажды, вернувшись из Парабели, я не застала Якова Михайловича, он был у Вани Чугурина. В комнате находился один Андрей. Он спокойно сидел посреди комнаты. Вернее, стоял: в самом центре комнаты между двух табуреток был укреплен большой валенок Якова Михайловича, а из него торчала голова Андрея, таращившего на меня глазенки. По спокойствию сына было ясно, что ему не впервой сидеть в отцовском валенке.

Через несколько минут явился Яков Михайлович. Я попыталась внушить ему, что валенок не вполне подходящее место для ребенка, но он с таким жаром принялся меня уверять, что оставляет Андрея в валенке не больше десяти-пятнадцати минут и сидеть ему там очень удобно, что я махнула рукой.

Из Костыревой Яков Михайлович почти никуда не отлучался, даже в Парабель. Жил он с виду тихо, наслаждался семейным счастьем и, казалось, полностью примирился со своей участью, окончательно отказавшись от мысли о побеге.

Стражники, приставленные к Якову Михайловичу, первое время заходили к нам по два-три раза в день, но, заставая Свердлова всегда на месте, в возне с сыном или хлопотах по хозяйству, постепенно успокоились.

— Ничего, — говорили они, — теперь не побежит. От жены-то да от малого никуда не денется!

Но видимость была обманчива.

Чем дольше мы были в разлуке, тем больше росла у Якова Михайловича тоска по семье, по ребятам. 27 октября 1914 года он писал мне: «Карточки деток предо мной на столе... Нет, положительно необходимо видеть своих деток, свою любимую жинку... Родная! Нет момента, когда из памяти исчезали бы ваши дорогие образы... Так тепло и радостно сознание своей близости с милыми, дорогими сердцу... Да, грубым насилием, варварством является отрывание близких друг от друга. Будем верить, что подобному варварству придет конец».

Нечего и говорить, что не менее тягостно было и мне. Однако до весны 1915 года, пока не кончился срок моей ссылки, о поездке к Якову Михайловичу нечего было и думать. Но чем ближе был конец срока, тем больше я об этом задумывалась, тем настойчивее ставил этот вопрос Яков Михайлович. Все дело упиралось в средства.

В феврале 1915 года Яков Михайлович писал: «Уже самая совместная жизнь всей семьей такое благо, такое огромное за, что должно сильно перетягивать чашу весов в эту сторону. И вообще все соображения за, кроме вопроса о средствах к существованию». Яков Михайлович жил тогда еще в Селиванихе, но он твердо решил добиваться перевода в Монастырское, где мне легче было бы найти работу и он сам мог иметь хоть какой-нибудь заработок.

В поисках заработка для меня Яков Михайлович списался с товарищами в Красноярске, и те обещали похлопотать у красноярской администрации о предоставлении мне какой-нибудь работы в Монастырском. Так решался материальный вопрос. Впрочем, я бы все равно выехала, если бы он даже никак не решился...

Сборы наши были недолги, и, хотя путешествовать с двумя маленькими ребятами было непросто, в конце концов мы добрались до Красноярска. Здесь нас тепло встретили ссыльные большевики, товарищи Якова Михайловича. Был среди них кое-кто из тех, кого и я хорошо знала: наш екатеринбуржец Сергей Черепанов, другие.

От товарищей я узнала, что Якову Михайловичу уже удалось перевестись в Монастырское. Они помогли мне сесть на пароход, и в середине мая 1915 года я с ребятами двинулась вниз по Енисею, к Монастырскому.

Своеобразное детство было у наших ребятишек! Андрею едва исполнилось четыре года, а он уже побывал у отца в томской тюрьме, посидел с матерью в петербургской, около полугода отбыл с отцом и матерью в нарымской ссылке, два года в тобольской и вот теперь ехал уже в третью — туруханскую ссылку. Во вторую ссылку ехала и двухлетняя Верушка.

Чем ближе было Монастырское, тем больше я волновалась. Ведь свыше двух лет прошло с той злосчастной февральской ночи, когда я в последний раз видела Якова Михайловича, слышала его голос. Маленький Андрей уже совершенно забыл отца, а Верушка — та вообще никогда его не видела.

Прошли сутки... Еще сутки — и вот на высоком берегу вдали возникла белая колокольня, а рядом — церковь с пятью маленькими куполами. Вправо от церкви, в глубину и влево, вдоль по берегу, виднелись домишки. Монастырское!..

Пологий у самой реки берег Енисея саженей через десять-пятнадцать переходил в крутой, почти отвесный обрыв, над которым и было расположено Монастырское. За селом тянулась бескрайняя, дикая тайга. На берегу, под обрывом, виднелись разбросанные тут и там одинокие лодки да кучи бревен. Ярко светило солнце, как бы вознаграждая жителей дальнего севера за долгую, темную полярную ночь.

Вдруг от берега отделилась небольшая лодка и понеслась нам навстречу. Одинокий гребец отчаянно работал веслами. Вот он все ближе, ближе, еще взмах весел, еще — и я узнаю Якова Михайловича...

Жизнь наша в Монастырском сложилась много лучше, чем мы ожидали. Мне вскоре после приезда удалось устроиться заведующей местной метеорологической станцией. Станция была маленькая, весь штат состоял из меня одной, жалованье было небольшое, но зато при станции был домик, где мы всей семьей и разместились. В мои обязанности входило регулярно замерять и записывать изменения температуры воды в Енисее и воздуха, силу и направление ветра, величину осадков. Яков Михайлович помогал мне в этой несложной работе, не отнимавшей много времени.

Нам обоим — и мне и Якову Михайловичу — удалось получить несколько уроков, и все вместе взятое давало нам 75—80 рублей в месяц. Хоть и с трудом, но прожить на эти средства было можно, тем более что Яков Михайлович изредка получал за какую-нибудь статью гонорар, составлявший своего рода «внеплановое дополнение» к нашему бюджету. Благодаря этим дополнениям нам удалось даже купить корову, и ребятишки постоянно имели свежее молоко.

Как и в Нарыме, почти все хозяйственные заботы Яков Михайлович взял на себя. Вставал он не позже шести-семи часов утра и сразу брался за дело. Прежде всего он делал необходимые метеорологические измерения возле дома и на реке.

Вернувшись с Енисея, Яков Михайлович колол дрова, задавал корм корове, убирал навоз, затем топил печку, кипятил воду и готовил завтрак. Часов в восемь вставали ребята. Яков Михайлович умывал и одевал их. Возня с ребятами также осталась за ним, и, несмотря на мои протесты, он не давал мне в это дело вмешиваться.

Год 1917.

Добралась я с ребятами до Питера только 2 июля 1917. Из Монастырского мы выехали еще в начале июня, с первым пароходом, но на дорогу ушло около месяца. Известить Якова Михайловича о нашем приезде заблаговременно я не пыталась, понимая, как он занят.

Переночевав у знакомых, утром 3 июля я захватила ребят и пустилась на розыски Якова Михайловича. От встретившихся товарищей я узнала, что в первой половине дня его легче всего застать в Секретариате ЦК. Они же сообщили мне адрес Секретариата, и я отправилась на Коломенскую.

Отыскать здание гимназии, где помещался Секретариат ЦК, не составило труда. Взяв ребятишек за руки, я начала взбираться с ними по лестнице, как вдруг прямо на нас чуть не налетел какой-то человек, стремительно спускавшийся вниз, прыгая через две-три ступеньки. Я в полумраке было не разобрала, кто это, и поспешно отстранила ребят, уступая дорогу, но он внезапно остановился:

— Кадя! Ты? Звереныши!

В следующую же минуту Яков Михайлович — это был он — подхватил Верушку на руки, болтал с Андреем, сыпал вопросы. Собирался он куда-то ехать, но поездку тут же решил отложить, и мы вместе поднялись в Секретариат ЦК.

Яков Михайлович познакомил меня с Еленой Дмитриевной Стасовой, с Менжинской, Веселовским и другими товарищами, находившимися в это время в Секретариате.

Ребят он беспрестанно тормошил и прямо-таки с упоением демонстрировал каждому, кто только появлялся в Секретариате.

— Никуда сегодня не пойду, — басил Свердлов, — и сюда не вернусь. Беру отпуск. На сутки!

Как только я начала работать, ребята остались без присмотра. А тут еще и кормить их было нечем. С продовольствием в Питере было плохо. Сами мы с Яковом Михайловичем питались как попало, где придется, но положение детишек нас волновало. Не всякий день удавалось достать для них еду, да и что это была за еда! Однажды, например, мне повезло, и я купила на Невском головку голландского сыра и фунта два яблок, которыми и кормила Андрея и Верушку целую неделю. В другой раз Борис Иванов, перебравшийся из Красноярска в Питер и возглавивший союз пекарей и булочников, принес буханку белого хлеба. Но такие праздники выдавались нечасто.

Мы с Яковом Михайловичем долго ломали голову и в конце концов решили отправить ребят к деду, в Нижний Новгород. Там они по крайней мере хоть без хлеба сидеть не будут. Правда, Яков Михайлович был у отца в последний раз в 1910 году, но что же было делать?

К нашей радости, дед с охотой принял внучат, хоть жилось ему нелегко, и ребята были устроены. За них мы теперь были спокойны.

Кремль тогда выглядел совсем иначе, чем теперь. На месте огромного здания, возвышающегося ныне возле Спасских ворот, которое примыкает к зданию бывших Судебных установлений и образует с ним единый архитектурный ансамбль, где помещается Советское правительство, в беспорядке громоздились десятки небольших, двух-, трехэтажных домишек и несколько древних монастырей — Чудов монастырь, еще какой-то. Жили там преимущественно монахи, которых переселили из Кремля только в конце 1918 года, еще какой-то люд: бывшие царские дворецкие, прислуга, и не разберешь.

Большой дворец, Арсенал, здание Судебных установлений выглядели снаружи примерно так же, как и теперь, но внутри них за годы Советской власти много перестроено и сделано вновь.

Улицы Кремля были покрыты булыжником, а площадь против Большого дворца — деревянным торцом. Асфальта не было и в помине.

Вправо от колокольни Ивана Великого, если встать лицом к Спасским воротам, где сейчас разбит сквер, простирался обширный пустынный плац. На нем проводились солдатские учения. Летом ветер гонял по плацу тучи пыли, а зимой он утопал в сугробах снега. В конце плаца у спуска в кремлевский сад буквой П возвышалась громоздкая галерея, в центре которой на высоком пьедестале торчал чугунный памятник одному из Романовых, кажется Александру II. Потолки галереи были покрыты мозаичными изображениями всех царей династии Романовых. Тайнинский сад был запущен, зарос.

Большого труда стоило Павлу Дмитриевичу Малькову, назначенному комендантом Кремля (в Питере он был комендантом Смольного), поддерживать хоть какую-то чистоту и порядок в Кремле. Не хватало средств, людей. Правда, кремлевские улицы регулярно подметались, в домах хорошо топили, но вот, например, под Царь-колоколом я обнаружила как-то зимой труп неведомо как забравшейся туда собаки. Его долго не убирали. Стекла в здании против Арсенала были выбиты, стены изрешечены пулями — следы октябрьских боев. Перед Большим дворцом громоздились огромные поленницы запасенных впрок дров. Таков был Кремль в памятные дни 1918 года.

Свердлов решительно пресекал у детей всякие проявления иждивенчества, развивал у них самостоятельность, уважение к труду. Яков Михайлович требовал, чтобы ребята сами убирали свои кровати, чтобы соблюдали опрятность и чистоту в комнате, держали в порядке свои вещи, игрушки. С непередаваемой иронией он высмеивал сына, если тот просил кого-нибудь пришить оторвавшуюся пуговицу. И так во всем. В то же время он никогда не ставил перед ребятами непосильных задач, чтобы не отбить у них охоты делать что-то самостоятельно.

Простыми и доходчивыми словами рассказывал Свердлов нашим детям, кто такие буржуи и почему был плох царь, зачем рабочие совершили революцию, что за люди большевики, и ребята его понимали.

Помню, как однажды горько разрыдался семилетний Андрей, когда один из товарищей в шутку назвал его анархистом, как, захлебываясь слезами, он твердил: «Неправда! Неправда! Я большевик, как папа!».

Запомнился мне и такой разговор, который вел отец с сыном в тяжелый январский день 1919 года, когда было получено известие о зверском убийстве Карла Либкнехта и Розы Люксембург. Имя Либкнехта часто произносилось у нас в доме и хорошо было известно ребятам. Мы с Яковом Михайловичем собирались на траурный митинг, когда Андрей вдруг подошел к отцу, как-то необычно робко прижался щекой к его руке и, глядя снизу вверх, спросил:

— Папа, Либкнехт был революционер, большевик?

— Да, — ответил Яков Михайлович, — настоящий революционер.

— А его убили буржуи?

— Ну конечно, буржуи.

— Но ведь и ты, папа, тоже революционер. Значит, тебя буржуи тоже могут убить?

Яков Михайлович пристально посмотрел на

мальчика, ласково потрепал его по голове и очень серьезно очень спокойно сказал:

— Конечно, сынка, могут убить, но тебе не надо этого бояться. Когда я умру, я оставлю тебе наследство, лучше которого нет ничего на свете. Я оставлю тебе ничем не запятнанную честь и имя революционера.

Лишь после революции, после переезда в Москву, получил Яков Михайлович возможность видеться с отцом, с братьями и сестрами. Отец нет-нет да и приезжал к нам из Нижнего. Брат Якова Михайловича, Вениамин, работавший членом коллегии НКПС, и сестры жили в Москве. Когда все собирались вместе, семья получалась большая, веселая, дружная.

Нередко у нас гостил младший брат Якова Михайловича — тринадцатилетний Герман, смышленый и остроумный мальчик.

Герман родился уже после ухода Якова Михайловича из семьи, когда отец Свердлова женился вторично, и до 1917 года Яков Михайлович его почти не знал. Теперь же, когда условия позволяли, Герман часто приезжал к нам. Отличительным его свойством был врожденный неистощимый юмор. Самый заурядный эпизод он рассказывал так, что все покатывались со смеху. А какой гомерический хохот стоял, когда Герман читал вслух и по-своему комментировал обычные, всем с детства известные русские сказки! Если во время чтения Германа Яков Михайлович бывал дома, то трудно было определить, кто искреннее и заразительнее хохотал: кто-либо из ребят или Яков Михайлович. Только сам рассказчик, Герман, сохранял невозмутимый вид.

Вскоре после приезда ребят из Нижнего мы перебрались в просторную четырехкомнатную квартиру в так называемой детской половине Большого дворца. Две комнаты, смежные с нашей квартирой, Яков Михайлович попросил оборудовать специально для приезжих. Многие из товарищей, знавших ранее Якова Михайловича, приезжая в Москву по делам, шли прямо к нему и находили у нас пристанище.

Якову Михайловичу было совершенно чуждо мелкое, мещанское чувство собственности, жадность, эгоизм. Он всегда готов был всем, что мы имели, поделиться с товарищами. В то же время Яков Михайлович не терпел и мелкобуржуазного нигилизма, распущенности, небрежности. Еще в ссылке он охотно отдавал любую вещь тому из товарищей, кто действительно нуждался, но сурово порицал тех, кто ложно понимал коммунистическое отношение к предметам личного обихода, без спросу брал чужие вещи, обращался с ними неряшливо, небрежно.

Яков Михайлович был неизменно подтянут и опрятен, того же требовал и от окружающих. Он беспощадно высмеивал каждого, кто считал чуть ли не достоинством революционера невнимание к своему внешнему виду, к одежде.

Особенно горячие стычки случались у Якова Михайловича с Бухариным. Еще в Питере, а потом и в Москве Бухарин бывал у нас. Он как раз принадлежал к числу людей, отличавшихся редкой небрежностью, распущенностью и неопрятностью. Пуговицы у него на куртке всегда были оторваны вовсе или болтались на одной ниточке, воротник рубахи засален, галстук помят и сдвинут набок.

— Ну как тебе не стыдно, — говорил Яков Михайлович Бухарину, — ходишь свинья свиньей. Уж не думаешь ли ты, что ты и твои «левые» друзья станете ближе рабочему классу, если будете выглядеть оборванцами? Ты же не рабочий по виду, а типичный люмпен! Только великая нужда и вековечная нищета заставляют русского рабочего плохо одеваться, и все же он старается быть аккуратным. А вот погоди, прогоним белогвардейцев, покончим с разрухой, двинемся вперед, и наш рабочий оденется получше любого немца или англичанина!

Яков Михайлович не терпел пышности и помпезности, но считал, что внешний вид советского учреждения, каждого советского и партийного работника должен отвечать тем высоким задачам, какие на них возложены».

Свердлов придавал большое значение своему внешнему виду. Эта черта, видимо, передалась его сыну Андрею по наследству.

Анна Бухарина-Ларина встретила товарища детских игр в НКВД в качестве следователя:

«На нем был элегантный серый костюм с хорошо отутюженными брюками, а холеное, самодовольное лицо говорило о полном благополучии.

Андрей сел на стул рядом с Матусовым и внимательно, не скажу — без волнения, вглядывался в меня.

— Познакомьтесь, это ваш следователь, — сказал Матусов.

— Как следователь? Это же Андрей Свердлов! — в полном недоумении воскликнула я.

— Да, Андрей Яковлевич Свердлов, — подтвердил Матусов удовлетворенно. Вот, мол, какие у нас следователи! — сын Якова Михайловича Свердлова. С ним и будете иметь дело.

Сообщение Матусова показалось мне ужасающим, я пришла в полное замешательство. Пожалуй, легче было бы пережить мое первоначальное предположение об очной ставке.

— Что, не нравится следователь? — спросил Матусов, заметив изумление и растерянность на моем лице.

— Я как следователя его не знаю, но знакомить меня с ним нет необходимости, мы давно знакомы.

— Разве он был вашим другом? — с любопытством спросил Матусов.

— На этот вопрос пусть вам ответит сам Андрей Яковлевич. Другом своим я бы Андрея не назвала, но я его знала с раннего детства. Мы вместе играли в детские игры, бегали по Кремлю. И сейчас вспоминается мне, как однажды осенью Адька, как мы его звали в детстве, сорвал с моей головы шапку и удрал. Я бросилась за ним, но догнать не смогла. Забежала за шапкой к нему домой (семья Я. М. Свердлова жила и после смерти его в Кремле). Андрей взял ножницы, отрезал верхнюю часть шапки — она была трикотажная — и бросил мне в лицо. Возможно, тогда-то он и совершил свой первый злой поступок, и жестокость была заложена в его натуре.

В юности мы одновременно отдыхали в Крыму. Андрей не раз приезжал ко мне в Мухалатку из соседнего Фороса. Это было еще до его женитьбы и моего замужества. Мы вместе гуляли, ходили в горы, плавали в море.

Никаких подробностей нашего знакомства Матусову я не рассказала. Ответила кратко:

— Я знакома с Андреем Яковлевичем достаточно хорошо. В таком случае, насколько мне известно, он не может быть моим следователем, я имею право на его отвод.

Но Матусов повторил, что моим следователем будет, несмотря на обстоятельства, именно Свердлов.

Видеть Андрея Свердлова в качестве следователя НКВД для меня было мучительно, потому что он был сыном Якова Михайловича, большинство соратников которого к тому времени пали жертвой террора; были репрессированы также и дети известных партийных деятелей, принадлежавших к окружению Андрея, в том числе его близкий друг Дима Осинский, когда-то впервые отведавший тюремную похлебку одновременно с Андреем, а в дальнейшем, в 1937 году, вторично арестованный вслед за отцом. Наконец, особую драматичность приобрело мое свидание со следователем Андреем Свердловым в застенках внутренней тюрьмы НКВД и потому, что не кто иной, как Н. И., ходатайствовал перед Сталиным об освобождении Андрея после его первого ареста. Знал бы Н. И., как пал Андрей, этот «юноша, подающий надежды», — так он характеризовал его Сталину. Ах, знал бы он!..

Вторично мы встретились через два-три дня. И уже не так остро ощущалось потрясение от неожиданности видеть А. Я. Сверлова в роли своего следователя — ко всему привыкаешь. Другое мучило меня: встретившись с ним с глазу на глаз, я не сразу смогла сказать ему в лицо, что я о нем думаю. Я была возмущена до крайности, был даже порыв дать ему пощечину, но я подавила в себе это искушение. (Хотела — потому что он был свой, и не могла по той же причине...) Вместе с тем я понимала, что падение Андрея — отнюдь не досадное недоразумение, за этим скрывался безнравственный и беспринципный характер.

Мое вторичное свидание с Андреем не застало меня врасплох. К свиданию с Андреем я готовила себя заранее и решила быть более сдержанной, но это никак не удавалось.

Допрос оказался не таким, каким я себе его представляла.

На этот раз Андрей был мягче, смотрел теплее. Проходя мимо, сунул мне в руку яблоко, но все же про свои обязанности следователя не забывал. Он сидел за письменным столом в небольшом узком кабинете. Мы смотрели друг на друга молча. Глаза мои наполнялись слезами. Казалось, что и Андрей заволновался. Возможно, мне хотелось хотя бы это в нем увидеть.

У нас были схожие биографии: оба мы были детьми профессиональных революционеров. У обоих отцы успели умереть вовремя; оба мы в одинаковой степени были верны советскому строю; оба мы с восхищением относились к Н. И.: на эту тему у меня был разговор с Андреем еще до моего замужества. Наконец, обоих нас постигла катастрофа. Безусловно, различная, но все-таки катастрофа.

Деятельность Андрея Свердлова нельзя было расценить иначе, как предательство. На меня смотрели глаза Каина».

ВИДЕЛ БЫ ГЕНРИХ!

Человеку может только казаться, что его не «имеют права оскорблять». Это иллюзия. Будешь идти поздно домой, наткнешься на компанию пьяных подростков, они объяснят тебе все права и обязанности. Но это я говорю о частном случае. Сиди дома, не ходи по ночам — все будет нормально. Когда террор осуществляется на государственном уровне, все выглядит еще страшнее. И чем ближе ты к власти, чем больше у тебя прав, тем большая вероятность потерять все права и оказаться на нарах.

Секретарь Сталина Борис Бажанов вспоминал:

«Я столько раз говорю, что Ягода — преступник и негодяй, настоящая роль Ягоды в создании всероссийского Гулага так ясна и известна, что, кажется, ничего нельзя сказать в пользу этого субъекта. Между тем один единственный эпизод из его жизни мне очень понравился — эпизод в его пользу.

Это было в марте 1938 года, когда пришло наконец время для комедии сталинского «суда» над Ягодой. На «суде» функции прокурора выполняет внешне человекоподобное существо — Вышинский.

Вышинский: Скажите, предатель и изменник Ягода, неужели во всей вашей гнусной предательской деятельности вы не испытывали никогда ни малейшего сожаления, ни малейшего раскаяния? И сейчас, когда вы отвечаете, наконец, перед пролетарским судом за все ваши подлые преступления, вы не испытываете ни малейшего сожаления о сделанном вами?

Ягода: Да, сожалею, очень сожалею...

Вышинский: Внимание, товарищи судьи. Предатель и изменник Ягода сожалеет. О чем вы сожалеете, шпион и преступник Ягода?

Ягода: Очень сожалею... Очень сожалею, что когда я мог это сделать, я всех вас не расстрелял».

Судьба всей семьи была незавидной.

Вероника Знаменская — племянница Ягоды.

«Мой дед, Григорий Филиппович Ягода, был часовым мастером в Нижнем Новгороде. Детей было много — пять дочерей (моя мама была старшей) и три сына. Столь большую семью содержать было трудно, поэтому некоторых детей отправляли в Рыбинск, к бабушкиной родне.

В квартире деда, в Гусином переулке, была подпольная типография: в одной из комнат мой отец печатал на ротаторе прокламации. Мама ему помогала. Так они познакомились.

В 1905 году во время сормовских событий старшего из сыновей, Мишу, зарубили казаки. А в 1917 году погиб второй сын, Лева. Его расстреляли на фронте за большевистскую агитацию среди солдат корниловской армии.

Остался младший — Гена, Генрих Ягода, с начала 20-х годов работавший в ВЧК — ОГПУ и потом ставший наркомом внутренних дел.

В середине 30-х годов я, студентка, конечно, и подумать не могла о зловещей роли Сталина и его подручных — «соратников», как их тогда называли, среди которых был и мой дядя Гена. Он был первым в троице — Ягода, Ежов, Берия, — крутившей кровавое колесо.

...Мою сестру Дину арестовали в 1936 году. Ордер был подписан нашим дядей Геной. Но арестовали ее не в Москве, а в Сальске, куда она только что уехала вслед за своим мужем Владимиром Георгиевичем Голенко. Он окончил Институт красной профессуры, был генетиком, биологом. В этом качестве его и послали в Сальск — проводить там работы по селекции лошадей.

Перед отъездом, собирая свой чемоданчик, Дина сказала мне: — У меня такое чувство, что я сюда больше не вернусь.

На перроне она повторила:

— Мама, у меня предчувствие, что мы больше не увидимся. — Не говори глупости, — резко сказала мама.

Но Дина была права: мы больше не увиделись...

С ордером на ее арест пришли к нам после ее отъезда дня через три. Они провели у нас всю ночь, до шести часов утра, пока из Сальска им не сообщили, что Дина взята.

Их было четверо — трое мужчин и одна женщина. Всю ночь они производили обыск в комнатах Дины и Голенко, в нашей с моим мужем, Владимиром Германовичем Корицким, в столовой и в общей комнате. В столовой искать было нечего, там стояли стол, стулья и пианино. Времени у них было много, а вещей мало: у Голенко с Диной — собрание сочинений Ленина, специальная литература по генетике, старые записи лекций, учебники немецкого языка, который изучала Дина, а у нас с Володей — книги и учебники по физике и геологии, конспекты лекций, в обоих гардеробах — у меня и у Дины — такая скудость, что одного взгляда было достаточно, чтобы убедиться, что и здесь искать нечего.

Они перелистывали книги, заглядывали под корешки, читали конспекты и письма.

Владимир Георгиевич вернулся из Сальска через неделю. Еще через неделю пришли конфисковать имущество Дины...

На этот раз их было трое.

Оперативники стояли перед раскрытым гардеробом в злой растерянности. Слева на полках лежали стираные-перестираные простыни, наволочки, вылинявшие мужские трусы и рубашки с потертыми воротничками, кое-какая женская мелочь — начатый флакон духов, нераспечатанная коробочка пудры, несколько носовых платков, пара новых чулок — подарок мамы, несколько штопаных... Справа висели на плечиках шерстяное коричневое платье, халат, сарафанчик, жеребковый жакет, потертый на сгибах и локтях, единственная зимняя вещь Дины, а под ними стояли стоптанные туфли и фетровые боты, давно вышедшие из моды.

— Успели припрятать, — сказал наконец один из оперативников.

— Что? Что вы сказали? Как это «припрятать»? — возмутился Голенко.

Те даже не взглянули в его сторону. Один что-то сказал другому, тот кивнул, сел к столу и приготовился писать протокол конфискации...

— Я на вас жаловаться буду, вы не имеете права оскорблять... Я член партии...

Губы у Голенко дрожали, он побледнел. На этот раз все трое обернулись к нему, лица угрожающие, враждебные.

Сейчас разразится скандал, может случиться непоправимое... Я взяла его выше локтя. Он вырвался.

— Мы... мы так живем. Мы живем на свою зарплату, нам не на что обогащаться... Да и не ставим себе этой цели...

— Володя, перестань, замолчи. — Я пыталась увести его из комнаты. Мой муж стоял в дверях и звал его.

— Припрятали! Мы припрятали! — не унимался Голенко. — Да как вы смеете... У нас никогда ничего не было... Да если бы и было, мы бы себе этого не позволили. Вы за это ответите.

Ах, наивный Володя Голенко! Он верил, безоговорочно верил в закон, в справедливость, в печатное слово, особенно если оно, это слово, напечатано в газете, верил, как все, в непогрешимость Сталина, верил, вопреки своей безграничной любви к Дине, даже в справедливость возмездия: ведь Дину арестовали за то, что она в прошлом была женой троцкиста. «Ну что из того, что это было десять лет назад, — рассуждал он, — все равно надо нести ответственность, как бы она ни была тяжела! Значит, так надо, значит, там считают эту меру необходимой...»

Мне удалось оттеснить его в столовую, и я сказала мужу, чтобы он его не выпускал из комнаты.

Между тем оперативники расстелили на полу одну из простыней, разделенную утюгом на квадраты, и в трогательной беззащитности обнаружились аккуратные заплаты, поставленные Диной. И в эту простыню полетели и Динины стоптанные туфли, и ситцевый халатик, и заштопанные чулки. Я как-то ухитрилась стянуть у них из-под носа газовый платочек, красный в горошек, смяла его в комочек и, дрожа всем телом, стиснув зубы, чтобы не стучали, держала его в кулаке, а кулак в кармане. Я так боялась разоблачения! Но мне надо было что-нибудь оставить себе на память о Дине, хоть что-нибудь! Они побросали в кучу этих жалких вещей даже начатый флакон духов, даже коробочку пудры... Я скрыла свое «воровство» и от Голенко, так как, зная его, имела все основания бояться, что он не только осудит меня, но и заставит вернуть им этот платок.

Я храню его, красный в горошек платок Дины... «Скажи маме и Володе, — писала мне потом Дина в одном из трех от нее писем, — что я могу высоко держать голову и мне не за что просить прощения, мне не в чем раскаиваться, я ни в чем не виновата...»

Это письмо пришло через несколько месяцев, а Володю Голенко арестовали через несколько дней...

— Если увидишь Дину, — сказал мне Володя, когда его уводили, — скажи ей, что я ни в чем не виноват...

Стоит ли говорить, что эти его слова так же не дошли до Дины, как и ее — до него...

Дина умерла в лагере. Дело ее было пересмотрено Военной Коллегией Верховного Суда СССР 28 января 1958 года.

«...Приговор Военной Коллегии от 3 мая 1937 года и постановление от 4 января 1938 года в отношении Знаменской Христины Константиновны по вновь открывшимся обстоятельствам отменены, и дело за отсутствием состава преступления прекращено.

Знаменская Х. К. реабилитирована посмертно. Председательствующий судебного состава Военной Коллегии Верховного Суда СССР полковник юстиции Цирлинский.»

Аналогичную справку получил и сын от первого брака Владимира Георгиевича Голенко. Родители его, старые большевики, до этого дня не дожили.

Когда в 1937 году Генрих Ягода был арестован, его родителей и всех сестер сначала выслали в Астрахань, через год всех арестовали, и след их исчез... Тот же смерч террора смел с лица земли и всю рыбинскую родню.

...Мы стояли в прихожей бабушкиной квартиры, входная дверь была уже открыта — еще один шаг — и никто никогда сюда не вернется.

— Видел бы Генрих, что делают с нами, — тихо сказал кто-то.

И вдруг бабушка, которая никогда не повышала голоса, обернувшись к пустой квартире, громко крикнула:

— Будь он проклят! — Она переступила порог, и дверь захлопнулась, и звук этот гулко отозвался в лестничном проеме, как эхо материнского проклятия.

И эхо это все звучит и звучит в моей памяти: «Будь он проклят!».

По неизвестной причине (и к всеобщему удивлению) меня не арестовали. Мне повезло и в другом: я успела закончить геологоразведочный институт и получить диплом инженера-геолога. Однако на этом мое «везение» кончилось: на работу меня никуда не принимали, даже в геологическую экспедицию в Якутию! Так как на вопрос, содержавшийся тогда во всех анкетах, есть ли репрессированные родственники, я честно отвечала: есть. Но вот на моем пути встретился Московский молодежный театр. Анкета не содержала вопроса о репрессированных родственниках, и я была принята.

Это мое превращение из геолога в актрису произошло в тот год, когда мама жила еще в Астрахани. В мае 1938 года от нее перестали приходить письма, она не вышла на мой телефонный вызов — я поехала к ней.

...Комната, которую она снимала, была пуста: не было ни мамы, ни единой маминой вещи. В соседней комнате хозяева пили чай. Хозяйка, толстая баба в грязной кофте, равнодушно рассказала, что, когда мама вернулась с переговорного пункта 6 мая, ее уже ждали. Она очень кричала, билась, рыдала... Увели ее силой. Хотя я и не думала спрашивать о маминых вещах, мне и без того было все ясно, женщина с поразительной торопливостью начала говорить, нагло глядя мне в лицо, что, мол, «Есфирь Григорьевна все вещи взяла с собой, вот только таз и оставила...».

Постояв еще немного посреди этой голой комнаты, стараясь представить маму здесь, в этих стенах, простившись с ней еще раз, я ушла, ничего не сказав этим людям. Мужчина продолжал сидеть за столом и по-прежнему хлебал чай из блюдца, хрупая сахаром.

Я поехала по другому адресу, к дому, где жили все остальные.

Мне долго пришлось кружить по пыльным окраинам астраханских улиц, ходить по дощатым тротуарам, заглядывать в щели сплошных высоких заборов, пока нашла этот дом. Он стоял за таким же забором и был таким же, как и все другие, — не очень большим, крепко сколоченным, под железной крышей. Я вошла в калитку и очутилась в небольшом дворике, заросшем нежной молодой травкой. Было очень тихо. Я сразу почувствовала пустоту дома. Дверь была приоткрыта, я остановилась на пороге и постучала.

— Кто там? — раздался мужской голос.

Я узнала его, это был голос Мордвинкина, мужа Таси, одной из моих четырех теток, — мужья всех остальных были арестованы поодиночке и расстреляны. Только один из них при аресте успел пустить себе пулю в лоб. И лишь сейчас я вспомнила, что мама писала мне, что Владимир Юрьевич недавно приехал к Тасе, так как его уволили с работы, из Главреперткома, и выселили из квартиры.

— Здравствуйте, — сказала я, входя в комнату.

— Здравствуй, — ответил он равнодушно, как будто мы виделись по десять раз на дню и ему надоело здороваться.

Он был все такой же — в своем неизменном пенсне на шнурке, с острой бородкой и зачесанными назад волосами. Когда я вошла, он что-то читал. Рядом с ним играла трехлетняя Виолка, его и Тасина дочка. То, что это ведь моя двоюродная сестра, мне тогда в голову не пришло. На столе было не убрано, стоял закопченный чайник, грязные тарелки, чашки, кастрюлька с высохшей кашей, два-три стула стояли как-то боком, пол был давно не мыт, замусорен. Это была комната мужчины, ничего не умевшего делать дома, мужчины, которому было к тому же на все наплевать.

Мы с Диной мало его знали. Встречались с ним на каких-нибудь семейных торжествах за столом у бабушки. Общение ограничивалось равнодушным «здравствуйте» с нашей стороны и небрежным кивком — с его. Мы его не любили. А не любили мы его люто за то, что именно он запретил во МХАТе «Дни Турбиных». Возможно, впрочем, что запретил не он, но тогда мы думали, что он. Мы с Диной успели посмотреть этот спектакль до его запрещения. Кажется, он был последним. В те годы об этом спектакле так и говорили: «До запрещения» и «После возобновления». С тех пор при словах «Дни Турбиных» в моем воображении встает образ Мордвинкина. Но сейчас вся прошлая жизнь, со всеми ее интересами, куда-то отступила и стала казаться такой маленькой, как в перевернутом бинокле.

Я села на стул, сняв с него полотенце, и почувствовала, как я устала. В комнате был полумрак и приятная прохлада.

— Чаю хочешь? — спросил Владимир Юрьевич. — Кажется, еще не остыл.

Я выпила стакан едва теплого жидкого чая с куском хлеба. У меня слипались глаза. Я хотела спать. Мы оба понимали, что говорить не о чем, и молчали. Я сидела, подперев голову рукой, уставясь в стол, Владимир Юрьевич смотрел в книгу. Ребенок что-то лепетал, обращаясь к отцу. «Боже мой! — подумала я, глядя на Виолку. — Каково же было Тасе оставлять эту кроху — ребенка, которого она так хотела иметь, которого купала в кипяченой воде и держала в стерильной чистоте?!»

— Когда их взяли? — спросила я наконец.

— Шестого.

Значит, в тот же день, что и маму...

— Можно посмотреть... — я не договорила, не зная, как сказать — дом? комнаты? то, что осталось?

Но Мордвинкин понял:

— Можно.

Он опять стал смотреть в книгу, но, по-моему, он ее не читал, за все время он не перевернул ни одной страницы.

В комнатах царил полный разгром. На полу валялись разные вещи — чулки, платья, газеты, а в

306

самой большой, в которой, по моим предположениям, жили старики, пол был покрыт слоем писем и фотографий. Эта комната была самой светлой, и при ярком солнечном свете разгром казался особенно ужасным. Я представила, как сапоги ходили по этим белым листочкам и пожелтевшим фотографиям, хранившимся много лет как самое дорогое, трепетно старческими руками уложенным в шкатулочку, и привезенным сюда, и теперь, кем-то выброшенным, как ненужный хлам, и растоптанным... Я подняла одну из фотографий. Это были сестры бабушки. «Нашей дорогой Марии на долгую память, — прочла я на обороте надпись, выведенную старинным тонким, витиеватым почерком, — от любящих сестер». Какое-то число... какой-то год... Девятый? Двенадцатый? А сейчас «дорогой Марии» 65 лет и она в тюрьме...

Владимир Юрьевич сказал, где находится тюрьма. Сказал он также и о том, что разрешена передача денег в сумме 50 рублей.

Я тотчас пошла разыскивать тюрьму. Но мамы в ней не оказалось. Там были они все, кроме нее! Эта тюрьма называлась внутренней, и была еще другая, и мне объяснили, как туда проехать. Мама, наверное, там. Где же еще? Ведь третьей тюрьмы в Астрахани нет.

На другой день чуть свет я подходила к огромному полю. Оно было полно народу. Кто сидел прямо на земле, вытоптанной до пыли, кто в одиночку, кто группами. Очень немногие стояли, наверное, не решаясь сесть в пыль и надеясь, что так они смогут простоять несколько часов. Где-то далеко, на том краю поля, виднелось какое-то здание. Мне сказали, что это и есть тюрьма, что весь этот народ — это очередь к ней и что я должна найти последнего.

Шесть часов под палящими лучами солнца я приближалась к маленькому окошку. Шесть часов я надеялась, что передам маме 50 рублей и она обрадуется, поймет, что я здесь, что я на свободе, пока на свободе... Через шесть часов я назвала мамино имя и сунула в щель под едва приподнятым непрозрачным стеклом окошка свои 50 рублей. Но у меня их не взяли, а стали сначала сверяться по спискам. Я слышала шелест переворачиваемых страниц. Потом мне сказали:

— В списках не значится. Выбыла. Следующий.

— Как выбыла? Куда? Проверьте еще раз!..

Мне повторили:

— Выбыла. Следующий.

Сзади напирали, меня оттеснили. И снова я стою на вытоптанном поле. И снова на меня льется нестерпимый зной и ослепительный свет. Но почему-то мне все кажется каким-то черным и стучит в висках. На трамвае еду обратно, добираюсь до дому, и последнее, что я помню, — кровать, на которую я падаю, потеряв сознание.

Очнулась я, когда было совсем темно. Мордвинкин спал. Голова разламывалась от боли. Ощупью я пошла в кухню, гремела ведрами, отыскивая воду, пила, мочила тряпки и прикладывала их к голове...

Когда я вернулась в Москву и пошла в свой театр, то первая, кого я встретила, была Наташа, которая ввела меня в этот театр. Мы с ней в очередь играли Беатриче в «Слуге двух господ» и дружили. Она схватила меня за руку и куда-то потащила.

— Слушай, — шепнула она, — арестовали Инку!

А эта Инка была не только нашей с ней общей знакомой, но и женой Додика, из той, рыбинской, родни, которая седьмая вода на киселе, но он с Инкой жил очень близко от меня, и я его знала лучше, чем других «рыбинских», мы ходили друг к другу в гости. Он был очень хорошим фотографом, и у меня осталось много снимков его работы. И его Инка арестована!.. Я было ахнула, но Наташа шикнула:

— Тише!

Мы стояли в углу пустой сцены среди ящиков, старых декораций, каких-то рваных «деревьев» и сломанных скамеек. Театр был пуст, занавес поднят, и зрительный зал зиял своей гулкой пустотой. Мы были одни, но говорили шепотом.

— А как Додик? — спросила я едва слышно.

— Кто? — не поняла Наташа.

— Ну Додик, ее муж?

— Ах, муж... Так его арестовали еще до нее.

— А ребенок? У них ведь была маленькая девочка. Ей, наверное, еще и года не было...

Послышались шаги, кто-то спускался по лестнице. Мы метнулись друг от друга.

— Молчи, — успела бросить Наташа.»

СЧИТАЙТЕ, МЫ — ДОМА

Покушение — умышленное действие, направленное на лишение человека жизни.

Неугодных убирают при помощи пуль, бомб, яда

и самых неожиданных приспособлений. Заглянем в словарь. По-латыни «terror» означает «ужас». Именно в Древнем Риме появился и расцвел террор. Сколько страха наводила на окружающих ухмылка диктатора Суллы, «кровожадного аристократа», как характеризовал его римский историк Тацит! При Сулле погибло почти пять тысяч римских граждан, он истребил целые племена, в том числе самнитов, этрусков.

В Вечном городе убийство было профессией, наградой было имущество жертв. Император Нерон, расправившийся со своей матерью, братом и двумя женами, развязал в Риме кровавую бойню.

В августе 1925 года на даче в Чебанке, близ Одессы, выстрелом в упор был убит Котовский.

Кто стрелял в него? Чем было вызвано убийство? Такими вопросами заинтересовался В. Казаков, автор публикации «После выстрела».

О Котовском написаны десятки книг; главы, посвященные ему, есть в большинстве произведений, исследующих историю гражданской войны. Имя легендарного полководца вошло в энциклопедии и справочники. Поищем ответы на наши вопросы в книгах. И обнаружим: ответов... нет. Нет ответов! Выстрел, остановивший сердце сорокачетырехлетнего командира кавалерийского корпуса, не стал чрезвычайным происшествием для страны, не сделано никаких попыток разобраться в том, чем было вызвано злодейство. «Предательски убит в совхозе Чебанка» — так о гибели Котовского сообщила в 1937 году Большая советская энциклопедия. Конечно, то был год, когда не только об одном Котовском не писали всей правды. Но заглянем в более поздние энциклопедические издания. Формулировка тридцать седьмого года — без изменений! — перенесена в БСЭ 1953 и 1965 годов. В Большой Советской Энциклопедии, изданной в 1973 году, в Советской военной энциклопедии, вышедшей в 1977 году, вообще ничего не сказано о том, где и как погиб Котовский. Статьи о полководце, помещенные здесь, заканчиваются неопределенно: «Похоронен в Бирзуле». В 1982 году в серии «Жизнь замечательных людей» вышла книга Геннадия Ананьева «Котовский». Но вот что пишет автор о смерти Котовского: «Жизнь оборвала пуля, выпущенная безжалостной рукой из маузера». Чьей рукой? И почему безымянный убийца поднял руку на Котовского? Об этом ни слова...

Однажды в редакцию газеты «Вечерний Кишинев» пришел пожилой человек и, поговорив о своем деле, вдруг сказал: — Котовский погиб на моих глазах, и я могу рассказать, как это было. Нет, не для того, чтобы вы об этом написали, — правда об этой смерти уже давно никому не нужна, расскажу просто так, только для вас.

И вот что он рассказал:

— Я был с Котовским в Чебанке. В тот вечер сидели за столом, выпивали. Котовский пришел с незнакомой нам молодой женщиной... Ну, пили водку, разговаривали, время перевалило за полночь, и тут Котовскому показалось, что военный, сидевший напротив него, как-то «не так» смотрит на его новую пассию. Он расстегнул кобуру, достал револьвер и сказал военному: «Я тебя сейчас застрелю». Адъютант Григория Ивановича, зная, что командир слов на ветер не бросает, стал отнимать у него оружие, и во время этой возни раздался выстрел — Котовский сам нечаянно нажал курок, и пуля попала ему прямо в сердце...

Зачем тот человек все это рассказывал? В его словах не было и малой толики правды, и он хорошо знал об этом.

Летом 1925 года семья Котовских отдыхала в совхозе Чебанка, занимая маленький домик недалеко от моря. Григорий Иванович проводил здесь свой первый в жизни отпуск. За неделю до конца отпуска семья стала собираться в Умань, где стоял штаб кавалерийского корпуса. Торопили два обстоятельства. Во-первых, Котовский получил сообщение, что новый Наркомвоенмор М. В. Фрунзе решил назначить его своим заместителем, значит, надо было не мешкая сдавать корпус и ехать в Москву. Во-вторых, подходило время рожать жене, Ольге Петровне (дочь Елена родилась в день похорон Котовского, 11 августа 1925 года).

Вечером накануне отъезда Григорий Иванович зашел в правление местного совхоза. Здесь он бывал часто, подружился со специалистами, а поскольку и сам в юности окончил сельскохозяйственное училище, им было о чем поговорить. Возвращался домой поздним вечером. Темнело. До веранды дома оставалось несколько шагов, когда из кустов вдруг мелькнула тень и тотчас же раздались три выстрела.

Сын Г. И. Котовского рассказывал, что, услышав выстрелы, мать его выбежала из дома и в нескольких метрах от крыльца увидела отца. Котовский лежал вниз лицом, широко раскинув руки и ноги. Пульса не было. Пуля убийцы попала в аорту, и смерть наступила мгновенно... Врачи потом скажут: попади пуля не в аорту, могучий организм Котовского выдержал бы...

На выстрелы прибежали соседи, помогли внести тело на веранду. Все терялись в догадках: кто посмел стрелять в Котовского?! Кинулись искать убийцу, но тот, естественно, поспешил спрятаться.

И вдруг той же ночью преступник... объявился сам.

— Вскоре после того, как отца внесли на веранду, — рассказывал Г. Г. Котовский, — а мама осталась у тела одна, сюда вбежал Зайдер и, упав перед ней на колени, стал биться в истерике: «Это я убил командира!». Маме показалось, что он порывался войти в комнату, где спал я, и она, преградив Зайдеру путь, крикнула: «Вон, мерзавец!». Зайдер быстро скрылся...

Убийца был схвачен на рассвете. Впрочем, он и не делал попыток скрыться, а на суде и на следствии полностью признал свою вину. Кто же такой этот Зайдер Мейер или, как все звали его, Майорчик Зайдер?

Он не был ни адъютантом полководца, ни вообще военным. Его профессиональные интересы были, как говорится, совсем по другому ведомству. До революции Зайдер содержал в Одессе публичный дом. Заведение это устояло в дни Временного правительства, не до него было и одесским большевикам сразу после Октября. К 1918 году хозяин «дома» был уже состоятельным человеком: своей жене, бывшей одесской проститутке, купил дорогое бриллиантовое колье, накопил достаточно денег, чтобы приобрести особняк с видом на море. Но с покупкой особняка он не торопился — в Одессе в тот год еще частенько стреляли.

В оккупированном городе было много военных: деникинцы, петлюровцы, польские легионеры, греческие, французские, английские, румынские солдаты и офицеры. И каждое войско имело свою контрразведку. Особый интерес у контрразведчиков вызывал неуловимый Котовский. Они знали, что знаменитый бессарабец работает по заданию подпольного большевистского ревкома, что участвовал он в освобождении арестованных подпольщиков, устраивал диверсии на железной дороге, переправлял партизанам на Днестр отнятое у оккупантов оружие. Много шуму наделал в городе дерзкий налет Котовского на деникинскую контрразведку...

Однажды в полдень дверь в «дом» Зайдера открыл могучего телосложения артиллерийский капитан. Не дав хозяину прийти в себя, вошедший сказал:

— Я Котовский. Мне нужен ключ от вашего чердака. — И, получив ключ, добавил: — Вы не видели сегодня ни одного капитана. Не так ли?

Зайдер, торопливо подтвердив это, проводил гостя до лестницы, которая вела наверх. Спрятав «капитана», он наверняка долго мучился вопросом, идти ему в контрразведку или не идти... Ночью Ко-

314

товский, переодевшись в гражданскую одежду, «одолженную» у Зайдера, и надев парик, который он, отправляясь на операцию, прихватил с собой, спустился с чердака и, прощаясь, сказал:

— Я ваш должник...

Так в неспокойный год свела судьба Котовского и Зайдера: о своем одесском приключении Григорий Иванович рассказал при случае жене.

В 1920 году Советская власть закрыла публичный дом Зайдера. Два года он перебивался кое-как, а потом, узнав, где стоит кавалерийский корпус его «должника» Котовского, отправился в Умань просить того о помощи, и Котовский помог ему — в 1922 году Зайдер стал начальником охраны Перегоновского сахарного завода, находившегося близ Умани. Завод был особым подразделением кавалерийского корпуса: новая власть поручила военным возродить производство, бывшие торговцы бежали за границу. Человек практичный, не лишенный организаторских способностей и коммерческого ума, Майорчик Зайдер помогал Котовскому налаживать быт кавалерийского корпуса: котовцы, например, заготовляли кожи, везли их в Иваново, где обменивали на ткани, из которых потом в собственных мастерских шили обмундирование.

В тот злополучный август Зайдер приехал в Чебанку на машине, вызванной из Умани Котовским. Свой приезд Зайдер мотивировал тем, что хочет помочь семье командира собраться в обратную дорогу. Не исключено, что Котовский заранее знал о его приезде и не препятствовал этому, ибо ничто не предвещало беды...

Как видим, отношения между Котовским и Зайдером до случившегося в Чебанке были нормальные. Более того, Зайдер был благодарен Котовскому за то, что получил работу, а это для бывшего содержателя публичного дома, прямо скажем, было огромным везением, ведь в те годы на биржах труда стояли в очередях тысячи безработных; к 1925 году их стало полтора миллиона.

За добро обычно платят добром: что же толкнуло Зайдера на преступление?

Процесс над убийцей начался в августе 1926 года. Версия «преступник стрелял из ревности» на суде не возникала. Сам Зайдер заявил, что убил Котовского потому, что тот не повысил его по службе, хотя об этом он не раз просил командира.

В том же здании одновременно с Зайдером судили уголовника, ограбившего зубного техника, и суд приговорил его к расстрелу. Человека же, убившего самого Котовского, — к десяти годам?..

Но и на этом наши недоуменные вопросы не кончаются.

Зайдер отбывал срок в харьковском допре, и вскоре он — по существу, безграмотный человек — уже заведовал тюремным клубом, получил право уходить из тюрьмы в город. В 1928 году, всего через два года после приговора, его вообще выпускают на свободу, и Зайдер устраивается работать сцепщиком на железную дорогу.

Осенью 1930 года 3-я Бессарабская кавалерийская дивизия, расквартированная в Бердичеве, праздновала юбилей — десятилетие боевого пути. На праздник и маневры по случаю юбилея были приглашены котовцы — ветераны дивизии. В их числе и Ольга Петровна Котовская, которая, будучи врачом, в кавалерийской бригаде мужа прошла по дорогам гражданской войны не одну сотню огненных верст. Однажды вечером к ней в комнату пришли трое котовцев, с которыми она была хорошо знакома, и сказали о том, что Зайдер приговорен ими к смертной казни. Ольга Петровна категорически возразила: ни в коем случае нельзя убивать Майорчика, ведь он единственный свидетель убийства Котовского, тайна которого не разгадана... Не будучи уверенной в том, что доводы ее убедили гостей, Ольга Петровна на следующее утро рассказала об этом визите командиру дивизии Мишуку. С требованием помешать убийству Зайдера обратилась она и в политотдел дивизии...

Опасения Ольги Петровны оказались не напрасными. Вскоре вдове Котовского сообщили: свой приговор кавалеристы привели в исполнение. Труп Зайдера был обнаружен недалеко от харьковского городского вокзала, на полотне железной дороги. Исполнители приговора, убив сцепщика, кинули его на рельсы, чтобы имитировать несчастный случай, но поезд опоздал, и труп не был обезображен.

Из рассказа сына Котовского я узнал, что убийство совершили трое кавалеристов. Фамилии двух — Стригунова и Вальдмана — он помнит, третью забыл. Никто из участников казни Зайдера не пострадал — их просто не разыскивали.

Да, но почему не разыскивали? В Бессарабской дивизии ведь знали о готовившемся покушении.

Информация отсюда, по всей видимости, была передана куда следует. Кто же тогда перекрыл ей путь к районному отделению милиции, расследовавшему ЧП на Харьковской железной дороге?

Мы не найдем ответов на все наши вопросы, если, подобно одесскому суду, будем искать мотивы убийства Котовского только в самом убийце. Зато все легко объяснится при возникающем предположении, что Зайдер был не только не единственным, а и не самым главным преступником: стреляя в Котовского, он выполнял чью-то чужую злую волю. Но вот чью?

Кто мог свободно манипулировать следователями и судьями, занимавшимися «делом» Зайдера? Кто мог так засекретить материалы судебного процесса над убийцей Котовского, что до сих пор они не увидели света? Кем было наложено вето на публикацию сведений, которые хоть как-то приоткрыли бы тайну трагедии в Чебанке? Ответ напрашивается сам собой: сделать это могли только люди, обладавшие огромной и, по существу, неограниченной политической властью...

За несколько дней до преступления у жены начальника охраны сахарного завода появилось дорогое колье. Нет, не то, что было подарено ей мужем в дни, когда тот владел в Одессе публичным домом: старое украшение в Умани хорошо знали, жена Зайдера не раз надевала его. Колье было другое. На какие деньги в 1925 году смог купить Зайдер эти бриллианты? Не исключено, что они и были авансом за убийство Котовского.

С маршалом Блюхером расправились по-иному. Он стал жертвой государственного террора.

Вспоминает сын маршала — Василий Блюхер:

«Когда я пошел в школу, многим одноклассникам не давала покоя моя фамилия. Немцем порой называли. Жаловался на ребят, а отец лишь усмехался: «Пустое. Русские мы из русских. Заруби это себе на носу».

Как-то из глухой деревеньки Барщинка, что затерялась где-то под Рыбинском, к нам в гости приехал дедушка — Константин Павлович. Дед Костя и поведал нам о том, как наш род в Блюхеров превратился. Виной тому, оказывается, был мой прапрадед. Служил-воевал он давным-давно, во времена Суворова и Кутузова. Домой возвратился георгиевским кавалером. Таким героев на деревне еще не видывали. И прозвали его сельчане за боевую удаль на войне с французами Блюхером.

— А после, — заключил дед Костя, — и всех нас, его детей и внуков, стали Блюхерами кликать. Как ранее звались, о том даже писаря забыли. Вот она какая история, Васек...

Георгиевские крест и медаль на первой своей войне заслужил и отец. Когда же он вступил в бои за Советскую власть, то и награды ему пошли особые, награды первого в мире государства рабочих и крестьян.

Боевые ордена отца... К лету 1938 года у него были уже два ордена Ленина, пять орденов Красного Знамени и орден Красной Звезды под № 1. В числе первых полководцев страны он удостоился и звания Маршал Советского Союза.

Оренбург и Тобольск, Каховка и Перекоп, Воло-

319

чаевка и КВЖД — эти слова были в нашей семье священными. Мы, дети, видели за ними не тихие, мирные места, а бои, с которыми прошел отец чуть ли не всю Россию вдоль и поперек.

И больше всего ценил он орден Красного Знамени № 1.

— Его заслужил весь Красный Урал. Мне лишь выпала честь носить этот орден, — не раз говорил отец.

В августовские дни 1938 года дальневосточные мальчишки в волочаевцев уже не играли. Их новыми кумирами стали герои Хасана, те командиры и красноармейцы, которые могучим ударом выбили японских захватчиков с советской территории и вновь водрузили красные флаги над сопками Заозерной и Безымянной.

Особая Краснознаменная Дальневосточная армия к тому времени была преобразована в Краснознаменный Дальневосточный фронт. Отцу доверили командовать им.

Не добившись успеха, японское правительство запросило перемирия, и 11 августа 1938 года боевые действия на фронте прекратились.

В сентябре произошла моя последняя встреча с отцом. Было это уже в Москве. Он положил руки мне на плечи, приблизил к себе, а после протянул кожаную полевую сумку:

— Храни, Васек!

Только во снах потом я сбегал вместе с ним к берегам Уссури. Увидеть его и маму (а ее я тоже потерял вскоре же) сумел только после окончания Великой Отечественной войны. Но увидел их, к сожалению, лишь на фотографии. Разыскала тогда меня Зоя Сергеевна Дубасова. «Зошей» звали дома подругу мамы. Она-то и вручила мне фотографию двадцатых годов, на которой были запечатлены вместе «китайский генерал Галин» и незаменимая его переводчица. То было фото двадцатых годов. В Китае шла гражданская война. Отец тогда исполнял обязанности главного военного советника при революционном правительстве Сунь Ят-сена.

Он много сделал для создания и упрочения Национально-революционной армии Китая. Большую работу среди китайских товарищей вела и моя мама — Галина Александровна Кольчугина, направленная в их страну Телеграфным агентством Советского Союза.

В 1928 году родители вернулись в СССР. Тогда-то я и появился на свет. Очень мало, всего лишь десять лет, довелось мне прожить с родителями. Редко я видел отца в его любимой косоворотке. Да и маму в гражданском платье почти не помню — все в шинели была, в гимнастерке...

Кожаная командирская сумка долго служила мне. Носил в ней учебники и тетради, когда учился в Беднодемьянской семилетней школе — она находилась близ Пензы, а в планшетке хранил письма, которые слали мне верные друзья отца и матери. Из той же планшетки в военном 1944 году достал и заявление о вступлении в ряды ВЛКСМ.

Потом учился в столичном техникуме цветной металлургии. По его окончании мне предложили работать на медеплавильном заводе в неведомой доселе Ревде. «Где это?» — спросил. — «На Урале», —

услышал ответ. Снова вспомнился отец. Заявил: «Поеду туда, на Урал...».

Прибыл на Среднеуральский медеплавильный завод. Представился начальнику обогатительной фабрики Валентину Константиновичу Аполлонову. Изучив мои бумаги, он сказал:

— О, сын того самого Блюхера, что в наших местах воевал? А ты, выходит, сразу механиком намерен стать?

— Так назначили.

— А может, лучше с низов, как отец? Определю-ка тебя для начала бригадиром в ремонтную мастерскую...

Несколько лет я проработал в Ревде. Из бригадиров вышел в мастера, затем стал механиком обогатительной фабрики, а позже поднялся и до технического руководителя ремонтно-механического цеха СУМЗа. Те годы были самыми трудными в моей жизни.

Мои школьные годы прошли своеобразно. Мама преподавала языки в Московской военной академии, а местом постоянной службы отца вновь стал Дальний Восток, и я на каникулы ездил к нему.

Порой отец определял меня в попутчики кому-нибудь из близких друзей. Помнится, довелось как-то ехать даже с самим начальником Главного политического управления РККА Я. Б. Гамарником, и у Байкала произошел такой эпизод. Как только за окном вагона открылась необъятная водная гладь, Ян Борисович в полную силу своего красивого голоса запел:

Славное море, священный Байкал...

Ехавшие с ним товарищи подхватили песню, а я молчал.

— Почему не поешь со всеми? — строго спросил армейский комиссар 1-го ранга.

— Слов не знаю...

— Да это ж одна из любимых песен твоего отца, — тряхнул черной окладистой бородой Гамарник. — как ты не слышал ее?

— Не слышал. Все выходило так, что Байкал проезжали ночью, когда я спал...

— Ну сейчас не поспишь. Учи песню, повторяй за мной. Не осилишь — высажу в Улан-Удэ и отправлю обратно в Москву. Я принял эти слова всерьез и, конечно, постарался, чтобы Ян Борисович не привел их в исполнение. И после, при встрече с Байкалом, с кем бы ни ехал, всегда первым начинал знаменитую песню про славное море...

Во взрослую пору подобные поездки возобновились в середине шестидесятых годов, когда я стал начальником Главного управления ремонтных заводов и служб главного механика Минцветметалла СССР. Прописка была московская, а поле деятельности — от Хибин до Магадана, от Норильска и до границ с Китаем. В то время объездил-облетал чуть ли не все города, в которых протекала боевая жизнь отца на востоке страны. Часто бывал в Иркутске и Чите, Хабаровске и Владивостоке, близко узнал и подружился там со многими былыми героическими народоармейцами, со славными воинами Особой Красно-знаменной Дальневосточной армии.

Волочаевка... Совсем молоды были ее герои, а некогда глухая приамурская деревушка стала уже известной не только в нашей стране.

Накануне празднования пятнадцатилетия волочаевских боев отец почему-то завел с нами, детьми, разговор о Германии, куда он ездил еще в начале тридцатых годов, и припомнил такой эпизод:

— В Берлине я лучше всего чувствовал себя в Веддинге. Это пролетарский район, ну как Красная Пресня в Москве. Зашел в клуб. Там показывали советский фильм. И, знаете, просмотрев картину, рабочие сначала тихо, а потом полным голосом запели нашу знаменитую дальневосточную песню...

— «По долинам и по взгорьям», да? — сразу выпалил старший брат Всеволод.

— Постой же, неверно, — насупился отец. — Сколько твердил вам — не так! «По долинам, по загорьям...» — начинают ее бывалые партизаны и дальше поют иначе.

— Пап, а все-таки «наливалися знамена кумачом последних ран», — попробовал возразить старший брат, — звучит сильнее, чем... — и Сева запел:

Развевалися знамена,
Из тайги на вражий стан
Шли лихие эскадроны
Приамурских партизан...

— Вот так и сильнее, и, главное, вернее. А ну-ка вместе:

324

И останутся как сказка,
Как манящие огни
Штурмовые ночи Спасска,
Волочаевские дни...

Этот же эпизод с песней, услышанной в Берлине, отец привел в своей речи 22 февраля 1937 года на собрании участников гражданской войны на Дальнем Востоке, заключив его словами: «Видите, как далеко за пределы горы Июнь-Корань и наше с вами Хабаровска выходит значение Волочаевки...».

В годы давних поездок из Москвы в Хабаровск, после того как за вагонными окнами неспешно проплывает сказочная Июнь-Корань с алым стягом и фигурой красного воина в длиннополой шинели на вершине сопки, отец, выдержав в строгости минуту молчания, твердо чеканил:

— Все. Считайте, мы — дома...

ОТЕЦ СТАРАЛСЯ НАУЧИТЬ
МЕНЯ НИЧЕГО НЕ БОЯТЬСЯ

«Отца я помню очень хорошо. Помню его внешность, голос, характерные жесты, улыбку, смех... помню многих людей, приходивших к нам в дом, их беседы с отцом. Помню даже то, что, как я теперь понимаю, мне и не положено было знать. Но что поделаешь, я был любознательным парнишкой, ста-

325

рался почаще бывать возле отца и в меру моего тогдашнего разумения понять и осмыслить окружающее.

Совсем отчетливо помню себя с семилетнего возраста, то есть с конца 1930 года. Я готовился стать первоклассником и уже видел себя в длинных брюках с ученическим ранцем за спиной. Это событие ожидалось у нас в семье давно, и отец часто разговаривал со мной о том, что учиться надо много и старательно. Он рассказывал, что в свои детские годы учился с охотой, мечтал стать ученым-химиком, и, хотя в царское время все это было нелегко, своего он добился бы наверняка.

— Знай, сынка, — говорил папа, — каждый человек обязан быть требовательным прежде всего к самому себе. Иначе он станет мямлей и никакой пользы не принесет ни себе, ни людям. Разве ты хочешь быть мямлей?

Нет, мямлей я быть не хотел, но еще неясно представлял себе, в чем должна проявляться требовательность и самодисциплина. Хорошо учиться? Ну, учиться-то я буду прилежно. Не пачкать учебники и тетради, не драться с товарищами?.. Постараюсь... А если кто-нибудь меня обидит? Смолчать или дать сдачи?..

Отец терпеливо втолковывал мне, как и в каких случаях надо поступать. Я обещал послушно выполнять его советы.

В то время мы жили в Харькове, на Ветеринарной улице. Папа часто гулял со мной по вечерам, перед сном, и эти прогулки я очень любил. У нас даже были постоянные маршруты. Обычно мы медленно шли до здания Технологического института. Здесь отец останавливался и крепко сжимал мою руку, как бы приказывая помолчать. Теперь я понимаю, что его тянуло к месту, где пролегла одна из тропинок его юности, где он учился и начинал свою революционную деятельность. «Техноложка» была дорога его сердцу, и он, уже прошедший гражданскую войну и навсегда расставшийся с мыслью стать химиком, разрешил себе эту маленькую слабость: постоять у здания alma mater. Глаза его слегка щурились, по лицу бродили тени воспоминаний, и, если бы не мое нетерпение — «Папа, пойдем», — он, может быть, стоял бы здесь долгими часами.

Иногда маршрут менялся: мы шли вверх по Пушкинской улице или же направлялись к кладбищу, где похоронена моя бабушка Клара — мать отца.

С увлечением отец рассказывал мне о своих студенческих годах, о самой интересной, по его мнению, науке — химии и обязательно добавлял:

— Если бы не революция, я, сынка, стал бы химиком. И ты видел бы меня сейчас не в гимнастерке, а в белом халате, и я бы колдовал над колбами, пробирками и мензурками.

— А почему ты не можешь надеть белый халат? — задавал я наивный вопрос. Отец усмехался, гладил меня по голове и задумчиво отвечал:

— Халат-то могу достать... Хоть три халата... А вот химией заниматься некогда.

— Ты же начальник, кто тебе может запретить?

— Чудачок ты и многого еще не понимаешь. Вырастешь — поймешь, что есть дела и поважнее химии.

Меняя тему, папа начинал рассказывать мне о звездах, которые густо усеивали небо над Харьковом. Он хорошо разбирался в астрономии, знал названия многих созвездий и высчитывал расстояния от нас до Земли. Это изумляло меня и казалось непостижимым. Но слушал я внимательно, так как отец о самых сложных предметах умел рассказывать понятно и увлекательно.

— А знаешь, — как-то сказал отец, — у меня есть своя звезда — Вега!

— Почему она твоя и почему Вега?

— Потому что она большая, находится в зените и к ней ведет прямой путь.

Смысл этого ответа был мне не совсем ясен, но я усвоил главное: прямой путь — путь настоящего человека.

Впоследствии, когда меня кто-либо спрашивал, есть ли у меня своя звезда, я с гордостью отвечал:

— Вега!

Сегодня я понимаю, что означали слова отца о прямом пути. Таким он шел всю свою жизнь...

Отец старался приучить меня ничего не бояться. Поэтому, когда мы приходили на кладбище, он часто прятался от меня и оставлял одного. Сначала меня охватывал страх, но постепенно я привык и уже спокойно расхаживал по темным дорожкам кладбища мимо могил и надгробных плит.

Однажды мы сели у могилы бабушки, и папа начал тихим голосом рассказывать страшную историю о том, как какой-то голодный преступник вырезал у мертвеца печенку и хотел ее зажарить. Но в тот момент, когда преступник разводил огонь, мертвец поднялся из гроба и крикнул: «Отдай мою печенку!»... эти слова папа произнес неожиданно очень громко, и я съежился от испуга. Но во второй раз этот же рассказ уже не произвел на меня такого впечатления, и я спокойно ждал заключительного возгласа.

Через некоторое время папа повторил ту же историю моим сверстникам, собравшимся у нас в темной комнате, без света. Я знал все наизусть, а остальные ребята слушали впервые. Когда папа крикнул последнюю фразу, Вовка Каширин с перепугу захныкал, а я засмеялся, успокоив тем самым замерших слушателей. Во всяком случае, «страшные истории» на меня больше не действовали, я перестал бояться темноты, привидений и домовых.

Позже, когда мы переехали в Киев, я, как все дети, тем более дети военных, любил играть в войну. Все мои товарищи тоже увлекались «боями», мастерили деревянные сабли, винтовки и сражались с белогвардейцами. Конечно, все хотели быть только красными, и это обстоятельство порождало почти непреодолимые трудности. Возникали споры, перебранки. Красными становились наиболее упорные и настойчивые.

Играли мы и при помощи спичек: коробки и спички изображали войска и укрепления. Каждый из нас командовал группой войск какой-нибудь выдуманной страны и старался победить противника. Увлечение и азарт охватывали нас, и мы иногда не замечали, как в комнату заходил папа и, не мешая нам, наблюдал за «военными действиями».

Но однажды, нарушив правило, пап присел рядом с нами, потом опустился на колени и попытался разобраться в разыгравшейся «битве».

— Против кого наступают твои войска? — спросил папа, показывая на мои спичечные коробки.

— Против этого... ну как его... противника... — Не найдя нужных слов, я выпалил: — Против Вовки Постышева.

— А, вот оно что!.. какие же части действуют на твоем участке?

Я объяснил, пересчитывая спички, что имею три пехотные дивизии, одну кавалерийскую и одну танковую.

Папа хитро сощурил глаза и задал каверзный вопрос:

— Где твой обоз?

Я удивленно фыркнул. Подумаешь, кому нужен какой-то обоз, когда мы ведем настоящее сражение!

— Ну тогда ты долго не продержишься, — добродушно улыбнулся папа и тут же пояснил, что без тылов войска не могут сражаться и побеждать. Ведь нужны патроны, снаряды, медикаменты, продовольствие...

После этой популярной лекции мы всегда выделяли несколько коробочек спичек в качестве обоза и старались сделать так, чтобы все наши войска были сыты и хорошо вооружены.

Кажется, в 1934 году происходили учения или маневры наших войск. Собираясь на эти учения, отец спросил меня:

— Может быть, хочешь посмотреть, как живут и действуют не спичечные коробки, а настоящие войска?

Разве можно было устоять против такого заманчивого предложения!

И вот я оказался среди множества командиров, которые раскладывали и склеивали большие карты, что-то на них чертили разноцветными карандашами, наблюдали в бинокли за передвижением войск... Все это было захватывающе интересно, и я тоже воображал себя знаменитым полководцем и непобедимым героем, таким, например, как Котовский, или Фабрициус, или... Ганнибал. Да, и о Ганнибале я слыхал от папы и даже запомнил подробности сражения при Каннах.

Учения частично разыгрывались в воздухе. Представьте мою гордость, когда я вместе с другими командирами, составлявшими группу главного руководства, взобрался в двухмоторный бомбардировщик и устроился в стеклянной кабине штурмана, называвшейся «Моссельпром». Я пытался выяснить у штурмана, почему кабине дано такое странное название, но он только усмехнулся и махнул рукой. А папа находился в фюзеляже и был занят.

Все-таки я пробрался к нему и попытался выяснить мучившее меня «почему». Папа и другие командиры расчерчивали карты, иногда переговаривались и не обращали на меня внимания.

— Папа, — нерешительно произнес я, наверняка зная, что сейчас ему не до меня. Отец поднял голову и строго ответил:

— Ты же видишь, что мы работаем!

Я виновато полез обратно в «Моссельпром», так ничего и не узнав.

На следующее утро папа спросил меня:

— Ты опять полетишь с нами или, может быть, поедешь на машине?

— Да, лучше на машине... В самолете мне скучно.

Но я сказал неправду: просто мне было немножечко страшно сидеть в самолете и видеть, как плывет внизу непохожая на себя земля, мелькают маленькие, словно игрушечные, домики и синие жилки речушек и озер, а мимо стекол кабины проносятся вздувшиеся белые и серые облака. А вдруг перестанут реветь моторы и мы кувырком полетим вниз?

Я с радостью перекочевал в машину, и снова земля, леса, дороги стали выглядеть обычными и знакомыми.

Учения проходили в напряжении. Отец работал очень много и только изредка поглядывал на меня и бросал два-три слова.

— Ну как, Петя, жив-здоров?

— Здоров.

— Выспался?

Я-то выспался вволю. Но когда спали отец и его помощники, даже представить не могу. Бывало, я мгновенно проваливался в сон — в машине или в хате какой-нибудь деревушки, а проснувшись, опять видел за столом или на сиденье машины отца. Я даже пытался подсчитать, сколько часов он не спит, но сбился со счета.

На этих учениях повидал я и настоящих красноармейцев, и пушки, и бравых кавалеристов, и измазанных машинным маслом танкистов, и даже обозы. Слегка дымили полевые кухни, и от них тянуло аппетитным запахом. Возле одной такой полевой кухни мы с удовольствием ели суп, а потом гречневую кашу с маслом. В общем, впечатлений накопилось много. Будет что рассказать соратникам и противникам по спичечной войне!

На обратном пути отец заезжал в полки, в батальоны и дивизионы. Он выходил из машины, присаживался рядом с красноармейцами, закуривал и заводил разговор, как со старыми знакомыми. Во время разговора слышался смех, шутки, иногда, к моему удивлению, кто-то затягивал песню, и отец, незаметно дирижируя одной рукой, подпевал. Видимо, песни доставляли ему большое удовольствие, хотя сам он музыкальными способностями не обладал, чем всегда очень огорчался.

В конце зимы 1934 года я заболел дифтеритом. Родители очень волновались, мама торопила врача поскорее сделать мне какие-нибудь уколы. Но я боялся уколов, капризничал, хныкал и заявлял, что не желаю видеть иглу и колоть себя не дам.

Во время этой бурной сцены из штаба приехал отец. Он подошел к моей кровати и сказал только одно слово:

— Сын!..

В тоне, каким он произнес это слово, было все: и любовь ко мне, и страх за мое здоровье, и укор за капризы. Мое сопротивление было сразу же сломлено. Я немедленно поднял рубашку и зажмурил глаза. Укол сделали. После этого отец присел на край кровати и попросил меня объяснить, почему я так боялся укола.

— Игла очень длинная и страшная.

— Да, длинная, острая, но не страшная. Советую тебе никогда ничего не бояться. Ты знаешь, сын, что я был на войне. Больше всего мы опасались трусов. Трус — хуже червя. А человек — не червяк и должен владеть собой, своими нервами, своей волей. Мне было бы очень стыдно, если бы мой сын, сын коммуниста, оказался трусом.

Отец говорил медленно, спокойно, не выпуская моей горячей руки из своих ладоней. Я прижался лицом к рукаву его гимнастерки и твердо заявил:

— Тебе не придется стыдиться... Я не стану трусом!..

— Вот это другой разговор, — повеселел отец. — Чем же наградить тебя?

— Прочитай мне что-нибудь.

— Тогда слушай.

И он, не повышая голоса, читал на память стихотворения «Дума про Опанаса» Эдуарда Багрицкого, а потом «Буревестник» Максима Горького.

— В детстве я очень любил эти стихи, — со вздохом сказал папа. — В особенности «Буревестник»... Ну, до свиданья, поправляйся...

На следующий день кто-то позвонил отцу. Он нервно сжал в руке телефонную трубку и даже побледнел. Потом положил трубку на рычаг и долго молчал, опустив голову и вздрагивая плечами. Я с недоумением следил за отцом: таким видел его впервые. Что случилось? Оказалось, что в Ленинграде убит Сергей Миронович Киров, о котором папа часто отзывался как об очень умном, талантливом работнике и выдающемся ораторе.

Мрачный, подавленный, отец ходил по комнатам и несколько раз, ни к кому не обращаясь, повторял:

— Непостижимо!.. Чудовищно!.. Кому это нужно?.. Такой человек!.. Такой большевик!..

Потом срывал трубку и требовал немедленно сообщить новые подробности.

Подробностей, видимо, никто не знал, и отец, схватив фуражку, стремительно вышел из дому — то ли в штаб, то ли в ЦК Компартии Украины.

С того времени к папе, как члену Центрального Комитета партии, приставили охрану. Он был этим очень недоволен.

— Понимаешь, — говорил он как-то маме, — получается, будто я отгораживаюсь от людей. Это неприятное и мучительное чувство. Куда ни шагнешь — за тобой идут... Не такая уж я персона...

Но пришлось смириться, и теперь в выходные дни, выезжая за город в часть на новостройки, папа вынужден был брать с собой в машину и сотрудников охраны. А ведь раньше его спутниками в таких поездках были я и сын шофера Володя Баденков. Чаще всего шофер Шура Баденков устраивался сзади, папа садился за руль, а мы с Володей, тесно прижавшись друг к другу, старались не мешать и только слушали его увлекательные рассказы.

Осенью 1935 года после больших киевских маневров папа снова взял меня с собой в дальнюю поездку. Группа командиров — Бутырский, Подчуфаров, Демичев, Криворучко и другие, фамилий их не помню, выезжала зачем-то на озеро Карма. К ночи, когда густая тьма окутала прибрежные леса и озера, все решили поохотиться и на лодках разъехались в разные стороны.

Я поехал с папой. Было так темно, что становилось жутко, но я помнил «уроки» на кладбище в Харькове и советы у моей постели во время болезни. Старался держаться молодцом.

Свежий ночной ветер шумел в гуще затопленного леса. Папа правил и греб одним веслом и точно причалил к назначенному месту — двум бочкам, стоявшим рядом. Мы влезли в бочки, оказавшиеся охотничьими наблюдательными пунктами.

— Закурим, — сказал самому себе папа и чиркнул спичкой. Крохотный огонек не секунду вспых- *а*
нул, затрепетал и тут же погас, отчего вокруг стало еще темнее. — Ну как, охотник, наверное, ждешь от меня очередной истории? Теперь уже некогда, нужно быть наготове.

Вскоре забрезжил рассвет. По озеру пронеслась, разрывая тишину, моторная лодка. Стаи вспугнутых уток взмыли в воздух. Охота началась. Папа стрелял быстро и ловко. Выстрелы доносились и из других лодок. Я попросил разрешения выстрелить, и папа протянул мне ружье. Мое боевое крещение оказалось неудачным: отдача отбросила меня к краю бочки, и я чуть было не свалился в воду.

— Эх ты, вояка, — насмешливо сказал папа, отбирая ружье. Мне было немножко стыдно: ведь

336

в спичечных боях я командовал целыми армиями.

Когда все охотники выбрались на берег и начали поджаривать на костре трофеи, папа попросил своих спутников поделиться впечатлениями не об охоте, а о состоянии укрепленного района. Завязался долгий служебный разговор. Я сидел в стороне и следил, как постепенно гаснет костер и длинные языки пламени становится бледнее и короче. До меня доносились слова: «Огневые точки», «Секторы наблюдения»... «А если противник»...

...Неожиданно арестовали Николая Голубенко, старого папиного товарища, боевого комиссара времен гражданской войны. В прошлом киевский металлист, партийный работник, убежденный большевик, он короткое время сочувствовал троцкистам, но затем отошел от них. А теперь его арестовали по обвинению... в шпионаже и измене Родине.

Папа был потрясен.

— Не верю! Коля никогда, ни при каких обстоятельствах не пошел бы на такое преступление... Наверно, произошло недоразумение, и Колю скоро освободят.

Однако Голубенко не освобождали, а через некоторое время арестовали еще двух фронтовых соратников отца: командира танковой бригады Д. Шмидта и начальника штаба авиабригады Б. Кузьмичева. Оба они служили в округе под началом отца, он хорошо знал их в послевоенное время и никак не мог представить себе старых заслуженных командиров в роли преступников. А когда узнал, в чем их обвиняют, ужаснулся.

Шмидту и Кузьмичеву предъявили обвинение в

подготовке террористического акта против К. Е. Ворошилова, причем убийство должно было якобы произойти в служебном кабинете отца.

Отец немедленно выехал в Москву. Позже с его слов мы узнали, что он решил повидаться со Шмидтом и лично убедиться: виноваты арестованные командиры или нет. Отец добился свидания с заключенными. Встреча потрясла его. Шмидт очень похудел, глядел безучастно, разговаривал вяло... Как выразился папа, у Шмидта был взгляд марсианина. Очевидно, тот казался в тюрьме человеком с другой планеты.

Отец спросил Шмидта, правильно ли записаны его показания. Шмидт ответил отрицательно. Объяснить подробности ему не разрешили, но он все же передал Ворошилову записку, в которой отрицал все предъявленные ему обвинения. Эту записку отец отвез Ворошилову, заявив, что в виновность арестованных не верит.

В Киев он вернулся немного повеселевшим, так как не сомневался, что справедливость восторжествует. Но радость его была недолгой. Позвонил по телефону К. Е. Ворошилов и сообщил: на следующий же день Шмидт на новом допросе сознался, что хотел обмануть и Ворошилова, и Якира, а свои прежние показания подтвердил.

То, что произошло дальше, затмило историю со Шмидтом и Кузьмичевым. В этом же разговоре Ворошилов сообщил, что арестован комкор Гарькавый. Отец опустился в кресло и схватился за голову руками. Илья Иванович Гарькавый был старейшим другом отца еще с семнадцатого года и наким родственником — мужем маминой сестры.

Папа ничего не ел, не хотел разговаривать... Молча ходил из угла в угол, курил папиросу за папиросой и только иногда хрипло кашлял и разгонял дым рукой. Мне становилось не по себе, я терялся в противоречивых догадках, так как знал арестованных людей и любил их. К тому же настроение отца ясно свидетельствовало, что он борется с самим собой и ищет возможности вступиться за боевых друзей.

В тот вечер я долго не мог уснуть, ворочался с боку на бок, но наконец провалился в страшную темную бездну. Ночью мне приснился сон, будто арестовали отца и мы с мамой, вскочив с кроватей, протягиваем к нему руки.

Утром за завтраком я не удержался и рассказал о своем сне родителям. Мама одернула меня:

— Петя, не говори глупостей!

Вечером отец снова уехал В Москву, где присутствовал на процессе Пятакова и других. В числе обвиняемых был близкий наш знакомый Я. Лившиц, в прошлом рабочий, потом крупный чекист. В последнее время он работал заместителем наркома путей сообщения. Лившиц признал себя виновным, и его приговорили к расстрелу. Позже стало известно, что перед расстрелом он крикнул: «За что?». И опять папа не мог свести концы с концами: где же правда, а где клевета и провокация? Помню, он говорил:

— Ведь заика (Лившиц очень заикался) крикнул: «За что?». Значит, он не чувствовал за собой вины. Здесь что-то не так. Ничего не могу понять.

Летом 1936 году здоровье папы сильно ухудшилось, лицо его часто желтело и становилось похожим на пергамент, под глазами не исчезали темные набрякшие мешки. Вся наша семья выехала в Чехословакию — в Карловы Вары. Жили в пансионате, причем папа строго экономил деньги, не разрешал тратить лишнего, так как хотел привезти на Родину и сдать в Госбанк как можно больше валюты.

В это же время в Мариенбаде лечился Максим Максимович Литвинов. Однажды он позвонил и пригласил нас навестить его. Мы поехали в Мариенбад. Встретил гостей Максим Максимович очень радушно, затем уединился с папой, и они долго беседовали. Мы с мамой терпеливо ждали.

Потом Литвинов предложил прогуляться. Мы вышли из города на шоссе и медленно брели, осматривая окрестности.

— Иона Эммануилович, — сказал Литвинов, — гляньте осторожно назад.

Позади брели две тени — шпики, следившие за нами. Чтобы отвязаться от них, Литвинов попросил маму вернуться в город, взять автомобиль и нагнать нас на шоссе. Мама крепко сжала мою руку и потянула за собой, хотя мне не хотелось оставлять папу. Просьбу Литвинова она выполнила: вскоре мы подкатили на машине, папа с Литвиновым быстро сели, и все мы помчались по направлению к Карловым Варам. Оба шпика — я это хорошо видел — заметались по шоссе. Машины у них не было, а угнаться за автомобилем на своих двоих они не могли. Максим Максимович и папа, оглядывались, усмехались.

— Пусть побегают и попотеют! — сказал Литвинов.

Вместе с Литвиновым мы провели еще сутки. Прощаясь, Максим Максимович сказал папе:

— Иона Эммануилович, положение в Европе очень серьезное. Выздоравливайте скорее. Ведь вы хорошо знаете немцев, их армию и, надеюсь, сумеете утереть им нос.

— Ничего, Максим Максимович, — ответил папа. — Мы гораздо сильнее немцев духом и революционным энтузиазмом, да и техника у нас теперь получше.

Возвращаясь на Родину, мы остановились в Вене, в советском посольстве. Напротив возвышался дом австрийского канцлера Шушнига. Видимо, власти опасались каких-то событий: дом Шушнига охранял плотным кольцом чуть ли не батальон солдат в касках. Сотрудники нашего посольства тоже были встревожены. Они собрались вокруг отца, и он, одобряя и успокаивая их, говорил, что ход истории остановить нельзя, а себя надо держать в руках.

— В Карловых Варах, — сказал папа, — мы тоже видели таких молодчиков.

Действительно, в Карловых Варах мы как-то зашли в кафе и увидели группу кричавших и размахивавших руками мальчишек и пожилых мужчин. Папа нам объяснил, что тот, что сидит у края стола с видом пророка, это Генлейн, главарь фашиствующих судетских немцев.

Какая существовала связь между крикунами Генлейна и положением в Вене, я не знал и, честно говоря, не очень этим интересовался. Но меня огорчало, что отца все эти события тревожили, волновали, и он вспоминал о них дома не один раз.

Однажды в школе классный руководитель Надежда Васильевна Дехтяр отобрала у меня блокнот с записанными «блатными» песнями. Она позвонила маме и попросила передать блокнот папе.

В тот же день у нас состоялся обстоятельный разговор.

Блокнот лежал рядом, на письменном столе. Я, конечно, чувствовал себя виноватым и терпеливо молчал, выслушивая наставления отца. А он, не повышая голоса, говорил:

— Мне уже сорок лет, и то я краснею, читая песни, которые тебе так понравились. В твоем возрасте мы занимались другим — переписывали Манифест Маркса и Энгельса и заучивали его наизусть. Если нам удавалось достать газету со статьей Ленина, мы считали себя счастливыми. Ведь эти статьи, книги, листовки помогали самоотверженно бороться за идеи большевистской партии. А что ты почерпнешь из таких песен? Чему они научат тебя? За какие идеи ты будешь бороться?

Мои руки пай-мальчика лежали на краю стола, и папа своей рукой сильно придавил кончики пальцев. Мне было больно, но я смолчал и рук не отдернул.

— Подумай обо всем, — закончил беседу папа. — Жизнь настоящего человека куда интереснее этой грязи.

Записывая эти воспоминания, я взглядываю на фотографию отца. Она стоит в рамке на письменном столе, и за мной неотступно наблюдает спокойный, волевой взгляд умных и проницательных глаз. На минуту я откладываю ручку и смотрю на фотографию. Мы будто обмениваемся взглядами. «Ты помнишь мои советы, сын?..»

И я снова берусь за перо.

И вот неожиданный, как взрыв бомбы, трагический финал.

28 мая вечером стало известно о передаче дела по обвинению М. Н. Тухачевского в следственные органы.

Мы жили на даче в Святошине, под Киевом. Папа в эти дни был занят на съезде Компартии Украины. Мы с мамой занимались своими домашними делами, кроме того, я готовился к экзамену по алгебре.

Приехал папа, стал проверять меня по алгебре: мне предстояло перейти в восьмой класс.

Звякнул, затем продолжительно зазвонил телефон. Междугородная?.. Папа подошел и поднял трубку. Я очутился рядом. Звонили из Москвы.

Выслушав, папа спокойно ответил:

— Климент Ефремович, но ведь сегодня уже все поезда на Москву ушли. Разрешите лететь самолетом... Нельзя?.. Слушаюсь, завтра выеду первым поездом.

— Срочно вызывают на заседание Военного совета, — бросил он, задумчиво потирая ладонью лоб.

На следующий день я провожал отца на Киевском вокзале. Поезд отходил в тринадцать часов пятнадцать минут. На платформе собрались и командиры штаба округа, и, кажется, некоторые делегаты съезда. Папа со всеми попрощался, потом прижал меня к себе, поцеловал и, отодвинув на расстояние вытянутой руки, серьезно и твердо сказал:

— Петя, будь мужчиной!..

Я не понял этого прощального наставления отца и пробормотал что-то вроде того, что я уже давно мужчина.

— Тем лучше...

Папа поднялся на ступеньки вагона. Поезд тронулся, постепенно набирая скорость. И тут я услышал последние слова отца.

— Будь настоящим, сын!.. Настоящим!..

Я долго глядел вслед убегавшему поезду и ощущал во рту горечь, а на сердце — тяжесть... Почему?

Вечером у нас был обыск... Все стало ясно...

Прошло десять суток. Тяжелых, томительных, горестных. О судьбе отца мы ничего не знали. На одиннадцатый день мы прочитали в газете сообщение о том, что над большой группой военных состоится судебный процесс. В числе обвиняемых были названы М. Н. Тухачевский, И. Э. Якир, И. П. Уборевич, А. И. Корк, Р. П. Эйдеман, В. М. Примаков, В. К. Путна и Б. М. Фельдман. В тот же день мою мать вместе со мной вызвали в Особый отдел округа и предложили немедленно выехать в Астрахань. Меня удивило одно обстоятельство: у мамы отобрали паспорт. Зачем?

Кое-как собрав самые необходимые вещи, мы выехали из Киева. Из газет узнали в дороге страшную новость: все военачальники, обвиняемые в измене Родине и шпионаже, приговорены к расстрелу и приговор приведен в исполнение. Мама, забившись в угол вагона, рыдала, а я, находясь в состоянии прострации, молчал.

В Астрахани взамен паспорта матери выдали удостоверение административно-ссыльной. В городе уже находились семьи М. Н. Тухачевского, И. П. Уборевича, Я. Б. Гамарника и других.

Через некоторые время в одной из газет я прочитал очень короткое письмо моей матери о том, будто она отказывается от отца. Это была явная ложь; все эти дни и недели я не отходил от матери ни на шаг и знал, что она никакого письма никуда не писала. Значит, кто-то где-то сфабриковал «письмо» и напечатал его, чтобы еще раз «обосновать» чудовищный приговор.

Сначала мы с дедом (отцом матери) пытались скрыть от нее газету с «письмом». Но назавтра к нам прибежала жена Уборевича, Нина Владимировна, и протянула матери газету. Мать немедленно отправилась в Астраханское управление НКВД и заявила протест. Ей предложили, «если она хочет», написать опровержение. Но мы с дедом уговорили ее «не биться головой о стену» — опровержение все равно останется гласом вопиющего в пустыне.

Через месяц моя мать и другие жены осужденных неизвестно за что были арестованы. Меня определили в детприемник. А два дня спустя за мной приехали ночью сотрудники НКВД и повезли на допрос, прежде тщательно обыскав.

Много лет я пропутешествовал по лагерям и тюрьмам. Однажды во время очередного этапа в

345

Каргопольских лагерях (Архангельская область) в баню, где мылись заключенные, вошел пожилой седой человек и громко спросил:

— Кто здесь Петя Якир?

Я отозвался.

— Иди сюда, поговорим.

В этом человеке я узнал бывшего адъютанта отца, Виссариона Андриановича Захарченко. Очень быстро, экономя драгоценные минуты, он рассказал мне подробности ареста отца.

Салон-вагон, в котором отец ехал из Киева в Москву, был отцеплен в Брянске. В купе вошли работники центрального аппарата НКВД. Один из них профессиональным движением вынул из-под подушки спавшего отца его личный пистолет. Затем отца разбудили, предъявили ордер на арест, приказали надеть штатский костюм и вывели к стоявшему у станции автомобилю. Несколько автомашин помчались в Москву.

За все время этой процедуры отец, по свидетельству Захарченко, задал только один вопрос:

— А где решение Центрального Комитета партии?

— Приедете в Москву, — ответил старший, — там все решения и санкции покажут.

Как-то Сталин сказал, что сын не отвечает за отца. И обманул. Во всяком случае, меня и моих друзей. Много лет я, мальчишка, потом юноша, затем взрослый человек, «отвечал» за отца, к тому же ни в чем не виновного. Каких только обвинений не предъявляли мне — одно нелепее другого! Но везде и всегда в моих ушах звучали советы дорогого мне человека: взвешивать на весах совести факты, события.

И еще звучали и звучат поныне прощальные слова отца:

— Будь настоящим, сын!..

Я ношу фамилию Якир, горжусь этим и всей своей жизнью стараюсь выполнять совет отца — быть настоящим!»

Вот свидетельство Анны Лариной-Бухариной:

«Жена и четырнадцатилетний сын И. Э. Якира были травмированы вдвойне: мало того, что между арестом и расстрелом Якира прошли лишь считанные дни — срок, за который человеческий разум не в состоянии осмыслить случившееся, у Якиров к этой трагедии добавилась еще и вторая. Незадолго до их приезда в Астрахань в газете (кажется, в «Правде», точно не помню) было опубликовано отречение жены от И. Э. Якира как от врага народа, к которому, по ее словам, она отношения не имела, и это причиняло и матери, и сыну невыносимую боль. Со мной такой злой шутки не сыграли. Но то, что мне предложено было так поступить по отношению к Н. И., говорит о том, что в органах НКВД такая форма отречения жен от видных и ранее популярных деятелей была продумана. Полагаю, тот же Фриновский, если не по собственной инициативе, то по указанию Сталина, это мог сделать без разрешения жены Якира. Возможно же, отречением она пыталась спасти сына. Но в то время я, видевшая переживания Сарры Лазаревны, ни на минуту не усомнилась, что ее «отречение» было фальшивкой.

Сейчас, когда я пишу эти строки, мне вспомнился и еще один оскорбительный для Сарры Лазаревны эпизод, после которого она долго не могла прийти в себя. Уже во время войны, зимой 1942 года, нас этапом отправляли из Яйского лагеря в каторжный лагерь Искитим. Лагерь занимался производством извести допотопным способом, вредным для здоровья, так что мужчины в большинстве своем умерли. Один из конвоиров, украинец, подошел к жене Якира и сказал: «Что, Якир, не помогло тебе отречение, все равно сидишь, сука ты, а не жена!».

Возможно, уважение к Ионе Эммануиловичу внушил конвоиру его отец, воевавший под командованием Якира, или тот конвойный сам помнил прежнее отношение к Якиру и не очень верил в причастность его к преступлениям, а быть может, по своим нравственным принципам отречение от мужа в любом случае он счел поступком неблаговидным — разгадать было невозможно.

Я несколько отвлеклась от астраханских воспоминаний; как раз этот эпизод, столь тяжкий для жены Якира, который она так болезненно переживала, не мог вспомниться мне по пути в Москву, он произошел значительно позже. А тогда перед моими глазами был сын Якира — мальчик, которому я очень симпатизировала. Петя вошел в «заезжую» вместе с матерью, они держались за руки, — Сарра Лазаревна еле шла. Лицо мальчика было мертвенно-бледным и казалось еще бледней в обрамлении густых, жгуче-черных волос. За десять страшных дней (приблизительно столько времени прошло с момента ареста его отца) он очень похудел и часто подтягивал свои светлые спадающие брючки. Петя был красивым мальчиком. Его темные, совсем еще детские глаза выражали страдание. Он оглядывался по сторонам, старался найти знакомых ему детей той же судьбы и примерно того же возраста. Он увидел дочерей Уборевича, Гамарника, Тухачевского, затем сел на свободную койку и громко сказал:

— А мой папа ни в чем не виноват, и вообще все это выдумки, ерунда, вздор!

— Петя, перестань, молчи! — испуганно оборвала его мать. Он бросил испытующий взгляд на окружающих, царило безмолвие, только у сидящей рядом со мной Нины Владимировны Уборевич (жены командарма) загорелись глаза, и она произнесла: «Молодец, мальчонка!». Свою дочку Мирочку мать щадила и не говорила, что отец расстрелян. Об этом сообщил ей тот же Петя; от этого мальчика скрыть ничего нельзя было. Петя был единственным ребенком, который громко заявил о непричастности своего отца к преступлениям, и, я думаю, единственным из детей, который это до конца понимал и был убежден в невиновности остальных обвиняемых, и не только военных.

И если действительно верно, что Иона Эммануилович перед расстрелом крикнул: «Да здравствует Сталин!», то его четырнадцатилетний сын уже тогда Сталина считал Главным террористом.

В Астрахани я жила довольно уединенно, лишь раза два забегала к Нине Владимировне Уборевич. Она настойчиво приглашала меня к себе, нас связывали воспоминания об Иерониме Петровиче, с которым я была знакома. Благодаря своей неукротимой энергии Нина Владимировна добилась получения казенной квартиры — двух комнат в старом, полуразрушенном деревянном доме — и сумела эту квартиру отремонтировать. Нина Владимировна привезла с собой кое-какую обстановку, и у нее было по-домашнему уютно. С остальными ссыльными я встречалась от случая к случаю, раз в десять дней, когда мы приходили отмечать свой документ, выданный взамен паспорта. Ни с кем из остальных жен, кроме жены Карла Радека Розы Маврикиевны, знакома я раньше не была. Однажды, когда я бродила по Астрахани в тщетных поисках работы, я встретила Розу Маврикиевну. Она остановилась, чтобы поговорить со мной, но я разговаривать с ней демонстративно отказалась. Она была потрясена моим поведением и крикнула мне вслед, что она имела свидание с Карлом и мне было бы интересно с ней поговорить, но я даже не обернулась. Разумеется, это было еще до процесса так называемого «право-троцкистского блока», и я, читавшая показания Радека на предварительном следствии и на его процессе, в то время не могла простить ему клеветы на Николая Ивановича. Было еще одно существенное обстоятельство, объясняющее мое поведение, но об этом ниже. Так или иначе, теперь, оглядываясь назад, своего поведения я оправдать не могу.

Ежедневно я ездила на вокзал, чтобы достать газету и быть в курсе событий. У хозяина квартиры радио не было, а в городе газеты раскупались ранним утром. На вокзале у газетного киоска как-то я встретила и Петю Якира.

— Вы, кажется, жена Бухарина? — спросил меня Петя. Хотя ему это наверняка было известно, он хотел моего подтверждения. Убедившись в том, что я жена Н. И., он сразу же перешел на «ты».

— Ты комсомолка?

Я ответила ему, что была комсомолкой, но он этого оттенка в моем ответе не уловил.

— И меня недавно в комсомол приняли, — с радостью сообщил мальчик, — как ты думаешь, куда нам обратиться, чтобы встать на комсомольский учет? Иначе мы выбудем из комсомола.

Мне пришлось огорчить Петю и объяснить ему, что раз мы ссыльные, то уже автоматически выбыли из комсомола. Он растерянно посмотрел на меня, внезапно осознав положение, больше о комсомоле никогда не вспоминал.

5 сентября — зловещая дата в жизни астраханских ссыльных. О том, что все ссыльные жены арестованы, рассказал мне пришедший с работы хозяин квартиры. Он сразу же предложил мне подыскать другую комнату. Ему не очень-то хотелось, чтобы эти, как он выразился, «энкавэдэшники» вторгались к нему в дом и производили обыск. Я была взволнована его страшным сообщением и тотчас же побежала к Нине Владимировне Уборевич, чтобы проверить, не ложные ли это слухи, ее адрес был единственный, который я знала. Дверь открыл незнакомый молодой человек. Это оказался брат Нины Владимировны Слава, приехавший в Астрахань, чтобы помочь сестре. Слухи подтвердились, жена Уборевича была арестована. И действительно, кроме меня, из ссыльных жен оставалась на

свободе только жена Якира. Слава с горечью рассказывал, что дочку Уборевичей, двенадцатилетнюю Мирочку, не оставили ему, несмотря на настоятельную просьбу. Ее, как и остальных детей арестованных, отправили в астраханский детский приемник. В дальнейшем они находились в детском доме, кажется, где-то на Урале. Затем, когда подросли, были арестованы и они.

После 5 сентября я ежедневно бывала у Якиров. Там собралась большая семья. К Сарре Лазаревне из Свердловска приехала родная сестра Миля с двумя мальчиками-подростками. Ее муж, командующий Уральским военным округом Гарькавый, был арестован в начале 1937 года и покончил жизнь самоубийством в тюрьме (он разбил голову о стенку камеры). Жена Гарькавого не была ссыльной, но впоследствии и она оказалась в тюрьме. Из Одессы приехал и их отец — чудесный, добрый, умный скрипач Лазарь Ортенберг, ему тогда было уже за семьдесят. Когда нас отправляли этапом из Астрахани в лагерь, он нашел наш поезд и вагон. Мы увидели его в окно. Старик шел с трудом, опираясь на палку, и смотрел на нас скорбными глазами. Когда поезд тронулся, он бросил палку, сколько мог бежал за поездом (откуда только взялись силы) и, сняв шапку, несмотря на мороз, прощался с нами.

Я сроднилась с этой семьей, вместе было легче переживать наше великое горе. Сестры старались меня обнадежить, обе убеждены были, что Н. И. не расстреляют: «Рука не поднимется!». Только мудрый и трезво мыслящий старик Ортенберг считал, что надо готовиться к худшему.

В те дни я еще ближе узнала Петю Якира. Бесстрашный и неукротимый, прямолинейный и способный, — эти черты мальчик унаследовал от отца. Будоражащие душу события на всю жизнь наложили печать на его неугомонную, мятежную натуру.

Возбужденный трагическим временем, Петя всю свою энергию стремился воплотить в действия, в добрые дела. Он ухитрился сохранить дорогие ему фотографии отца: забрался на чердак, под крышу дома, где они жили, надежно спрятал эти фотографии. Постоянно он крутился возле тюрьмы, пытаясь сообщить арестованным матерям о детях. Петю всегда отгоняли от забора тюремного двора, где во время прогулки можно было видеть заключенных через щели в ограде. Он часами простаивал возле тюрьмы, и это было замечено тюремщиками. Наконец ему удалось проникнуть в жилой дом, расположенный напротив тюрьмы, и с разрешения жильцов пройти в одну из квартир. Расчет был точный: расположение камеры, где сидели арестованные матери, Петя узнал заранее. Войдя в квартиру, он долго стоял у открытого окна или, возможно, на балконе (точно не помню) с прикрепленным к груди листом бумаги, на котором было крупными буквами написано: «Мамы, не волнуйтесь, детям хорошо, они в астраханском детском приемнике»... «Козырек», или, как называли его еще, «намордник», — деревянный щит на тюремном окне — был не столь высок, и матери, увидевшие Петю, были взволнованы до слез и поражены его находчивостью. Каждый день он бегал в детский приемник, чтобы повидать дочерей Уборевича, Гамарника, Тухачевского и других, старался принести им что-нибудь вкусное. Сарра Лазаревна рассказывала, что он перетаскал туда все варенье, привезенное дедушкой из Одессы. К детям Петю не пускали, и он переговаривался с ними через окно. Его сверстников лишили не только отцов, но и матерей, содержали в детприемнике взаперти, как в тюрьме.

Несправедливость мальчик усматривал не только в этой жестокости, но и в том, что сам он оставался жить в семье, со своей матерью, и свободно бегал по Астрахани, в то время как остальные дети были и этого лишены. «Ах, как несправедливо, как несправедливо, — сказал мне однажды Петя, когда я вместе с ним подходила к детприемнику. — Я живу с мамой, а у моих товарищей матери отобраны!» Бедняга, тогда он еще не знал, что ждет его в самом ближайшем будущем.

Первого сентября Петя пошел в астраханскую школу и, несмотря на свою страшную для тех дней биографию, быстро завоевал авторитет товарищей. Однажды вместе с мальчишками-школьниками он подошел к детскому приемнику. Кто-то из догадливых школьников, чтобы дать знать детям, что пришел Петя, бросил в окно не то камень, не то комок грязи. Стекло разбилось, мальчики, испугавшись, разбежались, а Петя остался один. Воспитательница детского приемника подошла к нему, чтобы узнать, кто разбил окно. Не желая впутывать в эту историю новых друзей, он принял вину на себя. Как только женщина узнала Петину фамилию, она сразу же сказала:

— Все понятно, раз ты Якир, значит, ты террорист, я стояла возле окна, а ты хотел меня убить.

И Петю отправили в НКВД.

Придя под вечер к Якирам, я застала Сарру Лазаревну в страшном смятении — мальчик до сих пор не вернулся из школы. Дедушка и тетка волновались не меньше, но старались успокоить мать. Мы — я и Слава, которого я застала у Якиров, разыскивали Петю по городу, но наши поиски не увенчались успехом. Мы возвратились в двенадцатом часу ночи, а вслед за нами явился и Петя. Он рассказал, что его задержали в милиции и требовали подписать протокол, где было сказано, что он настроен против Советской власти. «А я ответил им, — рассказывал Петя, — что я вовсе не против Советской власти, но я не согласен с ее некоторыми мероприятиями: например, я против того, чтобы детей отбирали у матерей.» Про остальные «мероприятия» мальчик умолчал, а возможно, просто не счел нужным повторять сказанное при матери, чтобы не волновать ее. С мальчишеской гордостью рассказывал он, что подписал протокол допроса. Тогда он еще не понимал, что тем допросом был заложен первый кирпичик в фундамент его бесконечных тюремных мытарств и всей его последующей драматической и страдальческой жизни. Таким был четырнадцатилетний Петя Якир.

Хозяин все напоминал мне, чтобы я от него съехала, но комнату найти никак не удавалось. В конце концов я решила принять предложение Славы и переехать к нему в ту квартиру из двух маленьких комнат, которую получила еще Нина Владимировна и где он теперь оставался один. Я несколько раз отказывалась, потому что казалось мне, что Слава был заинтересован в моем переезде не только из соображений облегчения моей участи, и мне хотелось избежать территориальной близости с ним. Но выхода не было никакого, и я решилась. С работой тоже вроде бы что-то засветило: директор рыбоконсервного завода обещал взять меня на должность секретаря — это было согласовано с астраханским НКВД, и 21 сентября я собиралась приступить к работе. А 20 сентября пришел ко мне Слава, чтобы помочь переехать, лучше сказать — перейти к нему на квартиру. Свой деревянный сундук я решила временно оставить, пока не подыщем транспорт. И как ни печальны были обстоятельства, мы сидели за столом и доедали великолепный сладкий сочный арбуз. Только поднялись, чтобы идти, как раздался стук в дверь... Ордер на обыск и арест был предъявлен. Арбуз помешал нам уйти вовремя, и бедному хозяину квартиры пришлось присутствовать при моем обыске и аресте. Рылись и в его вещах.

Во время обыска мне удалось спрятать в туфлю, под стельку, фотографию Н. И. и пронести ее в тюрьму. Вряд ли я догадалась бы так поступить, если бы Слава не рассказал мне, что при своем аресте Нина Владимировна спрятала таким же образом фотографию Иеронима Петровича. Вторая фотография, привезенная мной в Астрахань (обе случайно сохранились после обыска в кремлевской квартире), где Н. И. был сфотографирован в обнимку с Кировым — оба радостные, смеющиеся, — была отобрана. Обыскивающий был явно удивлен, что Бухарин запечатлен с Кировым в дружеской позе. В его представлении логичнее было бы обнаружить фотографию Бухарина с направленным на Кирова револьвером...

В коридоре астраханской тюрьмы я столкнулась с женой Якира — нас арестовали одновременно. Обе мы попали в камеру, где с 5 сентября 1937 года сидели жены Гамарника, Тухачевского, Уборевича, старуха латышка — домработница Я. Э. Рудзутака, опухшая от слез, и еще две женщины, жены сотрудников НКВД, работавших при Ягоде. Нас встретили со слезами, рассказывали, как они были взволнованы, когда увидели в доме напротив тюрьмы Петю Якира и прочли написанные им слова: «Мамы, детям хорошо...». Через несколько дней старик Ортенберг подошел к ограде тюремного двора во время нашей прогулки, сообщил дочери, что Петю увели сразу же после ее ареста: сначала в детский приемник (так мальчик достиг «справедливости»), затем, через три-четыре дня, — в тюрьму. Дедушка видел внука сквозь щели тюремного забора. Нам он громко поведал: "Петя возомнил себя большим преступником. Ходит, заложив руки назад, и крутит задом"».

ДЕНЕГ ВАМ ДОЛЖНО ХВАТИТЬ

Сталин постепенно плел заговор вокруг умирающего Ленина, отстраняя от власти одного за другим ближайших друзей и соратников Ленина, вместе с которыми тот совершил революцию, — Троцкого, Зиновьева, Каменева, Бухарина, Рыкова, — с тем, чтобы во второй половине 30-х годов уничтожить их всех физически, а заодно с ними — множество других. Жена Пятницкого, Юлия Соколова-Пятницкая, родилась в семье священника. Под именем княгини Юлии Урусовой (близкой подруги, умершей от сыпного тифа) работала в колчаковской контрразведке по заданию разведотдела 5-й армии, которой командовал Тухачевский. Была раскрыта, чудом избежала смерти — полумертвую Юлю нашли в погребе на ледяном полу. В московской больнице произошла ее встреча с Иосифом Ароновичем Пятницким, вскоре Юля стала его женой. Семья Пятницкого (жена Пятницкого с двумя сыновьями, отец Юли со своей второй женой и дочерью) жила в пятикомнатной квартире в «доме на набережной».

После ареста мужа Юлия Иосифовна стала вести дневник. В 1938 году при ее аресте дневник послужил основой для приговора. В 1956 году прокурор Борисов, который вел реабилитационные дела И. А. Пятницкого, Ю. И. Соколовой-Пятницкой и их старшего сына Игоря, отдал часть дневника младшему сыну Владимиру Пятницкому. В скобках выделены комментарии Игоря Пятницкого.

26.06.37 г. — после работы Суянов (отвез меня) в Сер. Бор на дачу Ярославского, которую нам предложили и... напоминали время от времени (зав. управделами ЦК ВКП(б) Иванов). Ярославский понемногу перевозился на новую дачу в Нагорное, вещи взяты из двух комнат, внизу и вверху. Детская свободна. Решила завтра, 27.06, переезжать. Пыталась гулять с Людмилой и Рольфом. Приехала вечером. Пятницкого нашла в ванне, — на пленуме ему выражено недоверие и подозрение в причастии к троцкизму.

Сообщение делал Ежов. Пятницкий на вывод из ЦК не согласился, просил расследования и обвинение, предъявленное ему, отклонил.

28.06 не пошел на работу. Наступили тяжкие дни... (25.06.37 г. я был на футболе, на стадионе «Динамо», где наша сборная играла с «басками» — испанцами. Вернувшись домой, застал отца и мать дома. Тогда же мама сказала мне, что отцу на Пленуме ЦК ВКП(б) было выражено недоверие. Так что можно сомневаться в правильности тех дат, которые мама привела выше. В дальнейшем же, много лет спустя, я узнал, что 24 июня Сталин предложил предоставить Ежову чрезвычайные полномочия. Отец выступил против. После перерыва, 25 июня, Ежов обвинил отца в принадлежности к троцкизму... Сведения о пленуме мне сообщила Е. Д. Стасова, а Л. М. Каганович рассказал Володе Губерману, что «в перерыве мы окружили Пятницкого и убеждали его отказаться от своих слов; на это он нам ответил, что выразил свое убеждение, от которого он не откажется». Каганович считал, что Пятницкий был случайной жертвой террора. Я так не считаю... Моя бабушка — Софочка — была второй женой Иосифа Алексеевича Соколова, который после революции сложил с себя сан и в дальнейшем работал бухгалтером. Людмила была их дочерью. Рольф — собака, боксер.)

Я работала, он, не выходя из дома, ходил по своему кабинету, не надевая обуви, читал Павленко «На Востоке», советовала ему убрать газеты со стола, писать, не думать все время об одном, чтобы не потерять голову... Сразу осунулся, глаза пустые, и тяжко с ним...

Очень хотелось умереть. Я ему это предложила (вместе), зная, что этого не следует. Он категорически отказался, заявив, что он перед партией так же чист, как только что выпавший в поле снег, что он попытается снять с себя вину, только после снятия с него обвинения он уедет. Обедал всегда со мной эти дни (обед ему привозила уборщица его кабинета). Каждый день он звонил Ежову по поводу очной ставки с оклеветавшими его людьми... Ежов обещал, несколько раз назначал день и час и откладывал. Наконец 3.07 он ушел в 9 часов (вечера) в НКВД.

Я волновалась за его страдания, легла в кабинете у него и ждала... Наконец он вошел в 3 часа утра... Это был совершенно измученный и несчастный человек. Он сказал мне только: «Очень скверно, Юля».

Попросил воды, и я его оставила.

Насос без отдыха стучит, строят мост, душно.

(18.07.37 г. мы жили уже в бывшей квартире Карла Радека, кажется, во втором подъезде дома правительства, куда нас переселили из 20-го подъезда этого дома после ареста отца. Мост строили рядом.)

Я решила в отчаянии все же переехать, чтобы немного ему подышать воздухом. Невыносимо здесь... Переехали, но он все время, как говорит бабушка, до моего возвращения из Москвы не выходил из кабинета.

4, 5, 7-го июля заказывала машину, и она увозила меня и дедушку на работу и привозила к Серебряному Бору. Нестерпимо тяжкие дни для Пятницкого...

Он ждал ареста, я тоже была к нему подготовлена, то есть кое-как подготовлена. Пятница дал мне все свои облигации на сумму 6 тысяч руб. Дал свою сберегательную книжку на сумму 11 750 руб. и партвзносы с литературного заработка за все время, как оправдательный документ, дал мне 10 тысяч, которые у него были (литературного заработка), чтобы я их внесла в сберкнижку — на мое имя...

Все это он передал мне 5. 07 (кажется) в своем новом маленьком портфеле, который он подарил мне с тем, чтобы я свой отдала Игорю. В портфеле, кроме этого, были мои личные письма, за какой период, я не знаю, только он предупредил: самые «больные», очевидно, в период моей нервной болезни. Я не смотрела, что там было. В портфеле были и мои облигации на сумму 1,5 тыс. рублей и 11-я лотерея Осоавиахима — 5 лит., и 5 Вовиных, а 10 Пятницкого остались в ЦК у Наташи.

Кроме того, Пятница дал мне перевод на мое имя денег из кассы ЦК на 11 500 руб., я вынула этот перевод из портфеля, чтобы Наташа осуществила перевод денег в мою кассу № 10, и забыла, куда я его дела.

Думала, что он у Пятницкого, и 6.07 его об этом спросила, он сказал, что отдал мне, так как с Наташей ему не удалось видеться. Что было еще в портфеле — я не знаю. Пятница сказал мне, что все счета, оплата за мебель тоже в портфеле, как оправдательные документы. Вот так я и приготовилась к аресту: вложила портфель со всем содержимым, даже с последней зарплатой Пятницкого в размере 560 руб. 44 коп., и жили мы эти дни на мою зарплату и деньги, которые у меня были еще от моего отпуска. В моей комнате гардероб, а в гардеробе чемодан, в который я и закрыла портфель.

7.07 в 11 часов я легла спать, Игоря не было, лег ли уже Пятница, я не знала, только вдруг входит Люба ко мне и говорит: «Два человека пришли к Пятницкому». Не успела я встать, как в комнату вбежал высокий, бледный, злой человек, и, когда я встала с постели, чтобы набросить на себя халат, висевший в шкафу, он больно взял меня за плечо и толкнул от шкафа к постели. Он дал мне халат и вытолкнул в столовую. Я сказала: «Приехали, «черные вороны», сволочи», повторила «сволочи» несколько раз. Я вся дрожала. Человек, толкавший меня, сказал: «Мы еще с вами поговорим в другом месте за оскорбления». Я сказала громко: «Пятницкий, мне угрожают какими-то ужасами». Тогда вышел военный человек, похожий на Ежова, наверное, это был он, и выяснил у толкавшего меня, что (случилось), и сказал, обращаясь ко мне: «С представителями власти так не обращаются советские граждане». Потом он ушел к Пятницкому, и я слышала, как Пятницкий как-то уверял его относительно меня, но в чем именно, я не знаю. Что делали там с Пятницким, я не знаю. Я слышала только, что он говорил спокойным голосом, он просил зафиксировать, «какая именно переписка была именно у него». Они записали: «Разная переписка». Пятница не соглашался с таким определением — «разная». Там были Вовины письма, Игоря выписки, а что еще у самого Пятницкого, я не знаю. Мне дали адрес: «Кузнецкий, 24», чтобы справляться о нем. Дали Пятницкому полкоробки зубного порошка, два полотенца, щетку, и больше ничего.

Были минуты или секунды, я не знаю, когда я ничего не видела, что было, но потом возвращалась... Одно сознание, что больше его никогда не увижу, и страшное сознание бессилия и праведности его жизни, беспрестанное служение делу рабочего класса, и эти люди — молодые, грубые, толкавшие меня... Преступный, извращенный человек, он на всех произвел тяжкое впечатление, когда он пришел в столовую, когда меня толкнул. Он взял с особым выражением столовый нож со стола. В чемодане была коробка конфет шоколада для Игоря, он рассыпал их на дне чемодана, у меня перевернули все вверх дном, хотя я сказала, что ничего нет здесь, может быть, найдете в квартире. Мы только что переехали.

Другой человек — военный, немолодой, белобрысый, широкий, весь надутый, под шинелью, всяким оружием. Он стоял все время, расширив ноги, около несгораемого шкафа Ярославского, а когда толкавший меня спросил, что это такое, я сказала, что у бедных людей не бывает (таких шкафов), это... Ярославского. Военный усмехнулся и покачал головой. Военный, очевидно, охранитель, исполняющий обязанности палача, когда надо.

Еще был штатский мальчик, хорошо одет, и вполне благообразен, и доволен обстановкой, он бегал за Людмилой. Были другие военные: кто стоял, кто ходил за Ежовым. Может быть, то не был Ежов, хотя все (дедушка, бабушка, Людмила) сказали, что это его рост и лицо. Он положил на стол часы Пятницкого, ручку, и карандаш, и записную книжку; он полон иронии и серьезен, в нем врага я не чувствовала. Единственный страшный враг — это тот грубиян, которого я так оскорбила, но он, правда, враг.

Потом в последнюю минуту в мою комнату вошел Пятница (я была в своей комнате потому, что позвала Ежова посмотреть на работу «врага». Ежов сказал — это арест, ничего в этом особенного нет).

Пятницкий пришел и сказал: «Юля, мне пришлось извиниться перед ними за твое поведение, я прошу тебя быть разумней». Я сразу решила не огорчать его и попросила прощения у этого «человека», он протянул мне руку, но я на него не смотрела. Я взяла две руки Пятницкого и ничего не сказала ему. Так мы простились. Мне хотелось целовать след его ног...

Я решила дождаться... крепиться. Игоря все не было.

Пришел Игорь, он сразу догадался. Я сказала, что папа увезен, просила его лечь в папиной комнате, но он ушел к себе наверх. Ночь я не спала. Не знаю, кто спал. Было очень нужно умереть.

Утром мы пошли на работу. Я все сказала директору. Мне дали приводить в порядок библиотеку под предлогом, что мне в таком состоянии трудно проектировать. Копалась с книгами в архиве.

Пришла на квартиру. Все взломано. Комната Пятницкого опечатана: что там, я не знаю. Портфель со всем содержимым (то есть с деньгами и облигациями), патефон с 43 пластинками, детские ружья, готовальня Игоря, три тетради неписаные по 5 рублей из моего стола, часы Игоря со сломанным стеклом, все мои и детские книги, мои документы об образовании — то есть все, что могло дать нам возможность первые 2—2,5 года прожить без него, — все похищено. Даже у отца похищена его сберегательная книжка на 200 рублей и его трудовые облигации (не знаю, на какую сумму). У Людмилы похитили золотые часы и все Сашины документы (ее товарищ). И так мы остались без всего. Бельишко у всех взбаламучено и выпачкано, в моей коробке с пуговицами нашла две папиросы. Чемоданы с выломанными замками — не могут закрыться. Два чемодана со статьями и докладами Пятницкого увезены. Я все это увидела и уехала в Серебряный Бор. Там плачет бабушка. Утром приходил комендант и предложил срочно выбираться из дачи. Потом вечером пришел Григорий-сторож и тоже заявил о выезде из дачи.

Утром 9.07, до работы, часов в 6,5, пришел помощник коменданта и попросил меня расписаться о сроке выбытия. Я расписалась на 10.07, о вещах сказала бабушке, чтобы она забрала сколько может, а за помощь Григорию (чтобы он сложил данные вещи) уплатила деньгами...

Игорь убирал свою комнату (после переезда в Москву), Люба помогала у меня и запихала взломанные вещи в гардероб, завязали взломанные вещи веревкой, и как будто бы стало не так страшно... Поели черной каши с молоком и легли спать.

Я дала бабушке последние сто рублей, а она их отдала Матвеевне, (которая) ушла совсем 11.07. Она оставила нас глубоко опечаленная, как говорит бабушка. Мы не остались ей должны ни одной копейки. Начали питаться так: масла нет или почти нет. Суп, щи — почти всегда без мяса. Каша и картошка. А утром и вечером чай с хлебом. Игорю бабушка покупает или сосиски, или сыр. Но он тоже сильно похудел.

Игорь все время лежит и читает. Он ничего не говорит ни о папе, ни о действиях его бывших «товарищей». Иногда я ему говорю злые мысли, ядовитые, но он, как настоящий комсомолец, запрещает мне это говорить.

Он говорит иногда: «Мама, ты мне противна в такие минуты, я могу убить тебя». Он мне сказал на днях: «Мама, у меня большие замыслы, поэтому я все должен перенести». Он хочет работать и учиться. Работать ему было бы нужно, чтобы немного лучше питаться, но его не принимают, на нем клеймо «Пятницкого».

В комнате Пятницкого на балконе заточены все лимоны (растения) — 5 штук, два аспарагуса (метелки) — шести- и двухлетние, Вовины кактусы и другие цветы — они обречены на умирание от жажды. Каждый день я мучаюсь этим, и даже ночью; так хочется полить эти цветы — так бесконечно жестоко расправились с нашей семьей. При переезде с дачи Игорь оставил с цветами, которыми я украсила большое окно на лестнице, белую, только что распускающуюся розу, за которой я ухаживала два года, и рододендрон, который я купила у Петра Тер. Мог. за 7 рублей, он начал превращаться в дерево. На другой же день, когда я хватилась, их уже украли. Наверное, соседи с 10-го этажа, вот люди-товарищи.

13.07 Я ходила на Кузнецкий, 24, узнать о Пятницком и посоветоваться насчет денег; ждала 2,5 часа, с 7.40 до 10 часов (вечера). Принял зевающий, равнодушный и враждебно отнесшийся ко мне человек — «представитель наркома». Насчет Пятницкого сказал: «Какой это Пятницкий? Их много». Когда я сказала какой, он мне сказал: о нем можно будет поинтересоваться в окне № 9, и не ранее 25—26 июля. Насчет денег он сказал: «У нашего брата не бывает таких денег», то есть ясно выразил мысль, что Пятницкий жулик и вор. Он сказал: такие суммы обычно не возвращают и что после процесса или суда можно будет узнать, как ими распорядятся. Заявления насчет облигаций и денег он пропустил мимо ушей.

Два раза я ходила в партком Замоскворечья, что на (улице) Пятницкой, но милиционер оба раза не пропустил: оба раза секретарь отсутствовал, хотела с ним поговорить насчет Игоря.

Была у коменданта (дома) Лаврентьева два раза: первый раз узнавала, был ли кто от дома при обыске, он сказал, был дежурный комендант, что все вещи занесены в акт, за исключением наличных денег. Я спросила его, можно ли продать радио. Он сказал, что нет, но он проверит. Второй раз вчера я заходила к нему насчет радио, он дал телефон первого отдела, чтобы я сама справилась. Носильные вещи продавать можно, но ведь у нас даже необходимого нет. Можем продать меховую шубу Пятницкого, относительно которой я в прошлом году еще говорила с ним, что он ее не носит, что ее можно продать; он сказал, что если будет зимой в командировке на Севере, она ему пригодится. Но теперь, я думаю, она ему не пригодится, и ее можно продать. Потом можно продать мое пальто, которое Пятницкий мне сшил в Карлсбаде. Только меня могут надуть. Больше продать нечего. Мы обречены на голод.

Людмила нашла себе работу за 200 рублей. Все дни она была в обществе своих ребят, ее положение все же лучше. Только не знает, куда ее выселят. Дедушка, бабушка и Людмила очень хотят теперь отделиться от нас, лишь бы им дали комнату. Им больше нечего от нас получить. Особенно это ярко показывает бабушка, она просто говорит: «Если все не могут спастись, пусть спасается тот, кто может». Обидно, но почему? Это ведь правильно. Обидно только то, что за 7 лет, что их кормил Пятницкий, Людмила училась в хороших условиях, жили в хорошей квартире; обидно то, что, когда нас унижают, они думают, чтобы скорее удрать от этих несчастных, то есть меня и ребят. А как прожить втроем на 350 рублей при моем умении... Мне все еще кажется, что я во сне, что Пятницкий скоро придет. А гибель мучительная все ближе и ближе. Скоро нагрянет выселение, куда и как, и нет денег. Скажут: «Молчите обо всем». Даже умереть нужно как-то тихо, а Вова ничего не знает.

Да, я еще ходила к Муранову (старый большевик), но там замок, он в больнице. Вовка про отца спрашивает·в каждом письме.

Вове с ареста Пятницкого ничего не пишу, страшно врать и страшно сказать правду (мой брат Вова, 12 лет, был в пионерлагере «Артек»). У Вовы украли 19 рублей денег, и он во вчерашнем письме просил прислать 15 рублей, но у меня нет, лучше я ему куплю учебники на эти деньги. Он спрашивает о Рольфе, но 10.07 его отдали коменданту. Рольф все чувствовал, он тихо стонал...

Вова прислал Игорю сегодня, 18.07, письмо, в котором сообщает, что он дружит с четырьмя испанскими мальчиками и что он дружит с русским, но это русский украл у него 19 рублей. Вова сообщает, что он сильно ранил ногу и она нарывает... Если узнают, что с ним случилось, сделают ему какую-нибудь пакость («проявят бдительность»). Уж хотя бы скорей вернулся в нашу нищету.

Даже если бы все кончилось и Пятница был бы реабилитирован, — жить невозможно. Нужно только дожить до конца расследования. Видеть же ни в чем не повинных детей — это мука, которую трудно выразить, это положение страшнее террора в Испании, они все вместе борются за правду, за свою лучшую жизнь и умирают в надежде, а здесь... никого нет. Зачумленные дети «врага народа», можно только тихо умирать. Если выброситься из окна, тихо зароют в землю и даже никто не узнает... Если упасть под поезд в метро, скажут — нервнобольная, а дети совсем без помощи. Нужно все-таки немного побороться. Как продать вещи? Это самое трудное для меня.

Сегодня целый день дождь. От Игоря постепенно отвернулись его товарищи — Самик Филлер, Витя Дельмачинский, никто ему не звонит. Вчера вышел было и сейчас же вернулся. Сегодня не встает с постели, все лежит.

Чем может это кончиться? Кому какое дело?

Я выяснила, что горе имеет какой-то запах, от меня и от Игоря одинаково пахнет — от волос и от тела...

20.07. Вчера совсем вышла из нормального состояния. Написала директору Артека ужасное письмо с просьбой передать Вовке обо всем, что произошло в нашей семье, несчастный Вова.

Неизвестно, какой человек этот директор, которого я не знаю, что он преподнесет Вове... Может быть, обидит его...

Комендант предложил, когда я попросила его принять (Игоря) в ученики по электромонтерскому делу: «Пусть через отдел переменит фамилию, легче будет устроиться». Мне инженер Шварц предложил: «Разведитесь с мужем, легче будет». 10 дней проработала в архиве вместо проектирования. Вчера и сегодня работала над проектом, но голова занята совсем другим. Со мной никто не хочет разговаривать. И начальник совсем игнорирует. Что будет, если узнают все в конторе (все сотрудники)?

Что Вова будет делать в нашей обстановке? Даже есть не сможет вволю, ребят нет, отца нет, Рольфа нет, книг нет, и вещей его нет, с которыми он мог бы заниматься, и воздуха нет. Сразу после Артека сил нет держаться.

Днем во время работы уже второй день находит столбняк: ничего не вижу и ничего не делаю, просто исчезаю куда-то из жизни. Потом возвращение очень болезненно воспринимается.

Вчера вечером о Пятницком думала со злобой: как он смел допустить нас до такого издевательства?

На Пятницкого вся обида горькая. Отдал своих детей на растерзание, какие деньги, во всем ограничиваемый, и отдал этим, кто грабит, и вещи и деньги. Но кто же эти люди? В чьей мы власти? Страшный произвол, и все боятся. Опять схожу с ума, что я думаю, что я думаю?

И Пятница сказал: «Только терпение и терпение, — я никогда не признаюсь в том, чего я не делал, поэтому следствие может длиться два года, а ты терпи и борись. Денег вам пока хватит, должно хватить. Трать на самое необходимое». Он не представлял, что нас раздавят одним взмахом. Ну и пусть он не знает, ему будет легче бороться.

(Должен сообщить, что еще в Москве, до переезда на дачу, но за несколько дней до его ареста, отец позвал меня в столовую и сообщил мне о возможности своего ареста. Он сказал, что была очная ставка его с бывшими коминтерновцами и что они на него клеветали. Он сказал, что ни в чем не виноват перед партией, что своей вины не признает, что будет бороться за правду. Но может пройти очень длительное время, пока признают его невиновность. Он предупреждал меня, что не следует бороться против Сталина. Это главное из того, что он мне сказал.

Еще раз о деньгах, которые он оставил нам пе-

371

ред своим арестом. Эти деньги просто украли люди из НКВД. Украли их во время обыска на московской квартире. Обыск делали в наше отсутствие. Может быть, одновременно с обыском на даче. Отец не предусмотрел такой возможности.

Не все он знал о методах НКВД 1937 года, хотя долго и много работал с ЧК, ОГПУ, НКВД, в Коминтерне, хотя с 1935 г. по 1937 г., целых два года, от ЦК ВКП(б) контролировал работу НКВД. Видимо, его не допускали до следствий, арестов и обысков — с их избиениями, издевательствами, воровством, уголовщиной. Но тогда что же это был за контроль со стороны ЦК ВКП(б) — одна видимость контроля. Бороться за правду на следствии отцу фактически не дали. Его просто били и требовали, чтобы он оклеветал себя и других. Били его целый год. Били и после окончания следствия. Следователь Ланфанг вызывал его к себе для того, чтобы бить, когда «дело» отца ждало своей очереди для так называемого суда. В это время отец сидел в одной камере с Ароном Семеновичем Темкиным, который остался жив, вернулся и это засвидетельствовал на процессе Ланфанга в 1956-м или 1957 году; рассказал об этом он и мне. Во время реабилитации я узнал от помощников Главного военного прокурора СССР — товарищей Борисова и Терехова, а также из материалов в Комиссии партийного контроля при ЦК КПСС, что отец не признал себя виновным и что его били сотни часов в общей сложности. Например, за два месяца было 200 часов следствия с битьем. Таким образом, он выполнил свое намерение «не признаваться в том, чего не делал», но и только. В те годы он не доказал своей правды.)

А я в борьбе погибну. Пока смогу, буду бороться. Только силы так быстро уходят, и физические и нравственные, — вот грызет тоска о нем, теперь я так не хотела о нем думать, чувствовать его трагедию. Но уже два дня неотступно мучаюсь его жизнью. Хотя бы Игоречек выдержал и вырос. Он бы доказал своей жизнью, кто был его отец...

25.02.38 г.

День мой: утром Вове завтрак, очередь в молочной за кефиром и сметаной до 12 часов утра. Поездка в тюрьму для передачи Игорю — до 16.30. Потом готовка обеда на завтра. Уборка посуды. Вове ужин. С Вовой занятия по ботанике. Вове мало внимания и времени. Комнату сегодня не убирала. На завод директору позвонить не успела, там до 16 часов. Об Игоре узнала, что он там, но ему передача не разрешена. А что это значит, я не знаю (я не давал показаний на себя и других, и меня лишили передачи). Наверное, вымогают то, чего Игорь не знает, не говорил, не делал. Вымотают у него последние силы. Он уже был измучен за 7 месяцев. У матери нет слов, когда она думает о своем заключенном мальчике...

В мыслях о нем даже себе страшно признаться (видимо, мысли у мамы были о преступлениях НКВД или даже самого Сталина; поэтому ей было страшно дать себе отчет в таких мыслях). Буду ждать, пока есть немного разума и много любви. Но предвижу страшные для моего сердца пытки в дальнейшем. Могут его совсем загубить (физически уничтожить), могут убить в нем желание жизни, могут зародить в нем страшную ненависть, направленную не туда, куда надо (а без ненависти в наше время при двух системах жить невозможно), — могу я его никогда не встретить. Могу его встретить и не найти в нем, что растила, что особенно в нем ценила. Могу его встретить физическим и нравственным калекой.

Потому что арестовывают того, кого хотят уничтожить!

Вова лег сегодня в хорошем настроении, но поздно — в 23.30. Все думает о своих военных делах. Сказал сегодня: «Тридцать раз прокляну тех, кто взял у меня винтовку и патроны. Я не могу теперь стать снайпером». Просил меня написать Ежову о винтовке и военных книгах, которые он с таким интересом всегда собирал. Интересуется все, не пошлют ли нас в ссылку поблизости от границы. Всегда огорчается, когда я даю отрицательный ответ. Сегодня купил какую-то военную книгу и читал ее с увлечением. Зато о папе он вечером тоже сказал: «Жаль, что папу не расстреляли, раз он враг народа». Как он его ненавидит и как ему больно. Об этом говорить не любит.

3.03.38 г.

Опять не выходила на воздух. После большого подъема утром — реакция вечером. Абсолютно нет физических сил, а днем, когда никого в квартире не было (бабушка мне принесла газету), — я вдруг очнулась от боли в низу живота, не заметила, как протанцевала танец «радости» по поводу окончательного разгрома этих «зверей», а ведь кой-кого из них я уважала, хотя уже Пятница предупредил насчет Б. (Бухарина). Это мразь какая, и рассказал, как он стоял среди всех, обросший бородой, в каком-то старом костюме, на полу... И никто с ним не поздоровался (речь идет о Пленуме ЦК ВКП(б) в конце февраля 1937 года). Все уже смотрели как на смердящий труп. И вот он еще страшнее, еще лживее, чем можно себе представить. Мала для этих кара — «смерть», но дышать с ними одним воздухом невозможно трудящимся. О Пятница, не можешь же ты быть с ними, мое сердце никак не хочет принять. (Бедная мама! Она совсем запуталась, не знает, кого винить в несчастьях. Выбрала виновника — Бухарина, вспомнила, каким он был на Пленуме ЦК ВКП(б) обросшим, в неопрятной одежде. Но ведь он был в таком же нервном состоянии, как и она теперь. Я спрашивал отца о Николае Ивановиче Бухарине после его ареста в марте 1937 года. Отец сказал, что Бухарин, конечно, не враг. Он говорил о Бухарине с большой теплотой и еще большей грустью. А 2 июня 1937 года, на следующем Пленуме ЦК ВКП(б), он выступил против предложения Сталина о физическом уничтожении Бухарина и бухаринцев, предложил использовать их на советской работе и сослался на Ленина.)

Вовка пришел из школы и тоже до пяти читал газету. Смеялся над Крестинским: «Ох и смешной же он, мама». И читал мне вслух смешные для него слова. Мне не смешно, а гадливо. Силой вырвала у него газету, зато прочла статью Кольцова. (Над чем смеялся мой брат 13-ти лет? Крестинский, как известно, единственный на процессе, кого не сломили следователи, он отказался признать себя виновным в первый день процесса, он — герой! А Вовка невольно издевался над ним, как и многие-многие в стране, обманутые сталинской пропагандой. Страшно и отвратительно!)

А вечером перед сном читали с ним «Таинственный остров». Об Игоре днем не вспоминала, а к вечеру тяжко, тяжко — нет слов. Штопаю ему его старое бельишко. Нужно купить на всякий случай 6 пар носков, и у Вовки порвались ботинки, ничего нет. И валенки порвались. Нужно похозяйничать.

7.03.38 г.

Сегодня в 11 часов вечера (8 месяцев тому назад) окончилась жизнь Пятницкого в семье.

Сегодня Вова принес «плохо» по русскому языку, я очень рассердилась на него: он ленив.

8.03.38 г.

«Эх мать, ну и сволочь же отец. Только испортил все мои мечты. Правда, мать?» У меня предчувствие такое, что Игорь наш не виноват, только проболтался, а отец — какой-то большой виновник. В 11,5 час. вечера. Вчера Вовка разговорился сначала о моральной силе Красной Армии, о пограничниках (всегда ведь мечтает о жизни пограничников) — и решил, очевидно, что его не возьмут из-за отца. Я разговор не поддерживала, сказала только: «Сначала выучись, будь хорошим общественником, а там посмотрим, а папу не забывай так. Мы еще не знаем, может быть, он не виноват, а ошибся, может быть, его враги обманули». А Вовка сказал: «Нет, нет, не верю» (т. е. он думает, что отец — враг). Как придет из школы, берет газету и читает показания (с процесса), он буквально в ужасе от их «дел». Часто расспрашивает об отдельных личностях. Особенно ему страшен Ягода и Буланин, спрашивал меня, как приготовляли они яд. Могут ли эти дети не думать о том, что произошло с их отцами, матерями. Что произошло с «наркомами», как работает сейчас НКВД, как поступает с семьями, с детьми? Могут ли они обо всем не разговаривать друг с другом? Вовка увлекается очень серьезно военным делом и даже теперь, когда все, что он собрал по «военному вопросу» (у него было много книг и альбомов по этому отделу), было конфисковано вместе с отцовской библиотекой, он покупает брошюрки. Вот сегодня он читает, как должен относиться красноармеец к своему командиру. «Он должен во всем доверять командиру.» Вовка сделал замечание: «Нет уж, такому, как... Егоров, например. Мама, здесь неправильно». Как он тоскует по своей винтовке. Каждый раз после военных занятий в кружке он о ней говорит. Молчит о Жене Логинове. Теперь он уже к нам не ходит, а Вовка очень любил его и бывал у него. Единственная благополучная семья (Логиновых) — теперь одни только разгромленные. Это очень тяжело. Вчера сообщил, что у Рябчика (его одноклассник) взяли брата — 18-ти лет, который хотел поступить в военную академию. Отец и мать взяты раньше, и он живет с бабушкой. Часто он говорит: «Эх, мать». Это значит — ему тяжело, но в чем дело, он не говорит. Сегодня сказал, что Нина читала показания Максимова, который упомянул имя ее отца, и она заплакала при всех. Ей 12 лет...

9.03.38 г.

Принимают передачу в Бутырской тюрьме. У

Игоря опять то же: «Ему запрещено» — это хитрые слова (я не давал показаний). Может быть, его там и нет. Оттуда заехала на Кузнецкий. Окно 9. Огромная очередь, которую я заняла и ушла к Пешковой сообщить, что Леплевский (зам. Вышинского) — не принимает. Как узнать об Игоре? Пешкова на процессе. Вчера тоже показания об умертвлении М. и А. Горьких. Принимала В. А. (секретарь), она дала мне адрес, куда я завтра пойду, «...по наблюдению за домами заключения», потом я взяла адрес приемника детского НКВД. Тяжко мне с Вовкой расставаться, но как же мне жить, ведь я еще ничего не знаю ни об Игоре, ни о себе. Семья разгромлена только наполовину по численности своей, по материальному состоянию — окончательно, а в дальнейшем могу быть поставлена в нечеловеческие условия, и с квартирой, и с работой. Сейчас от всего оторвана. Но как умереть, когда могу быть полезна? Ведь в нем могут убить уверенность в свои силы. Он так был уверен в справедливости всех арестов, в хорошем человеческом отношении. Он говорил: «Это все логично», то есть арест отца, конфискация, издевательское ко мне отношение, — то есть «логично», раз мы поставлены в положение врагов. Но как он смирится с тем, что он-то ведь не враг. (Мама говорит обо мне. Но она, бедняжка, не знала тогда, что стоит только попасть в камеру — и все становится ясно, то есть что арестовывают невиновных людей.) Он рос и хотел много знать, предложить свои силы революции. А его бросили в тюрьму. Может быть, отправят в лагерь отбывать наказание, и оттуда он может приехать уже взрослым, измученным душевно, мрачным и больным. Как тот человек, который тоже был у Пешковой вчера. На костылях, с воспаленными от голода и страдания глазами, без копейки денег. Что он пережил, я не знаю. Только я слышала в голосе слезы, и он говорил секретарше: «Вот я какой теперь, а поехал здоровым. Теперь не знаю, как мне жить. Да и на билет нет». Куда ему нужно ехать? Она ему написала, где получить литер бесплатно. Уходя, он сказал: «Вот так от одного к другому, подниматься-то на костылях трудно, да и никто не поможет, правильно?». А у Игоря больные легкие — 4 раза он пережил воспаление легких, и нервы измотаны. Вот из-за него-то я и жить не хочу и не должна умереть.

ГРЕХИ ОТЦА

Было время, когда Сталин безумно любил свою дочь Светлану. Об этих отцовских чувствах мы узнаем из книги «Двадцать писем к другу». После смерти жены он уделял дочери много внимания.

Вот несколько выдержек из его писем тех лет.

«Здравствуй, моя воробушка!

Не обижайся на меня, что не сразу ответил. Я был очень занят. Я жив, здоров, чувствую себя хорошо. Целую мою воробушку крепко-накрепко»...

«Милая Сетанка! Получил твое письмо от

25/IX. Спасибо тебе, что папочку не забываешь. Я живу неплохо, здоров, но скучаю без тебя. Гранаты и персики получила? Пришлю еще, если прикажешь. Скажи Васе, чтобы он тоже писал мне письма. Ну, до свидания. Целую крепко. Твой папочка.»

«За письмо спасибо, моя Сетаночка.

Посылаю персики, пятьдесят штук тебе, пятьдесят — Васе. Если еще нужно тебе персиков и других фруктов, напиши, пришлю. Целую.» (8 сентября 1934 г.)

«Хозяюшка! Получил твое письмо и открытку. Это хорошо, что папку не забываешь. Посылаю тебе немножко гранатовых яблок. Через несколько дней пошлю мандарины. Ешь, веселись... Васе ничего не посылаю, так как он стал плохо учиться. Погода здесь хорошая. Скучновато только, так как хозяйки нет со мной. Ну, всего хорошего, моя хозяюшка. Целую тебя крепко.» (8 октября 1935 г.)

«Сетанка и Вася!

Посылаю вам сласти, присланные на днях мамой из Тифлиса, вашей бабушкой. Делите их пополам, да без драчки. Угощайте кого вздумаете...» (18 апреля 1935 г.)

«Здравствуй, моя хозяюшка!

Письмо получил. Спасибо! Я здоров, живу хорошо, Вася хворал ангиной, но теперь здоров. Поеду ли на юг? Я бы поехал, но без твоего приказа не смею трогаться с места. Бываю часто в Липках. Здесь жарко. Как у тебя в Крыму? Целую мою воробушку.»

«Здравствуй, моя воробушка!

Письмо получил, за рыбу спасибо. Только прошу тебя, хозяюшка, больше не посылать мне рыбы. Если тебе так нравится в Крыму, можешь остаться в Мухолатке все лето. Целую тебя крепко. Твой папочка.» (7 июля 1938 г.)

«Моей хозяйке — Сетанке — привет!

Все твои письма получил. Спасибо за письма! Не отвечал на письма потому, что был очень занят. Как проводишь время, как твой английский, хорошо ли себя чувствуешь? Я здоров и весел, как всегда. Скучновато без тебя, но что поделаешь, — терплю. Целую мою хозяюшку.» (22 июля 1939 г.)

«Здравствуй, моя воробушка!

Оба твои письма получил. Хорошо, что не забываешь папочку. Сразу ответить не мог: занят.

Ты, оказывается, побывала на Рице и при этом не одна, а с кавалером. Что же, это не дурно. Рица — место хорошее, особенно ежели с кавалером, моя воробушка... Когда думаешь вернуться в Москву? Не пора ли? Думаю, что пора. Приезжай в Москву к числу 25 августа или даже к 20-му. Как ты об этом думаешь — напиши-ка. Я не собираюсь в этом году на юг. Занят, на смогу отлучиться. Мое здоровье? Я здоров, весел. Скучаю чуточку без тебя, но ты ведь скоро приедешь.

Целую тебя, моя воробушка, крепко-накрепко.»
(8 августа 1939 г.)

Отец подписывался во всех письмах ко мне одинаково: «Секретаришка Сетанки-хозяйки бедняк И. Сталин». Надо объяснить, что это была игра, выдуманная отцом. Он именовал меня «хозяйкой», а себя самого и всех своих товарищей, бывавших у нас дома почти ежедневно, — моими «секретарями» или «секретаришками». Не знаю, развлекала ли эта игра остальных, но отец развлекался ею вплоть до самой войны. В тон его юмору я писала ему «приказы» наподобие следующих (форма их тоже была выдумана отцом):

«21 октября 1934 г.
Тов. И. В. Сталину, секретарю № 1.
                    Приказ № 4
Приказываю тебе взять меня с собой.
Подпись: Сетанка-хозяйка. Печать.
Подпись секретаря № 1:
Покоряюсь.   И. Сталин»

Очевидно, дело касалось того, что меня не брали в кино или театр, а я просила.

Или: «Приказываю тебе позволить мне поехать завтра в Зубалово» — 10 мая 1934 года.

Или: «Приказываю тебе повести меня с собой в театр» — 15 апреля 1934 года Или: «Приказываю тебе позволить мне пойти в кино, а ты закажи фильм «Чапаев» и какую-нибудь американскую комедию» — 28 октября 1934 года.

Отец подписывался под «приказом»: «Слушаюсь», «Покоряюсь», «Согласен» или «Будет исполнено».

И так как отец все требовал новых «приказов», а мне это уже надоело, то однажды я написала так: «Приказываю тебе позволять мне писать приказ один раз в шестидневку» — 26 февраля 1937 года.

Став чуть постарше, я несколько разнообразила эти требования:

«Папа!! Ввиду того, что сейчас уже мороз, приказываю носить шубу. Сетанка-хозяйка» — 15 декабря 1938 года.

Потом, не дождавшись позднего прихода отца домой, я оставляла ему на столе возле прибора послание:

«Дорогой мой папочка!

Я опять прибегаю к старому, испытанному способу, пишу тебе послание, а то тебя не дождешься.

Можете обедать, пить (не очень), бе́седовать.

Ваш поздний приход, товарищ секретарь, заставляет меня сделать Вам выговор.

В заключение целую папочку крепко-крепко и выражаю желание, чтобы он приходил пораньше.

Сетанка-хозяйка»

На этом послании от 11 октября 1940 года отец начертал: «Моей воробушке. Читал с удовольствием. Папочка».

И наконец, последнее подобное шуточное послание — в мае 1941 года, на пороге войны:

«Мой дорогой секретаришка, спешу я Вас уведомить, что Ваша хозяйка написала сочинение на «отлично!». Таким образом, первое испытание сдано, завтра сдаю второе. Кушайте и пейте на здоровье. Целую крепко папочку 1000 раз. Секретарям привет. Хозяйка.»

И «резолюция» сверху: «Приветствуем нашу хозяйку! За секретаришек — папка И. Сталин.»

Вскоре началась война, и всем было не до шуток, не до игр. Но прозвище «Сетанка-хозяйка» долго еще оставалось за мной, и все участники этой игры долго потом называли меня, уже взрослую, «хозяйкой» и вспоминали про эти детские «приказы».

В Российском центре хранения и изучения документов новейшей истории (РЦХИДНИ) есть несколько дел, содержащих длиннейшие списки книг и журналов по самым различным вопросам, посылаемых на квартиру Сталина с апреля по декабрь 1926 года. Этот год для семьи Сталина был тяжелым. С. Аллилуева пишет: «Как-то еще в 1926 году, когда мне было полгода, родители рассорились, и мама, забрав меня, брата и няню, уехала в Ленинград к дедушке, чтобы больше не возвращаться. Она намеревалась там работать и постепенно создать себе самостоятельную жизнь. Ссора вышла из-за грубости, повод был невелик, но, очевидно, это было уже давнее, накопленное раздражение. Однако обида прошла. Няня моя рассказала мне, что отец позвонил из Москвы и хотел приехать «мириться» и забрать всех домой. Но мама ответила в телефон не без злого остроумия: «Зачем тебе ехать, это будет слишком дорого стоить государству! Я приеду сама». И все возвратились домой...»

Если посмотреть списки присылаемой в 1926 году на квартиру Сталина литературы, можно обнаружить в них несколько книг по семейной проблематике: Дюверенц А. «Супруги», Брандербургский Я. «Брак и семья», Бернштам «Жена не жена», Вагельд С. А. «О психологии половой жизни».

О чем это говорит? Не о том ли, что Сталин, озабоченный неурядицами в своей семье, пытается разобраться в «теории вопроса», а заодно и поучить свою жену, как она должна нести супружеский крест? Вполне можно предположить, что неспособный на проявления обыкновенной чуткости, внимания и доброты, занятый выше головы политическими интригами Генсек, вместо того чтобы пригласить молодую жену в кино, говорил ей между делом: «Эй, там нам принесли книги по семейному вопросу. Советую почитать...».

Известно, что у супругов обнаружились разные взгляды на воспитание детей. Н. Аллилуева придерживалась строгих правил. Сталин был либерал, баловал сына Василия и дочь Светлану. Видимо, отголоском этих расхождений было появление книги Бунцельмана «Почему нельзя наказывать детей», которую Сталин, скорее всего, адресовал своей жене.

Все хорошо знавшие Н. Аллилуеву (Молотов и другие) отзывались о ней как о чрезвычайно нервном, возбудимом человеке. В этом отношении супруги были похожи друг на друга, хотя сам Сталин умел скрывать свои чувства. Книга Д. Джексона «Как бороться с нашими нервами» в одинаковой степени были полезны обоим.

«За столом были он, его жена Надя и старший сын Яшка (от первой жены — урожденной Сванидзе). Сталин просматривал карточки, а я отправлялся в ЦК заканчивать протокол.

Первый раз, когда я попал к его обеду, он налил стакан вина и предложил мне. «Я не пью, товарищ Сталин». — «Ну, стакан вина, это можно; и это — хорошее, кахетинское». — «Я вообще никогда ничего алкогольного не пил и не пью». Сталин удивился: «Ну, за мое здоровье». Я отказался пить и за его здоровье. Больше он меня вином никогда не угощал.

Но часто бывало так, что, выйдя из зала заседаний Политбюро, Сталин не отправлялся прямо домой, а, гуляя по Кремлю, продолжал разговор с кем-либо из участников заседания. В таких случаях, придя к нему на дом, я должен был его ждать. Тут я познакомился и разговорился с его женой, Надей Аллилуевой, которую я просто называл Надей. Познакомился довольно близко и даже несколько подружился.

Надя ни в чем не была похожа на Сталина. Она была очень хорошим, порядочным и честным человеком. Она не была красива, но у нее было милое, открытое и симпатичное лицо. Она была приблизительно моего возраста, но выглядела старше, и я первое время думал, что она на несколько лет старше меня. Известно, что она была дочерью питерского рабочего большевика Аллилуева, у которого скрывался Ленин в 1917 году перед большевистским переворотом. От Сталина у нее был сын Василий (в это время ему было лет пять), потом, года через три, еще дочь, Светлана.

Когда я познакомился с Надей, у меня было впечатление, что вокруг нее какая-то пустота — женщин подруг у нее в это время как-то не было, а мужская публика боялась к ней приближаться — вдруг Сталин заподозрит, что ухаживают за его женой, — сживет со свету. У меня было явное ощущение, что жена почти диктатора нуждается в самых простых человеческих отношениях. Я, конечно, и не думал за ней ухаживать (у меня уже был в это время свой роман, всецело меня поглощавший). Постепенно она мне рассказала, как протекает ее жизнь.

Домашняя ее жизнь была трудная. Дома Сталин был тиран.

Постоянно сдерживая себя в деловых отношениях с людьми, он не церемонился с домашними. Не раз Надя говорила мне, вздыхая: «Третий день молчит, ни с кем не разговаривает и не отвечает, когда к нему обращаются; необычайно тяжелый человек». Но разговоров о Сталине я старался избегать — я уже представлял себе, что такое Сталин, бедная Надя только начинала, видимо, открывать его аморальность и бесчеловечность и не хотела сама верить в эти открытия.

Через некоторое время Надя исчезла, как потом оказалось, отправилась проводить последние месяцы своей новой беременности к родителям в Ленинград. Когда она вернулась и я ее увидел, она мне сказала: «Вот, полюбуйтесь моим шедевром». Шедевру было месяца три, он был сморщенным комочком. Это была Светлана. Мне было разрешено в знак особого доверия подержать ее на руках (недолго, четверть минуты — эти мужчины такие неловкие).

После того как я ушел из секретариата Сталина, я Надю встречал редко и случайно. Когда Орджоникидзе стал председателем ЦКК, он взял к себе Надю третьим секретарем: первым был добродушный гигант Трайнин. Зайдя как-то к Орджоникидзе, я в последний раз встретился с Надей. Мы с ней долго и по-дружески поговорили. Работая у Орджоникидзе, она ожила — здесь атмосфера была приятная. Серго был хороший человек. Он тоже принял участие в разговоре; он был со мной на ты, что меня немного стесняло — он был на двадцать лет старше меня (впрочем, он был на ты со всеми, к кому питал маломальскую симпатию). Больше я Надю не видел.

Она пошла учиться в Промышленную академию. Несмотря на громкое название, это были просто курсы для переподготовки и повышения культурности местных коммунистов из рабочих и крестьян, бывших директорами и руководителями промышленных предприятий, но по малограмотности плохо справляющихся со своей работой.

Ее трагический конец известен.»

* * *

Среди множества книг по философии, политэкономии, истории РКП, военному делу, промышленности и сельскому хозяйству и т. д. была книга Сигала «Сифилис». Чем был вызван интерес Сталина к этой книге? Тем, что в 20-е годы началась энергичная борьба советского здравоохранения с этой заразной болезнью? Или это был интерес «настоящего мужчины», «мужчины в полном соку» (Сталину в 1926 году еще не было пятидесяти), желавшего все знать о коварной «мужской болезни»? Не приходится сомневаться: подозрительный, мнительный Сталин панически боялся заразиться сифилисом, что сдерживало его от известного рода случайных отношений с женщинами. Интерес к книге о сифилисе также мог быть вызван желанием Сталина сопоставить личные наблюдения данными науки о правомерности циркулировавших слухов о том, что Ленин болел сифилисом мозга.

Книга проф. Мельцера «Право на убийство» (издательство «Пучина», 1926 г.) уже по одному только названию не могла не привлечь внимания Сталина, хотя для него еще с юных лет не существовало моральных вопросов на тему «не убий». После ознакомления с этой книгой, видимо, его ждало разочарование. Вместо обоснования убийства как средства политической борьбы в духе знаменитого террориста Савинкова он увидел, что в книге затрагивается всего-навсего лишь моральный медицинский аспект проблемы: можно ли лишать жизни безнадежно больных, смертельно раненных, психически и физически ущербных, ненормальных людей, чтобы избавить их от напрасных, мучительных страданий. Но скорее всего всецело занятому политической борьбой генсеку книга могла показаться скучной и малоинтересной. Между тем она была своего рода зловещим предзнаменованием для семьи Сталина, знаком грядущей беды, так как содержала теоретические рассуждения автора о праве человека при определенных обстоятельствах добровольно лишить себя жизни.

Пройдет каких-то пять лет, доведенная по отчаяния Н. Аллилуева — жена Сталина — покончит счеты с жизнью. Зададимся вопросом: не могла ли она случайно, или не случайно, среди множества книг, присылаемых на квартиру Сталина, обратить внимание на книгу с таким броским названием, как «Право на убийство»? Конечно, и в этом случае нет достаточно веского основания видеть в книге Э. Мельцера импульс к самоубийству Аллилуевой, хотя хорошо известно, что иногда книга может играть роковую роль для своих читателей. Стоит вспомнить волну самоубийств в Германии после выхода в свет книги Гете «Страдания молодого Вертера».

Сталин расценил самоубийство своей жены как предательство. Ко множеству его «фобий» добавилась еще одна — женофобия. Не желая видеть самодовольных лиц своих ближайших соратников, живших в согласии со своими женами, он решил почти всех их «обезженить», что и произошло в годы «Большого террора».

Зять Хрущева Аджубей писал:

«Светлана нашла прибежище в Америке. Вновь вышла замуж. Родила дочь. Клялась в любви к обетованной земле, а потом вдруг вернулась в Москву.

Здесь ее ждали ставшие взрослыми сын и дочь от первых браков.

Максимум внимания проявляли к ней в Грузии, в Тбилиси, где она жила со своей четырнадцатилетней дочерью Ольгой. Хорошая пенсия, квартира, преподаватель русского языка для девочки. Говорят, она выучила его очень быстро.

Жизнь вроде бы вошла в берега. А потом вновь, уже в 1986 году, эта неспокойная натура сорвалась, взвинтив до предела окружавших ее близких и друзей, и улетела в Америку...».

В 1996 году миссионер Джованни Гарболино открыл тайны 70-летней монашенки.

О Светлане Аллилуевой, дочери «вождя всех времен и народов», в последние годы ничего не слышно. Накануне перестройки она вернулась в Союз, но вновь покинула Родину. Уехала и из Америки, посчитав ее «хаотичной», перебралась в Англию. И вот теперь — Швейцария. Ей уж 70 лет, за плечами — четыре неудачных брака, неуютная жизнь, отягощенная тенью отца. Светлана приняла решение уйти в монастырь. К этому шагу Аллилуева готовилась три десятка лет и получила благословение своего духовного наставника — католического миссионера отца Джованни Гарболино.

Все эти годы падре состоял в переписке со Светланой, и только ему она доверяла сокровенные мысли. Решение раскрыть тайну падре принял самостоятельно, посчитав, что пришло время «сделать достоянием общественности» содержание писем и это бы «Светлане понравилось».

О том, при каких обстоятельствах состоялось знакомство с Аллилуевой, миссионер не распространяется. Отношения между Аллилуевой и наставником неожиданно прервались в начале 1994 года. «С этого времени Светлана перестала писать, — рассказывает Гарболино. — Последнее отправление свидетельствует о ее проблемах в английском монастыре Святого Иоанна, который она была вынуждена покинуть из-за осложнившихся отношений с послушницами. Видимо, она выбрала иное место — в посланиях Светлана неоднократно упоминала о желании перейти в один из монастырей на территории Швейцарии. Дочь Сталина писала, что, удалившись от мира, она хочет искупить вину своего отца.»

Вот что поведала Светлана Аллилуева о трудностях в обители Святого Иоанна: «Мне трудно предаваться созерцанию в широком кругу послушниц. Здесь мало уединения, нас слишком много. Все сестры ко мне очень внимательны, но я нуждаюсь в большем осмыслении... Когда придет время пострига, мне исполнится семьдесят лет. Наконец-то я смогу стать монашкой... Убеждена, что Бог призвал меня быть ближе к нему именно сейчас, так как в монастырских стенах я обрела тот покой, к которому стремилась всю свою жизнь и надежду на который уже начала терять».

ОН ЧУВСТВОВАЛ СЕБЯ

НАСЛЕДНЫМ ПРИНЦЕМ

В октябре 1935 года Сталин писал своей любимой дочери Светлане:

«Здравствуй, хозяюшка!

Посылаю тебе гранаты, мандарины и засахаренные фрукты. Ешь — веселись, моя хозяюшка! Васе ничего не посылаю, так как он все еще плохо учится и кормит меня обещаниями. Объясни ему, что я не верю в словесные обещания и поверю Васе только тогда, когда он на деле начнет учиться хотя бы на «хорошо». Докладываю тебе, товарищ хозяйка, что был я в Тифлисе на один день, побывал у мамы и передал ей от тебя и Васи поклон. Она более или менее здорова и крепко целует вас обоих. Ну, пока все. Целую. Скоро увидимся».

В 1935 году Василий плохо учился и кормил отца обещаниями, а в 1953 году получил свой первый срок — восемь лет. За превышение власти. Содержался в тюрьме под именем Василия Павловича Васильева.

В годы войны Василий от выпускника школы летчиков дорос до командира дивизии.

Сталин любил своего младшего сына.

В двадцать лет — полковник, в двадцать четыре — генерал-майор, в двадцать семь — генерал-лейтенант.

Командир авиакорпуса, командующий ВВС Московского военного округа.

Серго Берия писал: «Смерть отца на него очень подействовала. Стал пить еще больше, не очень следил за тем, что говорил.

Я находился в ссылке, когда он погиб. На похороны меня не пустили, но из писем общих друзей я узнал, что Василия убили в драке ножом».

Светлана Аллилуева:

«Моего брата вызвали 2-го марта 1953 года. Он тоже сидел несколько часов в этом большом зале, полном народа, но он был, как обычно в последнее время, пьян и скоро ушел. В служебном доме он еще пил, шумел, разносил врачей, кричал, что «отца убили», «убивают», — пока не уехал, наконец, к себе.

Он был в это время слушателем Академии Генштаба, куда его заставил поступить отец, возмущавшийся его невежеством... но он не учился. Он уже не мог: он был совсем больной человек — алкоголик.

Его судьба трагична. Он был «продуктом» и жертвой той самой среды, системы, машины, которая породила, взращивала и вбивала в головы людей «культ личности», благодаря которому он и смог сделать свою стремительную карьеру. Василий начал войну двадцатилетним капитаном и окончил ее двадцатичетырехлетним генерал-лейтенантом...

Его тащили за уши наверх, не считаясь ни с его силами, ни со способностями, ни с недостатками, — думали «угодить отцу». В 1944 году он вернулся из Восточной Германии в Москву, и его сделали командующим авиацией Московского военного округа, — несмотря на то, что, будучи алкоголиком, он сам даже уже не мог летать. С этим никто не считался тогда. Отец видел его состояние, ругал его беспощадно, унижал и бранил при всех, как мальчишку, — это не помогало, потому что с болезнью надо было бороться иначе, а этого Василий не желал, и никто не осмеливался ему это предложить... Отец был для него единственным авторитетом, остальных он вообще не считал людьми, стоящими внимания. Какие-то темные люди — футболисты, массажисты, спортивные тренеры и «боссы» толкались вокруг него, подбивая его на разные аферы, на махинации с футбольными и хоккейными командами, на строительство за казенный счет каких-то сооружений, бассейнов, дворцов культуры и спорта... Он не считался с казной, ему было дано право распоряжаться в округе огромными суммами, а он не знал цены деньгам.

Жил он на своей скромной казенной даче, где развел колоссальное хозяйство, псарню, конюшню... Ему все давали, все разрешали — Власик стремился ему угодить, чтобы Василий смог в должную минуту выгородить его перед отцом. Он позволял себе все. Пользуясь близостью к отцу, убирал немилых ему людей с дороги, кое-кого посадил в тюрьму. Ему покровительствовали и куда более важные лица, чем Власик, им вертели как марионеткой, ему давали ордена, погоны, автомобили, лошадей, его портили и развращали, — пока он был нужен. Но, когда после смерти отца он перестал быть нужен, — его бросили, забыли...

С Московского округа его снял еще отец, летом 1952 года. 1 мая 1952 года командование запретило пролет авиации через Красную площадь, так как было пасмурно и ветрено, — но Василий распорядился сам, и авиация прошла — плохо, вразброс, чуть ли не задевая шпили Исторического музея... А на посадке несколько самолетов разбилось... Это было неслыханное нарушение приказа командования, имевшее трагические последствия. Отец сам подписал приказ о снятии Василия с командования авиацией Московского округа.

Куда было деваться генерал-лейтенанту? Отец

хотел, чтобы он закончил Академию Генштаба, как это сделал Артем Сергеев (старый товарищ Василия с детских лет, с которым он давно уже раздружился). «Мне семьдесят лет, — говорил ему отец, — а я все учусь», — и указывал на книги, которые он читал... Его надо было срочно положить в больницу и лечить от алкоголизма, пока еще не поздно, — но он сам не желал, а кто же будет лечить насильно генерала? Да еще такого генерала?

Он сидел на даче и пил. Ему не надо было много пить. Выпив глоток водки, он валился на диван и засыпал. В таком состоянии он находился все время. Смерть отца потрясла его. Он был в ужасе — он был уверен, что отца «отравили», «убили»; он видел, что рушится мир, без которого ему существовать будет невозможно.

В дни похорон он был в ужасном состоянии и вел себя соответственно: на всех бросался с упреками, обвинял правительство, врачей, всех, кого возможно, — что не так лечили, не так хоронили... Он утратил представление о реальном мире, о своем месте — он ощущал себя наследным принцем.

Его вызвали к министру обороны, предложили утихомириться. Предложили работу — ехать командовать в один из округов. Он наотрез отказался, — только Москва, только авиация Московского округа, — не меньше! Тогда ему просто предъявили приказ: куда-то ехать и работать там. Он отказался. Как, — сказали ему, — вы не подчиняетесь приказу министра? Вы, что же, не считаете себя в армии? — Да, не считаю, — ответил он. — Тогда снимайте погоны, — сказал министр в сердцах. И он ушел из армии. И теперь уже сидел дома и пил, — генерал в отставке.

Свою третью жену он выгнал. Вторая жена, которую он снова привел в дом, теперь ушла от него сама. Он был невозможен. И он остался совершенно один, без работы, без друзей, никому не нужный алкоголик...

Тогда он совсем потерял голову. Апрель 1953 года он провел в ресторанах, пил с кем попало, сам не помнил, что говорил. Поносил все и вся. Его предупреждали, что это может кончиться плохо, он на все и на всех плевал — он забыл, что времена не те и что он уже не та фигура... После попойки с какими-то иностранцами его арестовали 28 апреля 1953 года.

Началось следствие. Выплыли аферы, растраты, использование служебного положения и власти сверх всякой меры. Выплыли случаи рукоприкладства при исполнении служебных обязанностей. Обнаружились интриги на весьма высоком уровне, в результате которых кто попал в тюрьму, а кто погиб...

Вернули генерала авиации А. А. Новикова, попавшего в тюрьму с легкой руки Василия... теперь все были против него. Теперь уже его никто не защищал, только подливали масла в огонь... На него «показывали» все — от его же адъютантов до начальников штаба, до самого министра обороны и генералов, с которыми он не ладил... Накопилось столько обвинений, что хватило бы не десятерых обвиняемых...

Военная коллегия дала ему восемь лет тюрьмы.

Он не мог поверить. Он писал в правительство письма полные отчаяния, с признанием всех обвинений и даже с угрозами. Он забывал, что он уже ничто и никто...

Над ним сжалились. Зимой 1954/55 года он болел и его перевели в тюремный госпиталь. Оттуда должны были отправить его в больницу, потом — в санаторий «Барвиха», а затем уже домой на дачу. Мне сказал об этом Н. С. Хрущев, вызвавший меня к себе в декабре 1954 года, — он искал решения, как вернуть Василия к нормальной жизни.

Но все вышло иначе. В госпитале его стали навещать старые дружки — спортсмены, футболисты, тренеры, приехали какие-то грузины, привезли бутылки. Он опять сошел с рельс — забыл про обещания, он снова шумел, снова угрожал, требовал невозможного... В результате из госпиталя он попал не домой, а во Владимирскую тюрьму. Приговор Военной коллегии оставили в силе.

Во Владимир я ездила навещать его вместе с его третьей женой, Капитолиной Васильевной, от всего сердца пытавшейся помочь ему.

Этого мучительного свидания я не забуду никогда. Мы встретились в кабинете у начальника тюрьмы. На стене висел — еще с прежних времен — огромный портрет отца. Под портретом сидел за своим письменным столом начальник, а мы — перед ним, на диване. Мы разговаривали, а начальник временами бросал на нас украдкой взгляд; в голове его туго что-то ворочалось, и, должно быть, он пытался осмыслить: что же это такое происходит?..

Начальник был маленького роста, белобрысый, в

стоптанных и латанных валенках. Кабинет его был темным и унылым — перед ним сидели две столичных дамы, в дорогих шубах, и Василий... начальник мучился, на лице его отражалось умственное усилие...

Василий требовал от нас с Капитолиной ходить, звонить, говорить где только возможно о нем, вызволять его отсюда любой ценой. Он был в отчаянии и не скрывал этого. Он метался, ища, кого бы просить? Кому бы написать? Он писал письма всем членам правительства, вспоминал общие встречи, обещал, уверял, что он все понял, что он будет другим...

Капитолина, мужественная, сильная духом женщина, говорила ему: не пиши никуда, потерпи, недолго осталось, веди себя достойно. Он набросился на нее: «Я тебя прошу о помощи, а ты мне советуешь молчать!».

Потом он говорил со мной, называл имена лиц, к которым, как он полагал, можно обратиться. «Но ведь ты же сам можешь писать кому угодно! — говорила я. — Ведь твое собственное слово куда важнее, чем то, что я буду говорить.»

После этого он прислал мне еще несколько писем, с просьбой писать, просить, убеждать... Была у него даже идея связаться с китайцами: «они мне помогут!» — говорил он не без основания... Мы с Капитолиной, конечно, никуда не ходили и не писали... Я знала, что Хрущев сам стремится помочь ему.

Во Владимире Василий пробыл до января 1960 года. В январе 1960 года меня снова вызвал Хрущев. Был план — не знаю, кем придуманный, — предложить Василию жить где-нибудь не в Москве, работать там, вызвать семью, сменить фамилию на менее громкую. Я сказала, что, по-моему, он не пойдет на это. Я все время стремилась доказать, что его алкоголизм болезнь, что он не может отвечать за все свои слова и поступки подобно здоровому человеку, но это не убеждало. Вскоре после этого Н. С. Хрущев вызвал Василия и говорил с ним больше часа. Прошло почти семь лет со дня его ареста... Василий потом говорил, что Хрущев принял его, «как отец родной». Они расцеловались и оба плакали. Все кончилось хорошо: Василий оставался жить в Москве. Ему дали квартиру на Фрунзенской набережной и дачу в Жуковке, недалеко от моей. Генеральское звание и пенсия, машина, партийный билет — без перерыва стажа — все это было ему возвращено вместе со всеми его боевыми орденами. Его просили лишь об одном: найти себе какое-нибудь занятие и жить тихо и спокойно, не мешая другим и самому себе... И еще просили не ездить в Грузию — Василий с первого же слова просил отпустить его туда...

Январь, февраль, март он жил в Москве и быстро почувствовал себя снова тем, чем был и раньше. Вокруг него немедленно собрались какие-то люди из Грузии — затаскивались его в «Арагви», пили с ним, славословили, курили ему фимиам... Опять он почувствовал себя «наследным принцем»... Его звали в Грузию — вот там он будет жить! Разве это — квартира? Разве это — мебель? Стыд и позор — ему, ему, давать такую мебель! Там ему построят дачу под Сухуми, там он будет жить как ему подобает... Нашлась немолодая грузинка, которая немедленно предложила ему жениться на ней и ехать с ней в Сухуми.

Его дети — уже большие тогда, юноша и девушка, — отговаривали его, умоляли выгнать всех этих грузин вон — предупреждали, что опять это плохо кончится. Он отвечал, что сам знает, не им его учить. Он опять пил, он не в состоянии был сам удержаться, а дружки, и особенно грузины, поили его беспощадно...

Наконец в апреле он уехал «лечиться» в Кисловодск; его дочь Надя поехала с ним и писала оттуда, что опять сплошные попойки, что он ведет себя шумно, скандально, всем грозит и всех учит, что посмотреть на него сбегается весь Кисловодск. Из Грузии приехали опять какие-то проходимцы на машинах, звали его с собой. Он не поехал с ними, но куда-то исчез и через пять дней появился — оказывается, он пропадал здесь же в домике у какой-то стрелочницы...

Когда он возвратился в Москву, то пробыл дома недолго. В конце апреля мы все узнали, что он опять «продолжает свой срок» — те самые восемь лет, которые ему так милостиво разрешили прервать, чтобы начать новую жизнь... А теперь его «попросили» досидеть срок до конца, поскольку на свободе он не вел себя не должным образом.

Срок окончился не полностью; весной 1961 года его все-таки отпустили из Лефортовской тюрьмы по состоянию здоровья. У него были больная печень, язва желудка и полное истощение всего организма — он всю жизнь ничего не ел, а только заливал свой желудок водкой...

Его отпустили снова, но уже на более жестких

401

условиях... Ему разрешили жить где он захочет, — только не в Москве (и не в Грузии). Он выбрал почему-то Казань и уехал туда со случайной женщиной, медсестрой Машей, оказавшейся возле него в больнице...

В Казани ему дали однокомнатную квартиру, он получал пенсию, как генерал в отставке, — но он был совершенно сломлен и физически и духовно. 19 марта 1962 года он умер, не приходя сутки в сознание, после попойки с каким-то грузинами. Вскрытие обнаружило полнейшее разрушение организма алкоголем. Ему был лишь сорок один год.

Его сын и дочь (от первого брака) ездили на похороны вместе с его третьей женой, Капитолиной, единственным его другом.

На похороны собралась чуть ли не вся Казань... На детей и Капитолину смотрели с удивлением — медсестра Маша, незаконно успевшая зарегистрировать с ним брак, уверила всех, что она-то и была всю жизнь его «верной подругой»... Она еле подпустила к гробу детей.

В Казани стоит сейчас на кладбище памятник генералу В. И. Джугашвили, с претенциозной надписью, сделанной Машей, — "Единственному"».

А где же драка, где убийство?

ДЕДУШКА СТАЛИН

«На Новодевичьем кладбище неподалеку от памятника Надежде Сергеевне Аллилуевой, — говорил зять Хрущева, — лежит серая бетонная плита с надписью: «Василий Васильевич Сталин, 1949—1972». Я не знаю, от которой из жен Василия родился этот, так рано умерший мальчик. Помню, в 1949 году одновременно с нами в Ливадии отдыхала тогдашняя жена Василия, известная пловчиха, рекордсменка. Одна уходила к кромке пляжа, уплывала далеко в море. Чекист из охраны бросался в лодку, сопровождал на расстоянии, подстраховывал бесстрашную пловчиху.»

А. Колесник написал книгу «Мифы и правда о семье Сталина», содержащую эксклюзивную информацию о потомках Сталина.

«При жизни И. В. Сталин был дедом восьмерых внуков, а последняя его внучка, Ольга Питерс, родилась в Америке почти через 18 лет после его смерти. Отношение к своим внукам у Сталина было диаметрально противоположным — от любви к одним до полного равнодушия к другим.

И судьбы его внуков различны: и счастливые, и трагичные. Отношение потомков к своему деду так же неоднозначно, как и оценка его деятельности.

10 марта 1989 года в беседе со мной один из бывших наркомов в правительстве И. В. Сталина, Семен Захарович Гинзбург, сказал: «Я хорошо знал в быту Сталина. Много раз встречался с ним дома у Кирова, у Орджоникидзе, да и на даче самого «хозяина». Его надо понимать правильно, таким, каким он был, а не таким, как его сейчас многие журналисты, писатели, историки изображают, никогда не имевшие возможности видеть его в работе, в быту. Он был антиподом Ленина в политике, очень жестоким отцом и еще более же-

стоким дедом. Его дети никогда его не занимали.

Я хорошо помню Якова по работе на ЗИСе. Это был прекрасный молодой человек. То, что Сталин сделал по отношению к его первой и второй женам, — бесчеловечно. Когда Светлана Аллилуева пишет о любви Сталина к внучке Галине, то здесь неправда. Я, неоднократно видевший его отношение к ней, опровергаю это ее утверждение.

Он не уделял должного внимания Василию, хотя и больше любил его, чем Якова. В 1942 году у меня произошел с ним конфликт. Василий, будучи начальником инспекции у Главкома ВВС Новикова, повел себя по отношению ко мне бестактно. Отец на мое письмо к нему отреагировал очень правильно, наказав сына, и заставил извиниться передо мной.

От детей Василия Сталин был еще дальше, чем от детей Якова.

Грубо он вел себя не раз на моих глазах и по отношению к Светлане, любимой дочери. Но любовь его к ней и ее детям тоже была очень жестокой. Его занимал только он сам. Другие его не интересовали ни в политике, ни дома. Это был монарх, самодержец. Сделав несчастными миллионы людей, он сделал несчастными и своих близких».

У И. В. Сталина было трое детей. Двое ушли из жизни. Жива одна Светлана. Поэтому постараемся познакомиться с судьбами его внуков в соответствии со старшинством их родителей.

Яков Джугашвили, старший сын Сталина от первого брака с Екатериной Сванидзе, был женат дважды, но имел трех детей от трех женщин. В первый раз он женился на своей бывшей однокласснице Зине, причем его не остановило даже то, что она была дочерью священника, что в то время не поощрялось. На этой почве у него состоялся конфликт с отцом, едва не закончившийся смертью Якова при попытке самоубийства. После этого Яков уехал в Ленинград к родственникам по линии Аллилуевых, где у него родилась дочь Лена, умершая в младенческом возрасте. Этот брак был непродолжительным и вскоре, после смерти дочери, распался.

Через некоторое время в Урюпинске, в квартире родственников второй жены И. В. Сталина, Надежды Сергеевны Аллилуевой, состоялось его знакомство с Ольгой Голышевой, от которой у него остался сын, сегодня единственный из сталинских потомков кадровый военный, о чем так мечтал И. В. Сталин.

Разница в возрасте у молодых людей была совсем небольшой:

Яков — 1907 года рождения, а Ольга — 1909.

Была ли это большая взаимная любовь, нет ли — сказать трудно. Но отношения были продолжены в Москве. Рожать Ольга Голышева уехала в Урюпинск, в родительский дом. 10 января 1936 года она родила сына Евгения, а 11 января в книге регистрации новорожденных бюро ЗАГС г. Урюпинска Сталинградской области появилась актовая запись № 49. Имя новорожденного Джугашвили Евгений. Отец — Джугашвили Яков Иосифович, грузин, 27 лет, студент, мать — Голышева Ольга Павловна, русская, 25 лет, техник.

Малыш рос бойким, смышленым. Через год он уже вовсю бегал по двору, похожий на шустрого цыганенка, и без конца повторял свое ребячье «та-та-та-та». За эту скороговорку мать и ее сестра Надежда Павловна, которая большей частью воспитывала малыша, в шутку прозвали его Таткам.

Вскоре Ольга снова уехала в столицу, оставив ребенка на попечение родителей. Здесь он и рос, затем пошел в школу.

Отношения у Якова с Ольгой не складывались. И через некоторое время они расстались. В 1939 году Яков женился на танцовщице Юлии Мельцер, и у них родилась дочь Галина.

К Юлии Мельцер и их дочери Гале Яков Джугашвили относился с большой любовью. Об этом свидетельствует вот это письмо к ним, направленное 26 июня 1941 года из района Вязьмы, где он старается успокоить жену и не говорит о тяготах военного времени:

«Дорогая Юля!

Все обстоит хорошо. Путешествие довольно интересное. Единственное, что меня беспокоит, — это твое здоровье. Береги Галку и себя, скажи ей, что папе Яше хорошо. При первом удобном случае напишу более пространное письмо. Обо мне не беспокойтесь, я устроился прекрасно. Завтра или послезавтра сообщу тебе точный адрес и попрошу прислать мне часы с секундомером и перочинный нож.

Целую крепко Галю, Юлю, отца, Светлану, Васю. Передай привет всем. Еще раз крепко обнимаю тебя и прошу не беспокоиться обо мне. Привет В. Ивановне и Лидочке.

С Сапегиным все обстоит благополучно.

Весь твой Яша».

Судьба Юлии Мельцер, матери дочери Якова, далеко не безоблачна, хотя она в это время жила в семье И. Сталина. После того как И. Сталину стали известны некоторые сведения о пленении Якова, у него возникло подозрение в предательстве. Сталин стал подозревать и жену Якова, которая вскоре была арестована, позже реабилитирована.

Сегодня Галина Яковлевна Джугашвили кандидат филологических наук. Она воспитывает сына, живет в Москве.

Однако вернемся к судьбе Евгения Джугашвили.

Ольга Голышева, его мать, была на фронте, а после победы работала в ведомстве Василия Сталина инкассатором при финчасти. Василий в то время командовал военно-воздушными силами Московского округа. Ольга жила у своей тетки, поддерживала самые тесные отношения с сестрой жены Сталина — Анной Сергеевной Аллилуевой. Умерла Ольга Голышева сорока восьми лет от роду в 1957 году. Похоронена в Москве на Головинском кладбище.

Анна Сергеевна Аллилуева пришла на похороны и подарила Евгению Яковлевичу книгу своего отца «Пройденный путь», где сделала такую надпись: «Дарю на память Жене Джугашвили, сыну Яши Джугашвили-Сталина, книгу воспоминаний моего отца Сергея Яковлевича Аллилуева «Пройденный путь». Сергей Яковлевич Аллилуев любил Яшу, жил с ним в Петрограде-Ленинграде, а также за городом в Зубалове. О его сыне Жене он знал через Яшу и Эгнаташвили Александра Яковлевича. А также он и я, Анна — его дочь, знали о Жене через урюпинских родственников Аллилуевых: Матрены Федоровны Аллилуевой, Августины Михайловны Дутовой-Аллилуевой, Майи — ее дочери и Ирины — дочери Серафима Аллилуева. Через Васиных детей — Сашу и Надю.

В данный момент я познакомилась с ним по печальной причине, по случаю смерти его матери, с которой я виделась при жизни несколько раз. Скорблю о ее безвременной смерти.

С соболезнованием к ее сыну Жене — А. С. Аллилуева.

Яша также мне говорил, что у него есть сын, который проживает по соседству с моими и папиными родственниками в городе Урюпинске. Желаю ему удачи а жизни, счастливой и благородной жизни и деятельности, а также хорошей семейной жизни, чего, к сожалению, не имела его мать».

До последнего времени о Евгении Джугашвили, как о внуке И. Сталина, было мало что известно. 24 ноября 1986 года журнал «Шпигель» написал: «После смерти ближайшего соратника Сталина, бывшего 10 лет премьер-министром и 13 лет министром иностранных дел СССР (В. М. Молотов), родилась сенсация — Московское агентство печати «Новости» (АПН) распространило в предыдущую среду фотографию прощания у гроба на московском Новодевичьем кладбище с подписью: «Полковник Генерального штаба Вооруженных Сил СССР». На фотографии офицер Евгений Яковлевич Джугашвили, сын сына Сталина, Якова, погибшего в немецком лагере для военнопленных. До кончины Молотова этот внук диктатора никогда публично не представлялся. В записках дочери Сталина Светланы, охотницы писанины, о нем также не упоминалось».

Как действующий офицер Е. Я. Джугашвили действительно упоминался в нашей прессе всего несколько раз, а за рубежом — никогда.

Вот что сказал о нем В. М. Молотов: «Помнится, в Кремле у Сталина я впервые встретился с его сыном, отцом Евгения, Яковом Джугашвили. Это был истинный рыцарь. Вглядитесь в Евгения, еще одного отпрыска Джугашвили, он, как вылитый, похож на своих предков. Те, кто встречался и беседовал со Сталиным, обязательно заметят их сходство, и не только внешнее, но и в манере ходить, вообще в поведении, характере. Я рад, что Евгений часто навещает меня, привозит своих сыновей Виссариона и Якова Джугашвили. Встречи с ними продлевают мне жизнь, придают силы. В Москве живет дочь Якова, Галина. И хотя я не поддерживаю с ней близких отношений, но знаю, что она приятный человек во всех отношениях, крупный ученый. Прекрасно, когда у достойного человека остаются достойные дети.

Я хорошо помню, что в годы войны Сталин, всецело поглощенный государственными делами, мог встречаться с близкими не чаще двух раз в год и очень переживал».

Евгений Яковлевич Джугашвили, как я уже говорил, единственный из внуков Сталина избрал себе профессию военного, о чем так мечтал его дед. В автобиографии он написал: «Я, Джугашвили Евгений Яковлевич, родился 12 января 1936 г. в г. Урюпинске Волгоградской области в семье служащего. По национальности грузин. В 1945 г. переехал в г. Москву, где после окончания 3-го класса 557 средней школы поступил в Калининское суворовское военное училище. После окончания училища поступил в 1954 г. в Военно-воздушную инженерную академию им. Н. Е. Жуковского в городе Москве. В 1959 г., окончив полный курс названной академии, был направлен для прохождения службы в военное представительство Московского военного округа. В течение ряда лет по работе выезжал на Байконур.

В 1970 г. поступил в адъюнктуру ВПА им. В. И. Ленина. В 1973 г. окончил адъюнктуру, защитил кандидатскую диссертацию и назначен преподавателем в Военно-воздушную академию им. Ю. А. Гагарина, в которой проработал два года. В 1975 г. зачислен слушателем в Академию ГШ им. К. Е. Ворошилова на военно-историческое отделение. После окончания отделения с 1976 по 1982 г. работал в Военной академии бронетанковых войск им. Р. Я. Малиновского в должности преподавателя и старшего преподавателя, получил ученое звание доцент. С января 1983 г. работаю в Академии Генерального штаба ВС СССР имени К. Е. Ворошилова в должности старшего преподавателя на кафедре истории войск и военного искусства.

Женат, имею двух детей. Жена — Нанули Георгиевна Джугашвили (Нозадзе), родилась 8 июня 1939 года в г. Хашури Грузинской ССР в семье рабочего. Грузинка. Окончила Тбилисский университет. Домохозяйка.

Отец — Джугашвили Яков Иосифович, погиб в годы Великой Отечественной войны в 1943 г. в лагере Заксенхаузен. Награжден посмертно орденом Отечественной Войны I степени.

410

Мать — Голышева Ольга Павловна, участница Великой Отечественной войны, умерла в 1957 г.

Отец жены — Нозадзе Георгий Семенович, родился в 1904 г. в г. Хашури. Член КПСС. Персональный пенсионер Всесоюзного значения. Проживает в г. Тбилиси, Михетский тупик, № 7.

Мать жены — Нозадзе (Лочабидзе) Маргарита Алексеевна, родилась в 1909 г. в семье рабочего. Домохозяйка, проживает с мужем.

Брат жены — Нозадзе Гиви Георгиевич, родился в 1927 г. в городе Хашури. Член КПСС, работает в Совете Министров ГрССР в сельскохозяйственном отделе. Проживает в г. Тбилиси, Церетели, 95.

Сестра жены — Нозадзе Эдит Георгиевна, родилась в 1929 г. в г. Хашури. Сотрудник Комитета печати ГрССР. Проживает с отцом и матерью.

Полковник Е. Джугашвили.»

Вот что ответил Е. Я. Джугашвили на вопросы:

— Евгений Яковлевич, Сталин знал о вашем существовании?

— Дочь Иосифа Виссарионовича Светлана Аллилуева (ныне Питерс) в свой последний приезд в Союз, будучи у меня дома, положительно ответила на этот вопрос. Однако И. В. Сталин не нашел времени или желания когда-нибудь посмотреть на меня. По утверждению С. А. Аллилуевой, ее отец видел из восьмерых внуков только троих.

— Расскажите о себе.

— Родился в 1936 году. Окончил Калининское суворовское военное училище, затем Военно-воздушную инженерную академию имени Жуковского. Более десяти лет работал в системе военных пред-

411

ставительств на различных заводах Москвы и области, участвовал в подготовке и запусках космических объектов. С 1973 года после защиты кандидатской диссертации перешел на преподавательскую работу. В настоящее время имею чин полковника и работаю в Военной академии имени М. В. Фрунзе. Женат, у нас с женой двое сыновей — Виссарион, 1965 года рождения, и Яков, 1972 года рождения. Старший окончил московскую школу, отслужил армию, там вступил в партию и сейчас учится на четвертом курсе Тбилисского сельскохозяйственного института на факультете механизации и электрификации. Младший — ученик десятого класса. Живем в хорошей трехкомнатной квартире на Фрунзенской набережной. Однако этот адрес, видимо, придется изменить, поскольку после окончания Яшей школы планирую поменять место жительства на Тбилиси. К этому переезду, как мне кажется, я готовился всю жизнь.

— Не будут ли дети испытывать в Грузии трудности — ведь они выросли в Москве?

— Не будут. Оба сына родились в Тбилиси, и каждый до пяти лет жил с родителями моей жены. Держать такой срок детей вдали от себя в Грузии было моей волей, от которой больше всех страдала жена. Часто она мне устраивала жестокие сцены, обвиняя меня в нелюбви к детям. Я отвечал: «Любить надо уметь!» — и продолжал настаивать на своем. В конечном итоге дело было сделано, и один, а затем второй заговорили на грузинском языке и выросли на грузинских харчах. Перед школой за два года я их брал в Москву, и этого времени им хватало освоить русский язык в объеме первого класса. Затем постоянно были поездки в Грузию на каникулы, где они заимели круг друзей.

— Сегодня, таким образом, дети говорят на грузинском и русском языках, а как же происходило ваше общение с детьми в трех—пятилетнем возрасте, вы же не говорили свободно по-грузински?

— Мой запас грузинских слов, между прочим, позволял играть с детьми. Но когда требовался переводчик, им становилась либо жена, либо родственники ее, либо просто прохожие. Иногда дело доходило до смешного — отец не мог объясниться с сыном. Некоторых моих родственников в Москве это раздражало. Но я знал, что это временные трудности, и проводил свою линию. Сегодня смело можно сказать, что они готовы жить и работать в той республике, откуда пришел их дед — Яков Джугашвили.

— А как сами дети относятся к этой вашей затее?

— Старший сын Виссарион давно уже в Грузии, и по отзывам руководства Тбилисского сельскохозяйственного института, ведет себя и учится хорошо. Младший сын Яков также желает после школы поступать там, но уже в Тбилисский университет. Это желание еще больше окрепло, когда ему отказали вместе с другими школьниками в поездке в США. Путь был закрыт потому, что он «представитель нетипичной советской семьи». Он и мы все надеемся, что в Грузии он будет полноценным гражданином своей страны.

— Ваше отношение к Сталину?

413

— Преклоняюсь перед ним и в том же духе воспитал своих детей. *Проститут!*

В день рождения Сталина — 21 декабря мы с детьми и некоторыми моими решительными друзьями обычно возлагаем цветы на его могилу на Красной площади. Охрана Мавзолея никогда не чинила препятствий и даже разрешала сделать несколько памятных снимков. Часто Мавзолей в этот день был закрыт для посетителей — санитарный день, или ремонт, или еще что-то, но нашей небольшой компании никто не мешал. В этом году Мавзолей был открыт, и мы возложили цветы после прохода посетителей, где-то около 13 часов 30 минут.

Василий Сталин, первый сын Сталина от брака с Надеждой Сергеевной Аллилуевой, женат был официально трижды, а отношения с Капитолиной Васильевой зарегистрированы вообще не были, хотя они действительно проживали совместно. Его первой женой была Галина Александровна Бурдонская, которая тогда училась в Полиграфическом институте на редакционно-издательском факультете. Фамилия ее идет от прапрадеда — француза Бурдоне. Пришел он в Россию вместе с армией Наполеона, был ранен. В Волоколамске женился на русской.

С Василием Иосифовичем Сталиным они поженились в 1940 году. В 1941 году от этого брака родился сын Саша, а через полтора года появилась на свет дочь Надежда.

Первое время молодожены жили на квартире у Сталина в Кремле, в здании бывшей казармы. Обставлена она была старой казенной мебелью с инвентарными номерами. Удобств никаких. С невесткой Сталин никогда не общался. Внуков видеть не желал. Совместная жизнь у Василия с Бурдонской продолжалась всего четыре года. Разорвав отношения, Василий лишил ее права общаться с детьми.

Второй раз Василий женился в 1944 году на Екатерине Семеновне, дочери Маршала Советского Союза С. К. Тимошенко, не расторгнув брака с первой женой. От этого брака у Василия было двое детей. Сын Василий Васильевич прожил всего 19 лет и трагически скончался, будучи студентом, в Тбилиси. Похоронен на Новодевичьем кладбище в Москве. Дочь Светлана жила в доме на улице Горького. Сама Екатерина Семеновна ушла из жизни осенью 1988 года. Вот как ее и третью, незарегистрированную, супругу отца охарактеризовал сын Василия Александр Бурдонский: «У нас появилась мачеха Екатерина Семеновна, дочь маршала Тимошенко, — женщина властная и жесткая. Мы, чужие дети, ее, видимо, раздражали. Пожалуй, этот период жизни был самым трудным. Нам не хватало не только тепла, но и элементарной заботы. Кормить забывали по три-четыре дня, одних запирали в комнате.

Помню такой эпизод. Жили зимой на даче. Ночь, темень. Мы с сестрой тихонько спускаемся со второго этажа, идем во двор, в погреб за сырой картошкой и морковкой. Поварихе Исаевне здорово попадало, когда она нам что-нибудь приносила.

А потом у отца появилась третья жена — Капитолина Георгиевна Васильева, известная в то время пловчиха. Я ее вспоминаю с благодарностью, да и теперь мы поддерживаем связи. Она была единст-

415

венной в то время, кто по-человечески пытался помочь отцу».

Сын Василия Александр Бурдонский — режиссер Центрального академического театра Советской Армии, заслуженный деятель искусств РСФСР, в театре работает уже почти семнадцать лет, закончив режиссерский факультет ГИТИСа. Он поставил «Вассу Железнову» Горького, «Снеги пали» Феденева, «Орфей спускается в ад» Уильямса, «Последний пылко влюбленный» Саймона, «Даму с камелиями» Дюма. Он дал интервью телевизионной программе «Взгляд» и корреспонденту газеты «Вечерняя Москва», вскоре после постановки пьесы «Мандат».

— Александр Васильевич, почему вы выбрали для постановки именно эту пьесу?

— Потому что драма Николая Робертовича Эрдмана «Мандат», написанная в 20-е годы, и сегодня не потеряла своей актуальности. Рожденная совсем молодым драматургом, она заключает в себе дар предвидения. В свое время была поставлена Мейерхольдом. Эта пьеса о людях, которые, по словам автора, «при любом режиме хотят быть бессмертными», о зловещей повторяемости «непотопляемости» такого явления, как духовное мещанство. Оно-то и является питательной средой для процветания бюрократии, возникновения вождизма, культа личности — чудовищного сплава революционных и монархических идей.

На главную тему «работает» и оформление спектакля: на переднем плане на фоне Кремлевской стены установлен манекен в хорошо узнаваемой фуражке, из чрева которого появляются все персонажи... Впрочем, мне трудно говорить об этом. Находятся люди, которые мои взгляды на сталинизм считают желанием откреститься от своего деда.

— А вы хорошо его помните, часто ли встречались?

— Я никогда его близко не видел, только на парадах с гостевой трибуны. Сталин внуками не интересовался, да, пожалуй, и детьми тоже. Так что имя Сталина у меня не ассоциируется с общепринятым семейным понятием «дедушка». Бесплотный символ, недосягаемый и недоступный. Доминирующим было чувство страха, связанное с именем деда. Оно рождалось из множества мелочей, обрывков фраз, разговоров в семье, в самой атмосфере, на которую влиял характер Сталина — замкнутый, властный, не знающий милосердия.

— Что же случилось?

— Совместная жизнь у родителей не сложилась. Мне было четыре года, когда мама от отца ушла. Детей ей взять с собой не позволили. Нас разлучили на восемь лет.

— В вашем семейном альбоме я обратила внимание на одну любопытную фотографию. Девочка Галя Бурдонская в белых шортиках, улыбающаяся, стоит рядом с папой, а за спиной — огромный портрет Сталина с надписью: «Спасибо товарищу Сталину за наше счастливое детство!».

— Мама, разлученная с детьми, металась в поисках выхода, но наталкивалась на стену. Однажды ей удалось тайком встретиться со мной. Это было, когда я учился в 59-й школе, в Староконюшенном переулке. Незнакомая женщина подошла на перемене, сказала, что в подъезде соседнего дома ждет мама. Видимо, кто-то передал отцу, и меня сразу отправили в суворовское училище. Думаю, еще одной причиной такого решения был мой характер, слишком мягкий, на взгляд отца.

Мама в это время бедствовала, пыталась устроиться на работу. Но как только в отделе кадров видели паспорт со штампом о регистрации брака с Василием Сталиным, отказывали под любым предлогом. Помог случай. Узнала ее историю домоуправ, женщина грубоватая, курящая и материщинница. Совершила она по тем временам смелый поступок — сожгла мамин паспорт в печке и похлопотала о новом, уже без штампа.

Когда умер Сталин, мама послала письмо Берии с просьбой вернуть детей. Слава Богу, что оно не успело найти адресата — его арестовали. Иначе могло это кончиться плохо. Написала Ворошилову, и только после этого нас вернули маме. Мы и сейчас живем вместе — я и мама. У сестры Надежды своя семья. Иногда спрашивают: почему люблю ставить спектакли о нелегких женских судьбах? Из-за мамы.

— Как вы относитесь к отцу теперь, с высоты своего жизненного опыта?

— Не забыл ничего. Но не могу быть ему судьей. Иногда, размышляя о судьбе отца, думаю, что в его гибели во многом виновато и окружение — льстецы, прихлебатели, собутыльники, внушавшие, что ему все дозволено.

По натуре был он добрым человеком. Любил дома мастерить, слесарить. Близко знавшие говорили о нем: «золотые руки». Был отличным летчиком, смелым, отчаянным. Участвовал в Сталинградском сражении, в битве за Берлин. ? ? ?

Жизнь его окончилась загадочно, трагически. В 1953 году, после смерти Сталина, Василий Иосифович был арестован и просидел в тюрьме восемь лет, сначала в Лефортовской в Москве, потом во Владимире. По указанию Хрущева был освобожден. Хрущев пригласил к себе, принес извинение за несправедливый арест. Отцу вернули звание генерал-лейтенанта, дали квартиру на Фрунзенской набережной. Но затем предложили уехать из Москвы, выбрать для жительства любое место, кроме Москвы и Грузии. Отец выбрал Казань, где служили летчики-однополчане. А вскоре пришла телеграмма с сообщением о смерти. Вместе с Капитолиной Георгиевной и Надей мы ездили его хоронить. Как и от чего отец умер, нам никто объяснить внятно не смог...

— Итак, замкнулась цепь трагических событий в семье, начавшихся самоубийством жены Сталина, вашей бабушки Надежды Сергеевны Аллилуевой.

— Сталин не простил жену за то, что она решила уйти из жизни. А в семье осталась о Надежде Сергеевне добрая память, ее любили все.

— Когда состоялся XX съезд, вам было уже пятнадцать лет, вполне сознательный возраст. Стало ли откровением то, о чем говорилось на съезде?

— Пожалуй, нет. Многие мамины подруги сидели в лагерях. Сама она жила под постоянной угрозой ареста. По семь-восемь лет провели в одиночных камерах многие из семьи Аллилуевых. Я знал

419

об этом. И относился ко всему так, как все нормальные люди.

Но для окружающих мы были родственниками Сталина. Замолчал на многие месяцы телефон. Ретивая директриса в школе начала придираться к нам с сестрой по каждому поводу, мы стали персонами нон грата. Пришлось перейти в другую школу.

— А потом — мешало или помогало то, что вы внук Сталина?

— Однажды помогло. А было это так. Учился я актерскому мастерству у Олега Ефремова. Но очень хотел стать режиссером. И Ефремов порекомендовал меня замечательному педагогу, профессору ГИТИСа Марии Осиповне Кнебель. Каким же это было счастьем — встреча с ней, каким подарком судьбы! Она стала для меня наставником, другом, второй матерью. Своей доброй рукой она сняла с меня этот мучивший постоянно комплекс «внука Сталина». (Она так писала о своем ученике Саше Бурдонском: «Придя в ГИТИС, он был очень зажатым, неуверенным в себе... Боялся обидеть кого-то. Но все же, ломая свою робость, всегда выступал правдиво, искренне... Как из самого робкого студента первого курса формируется человек, которому весь курс соглашается подчиняться? Тут решает многое — и способности, и человеческие качества. И чуткость, и манера общения, и выдержка, и воля.)

Мария Осиповна потом рассказывала, о чем думала при первой нашей встрече: «Вот сидит передо мной потомок страшного человека, причинившего мне много боли, репрессировавшего брата. И у меня в руках его судьба. Так что же, отомстить ему? Но он-то в чем виноват, такой худенький, беззащитный? И захотелось приласкать, погладить, защитить». У этой маленькой женщины было большое сердце.

К сожалению, так думают не все. Иной у афиши гадает: что я хотел сказать тем или этим спектаклем? Против кого и в чью защиту?..

Все пережитое в прошлом? Нет. И от комплекса, пожалуй, не избавился до конца. В «Годах странствий» Арбузова, где я играл в ГИТИСе Ведерникова, он спрашивает у сержанта: «Куда уходят все дни?». А тот отвечает: «А куда им уходить, они все с нами...».

Думаю, что театр может многое изменить в жизни, помогает человеку узнать самого себя, бороться против насилия, физического и нравственного. Что касается всего, что мы сегодня называем сталинизмом и феноменом Сталина, то надо разобраться в этом явлении как художнику, не беря на себя роль судьи.

Мечтаю ставить классику. Она касается вечных тем, исследует глубины человеческой души, проблемы власти.

Люблю актеров своего театра, особенно Людмилу Касаткину, Владимира Зельдина, Нину Сазонову, своих молодых друзей. Выбирая пьесы, хотелось бы учесть и их интересы, этим сейчас живу. Ведь мой родной дом — в театре.

С его ответами в опубликованном интервью многие близко его знающие не могут согласиться. Приведу отрывок из моей беседы с Е. Я. Джугашвили:

— Евгений Яковлевич, недавно в телевизионной

передаче «Взгляд» и газете «Вечерняя Москва» сын Василия Сталина — Александр Бурдонский заявил, что при жизни Иосифа Виссарионовича Сталина он постоянно ощущал страх, а когда умер его грозный дед, почувствовал «облегчение» и не плакал, потому что не любил Сталина.

— В 1953 году я и Саша находились в Калининском суворовском военном училище. В выпускном и начальном классах соответственно. Мне было семнадцать лет, ему — одиннадцать. В слезах были все — и командование училища, и преподаватели, и все мы, воспитанники, как и весь советский народ. Поэтому мне было странно услышать такое его заявление. Что касается его «облегчения», то трудно поверить, чтобы мальчик в одиннадцать лет так тонко и так по-современному понимал и тем более осуждал деятельность Иосифа Виссарионовича Сталина.

В Москве живет дочь Василия — Надежда Васильевна Сталина. После окончания средней школы она поступила в театральное училище, но не окончила его. Переехала в Грузию, в Гори. Получила там квартиру. После третьего курса оставила институт и вернулась в Москву. Вышла замуж за сына писателя Фадеева. Имеет тринадцатилетнюю дочь. Очень дорожит своей семьей. Как и отец, любит животных, особенно собак. Может, встретив брошенную на улице бездомную собаку, взять себе в дом. Невысокого роста, худощавая. Считает, что о многих преступлениях, свершившихся в период культа личности, ее дед Сталин не знал, что во многом виновато окружение, прежде всего Л. П. Берия».

ОЛЬГА ПИТЕРС —

АМЕРИКАНСКАЯ ВНУЧКА

«ОТЦА НАРОДОВ»

Паразит Народов.

Естественные законы человеческого тела и духа — основа воспитания ребенка.

Наполеон сказал, что будущая судьба ребенка всегда есть дело его матери. И если справедливо, что характер человека определяет его судьбу, то без сомнения, никто другой в такой мере не создает судьбы ребенка, как мать, которая пробуждает и водворяет на нем первые знания, первые чувства и первые желания.

И в самом деле — мать производит дитя не только из своего тела, но и из своей души. Она есть главная воспитательница и хранительница душевных и физических сил человека.

Софокл утверждал: «Тот, кто входит в дом тирана, становится рабом, хотя бы и пришел свободным!» Дочь тирана Светлана Аллилуева писала: «Вся жизнь моя проходила за кулисами. А разве там не интересно? Там полумрак; оттуда видишь публику, рукоплескающую, разинувшую рот от восторга, внимающую речам, ослепленную бенгальскими огнями и декорациями; оттуда видны и актеры, играющие царей, богов, слуг, статистов; видно, когда они играют, когда разговаривают между собой как люди. За кулисами полумрак, пахнет мышами и клеем, старой рухлядью декораций, но как там интересно наблюдать! Там проходит жизнь гримеров, суфлеров, костюмерш, которые ни на что не променяют свою жизнь и судьбу, — и уж кто как не они знают, что вся жизнь — это огромный театр, где далеко не всегда человеку достается именно та роль, для которой он предназначен. А спектакль идет, страсти кипят, герои машут мечами, поэты читают оды, венчаются цари, бутафорские замки рушатся и вырастают в мгновение ока, Ярославна плачет кукушкой на стене, летают феи и злые духи, является тень Короля, томится Гамлет, и — безмолвствует Народ».

Рожденная в доме тирана Светлана Аллилуева всей душой рвалась к свободе. Так она оказалась в Соединенных Штатах, где в третий раз вышла замуж и родила дочь Ольгу — американскую внучку «отца всех народов».

Не обошлось без трудностей.

«Ольгу направили к логопеду, так как она еще совсем не говорила, а ей уже было два года.

У врача меня попросили заполнить анкету-вопросник. Как только врач начала читать, она переменилась в лице: родители ребенка были старыми; моя мать застрелилась; мой брат был алкоголик и умер от этого. Врач смотрела на Ольгу, и я видела, что ничего хорошего она не ожидала от этого ребенка... Очень осторожно она объяснила мне, что следует провести ряд исследований и тестов. «Мы должны проверить ее слух, возможно, она не слышит», — сказала врач.

Я пришла домой в слезах, представляя себе эти бесполезные тесты, которые быстро сделают ее больной и безнадежной. Безусловно, врач уже вообразила у Ольги ряд «врожденных» дефектов. Я побежала через улицу к соседке, практиковавшей лечение по методу христиан-сайентистов. Выслушав меня, она рассмеялась: «Конечно! Я давно говорила вам, что ничего хорошего врачи вам не предложат».

Потом она долго, спокойно объясняла мне, что ребенок, конечно, абсолютно здоров, но страхи и беспокойство матери могут отразиться в ее поведении, как в зеркале. Что ее скованность и нерешительность в разговоре — «она никак не начинает говорить» — по существу отражают состояние матери. Она абсолютно отбросила всякие упоминания о родичах и предках, как не относящиеся к делу, посоветовав мне никогда не верить этим предрассудкам, — и это было для меня, как бальзам! Американцы только и говорят что о генах и наследственности, негативной, конечно.

Соседка дала мне «Науку и здоровье» — книгу Мэри Бейкер Эдди, а также другую специальную литературу, и я начала изучать все это. Вскоре я стала чувствовать себя куда более оптимистически, и постепенно возвратилась ко свойственному мне с детства оптимизму.

Я дремала на припеке, думая, каким благословением был для меня этот поздний ребенок, моя Ольга. Как полна моя жизнь благодаря ее присутствию. Как много счастья мы обрели в совместной простой ежедневной жизни. И в такие благословенные моменты я чувствовала, что я не должна никогда жаловаться. А просто плыть по течению широкой реки Жизни, которая знает, куда ведут ее потоки.

Теперь, после первых беззаботных лет в Америке, после неудавшегося замужества, снова в Принстоне, одна, с моей маленькой дочкой, я была куда более в ее руках, нежели она была в моих. Вся моя жизнь теперь вращалась вокруг ее воспитания.

Теперь я встречалась не с издателями и редакторами, а с детскими врачами и бебиситтерами. Потом — с ее учителями и с родителями ее одноклассниц. Она поистине стала центром всего земного вращения для меня. Странным, непредвиденным образом я вновь переживала столь хорошо мне известный образ существования в России, где я растила моих двух детей одна, в разводе.

Вместо «русских специалистов», профессоров русского языка и знатоков «советских дел» теперь я находилась среди более нормальных людей, безусловно отдаленных от политики, а также непохожих на «экстравагантные характеры» Талиесина. Все было теперь проще, обычнее и легче.

Вэс приезжал в Принстон четыре раза повидать дочь, когда она была еще совсем маленькая. Потом исчез с нашего горизонта на долгих шесть лет, без всяких объяснений. От его сестры я знала, что он жив и здоров. А потом он вдруг появился снова, когда Ольге было уже 10 лет, и они были оба молчаливы и застенчивы, как чужие. Вэс — не тип родителя по натуре, он никогда не знал, что делать с детьми, и сам признавался в этом. И, несмотря на артистизм Ольги — она хорошо танцевала, пела, играла, рисовала, — они не могли найти общего языка.

Как всякий американский ребенок, она проводила много часов перед телевизором, и детские программы были действительно очень хороши. Телевидение стало моим большим помощником. Такие программы, как «Соседи мистера Роджерса» и «Улица Сезам» помогли Ольге стать как все дети и очень способствовали ее развитию. Это было как раз то, чего я так хотела! Я никогда не научила ее ни слову по-русски, пока мы жили в США и в Англии, и она чувствовала себя стопроцентной американкой, без эмигрантского «расщепления личности».

Английский алфавит она выучила при помощи телевидения, которое также проводило игры, снабжало ее смешными историями, учило элементарной вежливости и поведению, рассказывало о мире. На этой ранней ступени телевидение было нашим хорошим другом и учителем, еще не врагом! Это был лучший бебиситтер: иначе я не смогла бы отойти ни на минуту от ребенка. Постоянных нянек я твердо решила не нанимать, чтобы девочка росла со мною и всегда помнила бы детство «с мамой», — то, чего не было у меня.

Образовательные программы для самых маленьких мы смотрели вместе, телевизор был в ее детской, она даже ела, глядя в телевизор, — как все американские дети. По вечерам, когда она засыпала в своей спаленке наверху, я усаживалась, смотря допоздна старые классические фильмы Голливуда или прекрасные работы английского Би-Би-Си. Это было все так непохоже на воспитание моих детей в Москве! Они проводили много времени с няней, которая могла в лучшем случае читать им вслух или играть с ними.

Ольга была куда более независимой и сильной с

самого же начала, чем они. Прежде всего, она никогда не оставалась сидеть дома и с ранних дней сопровождала меня повсюду. Вэс и я взяли ее в ресторан с нами, когда ей был всего месяц: она спокойно лежала на коленях у отца. Позже мы всегда брали ее с собой в ресторан «Спринг-Грин» — предмет гордости Вэса, участвовавшего в постройке этого здания, спроектированного Райтом. Тут она оставалась в своем пластмассовом «сиденье», поставленном на свободный стул. Она путешествовала самолетом и машиной и любила компанию чужих людей, всегда улыбавшихся ей. В супермаркетах она всегда была со мною, сидя на тележке для покупок, — как это делают американские дети. Затем пришло телевидение, потом ясли и детский сад... Ее детство было куда интереснее и многообразнее, чем детство, например, моего сына, просидевшего все первые семь лет на даче со старой малограмотной нянькой.

В два с половиной года Ольга пошла в ясли при пресвитерианской церкви в Принстоне. Матерям разрешалось помогать учителю водить малышек в уборную — они все еще носили «памперс» — специальные бумажные пеленки, которые выбрасывались, а не стирались. Атмосфера американских ясель, лишенная какой бы то ни было дисциплины в ее первоначальной форме, была новостью для меня: но я понимала, что мне тоже надо переучиваться, если я хочу растить дочь по-американски.

В те годы нас нередко посещали в Принстоне тетка и дядюшка Оли — мистер и миссис Хайакава. Дядя Сэм (как его на самом деле звали) обожал

Ольгу и называл ее «своей маленькой подружкой». Оба они отлично понимали, почему я оставила Талиесин, и заверяли меня, что Ольга и я «всегда останемся членами семьи», что бы ни случилось.

Группа дам из пресвитерианской церкви решила помочь нам в нашем устройстве в Принстоне. Раньше я никогда не сталкивалась с институтом «бебиситтеров», но теперь надо было привыкать к новым методам. Оказалось, что существовали агентства, где легко можно было получить студента или студентку на несколько часов для того, чтобы они посидели с ребенком в ваше отсутствие. За последовавшие десять лет в Принстоне через наш дом прошло колоссальное количество бебиситтеров, начиная от девочки двенадцати лет до пожилых дам на пенсии. Девочка была лучше всех, она была из католической многодетной семьи. Пожилые дамы были хуже всего — мне приходилось оставаться дома и помогать им... Мы с Ольгой просто боялись одной старой сварливой ирландки. Приходили студенты, хорошие и плохие; приходили развязные школьницы, курившие в детской и приводившие своих «мальчиков»; но только одна из всех наших бебиситтеров достойна специального рассказа.

Ее рекомендовали церковные дамы, так как она была слушательницей семинарии в Принстоне — то есть «надежный человек». Высокая, длинноногая, лет тридцати и в мини-юбке по моде тех дней. У нее были бархатные глаза, темные волосы, распущенные по плечам, и прекрасный голос. Она была профессиональной певицей, играла в оркестре на французском рожке, учительствовала недолго — но по-

429

том решила попробовать пойти в семинарию. Все пути открыты женщинам в пресвитерианской, довольно либеральной и модернизированной, церкви.

Придя к нам в первый раз, она честно созналась, что не любит детей, так как ей вечно приходилось сидеть с детьми ее сестры. Она была веселой, приветливой и охотно рассказывала мне о своей жизни. Вскоре она попросила разрешения привести с собою вечером своего кавалера, также студента семинарии, женатого человека. «Я узнаю нечто новое о семинариях! — подумала я. — Женатый священник — любовник?» — «О, он не обращает на это внимания. Он со мной», — сказала она с легкостью.

Однако я отвергла эту идею. Не в моем доме, пожалуйста. Она была, действительно, очень хороша собою, и по-видимому, новыми правилами семинаристам совсем не были запрещены земные наслаждения. Оказалось — что совсем рассмешило меня — она была также очень хорошей проповедницей! Ее с удовольствием посылали читать проповеди по воскресеньям в различные церкви — для практики. Я любила ее болтовню и ее истории, и она привязалась ко мне.

Когда Ольга была совсем малышка, я брала ее с собой в церковь и потихоньку давала ей изюм и печенье, чтобы рот был занят и она не закричала бы. Позже она привыкла находиться в церкви Всех Святых и пела гимны по книжке вместе со мной. Ничего нет лучше, как это совместное пение, не хор — а вы сами участвуете, и это всегда глубоко трогает. В пасхальную неделю, в Вербное Воскресенье, в предрождественские недели мы были в церкви Всех

Святых, и наши праздники в те годы ассоциировались с нею. Ректор ее, полный, веселый человек с голубыми глазами и маленькой бородкой, отец четырех детей, научил меня читать и изучать Библию на английском языке (в традиционной версии короля Джеймса). Как только «Отче Наш» на английском начал звучать натурально, я начала молиться по-английски. Мне ни разу не казалось, что это была «чуждая церковь». Скорее, подтвердилась старая истина, высказанная еще Махатмой Ганди: «Бог — один, но дорог к нему много, и все они — истинны». Но я никогда, никогда не забывала молитвы Святому Духу, которой научил меня крестивший меня в Москве о. Николай Голубцов; и этой молитвы я не находила нигде на английском языке. Она принадлежала только православию.

Я всегда чувствовала себя плохо, когда на меня начинали «нажимать» духовные пастыри, тянуть, тащить, подсказывать и обучать. Я знала глубоко в сердце, что мой Творец любит меня и помогает мне и что для этого совсем не всегда нужны церковь или поп.

Начиная с яслей Ольга проводила много времени вне дома, потому что я считала, что ей нужно общество детей ее возраста. Дома только нас двое да телевизор, и для некоторых детей этого достаточно. Но в Ольге чувствовалась энергия на троих, которой нужен был выход. Я просто не могла удовлетворить ее больше: она всегда любила большую компанию — лагерь, школу, где больше шума — там лучше!

В яслях пресвитерианской церкви учительница миссис Томас разговаривала с двухлетними так, как если бы они были уже в детсаду. Она давала им работать с красками, двигаться под музыку, карабкаться по трапециям и лестницам, возиться в песке. Я часто была матерью-помощницей и старалась изо всех сил удержать детей от падения, от попыток убежать через открытую дверь или от плача. Но весь день я только и слышала от учительницы: «Миссис Питерс! Оставьте их! Дайте им выразить себя!» — что включало падение и разбивание носов и громкий плач... Мои попытки защитить их только раздражали ее. «Миссис Питерс! — снова слышала я, — у нас не следят за детьми подобным образом! Мы даем им привыкать к шишкам! Оставьте их!» Я считала, что она третировала меня с садизмом. Другие матери все были вдвое меня моложе. Она никогда не разговаривала со мной после рабочего дня, и однажды, когда я встретила ее на обеде у друзей, — она отвернулась, сделав вид, что не знает меня. Но Ольга многому научилась в этих яслях.

Однажды мы поехали навестить старую тетушку Вэса в доме престарелых в Медоулейксе, недалеко от Принстона. Сердце разрывалось при виде десятков рук, протянувшихся к моей трехлетней Ольге в столовой, — только чтобы тронуть ее! И она пошла от стола к столу, улыбаясь всем, давая себя потрогать и погладить, как будто девочка знала, как она была им нужна.

После ее обычных часов в школе Монтессори я везла ее на плавание, которое было так полезно ей. Затем были уроки танца, где она научилась двигаться в ритме и даже отбивала чечетку в специальных туфлях с подковками. Затем были уроки музыки по японской системе «Ямаха». Это включало также участие родителей: мы вместе с детьми пели, танцевали, участвовали в чтении нот. Когда дети смогли заучить названия нот, они перешли к маленьким электрическим органам. Это были интересные уроки, и девочка наслаждалась ими. А вечером, после долгого дня, у нас еще был телевизор — новости, фильмы. Потом ванна и спать...

Теперь я редко засиживалась допоздна, обычно отправляясь спать одновременно с Ольгой. Таков был наш образ жизни вместе в течение десяти долгих лет, одинаковый в Принстоне и в Калифорнии. (Только в Англии все было иначе — Ольга жила в пансионе, а я осталась совсем одна.)

Моему сыну и дочери в СССР, очевидно, было запрещено писать или звонить мне. Долгое время я посылала сыну все наши новые адреса и номера телефонов; писала я ему всегда на клинику, где он работал врачом. Я не имела новостей от него вот уже девять лет. Только раз я попробовала позвонить ему по телефону: мы успели сказать: «Алло» — и нас разъединили. Затем телефонистка в Москве передала американской телефонистке, что «линия испорчена». Я и не пыталась звонить опять, так как понимала, что нам «нет разрешения» разговаривать по телефону. От моей дочери Катерины не было вообще ни слуху ни духу. От сына было несколько писем в 1967—68 годах.

Затем вдруг пришло письмо от него, переданное через американского корреспондента в Москве, но он не привез его прямо мне, а переслал сначала в Госдепартамент. Там прочли, поломали голову и пе-

433

реслали письмо к послу Кеннану в Принстон: раз уж он мой «опекун», то пусть и решает как быть. Все были встревожены этим письмом, написанным в июне 1975 года. И наконец, в августе, я была приглашена к Кеннанам «на чай», и он вручил мне письмо, уже прочитанное и, по-видимому, обсужденное во многих инстанциях... В письме сын, который был разведен в то время (жена ушла от него и забрала моего внука с собой) жаловался на полнейшее одиночество и просил меня вызвать его в США с целью остаться здесь со мной насовсем. Поэтому все так и встревожились!

Посол Кеннан заявил мне совершенно четко и ясно: «Мы поможем ему приехать и повидать вас. Но вы должны дать нам слово, что он уедет обратно. Иначе будет скандал».

Я никак не могла собраться с мыслями, потому что вообще не слышала ни слова от сына вот уже много лет, и вдруг — такая просьба! Надо вспомнить, что в начале 70-х годов много евреев, а также и неевреев выехало из СССР. Вероятно, он надеялся, что в этих обстоятельствах будет возможно вызвать и его. Но он переоценивал мои возможности. И тут мне было ясно сказано: «Дайте слово, что он уедет назад в Москву».

Такого слова я дать не могла, потому что, если бы мой сын приехал в Штаты, я никакими усилиями не смогла бы усадить его в обратный самолет в Москву... И он так прямо и говорил: «чтобы остаться с тобой». Я никаких обещаний не дала, а просто ответила, что «в таком случае лучше ему сюда не приезжать».

Меня поразило бессердечие Кеннана, который столько времени играл перед всеми роль моего ближайшего и понимающего меня друга. Как вообще можно было мне предлагать такую игру?.. Такое «соглашение»?..

И все контакты прекратились. Я не слыхала больше ничего от моего сына вплоть до тех дней, когда мы переехали в Англию. Я сообщила ему наш новый адрес и телефон, и он вдруг позвонил мне в Кембридж, где я жила... Но об этом еще впереди.

Я бежала от коммунизма в противоположный лагерь, и Советы наказывали меня за это, лишая мать возможности контактов с ее детьми. То есть в СССР меня рассматривали как политическую преступницу. Но в Штатах, где все более сгущались антисоветские настроения — ко времени выборов Рейгана в президенты, — на меня начинали смотреть как на «представительницу СССР». Даже моя дочь, которую никогда никто не спрашивал в школе о ее предках и все относились к ней хорошо, вдруг начала испытывать отчуждение. Вдруг ее перестали приглашать в гости девочки. А некоторые учительницы (не монахини, а из нанятых, светских учительниц) вдруг начали находить в ней уйму недостатков! Я обратилась к детскому психологу, и она советовала мне просто взять девочку из школы — из той самой школы, в которую я была так счастлива ее отдать!.. Ольгу теперь охарактеризовали как «проблемного ребенка». В школе была новая директриса, новые учительницы, имевшие своих любимиц, и Ольга начала жаловаться мне на то, что девочки плохо к ней относятся. Это было нечто новое...»

Чувства и влечения ребенка отличаются от наших чувств и влечений. Ведь мы — взрослые люди. Дети воспринимают действительность по-иному. Любое сказанное нами слово может быть неверно истолковано.

Оуэн Д. Юнг сказал: «Человек, способный поставить себя на место другого, понять его образ мышления, может не беспокоиться о том, какое будущее его ожидает».

Блестящее будущее ждет тех, кто нашел в детстве понимание.

ЛИЧНЫЕ МОТИВЫ ХРУЩЕВА

11 сентября 1971 года ушел из жизни Никита Сергеевич Хрущев. Ему продолжают мстить за доклад на XX съезде КПСС, за последующий разгром «антипартийной группы», за вынос (по решению XXII съезда КПСС) тела Сталина из Мавзолея на Красной площади. Многие стараются убедить общественное мнение о том, что основной причиной хрущевской критики Сталина и сталинщины явились личные мотивы, связанные с гибелью его старшего сына Леонида.

Конечно, личные мотивы никогда нельзя отвергать полностью. Именно этими мотивами бывший секретарь Сталина Борис Бажанов объяснял и возвышение Хрущева.

В свое время Никита Хрущев учился в Промышленной академии. «Это был 1932 год, когда Сталин развернул гигантскую всероссийскую мясорубку — насильственную коллективизацию, когда миллионы крестьянских семей в нечеловеческих условиях отправлялись в концлагеря на истребление. Слушатели Академии, люди, приехавшие с мест, видели своими глазами этот страшный разгром крестьянства. Конечно, узнав, что новая слушательница — жена Сталина, они прочно закрыли рты. Но постепенно выяснилось, что Надя превосходный человек, добрая и отзывчивая душа: увидели, что ей можно доверять. Языки развязались, и ей начали рассказывать, что на самом деле происходит в стране (раньше она могла только читать лживые и помпезные реляции в советских газетах о блестящих победах на сельскохозяйственном фронте). Надя пришла в ужас и бросилась делиться своей информацией к Сталину. Воображаю, как он ее принял — он никогда не стеснялся называть ее в спорах дурой и идиоткой. Сталин, конечно, утверждал, что ее информация ложна и что это контрреволюционная пропаганда. — «Но все свидетели говорят одно и то же». — «Все?» — спрашивал Сталин. — «Нет, — отвечала Надя, — только один говорит, что все это неправда. Но он явно кривит душой и говорит это из трусости, это секретарь ячейки академии — Никита Хрущев». Сталин запомнил эту фамилию. В продолжавшихся домашних спорах Сталин, утверждая, что заявления, цитируемые Надей, голословны, требовала, чтобы она назвала имена: тогда можно будет проверить, что в их свидетельствах правда. Надя назвала имена своих собеседников. Если она имела еще какие-либо сомнения насчет того, что такое Сталин, то они были последними. Все оказавшие ей доверие слушатели были арестованы и расстреляны. Потрясенная Надя наконец поняла, с кем она соединила свою жизнь, да, вероятно, и что такое коммунизм; и застрелилась. Конечно, свидетелем рассказанного здесь я не был; но я так понимаю ее конец по дошедшим до нас данным.

А товарищ Хрущев начал с этого периода свою блестящую карьеру. В первый же раз, когда в Московской организации происходили перевыборы районных комитетов и их секретарей, Сталин сказал секретарю Московского комитета: «Там у вас есть превосходный работник — секретарь ячейки Промышленной академии — Никита Хрущев; выдвиньте его в секретари райкома». В это время слово Сталина было уже закон, и Хрущев стал немедленно секретарем райкома, кажется Краснопресненского, а затем очень скоро и секретарем Московского комитета партии. Так пошел вверх Никита Хрущев, дошедший до самого верха власти.»

Автор статьи «Лжедмитрий», опубликованной в газете «Московские новости», по архивным документам и рассказам очевидцев попытался проследить подлинную историю Леонида и корни слухов о его смерти. Фотографию Леонида предоставил редакции его сын Юрий Леонидович; он, кстати, унаследовал профессию отца, бережно хранит в домашнем архиве копию его личного дела, другие документы.

Время от времени в российской прессе, бьющейся за тираж, проскакивают сенсации. К ним относятся рассказы о необыкновенной судьбе сына

438

Хрущева от первого брака. Эхо этих историй даже перелетело океан. В выходящей в США газете «Новое русское слово» (26 января 1996 года) была перепечатана из декабрьского номера за 1995 год московской «Экспресс-газеты» заметка бывшего генерала КГБ Вадима Удилова о том, как сын Хрущева Дмитрий был выкраден из немецкого плена генералом КГБ Судоплатовым и расстрелян за предательство — он-де согласился сотрудничать с врагом.

Начнем с того, что сына Дмитрия у Никиты Сергеевича не было. Можно только догадываться, что речь идет о сыне Хрущева от первого брака (его первая жена умерла в 1919 году от тифа) по имени Леонид. Летчик, старший лейтенант, он участвовал в боевых вылетах с первых дней войны. Успел сделать пару десятков вылетов, был представлен к награде, но 26 июля 1941 года его самолет СБ (средний скоростной бомбардировщик) был подбит после бомбардировки станции Изоча и еле дотянул до нейтральной полосы. При посадке самолета на поле Леонид сломал ногу, затем долго лежал в госпитале в Куйбышеве. Здесь, как рассказывает генерал Степан Микоян (он тогда в звании лейтенанта лечился в том же госпитале), произошло следующее: «Однажды в компании раненых оказался какой-то моряк. Когда все были сильно «под градусом», кто-то сказал, что Леонид Хрущев очень меткий стрелок. Моряк — на спор — предложил Леониду сбить бутылку с его головы. Тот долго отказывался, но потом все-таки выстрелил и отбил у бутылки горлышко. Моряк стал спорить, доказывать, что горлышко «не считается», надо попасть в саму бутылку. Леонид снова выстрелил и попал моряку в лоб».

Простого летчика за эту «игру в Вильгельма Телля» (такая игра была, оказывается, в ходу в госпиталях, на тыловых переподготовках и т. п.) наказали бы строго. Но в данном случае речь шла о боевом летчике после тяжелого ранения, да еще и сыне члена Политбюро. Все очевидцы показывали, что инициатива в том печальном случае исходила не от Леонида, а от погибшего моряка. Трибунал приговорил Леонида к штрафбату (по другим данным — к 8 годам лагерей), но в качестве особой поблажки разрешил отбывать наказание в авиации. Леонид попросился на истребитель и воевал отчаянно. 11 марта 1943 года его самолет был сбит около поселка Жиздра над оккупированной территорией. Командующий фронтом предложил Никите Хрущеву послать поисковую группу, но тот отказался: риск ничего не найти, но погубить людей был слишком велик.

Никаких документов и сведений о том, что Леонид Хрущев попал в плен, не было и нет. «Российская газета» в феврале 1995 года в статье «Нашли могилу Хрущева?» (более полная статья «Сын Н. С. Хрущева погиб на Брянщине?» в «Брянском рабочем» от 20 января 1995) сообщает, что в высохшем болоте около городка Фокино (в 45 километрах от Жиздры) на Брянщине местная поисковая группа (руководитель Валерий Кондрашов) нашла обломки самолета, а в нем — останки летчика. По некоторым приметам (тип истребителя «Як-7», меховой шлемофон того же вида, что носил Леонид, дата на пулемете — 1943 год), похоже, что это как раз и есть самолет

Леонида. Я пишу так осторожно потому, что тип истребителя совпадает, но немного не та модификация, на которой обычно летал Леонид. Возможно, в этот полет он отправился на другом самолете. К сожалению, пока не удалось отыскать документов на самолет, погибший возле Фокино; если удастся сверить номер двигателя с формуляром (он должен был бы сохраниться в Архиве Министерства обороны), можно будет точно сказать о судьбе Леонида.

А теперь о судьбе легенды по поводу его пленения, похищения и расстрела. До 1969 года об этом никаких разговоров не было. Но именно в 1969 году «наверху» стали склоняться к тому, что нужно реабилитировать товарища Сталина — приближалось его 90-летие. В «Правде» была подготовлена юбилейная хвалебная статья по поводу выдающихся заслуг Сталина перед революцией, страной и миром. Узнав об этом, группа видных ученых и писателей написала в ЦК резкий протест (большую активность проявил известный публицист Эрнст Генри). Письмо подействовало, статью из номера сняли. Но матрица газеты уже летела на Дальний Восток. Дальневосточный номер вышел со статьей! Тогда шутили: мы имеем две правды о товарище Сталине.

Сторонники реабилитации Сталина старались «правдоподобно» объяснить причины разоблачения культа личности на XX и XXII съездах КПСС. Филипп Бобков, заместитель председателя КГБ Юрия Андропова, в те годы возглавлял 5-е управление (борьба с инакомыслием, анекдотами и другой идеологической заразой). Есть сведения, что Филипп

Денисович приложил руку к созданию легенды о «предателе — сыне Хрущева». Любимец Филиппа Бобкова, его подчиненный, генерал Вадим Удилов, выступая в «Экспресс-газете» с «разоблачительным» антихрущевским очерком, проводил линию: «сынок Хрущева» сотрудничал с врагом, агитировал за сдачу советских войск немцам...

А вот версия генерал-майора в отставке Михаила Степановича Докучаева, который 15 лет был одним из руководителей 9-го управления КГБ СССР:

«Хрущев был строг не только с охраной, но и в первую очередь с членами своей семьи. В доме был установлен твердый порядок: ничто не делалось без разрешения. Даже Рада должна была просить автомашину, чтобы доехать до работы.

Никита Сергеевич был женат дважды. Первая супруга умерла рано, и от нее остались сын Леонид и дочь Юля. Вторая его жена, Нина Петровна, подарила ему Раду, Сергея и Елену. Последняя дочь умерла в 28 лет от «волчанки». Вторая хозяйка дома также была строга. Дети и обслуживающий персонал не так боялись Хрущева, как ее. Она мало говорила, но требовательно относилась ко всему и ко всем. Обычно в обществе Нина Петровна старалась держаться в стороне и вести себя скромно. Она выезжала с Никитой Сергеевичем за границу всего лишь один раз — в США и старалась не попадать в объектив фотоаппарата или кинокамеры. Неплохо владела английским языком, но лучше в этом преуспела Рада.

Дисциплина в доме отражалась и на подборе обслуживающего персонала. Водители автомашин были, как правило, люди пожилые, повара, горничные, официантки, садовники — среднего возраста и немного старше. В доме запрещалось курение, и в этом отношении доставалось прикрепленному И. Х. Короткову. Все должны были заниматься своим делом и поменьше попадаться на глаза Хрущеву и хозяйке.

Хрущев очень любил внучку Юлю, дочь Леонида, которая была замужем за известным экономистом Н. П. Шмелевым, но с которым развелась еще до ухода Никиты Сергеевича на пенсию. О Леониде в семье старались разговоров не вести, и все считали, что он погиб на фронте.

У Хрущева была сестра Ирина Сергеевна, добрая старушка, которая иногда приезжала к нему в гости из Калиновки. Она любила собирать на даче яблоки и всех угощала ими. О Никите Сергеевиче она говорила: «Если, бывало, Никита в чем-либо заупрямится, то его всем домом не свернешь».

Особое место занимал в доме Аджубей. Про него ходило много слухов и анекдотов и крылатых выражений. Самое яркое из них — «Не имей сто рублей (или друзей), а женись, как Аджубей». Главным его пороком было то, что он много пил, и особенно после того, как попал в дом Н. С. Хрущева. Видимо, парень дорвался до спиртного и до своих последних дней отказаться от этой привычки никак не смог.

После Сталинградской битвы, примерно в начале марта 1943 года, Сталину позвонил с фронта Хрущев. В то время он был членом Военного совета Юго-Западного фронта, которым командовал Я. Ф. Ватутин. В эту горячую пору Хрущев настоятельно просил

Сталина принять его в любое время. Сразу же после звонка Хрущев вылетел в Москву. Ему недолго пришлось ждать приема, который состоялся в кабинете Сталина в Кремле.

Иосиф Виссарионович предполагал, что Хрущев обязательно обратится к нему по личному вопросу. Дело в том, что незадолго до этого ему доложили, что сын Хрущева Леонид, военный летчик в звании старшего лейтенанта, в состоянии сильного опьянения застрелил майора Советской Армии. Подробности инцидента Сталина не интересовали. Он твердо был уверен, что виноват в свершившемся сын Хрущева. Это не первый случай, когда в порыве алкогольного угара он выхватывал пистолет и налетал на кого-то.

В начале 1941 года с ним уже произошло подобное, он должен был предстать перед судом, но благодаря отцу избежал не только наказания, но и суда. Хрущев со слезами на глазах просил тогда Сталина простить сына и сделать так, чтобы он не был сурово наказан. Обстоятельства дела позволяли пойти на такой шаг, учитывались при этом отношения с Хрущевым в течение долгих лет, совместная борьба с оппозиционерами, вся дальнейшая его деятельность в Москве и на Украине.

Однако на сей раз, как считал Сталин, разговор предстоял тяжелый. Он знал, что Хрущев будет просить, добиваться и умолять о снисхождении к сыну.

Сталин вышел навстречу Хрущеву, они поздоровались и сели друг против друга в мягкие кресла. Чтобы как-то сгладить напряжение и хотя бы на некоторое время отвести мысли Хрущева от того, что привело его сюда, Иосиф Виссарионович стал расспрашивать его о делах на Юго-Западном фронте, о том, как Ватутин справляется со своими обязанностями командующего фронтом, и о перспективах освобождения Донбасса и Украины.

Никита Сергеевич отвечал на вопросы со знанием дела, но чувствовалось, что думы его были о другом. После того как Поскребышев принес чай и вышел, Хрущев решил, что настал момент, когда он может излить душу и изложить свою просьбу.

— Дорогой Иосиф Виссарионович, товарищ Сталин, — начал он, а к горлу подкатил комок горечи, и слезы выступили у него на глазах. Поборов озноб и нервное состояние, Хрущев продолжил: — Вы знаете меня долгие годы. Все это время я отдавал все свои силы, способности, не жалел ни себя, ни здоровья ради дела партии и социализма. Я весьма благодарен вам за оценку моего труда, считаю вас самым близким человеком нашей семьи, учителем, который сделал многое в моем идейном, нравственном и партийном совершенствовании. — Хрущев перевел дыхание, посмотрел на Сталина глазами, полными слез, и вновь, подавив чувство смятения и нервозности, продолжил: — Вся наша семья безмерно благодарна вам, товарищ Сталин, за то, что однажды вы оказали нам огромную помощь и душевное облегчение. Сейчас у нас снова страшное горе. Мой сын Леонид вновь совершил преступление и должен предстать перед судом. Как мне сообщили, ему грозит смертный приговор. Если это случится, то я не знаю, как переживу эту трагическую

445

весть. Своим родным я об этом ничего не говорил и не думаю сообщать. Для них это тоже будет большим ударом.

Иосиф Виссарионович внимательно слушал Хрущева, понимал его состояние, видел, как ему тяжело, но не находил слов, чтобы успокоить его. Поэтому ему ничего не оставалось, как только молча слушать Хрущева.

— Дорогой Иосиф Виссарионович, — при этих словах Хрущев заплакал, а потом стал рыдать. Он все же нашел в себе силы продолжить: — Вся наша надежда на вас, прошу вас, помогите. Мой сын виноват, пусть его накажут сурово, но только не расстреливают. — И он снова зарыдал, уткнувшись лицом в ладони.

Сталин молчал. Он не мог найти слов, чтобы успокоить сидящего перед ним и рыдающего Хрущева. В то же время он мысленно представил себе, что будет с тем, если он скажет ему всю правду и откажет в помощи.

Придя немного в себя, Хрущев вновь стал умолять Сталина о снисхождении к сыну, о смягчении приговора.

Иосиф Виссарионович встал с кресла, подошел к столу, взял трубку и, поднеся зажженную спичку, принялся раскуривать ее. Ему нужно было время, чтобы Хрущев пришел в себя, а он собрался с мыслями и смог сказать ему горькую правду о предстоящей судьбе его сына.

Встал с кресла и Хрущев. Он обтирал лицо платком и ждал ответа на свою мольбу.

Раскурив трубку, Сталин еще некоторое время

молчал, глядя с сочувствием на своего товарища по партии. Чтобы не начинать с главного, он сначала сказал:

— Мне доложили о случившемся с вашим сыном. Я не сомневался, что у нас состоится встреча и разговор о нем. Только из-за большого уважения к вам, товарищ Хрущев, я разрешил вам приехать с фронта в Москву. Партия высоко ценит ваш вклад в строительство социализма, в борьбу с право-троцкистскими и другими оппозиционерами, ваши дела по укреплению Советской власти на Украине и сейчас в борьбе с немецко-фашистскими захватчиками.

Сталин перевел дыхание. Он видел, как Хрущев ловит каждое его слово и ждет, что же он скажет дальше.

— Мне очень хотелось бы помочь вам, Никита Сергеевич, но я бессилен сделать это. Однажды я поступился своей партийной и гражданской совестью, пошел вам навстречу и просил суд помиловать вашего сына. Но он не исправился и совершил еще одно, подобное первому, тяжкое преступление. Вторично нарушать советские законы мне не позволяет моя совесть и горе родственников, советских граждан, явившихся жертвами преступных действий вашего сына.

Сталин мельком взглянул на Хрущева. Тот стоял бледный как полотно. Трудно было представить, что творилось в его душе и сознании. И когда Сталин сказал: «В сложившемся положении я ничем помочь вам не могу, ваш сын будет судим в соответствии с советскими законами», — Хрущев упал на колени, умоляя, он стал ползти к ногам Сталина, который не ожидал такого поворота дела и сам растерялся.

Сталин отступал, а Хрущев полз за ним на коленях, плача и прося снисхождения сыну. Сталин просил Хрущева встать и взять себя в руки, но тот был уже невменяем. Сталин вынужден был вызвать Поскребышева и охрану. Когда те влетели в кабинет, то увидели стоявшего у стола Сталина и валявшегося в судорогах на ковре Хрущева.

Иосиф Виссарионович попросил вынести Хрущева в одну из соседних комнат, пригласить врачей и привести его в чувство, после чего сопроводить до места, где он остановился.

Когда сотрудники охраны и врачи приводили Никиту Сергеевича в чувство, он все время твердил: «Пощадите сына, не расстреливайте. Неужели нельзя этого сделать?».

Этот случай дал повод хождению разговоров среди приближенных Сталина и работников Кремля о трагедии в семье Хрущева и отказе И. В. Сталина в его просьбе о помиловании сына. Происшедший инцидент на встрече Хрущева со Сталиным до сих пор всплывает в разговорах сотрудников безопасности, особенно когда речь заходит об отношениях между Сталиным и Хрущевым. В частности, утверждается, что в этом заключается главная причина всех нападок Хрущева на Сталина, породивших теорию его культа личности. При этом делаются ссылки на неосторожное заявление Хрущева в присутствии своих приближенных, когда он сказал: «Ленин в свое время отомстил царской семье за брата, а я отомщу Сталину, пусть мертвому, за сына, покажу, где живет кузькина мать».

Красноречиво свидетельствует об этом и В. М. Молотов: «Хрущев в душе был противником Сталина... Озлобление на Сталина за то, что его сын попал в такое положение, что его расстреляли... Сталин сына его не хотел помиловать...». Хрущев был очень жадным до всего человеком. Это проявилось у него от малых до великих дел. Он хотел обогнать как можно быстрее Соединенные Штаты Америки по производству продуктов питания и товаров широкого потребления на душу населения, построить коммунизм в течение двух десятилетий, заниматься реорганизацией всего и вся, засеять всю страну кукурузой, экономить даже на таких добрых делах, как ускорение обеспечения жильем населения, и готов был в этих случаях, как говорили, сравнять потолки с полом.

Эту сторону характера Хрущева хорошо подметил Н. В. Подгорный, бывший Председатель Президиума Верховного Совета СССР. Будучи в Ташкенте, он рассказал в узком кругу, где присутствовал и автор этой книги, что когда он с семьей проживал в летние месяцы на даче под Киевом рядом с семьей Хрущева, то мать Подгорного, старая женщина, очень любила на озере ловить на удочку рыбу. Хрущев тоже был заядлым рыболовом. Он заметил, что мать Подгорного всегда с хорошим уловом, а у него что-то не ладилось. Хрущев даже садился с ней рядом, брал у нее насадку, бросал удочку в то же место, но у него рыба не клевала. И наоборот, к матери Подгорного шла удача. Она по-прежнему была с хорошим уловом.

Хрущев на этой почве разругался даже с самим Подгорным, а мать его возненавидел и сказал, чтобы она прекратила ловить рыбу, когда он бывает на озере. Хорошо, что им пришлось разъехаться по работе, а то бы могло кончиться скандалом.

В подтверждение этому можно привести еще один пример. Хрущев любил показать себя перед другими, особенно иностранцами, умелым рыболовом. И, чтобы закрепить за собой это звание, приказывал охране заранее подкармливать рыбу в тех местах, где он будет ловить. Это подметило руководство службы безопасности и, чтобы удовлетворить его тщеславие, создало группу аквалангистов, которые, находясь в воде, так наловчились подставлять рыбу к его удочке, что он всегда был с хорошим уловом и радовался этому до безумия. Хрущев знал об этой затее, но не выдавал ее никому. Так он стал первым в соревнованиях по улову рыбы в Семеновском под Москвой, где однажды устроил пикник для иностранных дипломатов и журналистов. На этом пикнике присутствовал известный советский актер-кукольник Образцов. Он, видимо, догадывался о такой рыбалке, ибо когда его спросили: «А вы что не ловите рыбу?», он ответил: «Разве это рыбалка, когда тебе на крючок насаживают рыбу?». Нужно сказать, что сотрудники охраны такие «рыбалки» устраивали многим высоким иностранным гостям, в частности посещавшим Иссык-Куль и другие места, пригодные для рыбной ловли.

Хрущев отличался незаурядным волюнтаризмом в своих планах, прогнозах и делах. Он много говорил, обещал, всем стремился помогать, даже в ущерб Советскому государству и его народам. Все это породило массу едких анекдотов о нем и нашей действительность. Например, в народе говорили: если хочешь жить при коммунизме, подключи к радио свой холодильник во время выступления Хрущева, и твои мечты сразу сбудутся».

У ТРОНА

«Детей ни дед, ни бабушка не баловали, — писал зять Хрущева Аджубей. — Они, конечно, чувствовали особое положение дома, в котором растут. Никита, когда ему было лет пять-шесть, спросил Никиту Сергеевича:

— Дед, а ты кто? Царь?..

Никита Сергеевич засмеялся, постучал пальцем по лбу мальчишки и ответил:

— Вот в этом месте у каждого человека — царский трон.

В 1964 году Никите было 12, Алеше 10, Ивану 6. Близился тот самый возраст, когда положение деда могло, пусть и невольно, привнести в их неокрепшие натуры не лучшие качества. Уход деда от большой политики они не восприняли с излишней болезненностью, были маленькими. Взрослея, относились к деду с большим вниманием и любовью, скрашивали ему пенсионные годы.

Нина Петровна очень любила младшего внука — Сережу (сына Сергея), родившегося уже после смерти Никиты Сергеевича. Как ни с кем была откровенна со своей тезкой — Ниной — дочерью Юлии, любила ее вторую дочь Ксению.

Я вошел к семью Хрущева в 1949 году, женившись на его дочери Раде. Ей было двадцать, мне двадцать пять лет. Мы учились в Московском университете, готовились стать журналистами. По молодости не заглядывали далеко вперед. Мог ли я предположить, что из молодежной «Комсомольской правды» перейду в солидную, официальную газету «Известия», на должность главного редактора?! И уже вовсе нелепой показалась бы мне мысль о возможной работе вблизи Никиты Сергеевича.

Я видел Никиту Сергеевича в семье, на отдыхе. Теперь у меня появилась возможность наблюдать его в работе в самых разных обстоятельствах...

Я стал газетчиком не сразу. Вначале хотел быть — и почти стал — актером. Учился после войны в школе-студии Художественного театра. Курс мастерства актера вели в нашей группе Павел Владимирович Массальский и Иосиф Моисеевич Раевский — они открыли и вывели на сцену таких талантливых людей, как Олег Ефремов, Михаил Казаков, и многих других. У Олега Ефремова театр навсегда остался первым, самым главным, единственным делом жизни. Немногие знают, откуда у Олега Николаевича эта страстная любовь к театру, к сцене, где ее начало. Биографы знаменитого теперь режиссера отыскивают ее в ночных репетициях будущего театра «Современник», но это не совсем точно — она родилась раньше. Однажды на первом курсе, когда мы играли бессловесные этюды (для драматического актера это такое же нудное занятие, как гаммы для пианиста), Олег оттащил меня в потаенный уголок, сунул в руку какую-то бумажку и сказал: «Читай и, если хочешь, подпиши».

Бумажка содержала клятву верности актерскому братству, верности профессии и ее высокому предназначению. Заметив, что я медлю, добавил: «Но только кровью», — и совершенно серьезно протянул мне лезвие бритвы.

А я актером не стал. Перешел в Московский университет, на филфак, а затем на отделение журналистики. Два начала. До сих пор в снах я иногда продолжаю доигрывать роль Шванди в спектакле «Любовь Яровая». Жаль, что в университете на нашем курсе не нашлось человека с маленькой бритвочкой и текстом профессиональной клятвы. Подпиши мы такую бумагу в начале пути — сам этот путь оказался бы прямее и строже.

В ночь под Новый, 1955 год в Кремле, только что открытом для посещений, состоялся первый молодежный бал. На ближних окраинах Москвы (теперь это почти ее центральные районы) вырастали кварталы новостроек. Надо было как можно скорее разрешить острейшую жилищную проблему. С 1953 года ввод в строй жилья непрерывно возрастал. Наша страна вышла на первое место в мире по темпам жилищного строительства. Сотни тысяч москвичей въехали в отдельные квартиры. Теперь, забыв, с какой радостью и надеждой они следили за строительством Черемушек, презрительно называют эти дома «хрущобами». Кстати, срок их службы был рассчитан на 25 лет, предполагалось, что к 70-м годам все они будут заменены новыми, более комфортабельными. Дома эти даже не ремонтировали толком. Они проседали, наружные стены под дождями и ветрами трескались и ветшали. Даже горные кряжи не в силах противостоять разрушительным силам эрозии — куда уж бетонным плитам злосчастных «пятиэтажек Хрущева»! Только во второй половине 80-х стали думать, как быть с этими непрезентабельными и по нынешним стандартам малоудобными строениями. Замелькали на газетных страницах проекты их перестройки, перепланировки. Оказалось, что в большинстве они вполне выдерживают надстройку, оснащение лифтами и другими коммунальными службами. Дома эти еще послужат людям. В тех самых «хрущобах» до сих пор проживает 60 миллионов человек!

В 1956 году мы с женой были в такой вот пятиэтажке на новоселье у знакомого медика — кандидата наук. Когда гости собрались, хозяин перерезал ленточку открытия своей квартиры. Она висела в дверном проеме совмещенного с ванной клозета. «Впервые за сорок лет, — сказал остроумный врач, — я получил возможность воспользоваться удобствами данного заведения, не ожидая истошного вопля соседа: "Вы что там, заснули?!"»

На лужниковских болотах в кратчайшие сроки построен знаменитый теперь стадион имени Ленина. Застраивался Ленинский проспект, на Калининском вставали модерновые тридцатиэтажки, в Кремле построили Дворец съездов (его называли «стиляга среди бояр»).

Многое шло тогда вместе со словом «впервые». Это «впервые» усиливалось и в нас самих, в наших новых отношениях друг с другом, в причастности к общему, в атмосфере подъема общественной энергии.

Несколько раз еще при жизни Сталина бывал я в «закрытом» Кремле, когда машина Хрущева сворачивала к Спасским воротам и останавливалась на Соборной площади. Ночное возвращение на дачу вместе с Никитой Сергеевичем затягивалось. Хрущев куда-то уходил, а я ждал его. Кремль казался затемненным. Редкие фонари не справлялись с матовой плотной темнотой. Ни света из окон, ни сияющих теперь подсвеченных куполов. Изредка площадь пересекал спешащий человек. При самой малой игре воображения легко было представить себе Кремль времен царя Ивана или Бориса Годунова. Недаром Охлопков так мечтал поставить в Кремле историческое действо. Наверное, это было бы потрясающе.

На новогоднем балу в честь открытия Кремля сотни юношей и девушек танцевали в его залах, перебрасывались снежками у крутого спуска Кремлевского вала, чувствовали себя свободно, будто бывали здесь не раз. Так ведут себя в родительском доме, у близких людей, где можно быть самим собой.

У меня в семье как раз не было ни арестованных, ни казненных, но я не могу спокойно слушать исповедь человека, прошедшего все круги ада. Мои дети, выросшие в доме более чем благополучном, сохранили искреннее уважение и любовь к своему деду Никите Сергеевичу Хрущеву еще и потому, что он вошел в их сознание человеком, освободившим миллионы людей от унижений, участи врагов народа.

Дедушка и бабушка держались с внуками (их было четверо — трое наших сыновей и сын Сергея — тоже Никита, как наш старший) ровно, не приставали к ним с нравоучениями, тем более не жучили их лишними требованиями — учиться, стараться и тому подобными. Старшая внучка — Юлия Леонидовна, воспитывавшаяся в доме Хрущевых как дочь, — после гибели на фронте ее отца и ареста матери жила уже отдельно, своей семьей. Никита Сергеевич любил, чтобы дети чаще бывали возле него, чтобы мы непременно привозили их в выходные дни на дачу, а во время отпуска брал их на юг — в Крым или на Кавказ. Единственно, чем докучала им бабушка, так это требованиями выполнять летние задания по английскому языку. Теперь они благодарны ей: обходятся без переводчиков, читая необходимую им литературу, — Никита как экономист, Алеша как биофизик, Иван как биохимик.

Родился я в знаменитом на весь мир древнем городе Самарканде. Самое раннее детство связано для меня с образом мамы, а потом и отчима. Отца я почти не знал.

Иван Савельевич Аджубей оставил семью, когда мне было чуть больше двух лет. Лишь однажды он попросил мать «показать ему сына», и я поехал в Ленинград. Шла война с финнами. Город был затемнен, однако большой тревоги жители, видимо, не испытывали. Работали театры, толпы народа заполняли зимний, припорошенный снегом проспект Кирова, бывший Невский, вновь обретший свое старинное название в 1944 году, когда наши войска прорвали блокаду города.

За ту неделю, что я пробыл у Ивана Савельевича, мы никак не сблизились. Было неприятно, когда он целовал меня узкими холодными губами в щеку. Седая щетина отцовской бороды покалывала так, что я съеживался. Иван Савельевич именовал меня ласково — «сыночка», отчего казался и вовсе противным.

Блестящий паркет, большой рояль. На крышке лежали:

твердая кожаная подушечка и небольшая палочка, похожая на короткий бильярдный кий. Висело несколько фотографий отца. Он в театральном костюме в обнимку с Федором Шаляпиным. Под снимком подпись «Ивану-гвоздиле от собрата Федора». Дело в том, что до революции отец пел в Мариинской опере, у него, как рассказывали, был сильнейший и редкий голос драматического тенора.

Откуда у вас такая «турецкая» фамилия? — спрашивают меня иногда. Отвечаю: она украинская, как Кочубей и многие другие похожие. На Украине фамилия не вызывает удивления.

Иван Савельевич родом из Кировоградской области, села Алексеевка, из бедной крестьянской семьи. Пел мальчиком в церковном хоре. Помещица угадала в мальчике талант и — пришел срок — устроила его «казеннокоштным» (то есть на стипендию) студентом в Петербургскую консерваторию.

Там он проучился пению несколько лет и в 1910—1913 годах стал именитым певцом, выступал вместе с Шаляпиным и Собиновым. В опере он взял себе псевдоним «Войтенко».

Началась первая мировая война, затем гражданская. Иван Савельевич воевал с 1914 по 1920 год и, раненный оказался в госпитале в Самарканде. Сестрой милосердия там работала моя мама — Нина Матвеевна Гупало. Читатель вправе нарисовать в воображении сентиментальную картину: влюбленный солдат и молоденькая сестра милосердия...

В 1924 году родился я, а в 1926 мать и отец расстались. Иван Савельевич уехал в Ленинград. Петь он не мог, мешали раны, полученные на фронте. Стал преподавать вокал. И преуспел в этом. «Ставить голос» к Ивану Савельевичу приезжали многие певцы из Москвы, других городов.

Мой сосед по дому, народный артист СССР Павел Герасимович Лисициан, как только мы поселились в одном подъезде, спросил: не сын ли я Ивана Савельевича Аджубея? Оказалось, он тоже учился у отца. Иван Савельевич, — рассказывал Лисициан, — вел занятия очень строго: лупил по кожаной подушке на рояле палкой и кричал: «Обопри дыхание на диафрагму...».

Уж коли я пустился в плаванье по семейному морю, расскажу и о том, как очутилась в Самарканде моя мама — в ней текла украинская и русская кровь, с некоторыми «добавками» польской и армянской.

Мама родилась во Владикавказе, а когда ей исполнилось восемь лет, было это в 1906 году, всю семью выслали в колонию в Самарканд — мамин отец и его братья сочувствовали социал-демократам.

Видно, материальное положение семьи стало ненадежным. Маму и брата Георгия, моего дядю, определили в монастырский приют.

Я очень любил маму. Она часто говорила, что ненавидит свою портняжную профессию, что ей надоели кичливые бабы, которых она вынуждена одевать. Но это «вынуждена» исчезало начисто, когда Нина Матвеевна брала в руки большие ножницы и безо всяких мелков, «на глаз» разрезала куски нарядных тканей. Алексей Толстой как-то увидел маму в работе, заехав в мастерскую со своей женой Людмилой Ильиничной, и прислал ей книгу «Хождение по мукам» с дарственной надписью: «Великому мастеру Нине Гупало. Алексей Толстой».

И еще мама была щедрой. Деньги для нее существовали только для того, чтобы их с охотой тратить. Когда Елене Сергеевне Булгаковой бывало «не по средствам» одеваться у Гупало, Нина Матвеевна говорила: «Бросьте, Алена, о деньгах — сочтемся».

Когда материальное положение Елены Сергеевны поправилось — а это случилось после издания книги «Мастер и Маргарита» во многих странах мира, — она была подчеркнуто щедра к маме. Эта щедрость выражалась в еженедельных посылках блоков импортных сигарет — другие подарки мама не принимала. Елена Сергеевна оставалась единственной женщиной, которой Нина Матвеевна разрешала приехать на «совет», когда мама уже тяжело болела. Елена Сергеевна умерла за полгода до смерти Нины Матвеевны, осенью 1970 года. Не успела вкусить сполна ни славы, ни богатства. Умерла, как и мама, в одночасье.

Какой-то магнит притягивал этих женщин друг к другу, быть может, умная бесшабашность и уверенность в своих силах.

Второй муж матери — Михаил Александрович Гапеев вошел в мою детскую жизнь как дядя Миша. Мы дружили с ним. Он служил юрисконсультом, занимался организацией юридической службы в хлопковых трестах Средней Азии. Мы часто переезжали из города в город. Жили в Бухаре, Новом Кагане, а в зиму 1931 года уехали в Караганду.

Дядя Миша держал себя со мной по-мужски, «на равных», случалось, защищал от суровых наказаний матери — она хоть и не часто, но умело работала ремнем.

Зима 1931 года в Караганде проходила ужасно. Жили мы в каменном барачного типа доме для ИТР. Вьюга так заносила входную дверь, что по утрам Михаил Александрович с трудом открывал ее и обнаруживал в сугробах замерзших. Голодные люди искали спасения у дверей человеческого жилья, но их голоса поглощала вьюга...

Михаил Александрович приехал в Караганду по просьбе своего старшего брата профессора-угольщика, занимавшегося карагандинским угольным бассейном в начале 20-х годов. Он должен был наладить хозяйственно-юридическую службу, а затем мы собирались переехать в Москву.

В начале лета 1932 года Михаил Александрович заболел тифом и, так как никакой серьезной медицинской помощи больные не получали, умер. Мама решила искать счастья в Москве. На несколько месяцев мы остановились у Александра

Александровича Гапеева, старшего брата дяди Миши.

В начале 30-х с жильем в Москве была полная катастрофа. С трудом нам удалось снять «угол» в переполненной коммунальной квартире, в районе Таганской площади, на Воронцовской улице.

Трехэтажный особняк, где мы поселились, принадлежал некогда графу Воронцову. Эта улица до сих пор — Воронцовская, по-видимому, городские власти упустили из виду «аристократическое происхождение» ее названия.

Наша хозяйка Александра Васильевна работала трамвайным кондуктором и растила двух дочерей — Зою и Аню. Она отгородила фанерой часть своей комнаты, навесила легкую картонную дверь и положила за проживание ежемесячную плату в 160 рублей. В ту пору в Москве властвовали три закройщицы: Батова, Данилина и Ефимова. Очень скоро они позволили Нине Матвеевне занять место рядом с собой. Батова, грубоватая, не чуравшаяся рюмки, сказала: «Становись, Нина, к закройному столу, набирай бригаду, ты еще нас обойдешь».

В большой кухне нашей квартиры шипели и отравляли воздух два десятка примусов и керосинок, стены и потолок усеивали тучи рыжих тараканов. Однако убогое жилье да и быт не отражались на настроении жильцов, не помню, чтобы вспыхивали крупные ссоры, разве что перебранка, если кем-нибудь нарушались сроки уборки мест общего пользования: коридора, крошечного клозета и ванной, в которой стояла дровяная колонка. Топили ее по очереди: мылись по три семьи в вечер. В 1937 году приехала в Москву из Самарканда моя бабушка Мария Матвеевна. Мне стелили постель на столе, бабушка спала на крошечном диване, а мама располагалась на полу в узком проходе.

В Москве, за особняком графа Воронцова, располагался сад, некогда плодоносящий, но куда ему было до щедрого южного собрата. Культурные яблони выродились. Остались только дички, упрямые и жизнестойкие, как все дети вольной природы. Едва начинали краснеть кислые сморщенные яблоки, как мальчишки и девчонки срывали их и наедались до резей в желудке.

Нашим главным развлечением был трамвай. Лихое занятие — прыгнуть на ходу на заднюю площадку второго или третьего вагона. Кондуктор зорко наблюдала за акробатическими прыжками мальчишек. Дергала протянутую под потолком вагона веревку — подавала звонком сигнал вагоновожатому. Случалось, остановив трамвай, вагоновожатый и кондукторша старались поймать нарушителя, бежали за ним до ближайшей подворотни и кричали вслед: «Поймаем, уши оторвем!». Но никакой спринтер не мог бы изловить ловких мальчишек с Таганки.

В квартире, где я жил, кроме меня, мальчиков не было. Дочери нашей хозяйки Зоя и Аня садились вечерами на подоконник и пели под гитару. Они хорошо знали все песни Лидии Руслановой и Клавдии Шульженко. Пели и плакали от томившей их тоски по любви.

Две другие девушки-«коммуналки» считались интеллигентками. У Лели отец — инженер-строитель, у Нины — отец и мать именовали себя счетными работниками, попросту говоря, были бухгалтерами. Когда у Зои родился ребенок, пришлось освободить «угол». Нас приютили Емельяновы, Лелина семья. Ее мама Нина Антоновна и она сама стали для меня родными людьми.

В начале 50-х годов мы с женой навещали Нину Антоновну — маленькую хлопотливую старушку, угощавшую нас чаем с сахарином. Бывало, я просил у Нины Антоновны спички, она долго рылась в своем чуланчике, приносила коробочку — и сахарин, и спички хранились у нее с 20-х годов, от нэпа. Нина Антоновна очень боялась повторения голода и запаслась «дефицитом» до самой смерти.

По вечерам Леля и Нина заводили патефон с записями песен Вари Паниной, модной исполнительницы цыганских романсов, короля городских шлягеров Юрия Морфесси, эмигрантов Петра Лещенко и Александра Вертинского.

Вся эта музыка была тогда под запретом. Прежде чем завести патефон, двери плотно закрывали, завешивали окна, иначе можно было прослыть «недобитыми нэпманками». В гости к девушкам, «на танцы», приходили красивые молодые люди, чаще других актер театра Вахтангова Надир Малишевский, балетный либреттист Петр Аболимов. Он одержал верх и стал мужем Нины. После войны Петр Федорович ходил в помощниках Ворошилова, был директором Дворца съездов. Когда ожидался визит молодых людей, девушки норовили отправить мам из дома. Мамы соглашались с условием, что в комнате останется Алеша. Я садился к патефону и

463

выполнял роль диск-жокея. Гости одаривали меня плиткой шоколада или конфетами, чтобы умерить мою бдительность.»

А. Аджубею удалось повидать свет:

«Узнав, что мы с женой пролетом в Вашингтоне, Роберт Кеннеди пригласил нас на завтрак. За столом сидела целая орава мальчишек и девчонок: Роберт и его жена были многодетными супругами — воспитывали одиннадцать детей.

Один из мальчиков, лет десяти, хворал, но ему очень хотелось поговорить с русскими гостями, и жена Роберта попросила Раду подняться к нему в комнату. Минут через двадцать Рада вернулась. Мальчишка расспрашивал о наших ребятах, их увлечениях. Ему хотелось побывать в нашей стране, увидеть сибирскую тайгу. Он подарил нашему старшему сыну Никите, своему сверстнику, книгу, написав на ней: «Русскому мальчику, с которым я мечтаю скакать по тайге на лошади».

Не сбылась эта мечта. Сын Роберта Кеннеди прожил недолго. Его нашли несколько лет назад мертвым в каком-то нью-йоркском отеле. Все руки у него были исколоты. Сам ли он ввел иглу со смертельной дозой наркотика или кто-нибудь принудил его, воспользовался беспамятством, осталось неизвестным.

Был и такой случай. Когда в космос стали летать наши собачки, дочь президента Каролина (ей было лет шесть) получила в подарок из России черно-белого щеночка от мамы — космической путешественницы. Кровь у щенка была вольная, нрав — степной, не знаю, как он прижился в американских

464

условиях, но Каролина подарку обрадовалась.

А родительница ее собачки попала в космос авантюрным путем. Для очередного испытательного биоспутника в клетке содержался пес-барбос, которому и предназначалось выполнить соответствующую программу. От безделья он просто-напросто разжирел, и к моменту старта оказалось, что в модуль никак не пролезает. Положение складывалось трагикомическое — корабль не мог ждать лишнего часа. Сотрудники Олега Георгиевича Газенко, ответственного за медико-биологические программы в космосе, за подготовку космонавтов, рванули в степь на машине, чтобы срочно добыть тощего пса. Поймали веселую собаку — стройную, сильную, гонявшую по окрестностям в поисках пищи. Ее-то и отправили в испытательный полет.

Вот какая мама была у щенка, прибывшего в Белый дом.

Дочь президента Кеннеди теперь сотрудник музея «Метрополитен», и, если ей доведется прочитать эти строки, думаю, ей приятно будет вспомнить эту маленькую подробность.

В тот день после визита к Роберту Кеннеди мы с женой были вечером приглашены к президенту. Джон Кеннеди был человеком обаятельным, простым в житейском обиходе. Жаклин, Пьер Сэлинджер, Рада и я сидели в его кабинете, на маленьком столике без всякой сервировки стояли чашечки с чаем. Вдруг за дверью раздался плач, и Жаклин сказала: «Опять Каролине что-то приснилось». Президент встал, вышли следом за ним в коридор и мы. По каменным плитам пола с закрытыми глазами, как лунатик, медленно шла девочка, босиком, в длинной ночной рубашке. Президент взял дочь на руки и жестом пригласил нас идти за ним в детскую. Кеннеди уложил девочку в постель. Просторная комната, без всяких излишеств, с разбросанными по полу игрушками. Мы уже собирались тихонько выйти, но президент задержал нас. «Взгляните», — сказал он тихо, указывая на столик у кровати дочери. Там стояли, соседствуя, расписная русская матрешка и распятие. «Матрешка — подарок вашего отца, — обратился он к Раде, — а распятие — Иоанна XXIII. — Он задумался на секунду. — Пусть Каролина сама выбирает свои привязанности и свой путь.» Президент улыбнулся.

28 октября 1958 года Анджело Джузеппе, кардинал Ронкалли, избирается главой Ватикана и католической церкви. В память об отце он просить дать ему имя Иоанна.

Аудиенцию журналистам глава Ватикана давал в довольно большом, так называемом Тронном зале. У задней стены на невысоком возвышении стояло парадное кресло. По-видимому, именно здесь проводились официальные приемы послов, гостей государства или церкви. Стены зала обтянуты серо-серебристым штофом. Массивные люстры и бра вековой бронзы освещали строгое помещение. Для данного случая были поставлены несколько десятков кресел, обитых ярко-красным бархатом, нарушивших изысканный орнамент инкрустированного паркета. Строгие костюмы журналистов резко выделялись на фоне великолепия одежд священников высокого ранга. Можно только поражаться удивительному вкусу художников, «проектировавших» эти сиреневые, блекло-розовые, белоснежные, черные, иссиня-фиолетовые одеяния. Кресты, четки, перстни тут тоже — вековые традиции. Поражали, пожалуй, не одеяния и украшения, а лица. Бледные, почти анемичные, одутловатые, совершенно отрешенные, как бы и не живые.

Прощаясь, Иоанн остановился у небольшого мраморного столика. На узорчатом орнаменте плиты стояли разноцветные мраморные фигурки. Сценка изображала библейскую историю рождения Христа со всеми реалистическими подробностями.

Подарок из родной Ломбардии в день его 80-летия.

Иоанн поглаживал фигурки, видимо, ему очень нравилась работа самодеятельных скульпторов. «Каждая мать, — говорил он при этом, — в муках рождает дитя свое, и каждая мать хочет, чтобы он жил и был счастлив. Убережем матерей от судьбы той матери, чей сын пострадал за веру свою и завещал нам продлевать род человеческий и благоустраивать землю...»

Иоанн попросил отца Кулика передать ему со стола две небольшие коробочки. В одной из них оказались три медали с его изображением. «Так отметили мое восьмидесятилетие земляки, — сказал Иоанн, протягивая мне подарок. — Пройдут годы, и, возможно, у вас появится желание взглянуть на изображение человека, с которым состоялась необычная по нашим временам беседа, — продолжил он. — Только Бог знает, как потекут события. Будем надеяться, что людям удастся долго жить в мире...»

467

Открыв вторую коробочку, Иоанн обратился к Раде: «Прошу вас, назовите мне имена ваших детей. Я знаю, как их зовут, но я хочу, чтобы вы произнесли их имена сами вслух». Рада назвала наших мальчишек. Иоанн передал ей крестик с распятым Христом. «С таким простым крестиком, — сказал он, — я молюсь каждый день за весь мир. События, происходящие в мире, я осмысливаю в своих молитвах. В одной из них — третьей — я молюсь за всех детей, родившихся в течение 24 часов во всех странах мира. Я хочу, чтобы каждый человеческий сын, появившийся на свет, был встречен молитвой папы. Возьмите этот крестик на память обо мне. Когда вы будете смотреть на него, вы вспомните, что однажды на земле была мама, совершенная в своей любви. Ее звали МАРИЯ.»

Иоанн произнес это имя с особым воодушевлением. Следующими фразами он привел мою жену в полное смущение: «Я знаю, что вы атеистка, и, быть может, вам покажется странным мое желание, но я прошу вас не отказать мне. Я хочу благословить ваших сыновей. Человек не может расти без веры, а церковь не запрещает своим служителям являть божескую милость ко всем, кто прибыл на нашу землю, какой бы вере они не предпочитали служить — божественной или мирской». «Надеюсь, атеистам, — улыбнулся Иоанн, — не поставят в укор эту беседу и мое благословение вашим детям...»

Отставка Хрущева мгновенно отразилась и на моей карьере журналиста. Сказать по правде, я понимал, что так случится, и не воспринял это трагически. «Все к лучшему в этом лучшем из миров...» — утешал я себя, вспоминая Вольтера.

В последний раз я исполнил обязанности главного редактора газеты «Известия» 13 октября 1964 года.

Странное чувство облегчения овладело мной. Я еще не знал никаких подробностей, когда мне позвонила жена и передала разговор с отцом. Он сказал, что вопрос с ним решен. Подбодрил тем, что на заседании Президиума ЦК отметили рост подписки на газету «Известия» (с 400 тысяч в 1959 году до почти 9 миллионов на октябрь 1964 года) и что мне, как было сказано, "подыщут соответствующее журналистское занятие"».

НЕЧТО ОСОБЕННОЕ

Одна высокопоставленная дама из Шотландии, желавшая иметь незаконнорожденного ребенка от Генриха II, выражалась следующим образом: «Я сделала все, что могла, и в настоящее время забеременела от короля: это для меня большая честь и счастье. Когда я думаю, что в королевской крови есть нечто особенное, чего нет в крови простых смертных, я чувствую себя очень довольной, помимо даже тех прекрасных подарков, которые я при этом получаю».

В доисторический период мужчины и женщины охотились сообща, маленькими группами. Тогда было необходимо, чтобы кто-то охотился, а кто-то оставался дома готовить ему и поддерживать огонь.

Около восьми тысяч лет до новой эры произошли глубокие культурные изменения, оказавшие радикальное влияние на брак. От охоты и собирательства люди начали переходить к одомашниванию животных и оседлому образу жизни. Дети стали представлять особую ценность. Они могли ухаживать за животными, ходить за водой, пропалывать посевы. Постепенно повышалось значение владения собственностью. Одновременно развивались законы о наследовании.

Возникновение городской цивилизации, развитие навыков письма и чтения привели к первым письменным законам о браке. Это были законы Хаммурапи — свод гражданского уголовного права, появившийся в Древнем Вавилоне. По этим законам девушки принадлежали своим отцам до тех пор, пока не были куплены будущим мужем. Брак, таким образом, являлся одновременно и финансовой сделкой.

После октябрьского переворота взгляды на брак претерпели определенные изменения. Церковный брак был официально отменен. А сочетаться гражданским браком порой «забывали» даже самые высокопоставленные особы. Так и получались параллельные семьи, которые существовали одновременно.

«Угасание любви — вот неопровержимое доказательство того, что человек ограничен и у сердца есть пределы.

Полюбить — значит проявить слабость; разлюбить — значит иной раз проявить не меньшую слабость.

Люди перестают любить по той же причине, по какой они перестают плакать: в их сердцах иссякает источник и слез и любви». Так писал французский моралист Жан де Лабрюйер в книге «Характеры, или Нравы нынешнего века».

Корреспондент «Комсомольской правды» Ирина Мастыкина встретилась с дочерьми маршала Жукова и взяла у них интервью.

— Поскольку прежде всего сейчас меня интересует семья маршала Жукова, хочу спросить вас, Элла Георгиевна и Эра Георгиевна, о том, где и при каких обстоятельствах познакомились ваши будущие родители?

Эра Г.: Это случилось в 20-м году, в Воронежской губернии, где мама родилась, а отец воевал с бандами Антонова.

Так вот, однажды нашу маму стали преследовать несколько красноармейцев, и отец ее защитил. Понравились они друг другу с первого взгляда и больше уже не расставались.

Мама стала за отцом всюду ездить. Часами тряслись в разваленных бричках, тачанках, жила в нетопленых избах. Перешивала себе гимнастерки на юбки, красноармейские бязевые сорочки — на белье, плела из веревок «босоножки»... Из-за этих кочевок она и потеряла первого своего ребенка, как говорили — мальчика. Больше ей рожать не советовали — хрупкое было здоровье. Но она все-таки решилась, и в декабре 28-го года в Минске родила меня, а через восемь лет, в апреле 37-го, в Слуцке, на свет появилась Элла.

Элла Г.: В первый раз они расписались в 22-м

году. Но, видимо, за годы бесконечных переездов документы потерялись, и вторично отец с мамой зарегистрировались уже в 53-м году в московском загсе. Скорее всего, это было с чем-то связано... Сейчас уж трудно сказать.

— Георгий Константинович и Александра Диевна прожили вместе душа в душу почти сорок лет. И вдруг — нежданно-негаданно в его жизни появляется другая женщина и от нее — дочь. Когда вы об этом узнали?

Элла Г.: Первой узнала мама. Сразу же после того, как отца в 57-м сняли со всех постов, из его рабочего кабинета к нам домой привезли хранившиеся там документы. Мама стала их разбирать и наткнулась на фото какой-то женщины. Понятно, сразу же потребовала у отца объяснений. Наши родители всегда были откровенны друг с другом. Отец и на сей раз ничего скрывать не стал. Так мама узнала о Галине Александровне Семеновой, которую отец встретил еще в Свердловске, видимо, в то время, когда мама уезжала в Москву навестить нас с сестрой. Потом эта женщина переехала сюда, отец обеспечил ее квартирой... А в 57-м у них родилась дочь Маша. Но о ней отец сказал маме года через четыре, когда встал вопрос о ее удочерении. Отцу хотелось дать дочке свою фамилию, а тогда на это нужно было и разрешение его законной жены. Мама, по своей безоглядной доброте, против, конечно, ничего не имела. Мы с сестрой считаем, что она этим почти женский подвиг совершила.

Эра Г.: Для нашей мамы это было не первое потрясение подобного рода. Во время войны отец тоже жил с женщиной — своим фельдшером Лидой Захаровой. После контузии у него часто возникали боли в пояснице, он плохо слышал, к нему и прикомандировали медработника. Случайно мама об этом узнала. Переживала очень, но никаких скандалов отцу не закатывала. Всегда по этому поводу деликатно отмалчивалась. Она знала, каким интересным мужчиной был отец и как на него вешались женщины. К тому же на войне свои законы... К счастью, Лида оказалась порядочным человеком. Никогда ничего у отца не требовала и даже о себе не напоминала. Может быть, поэтому мы и узнали о ней совсем недавно. От шофера отца, который возил его всю войну. Он же нам рассказал и о сохранившемся у Захаровой большом архиве фронтовых фотографий отца. Но что с ним стало теперь — неизвестно. Несколько лет назад Лида погибла в автокатастрофе.

— Насколько я знаю, заметный след в судьбе вашего отца оставила и еще одна женщина — из Белоруссии. Кто она такая и когда все это произошло?

Элла Г.: В 1928 году, в Минске. Мама была в положении и плохо себя чувствовала. К ней приходили чем-то помочь и просто навестить подруги, в том числе и эта женщина. Она появлялась одна и засиживалась допоздна, чтобы отец потом проводил... В результате в 1929 году родилась дочь. Все сразу поняли от кого. Общество-то маленькое, все друг у друга на виду... У отца были большие неприятности. Состоялся даже суд по поводу алиментов.

Году где-то в 51, когда я училась в аспирантуре, мне позвонила некая женщина и сказала, что пи-

473

шет диссертацию на близкую моей тему и хочет сообщить какие-то моменты. Я попалась на эту удочку. На встречу по указанному адресу отправилась с мужем. Он остался у подъезда, а я зашла в одну из комнат коммунальной квартиры. И вдруг увидела на стене фотографию отца с надписью его почерком — «Маргарите». У меня земля уплыла из-под ног, поскольку о существовании сестры я тогда даже не подозревала. А она что-то говорила о том, что нуждается в сестрах, общении... Дома я еле дождалась, когда отец вернется с работы, и потребовала объяснений. Вот тогда-то мне и рассказали об этой истории.

Вскоре после рождения ребенка ее мать вышла замуж за человека, который удочерил Маргариту. Потом он погиб на фронте. И мать Маргариты решила открыть правду дочери об ее отце. Девушка приезжает в Москву, появляется у отца на работе... Он помогает ей поступить.

Видимо, поняв за это время, что собой представляет Маргарита, отец уже тогда, при нашем объяснении, категорически запретил мне поддерживать с ней отношения. А на следующий день у нас сменили все телефоны.

Но и тогда Маргарита не оставила нас в покое. Поджидала меня у издательства, где я уже работала, и просила передать отцу письма. Я по какой-то своей идиотской доброте передавала. А в них, как потом мне рассказала мама, были сплошные требования денег.

Ирина Мастыкина встретилась с Маргаритой и ее сыном Георгием. Они рассказала ей «свою правду».

— Сколько лет прожила Мария Николаевна?

М. Г.: Мама пережила отца на десять лет и умерла в возрасте 87 лет, в Москве. Здесь же она похоронена. Мама никогда не участвовала ни в каких интригах, сохранила здравый ум, память и последние два года, что прожила у меня в Москве, надиктовала мне свои воспоминания об отце.

— А с Александрой Диевной вы были знакомы?

М. Г.: Нет, она поставила условие отцу вычеркнуть меня из его жизни. Через своих подружек она собирала обо мне разные сведения и передавала их отцу в искаженном виде. Она почему-то очень боялась моего знакомства с ее дочерьми. Что же касается Галины Александровны, то после нашего знакомства с ней она установила правило еженедельно устраивать для меня и папы у себя на улице Горького обеды. Видимо, через меня хотела приблизиться к отцу и получше его узнать. Она постоянно удивлялась, как это отец столько лет живет с нелюбимой женщиной. До 57-го года — года рождения Маши — Галина Александровна мне была очень симпатична. Она играла роль эдакой волшебницы. Любила дарить моему маленькому сыну какие-то мелочи. Однажды привезла мне из Болгарии черный искусственный каракуль на шубу, из Румынии — модельные туфли. Она постоянно интересовалась и моим бытом. Словом, была мне близким человеком, глубоко заинтересованным в новом семейном благополучии.

— По какой же причине ваши доверительные отношения вдруг прервались?

М. Г.: После 65-го года, когда Галина добилась

развода отца и зарегистрировала с ним брак, она сильно переменилась. Она поменяла все номера телефонов, чтобы прекратить связи отца с прошлой жизнью, изолировала его от детей, внуков, близких знакомых, чтобы отец принадлежал только ей и дочери. В ней проснулась меркантильность: стали интересовать дорогие вещи, драгоценности. Она позволяла себе такие поступки! Например, приезжала на выставки, ВДНХ и заявляла: «Я покупаю этот гарнитур». — «Это выставочный экземпляр, это невозможно», — отвечали ей. — «Вам что, маршалу Жукову жалко?» — возмущалась она. Она покупала своей малолетней дочери разные драгоценности, явно не соответствующие ее возрасту, и таким образом вкладывала деньги мужа в дорогостоящие вещи с расчетом на будущее.

· — Скажите, пожалуйста, а как в 57-м году возникли персональные дела Жукова и Семеновой, о которых вам в 74-м поведала Фурцева?

Г.: В 53-м году Галина Александровна забеременела в Свердловске от дедушки мальчиком, но у нее случился выкидыш. Дедушка ей по телефону сказал, чтобы не расстраивалась, можно ведь повторить. Свой отпуск дедушка в 56-м провел с Галиной Александровной в Болгарии, а в 57-м году на свет появилась девочка. «Ну что ж, тоже хорошо», — сказал дедушка и назвал ее Машей в честь Марии Николаевны Волоховой. Узнав о рождении Маши, Александра Диевна пришла в ярость и пригрозила написать в ЦК КПСС, если дед сам не избавится от Галины. Он отказался и еще упорнее стал просить о разводе. Тогда-то, в июне 1957 года, Александра

Диевна и подала в ЦК КПСС заявление на имя Хрущева, требуя убрать Галину Семенову с ее незаконнорожденной дочкой подальше от Москвы и обязать мужа вернуться в ее семью.

М. Г.: В результате этого заявления и возникли два персональных дела. Провести расследование по делу Жукова Хрущев поручил тогдашнему секретарю по идеологии Екатерине Алексеевне Фурцевой. Она-то мне, уже будучи министром культуры, и поведала подробности на третий день после смерти отца, пытаясь этим смягчить свою роль в подготовке будущего пленума против отца...

— Какие же меры предприняли в отношении Семеновой и Жукова в ЦК?

М. Г.: Галина Александровна была понижена в воинском звании. Возникла угроза ее увольнения из армии. Только личное вмешательство министра обороны Жукова спасло ее от репрессий и выселения из Москвы. Как рассказала мне Фурцева, отец приехал в госпиталь Бурденко на партсобрание, где обсуждалось персональное дело Галины, и заявил коммунистам: «Не лезьте в мою личную жизнь!».

— А что же Хрущев?

М. Г.: Он несколько раз требовал у отца порвать с Галиной. А при обсуждении вопроса на Президиуме ЦК КПСС сказал: «За внебрачную связь мы с военных погоны снимаем!». В октябре 1957 года прошел известный октябрьский Пленум ЦК КПСС, на котором отца сняли с должности министра обороны и отправили в отставку, но совсем с другой формулировкой.

— Нечто похожее, насколько я знаю, случилось и с Лидой Захаровой?

Г.: В 46-м году Александра Диевна написала заявление в органы НКВД с просьбой убрать Лиду Захарову из Одессы, куда она уехала вместе с дедушкой из Москвы и продолжала работать его личным фельдшером. После этого заявления Лиду тихо уволили с работы, но она не оставила дедушку. И, несмотря на разные чекистские провокации, телефонные звонки, последовала за ним из Одессы в Свердловск, где жила до 1951 года в квартире, которую дед для нее снял.

— Маргарита Георгиевна, а что это за история со сватовством? Отец вроде вам и жениха хотел подыскать?

М. Г.: Где-то году в 52-м, когда я уже заканчивала МГУ, отец спросил, есть ли у меня молодой человек? «Да что ты! — удивилась я. — Я вся в науке!» Отец со мной не согласился, сказав, что друг — важный компонент в жизни каждого человека, и тайно поручил Лиде Захаровой подыскать мне жениха. Лида тогда почему-то выбрала связиста Валю Игнатюка и, ничего об этом не говоря, назначила мне в метро встречу. Якобы для того, чтобы передать что-то там от отца. Я на ее спутника совершенно никак не отреагировала. Поздоровалась, отвернулась и стала разговаривать с Лидой. А потом пошла по своим делам. За этого Валю Игнатюка позже Лида и выйдет замуж, поскольку он ей приглянулся.

— Георгий, ваша мама, до 46-го года Янина, по желанию Георгия Константиновича получила паспорт на фамилию своего родного отца. А как Жуковым стали вы?

Г.: В 57-м году моя мама развелась. А поскольку она была Жуковой, то при получении паспорта в 68-м я и взял ее фамилию. Со стороны отца препятствий не было — в то время он был во втором браке, в другой семье, где у него родился другой сын.

— Ваш дед всю жизнь мечтал о сыне. И вот родился первый внук. Какова была реакция Жукова?

Г.: Когда я родился, дедушка, которому тогда было уже 57 лет, предложил маме взять меня к себе. Чтобы я жил у него и он занимался моим воспитанием... Мама, естественно, отказалась.

— Часто ли дед навещал вас на проезде Серова и потом на новой квартире на Смоленской площади?

Г.: Этого, к сожалению, моя детская память не зафиксировала. Но отдельные фрагменты этих встреч я помню... Собственно, я и в суворовское училище пошел по его желанию. Потом закончил военный институт и прослужил в Вооруженных Силах двадцать два года. Помню, когда я только поступил в институт, дедушка, несмотря на то что был уже болен, позвонил начальнику и попросил сделать из внука хорошего солдата. То есть никаких поблажек мне никогда не делали, даже наоборот. То окна пошлют перемыть, то полы натирать... Доставалось здорово.

— Теперь, Маргарита Георгиевна, я бы хотела спросить о ваших отношениях с сестрами — Эрой, Эллой и Машей.

М. Г.: В марте 53-го года мне позвонила Эра и сказала, что ранее она не знала о моем существовании. Я объяснила ей, кто я такая, и пригласила к себе домой. Вскоре после этого разговора мне позвонил папа и предупредил о том, что Александра Диевна категорически против нашего знакомства и тем более общения. Она не хочет ворошить прошлое и просит Георгия Константиновича во избежание каких-либо контактов с ее дочерьми перевести меня в Ленинградский университет. Вот отец и попросил меня не встречаться с Эрой и не осложнять его положения. Но я не послушалась и с Эрой все-таки встретилась, так как считала, что отношения у сестер должны быть нормальными. Наш разговор тогда продолжался больше двух часов. Переговорили мы о многом и решили ни в чем своих родителей не упрекать.

— После этой встречи у всех, наверное, было много неприятностей...

Г.: На следующий день Георгий Константинович позвонил маме и сказал, что эта встреча слишком дорого ему стоила: теперь ему придется зарегистрировать с Александрой Диевной брак, которому он столько лет противился. Еще дедушка добавил, что с 41-го года его интимные отношения с Александрой Диевной прекращены, так как с начала войны он живет с прекрасной, преданной ему женщиной — Лидой Захаровой. После 53-го года у дедушки была уже и Галина Александровна Семенова.

— Скажите, пожалуйста, как вы относитесь к начатому нашей газетой разговору о личной жизни маршала Жукова?

М. Г.: Я не планировала касаться этой сложной темы. Слишком много в ней трагического... Но ока-

Наследник Цесаревич Алексей Николаевич,
15 месяцев (1905 г.)

Великие Княжны Анастасия, Татьяна, Мария и
Ольга Николаевны (слева направо). Крым, 1909 г.

Цесаревич Алексей Николаевич.

Великие Княжны.

Наследник Цесаревич Алексей Николаевич со своей собакой Джой на балконе Александровского дворца. Царское село, сентябрь 1914 г.

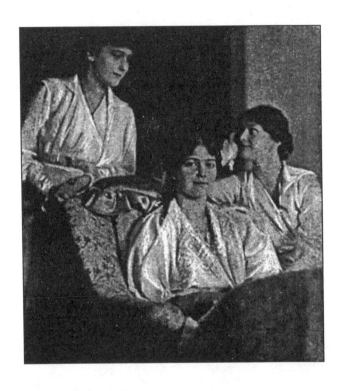

В кресле выздоравливающая Великая Княжна
Мария Николаевна, слева Анастасия, справа
Татьяна Николаевны, апрель 1917 г.

Наследник Алексей.

Великие Княжны.

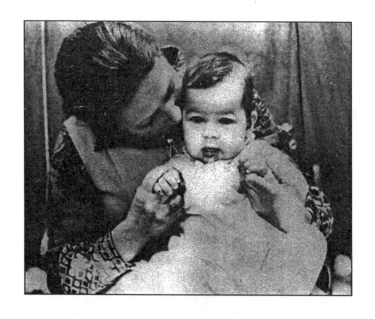

С. Аллилуева с дочерью Ольгой. 1971 г.

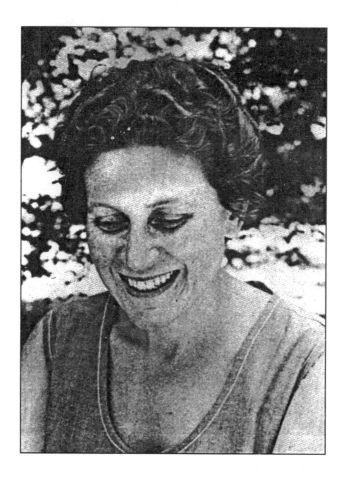

С. Аллилуева. 1968 г.
Фото Кристофера Шеферда-Кушмана.

Двоюродный внук императора Николая II князь Михаил Павлович Романов-Ильинский, потенциальный претендент на роль наследника российского престола. 1997 год.

Потомки российских императоров. Санкт-Петербург. 1997 год.

Борис Ельцин-младший, внук Президента.

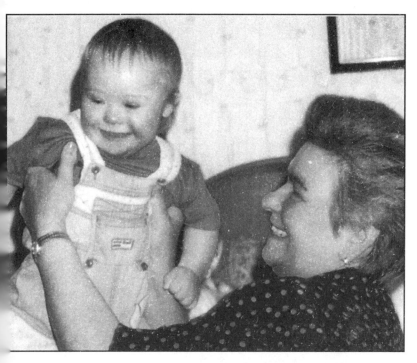

Супруга Президента России Наина Иосифовна с внуком Глебом.

Внучка Б. Н. Ельцина Маша. 1995 год.

Дочь Президента России Т. Б. Дьяченко.

Б. Н. Ельцин и его семья.

залась вынужденной дать некоторые разъяснения.

Г.: Думаю, это поможет многим понять Жукова-человека. Впрочем, эту тему трудно исчерпать несколькими газетными публикациями, поэтому для того, чтобы устранить остальные «белые пятна», я пишу сейчас о дедушке книгу. К его чести, несмотря на многие личные трудности, крутые ступени судьбы, он остался в истории и народной памяти великим полководцем и человеком. И этого изменить не сможет никто. ???

ОБЩЕЖИТИЕ КРЕМЛЯ

Олег Волков в новелле «Падшие ангелы» (из книги воспоминаний «Погружение во тьму») описывает прибытие в лагерь партийных работников, скатившихся сверху вниз по иерархической лестнице.

«У некоторых выражение, словно они не вполне осознают происходящее, надеются, что это все им померещилось: они вот-вот очнутся и возвратятся к своим привычным делам — будут командовать воинскими подразделениями, заседать в штабах, руководить, приказывать, выполнять поручения за рубежом — словом, снова вкусят сладости своего положения. Положения лиц, включенных в сословие советских руководителей...

Эта, уже в те годы достаточно четко выделившаяся, общественная формация успела приобрести черты, которые отличали ее от всех когда- и где-нибудь прежде складывавшихся аппаратов управления и бюрократии. Чтобы попасть в эту элиту, не требуется знаний, тем более умения самому работать. Пригодность кандидата определяется в первую очередь готовностью беспрекословно выполнять любые указания и требования «вышестоящего» и заставлять подчиненных работать не рассуждая.

Само собой исключаются умствования, нравственная брезгливость: все, что на жаргоне советских сановников презрительно отнесено к разряду «эмоций». Зато безоговорочная исполнительность, рвение в стиле аракчеевского девиза «Усердие все превозмогает» и льстивость обеспечивали подчиненным полную безответственность — в смысле ответа за результаты своей деятельности. Тут они всегда могут рассчитывать, что их прикроют, выгородят. Если уж слишком скандальны злоупотребления или провал — тихонько уберут... чтобы так же без рекламы пристроить на другое, одинаково прибыльное место.

Счастливец, попавший в номенклатуру, т. е. зачисленный в некие списки, обеспечивающие до смертного одра жизнь в свое удовольствие за счет государства, паче всего должен уметь вдалбливать своим подчиненным — при помощи вышколенного аппарата и в полном смысле купленных пропагандистов и агитаторов — представление о несравненных достоинствах строя, привилегированном положении советских трудящихся, о непогрешимости партии и т. д. и т. п., и особой заслугой признается умение внушить окружению представление об исключительности «слуг народа», как всерьез себя называют самые разжиревшие тунеядцы, занимающие высокие и высочайшие посты, требующие, само собой, и чрезвычайной обеспеченности.

Эти присвоенные высокому чину привилегии ответственные работники, особенно высшая прослойка, до поры до времени маскировали. Сверхснабжение шло скрытыми каналами, и даже жены и любовницы министров-наркомов не рисковали щеголять драгоценностями и туалетами.

Из ряда вон выходящим случаем были бриллианты, как утверждали, из царского алмазного фонда, демонстрируемые со сцены актрисой Розенель, названной смелым карикатуристом «ненаглядным пособием Наркомпроса». Только положение дарителя — наркома просвещения Луначарского — спасало от скандала.

Но после того, как было предписано придерживаться лозунга «Жить стало лучше, жить стало веселей», а народ оказался взнузданным до состояния столбняка, фиговые листы были отброшены: лимузины, фешенебельные дачи, царские охоты, заграничные курорты и поездки, больницы-хоромы, дворцовые штаты прислуги, закрытые резиденции и, разумеется, магазины, ломящиеся от заморских яств, потому что что другое, а выпивку и закуску номенклатура, как любые выскочки, ценит: все это сделалось узаконенной принадлежностью быта ответработников. Разумеется, в строгом соответствии с табелью о рангах — важностью занимаемой должности.

Тогда, в конце двадцатых годов, не была еще вполне изжита ненавистная для партийных боссов «уравниловка» — отголосок счастливо канувшего в Лету периода ношения потертых курток, партмаксимума, сидения в голых кабинетах и привития личным примером населению спартанских нравов — и регламентация атрибутов власти еще не приобрела нынешние четкие грани стройной системы.

Поясню: если, например, заведующему отделом полагается всего место в служебном «Рафике», то начальнику Главка дается «Волга» в присутственное время, а заму министра — она же в личное пользование; второстепенному министру выделяется «Волга» в экспортном исполнении, черная, а ведущего ведомства — «Чайка» — и так все выше, вплоть до бронированного персонального лимузина с вмонтированными фирмой «Роллс-Ройс» баром, телевизором и прочими дорожными необходимостями... Та же шкала в закрытых распределителях.

Кому под праздник приносят с почтением на дом пудовый короб со всякой снедью, а кто сам отправляется на улицу Грановского и получает строго по норме полкило балыка, звенышко осетрины, копченой колбасы, баночку икры — тут опять по чину, а отчасти стихийно, кто сколько рвет.

Но как бы то ни было, большинство расходившихся по лагпункту приезжих переживали внезапное и крутое ниспровержение, тем более горькое для многих, что этому резкому переходу «из князи в грязи» предшествовало длинное, упорное, стоившее унизительных компромиссов с совестью выкарабкивание из низов.

Но было не только пробуждение у разбитого корыта, а еще и шок, встряска всего существа, вызванные полным крушением нехитрого миропонимания этих людей.

Их ниспровержение нельзя назвать нравственным крушением, потому что длительное пребывание у власти, при полной безответственности и безнаказанности, при возможности не считаться с ничьим мнением, критикой, законом, совестью, настолько притупили у «государственных мужей» понимание того, что нравственно, а что безнравственно, понимание границ дозволенного, что они сделались глухи к морали и этическим нормам...

Потрясение, о котором я говорил выше, не было тем ужасом, отчаянием, что охватывает человека, вдруг уразумевшего мерзость и непоправимость совершенных им злых дел. Оно не было началом раскаяния при виде причиненных людям страданий, а лишь возмущением обстоятельствами, швырнувшими их на одни нары с тем бессловесным и безликим «быдлом», что служило им дешевым материалом для безответственных социальных экспериментов и политической игры.

Они не только не протянули руку братьям, с которыми их сроднило несчастье, но злобились и обосабливались, всеми способами отгораживались от лагерников прежних наборов. Всякое соприкосновение с ними пятнало, унижало этих безупречных, стопроцентно преданных вождю слуг.

Все это, считали ниспровергнутые советские партийные деятели, происки врагов, агентов капитализма, и этой формулой они хотели объяснить причины своего падения.

Именно эти «агенты» пробирались в карательные органы, чтобы расправиться с вернейшими солдатами партии и подорвать веру в непогрешимость ее «генеральной линии». Пусть им удалось там, наверху, оклеветать достойнейших — ложь будет неминуемо опровергнута, и тогда Вождь вновь взглянет отеческим оком на своих оговоренных верных холопов, и они станут с удвоенным рвением и преданностью выполнять его предначертания.

Партия разберется, партия непогрешима, партия победит! Можно, положа руку на сердце, провозгласить: «Да здравствует ее мозг и сердце — великий вождь Сталин!»

И первой заботой низвергнутых ответственных, вернее, безответственных сановников было установить — чтобы видело и оценило начальство! — четкий водораздел между собой и прочими лагерниками; в разговоры с нами они не вступали, а если уж приходилось, то был это диалог с партией.

Однако скученность и теснота брали свое. Я приглядывался и прислушивался к заносчивым новичкам, старясь разобраться: истинные ли вера и убежденность движут этими твердокаменными «партийцами»? Или в их поведении и высказываниях расчет, надежда на то, что дойдет же какими-то путями до Отца и Учителя, как пламенно горят любовью к нему сердца под лагерным бушлатом, как далеки все они от ропота и непоколебимы в своей вере в правоту Вождя и как ждут, когда он сочтет нужным шевельнуть мизинцем — поманить, и они ринутся наперегонки восхвалять его и славить, служить ему, Великодушному и Справедливому!

Чураясь зеков-некоммунистов, «твердокаменные» пытались сомкнуться с начальством, держаться с ним по-свойски, словно их — вчерашних соратников и единомышленников, рука об руку укреплявших престол вождя, — разделило всего недоразумение, случайность, которые вот-вот будут устранены. И потом, разве нет больше на крупных постах, даже среди тех, кто на снимках в газетах удостаивается быть названным «ближайшим учеником», приятелей, с кем рука об руку водили продотряды, раскулачивали, устраивали процессы, работали в органах?

Они заступятся...»

Как в наши дни уживаются под одной крышей «новые русские» и старые большевики?

Корреспондент «Комсомольской правды» Сергей Рыков взялся за исследование этого вопроса.

Как только не называют этот дом: «ловушка для большевиков», «остров сокровищ», «бабьи слезы», «улыбка Сталина», «общежитие Кремля», «каземат на Берсеневке», «райский остров», «кремлевское кладбище», «дом-гроб», «домовина»...

Житель 137-й квартиры этого дома писатель Юрий Трифонов назвал его — дом на набережной. Это название вместило в себя смысл вышеперечисленных и вошло в обиход.

Жилой комплекс ЦИК—СНК СССР занимает площадь в три гектара. Стоит на острове и связан с «материком» Большим Каменным и Малым Каменным мостами. 25 подъездов выходят на две улицы — Серафимовича (Всехсвятская) и Берсеневская набережная.

505 квартир. Кинотеатр «Ударник», универмаг,

парикмахерская, почта, библиотека, сберкасса. На одиннадцатом этаже шестого — восьмого подъездов — детский сад. Там, где сейчас Театр эстрады, был клуб Верховного Совета — со спортивным залом на шестом этаже, с детским кинозалом, столовой... (В нем же был установлен гроб с телом застрелившегося сына М. И. Калинина. С покойным прощались тайно, ночью. Под Новый год. Разобрали елку, простились и собрали снова. А в 10 утра возле лесной красавицы уже водили хороводы и читали стихи дети военачальников и наркомов.)

В трех внутренних двориках было три круглых фонтана, возле которых в разное время пили шампанское летчики Чкалов и Водопьянов, играл на гармошке шахтер-рекордсмен Стаханов, кормил голубей автор «Железного потока» писатель Серафимович, ждал запаздывающую любовь автор Гимна Советского Союза композитор и дирижер Александр Александров...

В подвале первого этажа был тир, в котором пионеры Берсеневки зарабатывали значок «Юный ворошиловский стрелок», а жена маршала Тухачевского отводила душу из именного нагана.

Была своя комендатура, знавшая о каждом шаге каждого жильца этого дома. Была служба, знавшая о каждом шаге каждого служащего комендатуры. Был свой гараж (сейчас в нем выставочный зал на Манежной). Была комната под крышей, о существовании которой не знали даже супержильцы дома на набережной, те, которым, казалось бы, знать положено ВСЕ (Генеральный Прокурор СССР Руденко, например, или начальник разведуправления РККА

Берзин), — комната, в которой прослушивались АБСОЛЮТНО ВСЕ телефоны.

Дом на Берсеневской набережной долгое время был самым крупным жилым комплексом в Европе. В нем жили шесть членов и кандидатов в члены Политбюро, 63 наркома и министра, 94 их заместителя, 19 маршалов и адмиралов. Кого-то я уже назвал. Для пущей солидности назову еще с десяток фамилий — по порядку номеров квартир. Нарком иностранных дел Литвинов (кв. 14). Нарком наркомов Рыков (кв. 18). Полярный летчик Бабушкин (кв. 31). Поэт Демьян Бедный (кв. 35). Секретарь Ленина Фотиева (кв. 74). Драматург Лавренев (кв. 123). Авиаконструктор Артем Микоян (кв. 126). Писатель Михаил Кольцов (кв. 143). Дочь Сталина Светлана Аллилуева (кв. 179). Председатель Президиума ВС СССР Шверник (кв. 210). Заместитель наркома оборонной промышленности Каганович (кв. 233). Председатель Президиума ВС СССР Подгорный (кв. 274). Председатель Комитета партийного контроля при ЦК КПСС Пельше (кв. 363).

В доме на набережной до сих пор живут дети, внуки, правнуки тех, чьи фамилии мы встречаем в энциклопедических словарях и учебниках.

Впрочем, не только они.

Арчил Гомиашвили разменял восьмой десяток. В прошлом году в клубе «Золотой Остап» «сын турецкого подданного» пышно отпраздновал юбилей. Кто-то из гостей ушел с бриллиантом в полтора карата, спрятанным в одном из двенадцати стульев. Аукцион вел Леонид Якубович.

Возможно, режиссер разглядел в Арчиле Гомиашвили не столько актера, сколько «героя нашего времени». В роли Остапа Бендера Арчил выражал самого себя — игрока, авантюриста, дамского угодника, лгунишку... Или, наоборот, сыграв Остапа, Арчил уже не смог выйти из образа? Да так, что схлопотал три судимости...

Ветераны дома на набережной вспоминают Арчила без восторга, но и без злобы: «Вор в законе» — он и в Африке «вор в законе». «Вижу его только в кепке Остапа, сдвинутой на глаза». «"Мерседесы" меняет чаще, чем зубные щетки». «Когда проезжает мимо Кремля, по Большому Каменному, гаишники ему честь отдают, вытягиваясь в струнку. А он только кивает в ответ: мол, вижу... Вольно».

Гомиашвили азартно играет в рулетку. Возле его ресторана «Золотой Остап» и в дождь и в снег дежурят негры-швейцары. Для экзотики. Черное хорошо смотрится на фоне снега. Совсем рядом — ночной клуб «Пилот» сына Олега Табакова.

Гомиашвили содержит курс своего соседа по дому Алексея Баталова (живет в пятом подъезде) в Институте кинематографии. Помогает нищенствующим актерам театра и кино. У него в друзьях (по утверждению газеты «Российские вести) Михаил Жванецкий, Андрей Вознесенский, Юрий Никулин, Лидия Федосеева-Шукшина...

У Арчила-Остапа молодая жена Татьяна, бывшая балерина. А «ворам в законе», говорят, жениться «не в масть». Вот и судите сами, кто победил в Остапе — «вор» или муж...

Два слова об архитекторе (старожилы Москвы

называют дом на набережной не иначе как «дом Иофана»).

Борису Иофану было 36 лет, когда он взялся за строительство дома на Серафимовича, 2. Но второе по значимости детище Иофана — санаторий «Барвиха» (1934 г.).

Борис Иофан и умер в «Барвихе» (20 лет назад) во время отпуска, за чертежной доской, на которой была наколота калька с эскизом к проекту реставрации скульптуры «Рабочий и колхозница».

В «доме Иофана» на 11-м этаже 24-го подъезда живут внуки архитектора и его жены княгини Мещерской (по матери), а по отцу — итальянской герцогини Ольги Руффо. (В советском паспорте это было записано так: Ольга Фабрициевна Иофан.)

Стены возле 17-го, 22-го и 24-го подъездов (в нем жила жена Бухарина Анна Ларина) крикливо исписаны темной краской: «Джексон», «Мы любим хэви металл», «Додик — козел». Впрочем, лидирует Джексон — его имя встречается чаще других.

Много заброшенных, превратившихся в лом машин: «газики», старые «Волги», «Москвичи»... Но неизмеримо больше новехоньких джипов, «Вольво», «Рено», «БМВ», «Мерседесов»...

Связка луковиц в капроновом чулке между рамами окон первого этажа.

Балконы были гордостью архитектора Иофана. Зимой детвора заливала на них катки, летом катались на велосипедах. Одна из первых новоселок дома, дочь секретаря ВЦСПС Ивана Перепечко Елена, вспоминает, что на балконе их квартиры (в первом подъезде) она делала горку и каталась с нее на санках. А отец на балконе держал медвежонка, привезенного из Хабаровска.

Сейчас же — неряшливо прилаженные к балконным антресолям голубятни фанерных пристроек. Лицевые стенки иных из них размалеваны глуповатыми лебедями.

Объявление о продаже квартиры на двери щитовой: за 85 квадратных метров полезной площади просят 250 тысяч «зеленых». (Но могут уступить тысяч 10—20, не более. А вообще квартиры в этом престижном доме стоят от 200 до 400 тысяч долларов США.)

Популярна сдача в аренду. (Ценой в три тысячи долларов в месяц здесь никого не удивишь.) Сдают свои квартиры певица Белла Руденко и пианист-виртуоз Чижик, давно промышляющий в Германии. Сдает Татьяна Шмидт (дочь помощника Сталина Товстухи). Сдает приемная дочь Николая Щорса Валентина, уехавшая в Израиль.

Разорванный от левого уха до правого плеча Григорий Явлинский на предвыборном плакате: «Новый президент России». (Мимо него спешит на работу внук Серафимовича Анатолий Попов — проректор МЭИ.)

В некогда мощный спецмагазин (вход со двора) требуется продавец. Оклад — один миллион рублей в месяц. До и после войны в нем обслуживали по карточкам, выданным кремлевским бонзам. В нем было все, и еще больше. Что есть сейчас? 20 сортов колбасы, 12 сортов мяса (включая птицу), 8 сортов сыра.

Обычный, нормальный московский магазин. Ничего сверхъестественного.

Двенадцатый подъезд. Квартира 228.

В этой квартире бывал писатель Юрий Нагибин, когда был женат на дочери наркома машиностроения, директора Московского автозавода Ивана Лихачева.

Квартира принадлежала наркому угольной промышленности Василию Вахрушеву. Когда у Вахрушевых были гости и семья Лихачевых в полном составе (сам нарком Лихачев, его царственной красоты жена, дочь Валентина, о которой Нагибин написал, что она была «...последней матрешкой в известной двусмысленной игрушке», так была малоросла), после седьмой примерно рюмки мать Валентины (тогдашней жены Нагибина) любила рассказывать «на бис» историю зачатия дочери.

Эсеры подложили в здание Моссовета взрывчатку, рассказывала жена наркома машиностроения. Во время перерыва какого-то заседания депутат Лихачев обнимался в кустах неподалеку со своей будущей женой. Спешил. Но пылкая невеста настояла на том, чтобы влюбленные подарили себя друг другу прямо возле стен Моссовета...

Миг зачатия и взрыв заложенной эсерами бомбы совпали. Жизнь будущего наркома была спасена. А его дочь Валентина стала «дитем взрыва». А вот еще короткая байка — штрих к портрету «Их нравы».

За праздничным столом у гостеприимного наркома угольной промышленности собрались Главный маршал артиллерии. Герой Советского Союза Воронов (кв. 254), маршал, дважды Герой Советского Союза Баграмян (кв. 219), заместитель наркома среднего машиностроения П. М. Зернов (кв. 111), заместители Лихачева М. А. Давыдов (кв. 204), М. И. Алиханов (кв. 304), М. П. Сердюков (кв. 315)...

Жена Лихачева подготовила к торжеству супермодное, цвета южной ночи бархатное платье. Стол ахнул. В вакууме паузы, предвещавшей восторг аплодисментов, прозвучал голос почему-то сконфуженного Лихачева: «Тебе бы, мать, еще перо в жопу. Была бы вылитая чайка». Ситуацию спас Баграмян. Он встал из-за стола, поцеловал царице вечера руку, проводил на место и усадил рядом с остряком-мужем.

В этой квартире закатилась судьба наркома угольной промышленности Вахрушева. По какому-то случаю нарком Вахрушев тяпнул, а потом поехал на прием, где был Сталин. Разумеется, на приеме добавили. Пустились в пляс. Лучше всех танцевал Молотов, а нарком Вахрушев танцевал как умел. В азарте «казачка» у Вахрушева развязалась тесемка от кальсон. Он этого не заметил, но заметили иностранные гости. И фыркнули. Их реакцию видел Сталин...

На следующий день Вахрушев был снят, а еще через пару дней умер от сердечного приступа.

В этой квартире после смерти наркома жили его жена Нина Ивановна и приемный сын Василий. Василий Васильевич Второй стал доктором наук, профессором. Работал в советском посольстве в Канаде. И мать, и сын уже ушли из жизни.

В этом суперподъезде (здесь самые большие квартиры) в квартире Поскребышева сейчас живет Марк Вайнер — представитель канадской фирмы

494

«Макдональдс» в Москве. Как-то Марк расщедрился — свозил ветеранов местного самодеятельного музея «Дом на набережной» на экскурсию в свое хозяйство, угостил булочками...

В этом же подъезде, в квартире, где жили маршал Тухачевский, а потом расстрелявший его нарком НКВД Меркулов, в полном одиночестве и забвении живет бывший посол Страны Советов в КНДР, СФРЮ, НРБ, Афганистане А. М. Пузанов. Ему за 90 лет. Он плохо слышит и еще хуже говорит. Жена и дети умерли. Есть внуки, которые (не без помощи деда) работают за границей. Похоже, им ничего, кроме гигантской (260 квадратных метров) квартиры в сердце Москвы, не надо. За немощным старцем ухаживает случайная, но добрая женщина.

Как изменился быт кремлевского дома с приходом «новых русских»?

На вопрос ответила Виктория Борисовна Волина — дочь профессора Волина.

— В ночь с 26-го на 27 сентября в соседнем (13-м) подъезде случился пожар. Из окон пятого этажа валил дым, а мы живем на восьмом. Горела квартира директора Института стран Европы Журкина. В их семье трое — отец (политик, работал в команде президента и у Лобова), мать (бывшая балерина, вела кружок хореографии в детском клубе «Юность», в соседнем подъезде) и 26-летний сын.

Старший Журкин голыми руками выбивал стекла. Руки были сильно поранены — утром на осколках окна были видны подтеки крови.

Газеты пишут о случайности происшедшего, а

495

жители дома уверены, что это диверсия, поджог. Нам удалось узнать, что в замочную скважину было впрыснуто горючее вещество (жидкое или газ), которое разделило квартиру надвое. В левой части остались отец и сын, в правой (в ванной комнате) — мать.

Жена Журкина погибла. Сам он в тяжелейшем состоянии был доставлен в больницу. До сих пор врачи опасаются за его жизнь.

У сына сильнейшая депрессия.

Дом на набережной кровью не удивишь, но эта история почему-то потрясла современных жильцов. Из разных источников я узнал о нескольких случаях «убийств на бытовой почве» в доме правительства.

На боковом сходе с Большого Каменного моста (исхоженного завсегдатаями Театра эстрады) сын наркома авиационной промышленности Владимир Шахурин застрелил дочь дипломата Уманского Нину. Стрелял наверняка, разрывной пулей. И застрелился сам. Причина? Неразделенная любовь. Отелло было 16 лет, его жертве на год меньше. (Спустя три года отец и мать Нины Уманской — большие друзья Михаила Кольцова — разбились в самолете, вылетавшем из Мехико в Пуэрто-Рико.)

В соучастии в убийстве подозревались сыновья Анастаса Микояна, племянник жены Сталина, сын хирурга Бакулева...

Нарком Литвинов загадочно попал в автокатастрофу. Не простили жену-англичанку и англичанку-дочь?

Друг детства Юрия Трифонова Михаил Коршунов в книге «Тайна тайн московских» пишет о двух самоубийствах в пятом подъезде дома на набережной. Выбросились из окна и погибли Любовь Мэдне (дочь «латышского стрелка») и друг Орджоникидзе в ранге заместителя наркома.

Упала с балкона и разбилась двухлетняя дочь начальника ВВС РККА, дважды Героя Советского Союза Смушкевича (генерала Дугласа).

Дочь директора подмосковного правительственного дома отдыха «Сосны» Рею Андрееву застрелил ревнивый муж Николай. После чего застрелился сам.

В январе 1997 будет годовщина со дня гибели внучки композитора, дирижера, художественного руководителя Ансамбля песни и пляски Советской Армии Бориса Александрова (и правнучки композитора, автора Гимна Советского Союза и бессмертной песни «Священная война» Александра Александрова) Леры. Ее убил и ограбил человек, с которым Лера планировала сочетаться браком. Убийца до сих пор не найден.

Каменный монстр стоит на крови. Но и на любви, ибо одно есть продолжение другого.

«Неизбежная!.. А помню хорошо тихую, пыльную улицу, раскрытое окно, золотой блеск лампы на пушистом пепле волос, черные купола карагачей...»

А вот еще! «Заюшка!.. писать сейчас не стану, не могу. Написанное не живет. В чернильных словах нет биения крови, дыхания и теплоты.

Но если сможешь — почувствуй, как я сейчас с тобой и как рвусь к тебе.»

«Неизбежной», «заюшке» (встречаются и варианты: «зайчонышек», «маленький зайчик», «крошечка», «светлая», «Роза Персии», «вместилище добродетели»...), короче, той, кому все это посвящено, сейчас за 90 лет. Но вы бы слышали ее голос! Ее голосу едва за 18.

ОНА продала квартиру в доме на набережной, чтобы на вырученные деньги издать полное собрание ЕГО сочинений.

ОН — писатель, драматург Борис Лавренев. ОНА — его жена Лиза. Елизавета Михайловна. Лавренев оставил семью ради ее ладошек и смеха.

Сейчас Елизавете Михайловне нелегко. Сломала ногу. Перенесла инсульт. Долго и мучительно лечилась. Общается на бегу, в короткие паузы между приходами врачей. Но, говорит, «дело жизни сделала, вернула Лавренева читателю».

Дом на набережной видел много любви.

Историю Нины Уманской и Володи Шахурина мы рассказали. Анна Ларина, вернувшись из ссылок и лагерей, сидела в пустой квартире в окружении картин мужа (Бухарина) и ощущала себя счастливой.

Вдова композитора и дирижера, долголетнейшего художественного руководителя Ансамбля песни и пляски Советской Армии Бориса Александрова Ольга Михайловна сначала поведала про любовь своего именитого тестя Александра Васильевича Александрова.

— У А. В. было уже три сына, вселенская слава, деньги, когда он бросил все и ушел из семьи. По тем временам это могло стоить партбилета, но обошлось. Уехал на гастроли, мы пришли на вокзал его встречать, а из поезда вышел уже другой человек.

498

Влюбился в балерину из Большого театра, знаете, из тех, кто стоит «у воды» (значит, на галерке кордебалета, в самой массовке). Боря очень переживал его уход. Плакал.

Балерина родила А. В. четвертого сына. Все музыканты!

Потом Ольга Михайловна рассказала историю своей любви.

— Мы познакомились с Борей в день смерти его бабушки. Боря играл Скрябина на рояле, в его комнату вошла бабушка (послушать) и умерла.

Боря сбежал из дома. Встретил приятеля. Тот зазвал его в гости к другому приятелю. И я в тот день помирилась с подругой. И тоже пошла в гости к тому же приятелю.

Чтобы обратить на себя внимание, заломила в углу рта папироску. (Ольга Михайловна курила до 80 лет папиросы «Казбек» и «Герцеговина Флор». Сейчас ей 91 год, и она — тьфу, тьфу — бодра.) На мне было модное кепи. Яркий шарф. А Боря был тихоня-тихоня.

Встречались три года. Боря привел меня в дом. А. В. посмотрел на меня, послушал мою болтовню и сказал всего одно слово: «Коза». С тех пор он меня не называл иначе.

После того как А. В. ушел из семьи, я стала везде ездить с мужем, чтобы исключить «левый поворот».

Ольга Михайловна рассказала и о трагической любви единственного сына Олега (в честь себя назвала), скончавшегося у нее на руках в 25 лет от крупозного воспаления легких и менингита.

— На даче в Абрамцеве 9 мая залез в реку на спор с собственной женой. Речку переплыл, но смертельно заболел. Оба, как всегда, были пьяны, потому и затеяли глупый, преступный спор.

12 мая Олега не стало.

И она, шалава, ненамного Олега пережила. Умерла от рака горла — спалила водкой.

И о погибшей внучке Лере рассказала Ольга Михайловна.

— Лера хоть и была инвалидом с 12 лет, но мужики к ней липли как мухи на мед. Замужем Лера была раз восемь (!). Последний жених ее и убил. Сейчас живу вместе со вторым мужем Леры Геннадием (он армянин) и правнуком. Правнук, кстати, тоже работает в Ансамбле песни и пляски Российской армии.

Ольга Михайловна и ее семья занимают квартиру, в которой раньше жил маршал Жуков, а после него — маршал Баграмян. Площадь шести комнат, необъятного коридора (без преувеличения, в нем уместятся четыре «жигуленка», поставленных друг за другом) и кухни — более 260 квадратных метров.

ОБЪЕКТ МИЛОСЕРДИЯ —

ТОЖЕ ЖЕРТВА

В городском кожно-венерологическом диспансере на окраине Ярославля работает врачом миловидная женщина Евгения Юрьевна. Большинство пациентов и не подозревает, что лечит их родная дочь бывшего Генерального секретаря ЦК КПСС Юрия Владимировича Андропова.

Корреспондент «Комсомольской правды» Дмитрий Севрюков встретился с Евгенией Юрьевной.

Врачевание — это, можно сказать, потомственная профессия. Генсек Андропов пытался лечить страну от коррупции, а еще раньше глава всесильного КГБ врачевал общество от инакомыслия. Андропова нет вот уже 12 лет, зато болезни, с которыми он боролся, так и не побеждены. Евгения Юрьевна борется с эпидемией вензаболеваний с отцовской настойчивостью.

Жить в тени могущественной фигуры Андропова было нелегко при его жизни, но стало еще тяжелее после его кончины, — призналась Евгения Юрьевна.

Евгения Юрьевна родилась на четыре года раньше своего брата Володи в семье первого секретаря Ярославского обкома комсомола Юрия Андропова, который назвал детей в честь своих родителей. Брак с Ниной Ивановной Енгалычевой состоялся благодаря настойчивости бывшего студента Рыбинского речного техникума, который убедил вернуться уехавшую по распределению в Ленинград свою любимую сокурсницу. Супруги жили в мире и согласии, пока Юра не повстречал роковую женщину — Татьяну Филипповну. На новое место работы — в Петрозаводский обком — Андропов уезжал уже без семьи. С тех пор Нина Ивановна с мужем так ни разу и не встретилась, хотя, по словам Евгении Юрьевны, любила его до конца дней.

Юрий Владимирович исправно платил алименты, иногда присылал дочери короткие письма.

Отцовская любовь Генсека была по-партийному скупой. За много лет разлуки он виделся с дочерью только дважды. Один раз помог с путевкой в санаторий. А когда старший сын Евгении Юрьевны — внук Андропова Андрей — собрался поступать в Высшую школу госбезопасности, державный дед, не стал вмешиваться в ход приемных экзаменов. Младший сын Евгении Юрьевны Петя, по ее мнению, внешне удивительно похож на молодого Юрия Владимировича. Однако 23-летний офицер ФСБ внезапно порвал с ведомством, которое когда-то возглавлял дедушка Юра, и, к неудовольствию матери, вступил на шаткую тропу российского бизнеса. Петя ютится на квартире в Москве, но за содействием к дяде Игорю — сыну Андропова от второго брака — принципиально не обращается. Отношения между семьями как-то не сложились. В феврале 1984 Евгения Юрьевна поехала на похороны отца. Во время прощания в Колонном зале Дома Союзов ярославских и московских родственников развели по разные стороны гроба. В этом тоже была большая политика.

В июне 1994 года корреспондент «Комсомольской правды» Александр Гомов взял интервью у сына Юрия Андропова.

«Помнится, где-то в 1977 году Ю. В. мне прямо сказал: «А ты знаешь, Игорь, из Михаила Сергеевича может вырасти крупный работник, крупный руководитель». И добавил: «Если, конечно, ничего не случится». Я спросил: «Что ты имеешь в виду?» Он ответил: «Всякое может быть...». В первую очередь, Андропов не был уверен в том, что Горбачев при принятии решений всегда видит долгосрочную перспективу, в чем сам отец был очень силен. Запомнилась еще одна реплика, услышанная как-то от отца: «Миша, к сожалению, умеет слушать меньше, чем говорить...».

Последним толчком к обострению болезни отца была очень неосторожная и совершенно случайная простуда во время отдыха в Крыму.

Я вернулся из Стокгольма, куда уехал в ноябре 1983 за два дня до смерти отца, в сознании его уже не застал. Все его помощники, с которыми довелось общаться, подчеркивали, что он был дееспособным практически до самого последнего дня — сознание ему отказало, наверное, за неделю до смерти.

Отец не одобрял моего выбора, когда я пошел в Институт международных отношений. Ю. В. представлял меня инженером, врачом. По его настоянию после школы я два года работал учеником лаборанта, потом лаборантом на одном закрытом заводе. То есть «телефонное право» по отношению ко мне не действовало. Естественно, сама фамилия в чем-то и помогала, но сам Ю. В. к этому никакого отношения не имел. А моя сестра Ирина Юрьевна, по образованию филолог, долгие годы работала в различных изданиях. У Ю. В. есть внучка — Татьяна и двое внуков — Дмитрий и Константин.

Последние годы мама также очень тяжело болела, что приносило отцу невероятные страдания.

Даже находясь в тяжелом состоянии, в больнице, Ю. В. звонил ей каждый день. Мама пережила отца на восемь лет — она умерла в 1992 году.

Первая семья отца распалась еще до войны. Его сына Володю я видел всего один раз, да и то при драматических обстоятельствах. Моя мама болезненно воспринимала ситуацию с Володиной неустроенностью, потому что понимала настроение отца. Ю. В. очень переживал, что у сына была безалаберная юность. Как мог, помогал ему — определил в нахимовское, в суворовское училища, в ПТУ. Последнее время Володя несколько раз приезжал из Молдавии, где жил, в Москву и встречался с отцом. По-моему, Ю. В. был доволен разговорами с сыном, и для отца было неожиданностью его кончина — Володя умер в 1975 году».

О дочери от второго брака Андропова рассказали Елена Соловьева и Владимир Клепиков в книге «Заговорщики в Кремле».

«Известный литературный критик, профессор Московского университета Владимир Турбин рассказывал, как однажды на семинаре по русской литературе сообщил студентам о печальной участи старого русского литературоведа Михаила Михайловича Бахтина, автора блестящих и всемирно известных исследований о Достоевском и Рабле. Его звезда начала заново восходить в московских литературных кругах в 60-е годы после почти 30-летней опалы: за участие в религиозно-философском кружке он был в конце 20-х годов сослан в Казахстан на шесть лет, затем перебрался в Саранск, столицу Мордовской автономной республики, откуда перевезти его в Москву не представлялось возможным из-за строгих паспортных правил. Среди слушателей Турбина оказалась студентка Ирина Андропова, дочь председателя КГБ. С его помощью старый и больной Бахтин не только получил московскую прописку и квартиру в писательском комплексе на Красноармейской улице (его называют также «розовым гетто»: дома здесь, действительно, из розового кирпича, а среди живущих в них писателей много евреев), но и был помещен на год в так называемую «кремлевку» — привилегированную больницу для высшего состава советского руководства, хоть и в палату второго сорта, зарезервированную для высоких гостей из стран третьего мира на случай, если они заболеют. В 1975 году, за несколько месяцев до смерти Михаила Михайловича Бахтина, один из авторов этой книги — Владимир Соловьев — побывал у него в гостях, и тот полностью подтвердил рассказ Турбина.

Несмотря на отговоры родителей, Ирина Андропова, как и ее брат Игорь, мечтала об артистической карьере. Однако на просмотре в Театре на Таганке они провалились: художественный руководитель Юрий Любимов забраковал обоих, не подозревая, чьи они дети. Впоследствии Андропов считал себя обязанным Любимову за это решение, так как планировал для своих детей совсем другой путь. В отношении сына его надежды сбылись: Игорь пошел по стопам отца и делал политическую карьеру. Что касается Ирины, то косвенным образом ее мечта о театре осуществилась: она вышла замуж за актера Театра на Таганке Александра Филиппенко. Благодаря этой матримониальной связи эстетически самый передовой и политически самый злободневный советский театр, находившийся в перманентном конфликте с властями, получил неожиданную поддержку от шефа тайной полиции. О чем все это свидетельствует? О любви Андропова к искусству или о его отцовской любви, ради которой он рискнул пренебречь служебными обязанностями? А может, о присущей тиранам любви не только к казням, но изредка и к милосердию, ибо в нем власть всесильного человека проявляется ярче и нагляднее — как для самого тирана, так и для жертвы? Потому что объект милосердия — тоже жертва, хотя и с обратным знаком, избежавшая пока что жертвенного алтаря.

Кстати, придя к власти, Андропов сразу же потребовал от Юрия Любимова уступок. Как мы уже упоминали, он запретил поставленный по исторической пьесе Пушкина спектакль «Борис Годунов» — о борьбе за власть в Кремле на рубеже XVI—XVII веков, которая мало чем отличалась от борьбы, которую вел Андропов в том же Кремле спустя несколько столетий. Так реальный жандарм взял верх над вымышленным либералом.

С приходом Андропова в Кремль распался прежний триумвират сотрудничающих и соперничающих секторов Советской власти — партийного, государственного и полицейского. В прежних вариантах, очень достоверно описанных Джорджем Оруэллом в романе «1984» и Артуром Кестлером в романе «Слепящая тьма», партия с помощью полиции образовывала и направляла аппарат тоталитарного государства. Андропов возглавил «бунт машины» — тайной полиции — против ее создателя: партии.

Благодаря этому оба романа, включая тот, который был антиутопией и претендовал на описание будущего, устарели и уже не могут служить универсальным ключом к нынешнему варианту советской империи. (Наш попутный совет журналистам — с осторожностью пользоваться теперь образами из этих книг применительно к СССР.) Государственный переворот Андропова обнажил полицейскую сущность Советского государства, когда сама партия превратилась в его формальный придаток.

Ход русской истории вел в том числе и к такому варианту, потому что тайная полиция есть высший продукт политического развития русских. Скорее странно, что этого не произошло раньше: осечки Берии и Шелепина менее естественны, чем удача Андропова. Оба, кстати, шли к власти, также преисполненные жажды преобразований и реформ, но свели их к тому же рецепту аскетического полицейского государства, который выписан больной России решительным врачевателем Андроповым. А в XIX веке и ранее столь естественному превращению тоталитарного государства в чистополицейское мешал наследственный принцип монархии. Шеф жандармов граф Бенкендорф не мог наследовать императору Николаю I, даже если бы пережил его, потому что у императора был законный наследник — сын Александр.

Отсутствие упорядоченной системы наследования и регулярные государственные перевороты в России XX века (узурпаторами были фактически и Ленин, и Сталин, и Хрущев, и Брежнев) дали шефу тайной полиции идеальные шансы для захвата власти, независимо от его личных качеств: Андропов пришел к власти скорее благодаря должности, чем талантам. Во всяком случае, последних ему бы для этого не хватило, занимай он любой другой высокий пост в советской иерархии: его обошел бы тот, кто вместо него завладел Комитетом государственной безопасности на правах председателя. В таком контексте советской истории и следует рассматривать самоназначение Андропова.

Именно поэтому фактор возраста нового руководителя Советского Союза является скорее субъективным и большого влияния на ход событий оказать не сможет. Если Андропов за первые месяцы официального пребывания у власти успел заменить значительную часть брежневского аппарата своими людьми, которые благодаря полицейским навыкам станут крепче держаться на постах, чем их предшественники, то отпущенного Богом срока может оказаться вполне достаточно не только для того, чтобы сменить остальных (это не столь уж и важно), но чтобы заложить прочный фундамент и возвести первые этажи нового полицейского государства взамен партийно-бюрократического. И такое государство будет полнее отвечать потребностям многонациональной империи, враги которой находятся как вне, так и внутри нее. Маркиз де Кюстин сравнивал Россию Николая I с военным лагерем, однако, дабы результативней функционировать в качестве империи, ей лучше быть также и полицейским застенком. Парадоксальным образом враги империи — источник ее отрицательного вдохновения, обоснование политической, полицейской и военной консолидации. Страх империи перед распадом привел к власти Андропова с его разветвленным аппаратом принуждения и разработанными методами насилия.

Упомянем напоследок о законе, который предан забвению на Западе, но хорошо осознаваем в России: невозможность статус-кво, статичного существования империи, которая либо распадается, либо, наоборот, расширяется и усиливается, чтобы не распасться. Для того чтобы справиться с трудностями, возникшими в результате прежних завоеваний, надо продолжать завоевания, выполняя задачи, возложенные на руководителя империи самой империей. Андропов — вдохновенный имперец и, если б не партийная номенклатура, заслужил бы титул императора. Захват Афганистана, инициатором которого он был, говорит о его историческом подходе к своей стране и об ответственности перед ее историей. Империя может продолжать существование, только продолжая имперскую политику, то есть политику новых захватов.

Члены Политбюро доставляются в Кремль и на загородные дачи на правительственных блиндированных лимузинах «ЗИЛ» с радиотелефонами, с зеленоватыми пуленепробиваемыми стеклами, окруженные — спереди кагэбэшной «Чайкой», сзади — другой машиной охраны. Удлиненные, чернолаковые машины, сделанные ручным способом для элиты в 20 человек, мчатся, как стрелы, по опять же элитной серединной полосе шоссе, и прохожие дивятся на этот воистину «царский проезд», и, конечно, женское лицо, выглядывающее из правительственного «ЗИЛа», просто было бы некстати в этом мире парадной, ритуально мужской представительности.

Они настолько изолированы от населения, что Громыко, по словам его дочери, «за последние четверть века ни разу не ступал по улицам Москвы» и видит страну только из окна своего автомобиля; Брежнев начисто забывает, входя в кафе, о существовании денежной системы, а Горбачев всерьез надеется подбить изверившийся во всем советский народ на трудовой идеализм и производственные подвиги 30-х годов. Связанные общей порукой власти члены Политбюро склонны не только на службе, но и на досуге крепить свой тесный мужской союз. К северо-востоку от Москвы расположены обширные — в 130 кв. миль — охотничьи угодья — Завидово, личная собственность Политбюро, вместе с лесничими в зеленой униформе, егерями, псарнями и псарями, разнообразным охотничьим снаряжением на много человек и целой армией охранников.

Расположенные в сердцевине прекрасного дикого леса, стоят комфортабельные охотничьи дачи для членов Политбюро и затейливая двухэтажная вилла, типа швейцарского шале, принадлежащая Генеральному секретарю, — с огромным бассейном, залом для гимнастики и личным кинотеатром. Сюда, на недозволенной простым советским смертным скорости 90 более км неслись правительственные «ЗИЛы» с членами Политбюро, которым не терпелось удовлетворить в Завидово, без семьи, без жен, без помех, свои охотничьи страсти, которые, по непонятной причине, одолевали равно всю советскую элиту — от Ленина, Троцкого, Бухарина, Ворошилова и Берия до Хрущева, Громыко, Брежнева, Черненко и Горбачева. Андропов — единственный был свободен от нее, скорее всего, по близорукости и общей неспортивности.

При Брежневе даже заседания Политбюро иногда переносились в Завидово, где можно было после работы поохотиться на дикого зверя, причем охотились по-царски — с конными псарями и борзыми, устраивающими облаву на зверя, с загонщиками, цепью окружающими зверя, выгоняющими его прямо «под выстрел»

А вечером — общий сбор в резиденции Генерального секретаря, в приемном зале на первом этаже, где много удобных низких кресел, огромный ковер, низкий столик, уставленный отборной закуской и водкой в серебряных чарках, и уютно потрескивающий камин, где так отрадно после напряженного дня поделиться воспоминаниями о прошлых и нынешних охотничьих подвигах, а перед сном посмотреть очередной вестерн в брежневском частном кинотеатре.

Охотились высшие чины правительства не только в Завидово, этой «райской зоне», как называли ее жители окрестных деревень, — неодолимая охотничья страсть гнала их с места на место по богатейшим природным питомникам Советского Союза. Они стреляли самую разную птицу и зверя — глухарей, лысух, зайцев, лис, лосей, кабанов, медведей и особенно часто диких уток — любимое занятие Ленина и Горбачева, которому последний рьяно предавался у себя в Ставропольском крае на Манычских озерах. Порой устраивались специальные охотничьи состязания между заядлыми стрелками из Кремля — кто больше убьет дичи, как это было в подмосковном имении Усово при Хрущеве. В поисках разнообразного утоления этих охотничьих страстей обитатели Кремлевского Олимпа не удовлетворялись общим охотничьим заповедником или общественными лесами, горами и озерами, но строили свои собственные охотничьи полигоны. Член хрущевско-брежневского Политбюро Дмитрий Полянский велел огородить под Калугой, к юго-востоку от Москвы, огромный кус государственного леса, который таким путем переходил в его частное владение. Туда были пущены лисы, олени, медведи, и вместе с ближайшими коллегами по партии Полянский устраивал у себя в имении азартные соревнования в стрельбе по зверю.

Невольно задумываешься, наблюдая эту тотальную охотничью страсть у большинства членов Советского правительства, какую роль во внутренней и внешней политике страны, руководимой заядлыми охотниками, играет это азартное, кровожадное занятие? Безусловно, оно является отдушиной политического экстремизма, честолюбия, реваншистских страстей и грубой мужской силы, которые им было бы опасно — ввиду тесной рабочей спайки и взаимной бдительной слежки друг за другом — проявить открыто, на манер буржуазного парламентаризма.

И, конечно, на этом фоне густых лесов, заливных лугов и топких болот, под непрерывный лай борзых, хрипение загнанного зверя, грохот выстрелов, когда охотничий азарт кремлевских партийных и военных лидеров достигает апогея, — на этом фоне представить себе женщину, этакую партийную амазонку, причудливо вкрапленную в этот брутально-мужской клуб, — невозможно.

Однако при приеме в Кремль, в Политбюро и Секретариат ЦК, в эту святую святых Советской власти, на пути возможного кандидата встает не только половая и национальная дискриминация, но и более специфическая и уклончивая — дискриминация москвичей.

В самом деле, в Политбюро нет ни одного москвича — человека родившегося в столице либо, по крайней мере, начавшего здесь свою политическую карьеру. Естественно, это относится и ко всем руководителям Советского Союза: Ленин был с Волги, Сталин из Грузии, Хрущев и Брежнев — с Украины, Черненко из Сибири, Андропов и Горбачев — с провинциального юга России. Кремль, находящийся в самом центре Москвы, по столичным стандартам — нестерпимо провинциален: советская правительственная элита в основном состоит из людей, выросших, получивших образование, сделавших партийную карьеру «далеко-далеко от Москвы». По подсчетам Джерри Хау из Брукингс Института под Вашингтоном, к 1980 году из 16 высших чиновников Центрального Комитета и Совета Министров, рожденных после 1925 года, только один родился в Москве и еще один в одном из десяти крупных советских городов, двое других в средних городках, каких в СССР больше сотни, четверо в совсем маленьких, районного значения, а остальные восемь — в деревнях.

Неприятие в этот мужской и почти однонациональный элитарный клуб также и москвичей объясняется страхом кремлевских руководителей перед людьми со связями в столице, которые обладают здесь достаточной базой для заговоров и переворотов. Предпочтение оказывается провинциалам-нуворишам, которые не успевают обзавестись в столице влиятельными знакомыми из разных сфер центральной власти — от партийной до военной и кагебешной, и полностью зависят от вождя-благодетеля.

* * *

Генсек, едва он становится Генсеком, будь это Сталин, Хрущев, Брежнев, Андропов, Горбачев, — начинает подстраховывать себя от возможного заговора или переворота, в результате которого он сам только что пришел к власти. Он укрепляет свою единоначальную власть путем окружения себя плотным кольцом «своих людей», собственных выдвиженцев, которым он доверяет и которые находятся в полной зависимости от него.

Так создаются кремлевские мафии: кавказская при Сталине, украинская при Хрущеве, географически еще более локальная — днепропетровская при Брежневе.

Из Кунцева, где со времен Сталина была расположена загородная резиденция кремлевских вождей, по центральной, незагруженной, так называемой «зеленой» части Калининского проспекта на полной скорости стал проноситься по утрам правительственный кортеж с освещенными фарами и усиленной охраной по бокам, спереди и сзади, и исчезал в воротах Кремля. Ровно в 5.30 вечера он появлялся оттуда снова и, сигналя и крутя разноцветными лампочками, мчался обратно в Кунцево, причем милиция останавливала все движение, а проходившие пытались отгадать, в какой из машин сидит Андропов. Скорее всего — в том черном лимузине с занавешенными окнами, который находился ровно посередине автоколонны. Так, во всяком случае, решили западные журналисты и на время успокоили мировое любопытство. Только на время, потому что все вскоре догадались, что это мистификация. Ее авторство, несомненно, принадлежало самому Андропову.

А перед открытием торжественного вечера в Кремлевском Дворце Съездов, посвященного большевистской революции, один из распорядителей с красной повязкой на рукаве и сияющей улыбкой на лице радостно и вполне искренне заверил иностранных гостей, что Андропов непременно на этот раз будет. Но вот дружной стайкой появились члены Политбюро, а Андропова между ними снова не оказалось. И здесь произошло нечто во всей кремлевской истории невиданное: члены Политбюро заняли свои места в президиуме, оставив в самом центре пустое кресло, многозначительный символ незримого, но грозного присутствия Андропова среди них. Это кресло определило зловещую атмосферу революционных торжеств 1983 года, которые больше походили на похороны. Тревожнее всех чувствовали себя члены Политбюро, разместившиеся по обе стороны это этого пустого кресла «в ожидании Бодо». Было очевидно, что никто из них до самого конца вечера не знал, появится Андропов или нет.

Андропов успел еще один раз повторить свой фокус с креслом: 28 декабря, на сессии Верховного Совета. Самый престарелый член Политбюро, тогда 78-летний, похожий на труп премьер Николай Тихонов, уже в силу своего почтенного возраста с трудом соображающий, что вокруг него происходит, а тем более неспособный усвоить новые кремлевские правила, по ошибке чуть было не сел в кресло Андропова, но, вовремя остановленный своими более сообразительными коллегами по Политбюро, сразу же пересел на соседнее место, с которого в течение всего заседания нет-нет да и поглядывал с нескрываемым ужасом на кресло, в котором сидел невидимый вождь: «персона секретная, фигуры не имеет», как сказано в одной русской фантасмагорической повести.

В конце концов, если по Эльсинору свободно разгуливал призрак отца Гамлета, то почему не разгуливать по Кремлю призраку его таинственного хозяина, коли сам он уже был неспособен к подобным передвижениям?

Насколько члены Политбюро были осведомлены о делах в Кунцево, свидетельствует хотя бы то, как они распределяли свое расписание в последние дни жизни Андропова.

За день до его смерти «Правда» сообщала, что Гейдар Алиев собирался в ближайшие дни отправиться с кратким рабочим визитом в Сирию. На следующий, роковой для Андропова день та же самая «Правда» информировала своих читателей о заседании комиссии Политбюро по реформе образования, причем в этом заседании участвовали сразу же четыре члена Политбюро, из которых два стали шестым и седьмым советскими лидерами: Констатин Черненко и Михаил Горбачев. Если хотя бы одному из них было известно, что Андропов умирает, заседание было бы непременно отложено либо в нем приняли бы участие партократы чином пониже.

Да что члены Политбюро, когда даже Игорь Андропов за день до смерти своего отца выступил в Стокгольме на Европейской конференции по установлению доверия и обвинил западные страны в том, что они «сознательно планируют ядерную войну». Вылетел он из Стокгольма только 9 февраля, и его самолет приземлился на Шереметьевском аэродроме, когда отца уже не было в живых.

ЧАСТЬ IV. НА НАШИХ ГЛАЗАХ

ЖИВЕМ МЫ ВСЕ ПАПИНОЙ ЖИЗНЬЮ

Личности формируют историю.

Система обладает собственной мощной инерцией, собственными закономерностями и динамикой. Лидеры приходят и уходят, но Леонид Брежнев — не Никита Хрущев, а Хрущев — не Иосиф Сталин. Немыслимо даже представить, чтобы Брежнев был в состоянии провести безжалостные чистки 30-х годов, даже если бы обладал для этого необходимой властью и возможностями.

Большую роль в политической карьере Ельцина имела борьба с партийными привилегиями. В «Исповеди на заданную тему» сказано:

«Я продолжу свой рассказ о льготах. При каждом из секретарей ЦК, члене или кандидате в члены Политбюро существует старший группы охраны, он же порученец, организатор. Моего старшего внимательного человека звали Юрий Федорович. Одна из основных его обязанностей заключалась в том, чтобы организовать выполнение любых просьб своего... чуть было не сказал — барина, своего подопечного.

Надо новый костюм справить, пожалуйста: ровно в назначенное время в кабинете тихонечко раздастся стук, портной в комнатке обмеряет тебя сантиметром, на следующий день заглянет на примерку, и извольте — прекрасный костюмчик готов.

Есть необходимость в подарке для жены на 8 Марта. Тоже проблем нет: принесут каталог с целым набором вариантов, который удовлетворит любой, даже самый изощренный женский вкус, — выбирай!

Вообще, к семьям отношение уважительное. Отвезти жену на работу, с работы, детей на дачу, с дачи — для этих целей служит закрепленная «Волга» с водителями, работающими посменно, и с престижными номерами. «ЗИЛ», само собой, принадлежит отцу семейства.

Забавно, что вся эта циничная по сути своей система вдруг дает циничный сбой по отношению к родным главы семейного клана. Например, когда охрана проводила инструктаж с женой и детьми, было потребовано, чтобы они не давали мне овощи и фрукты с рынка, поскольку продукты могут быть отравлены. И когда дочь робко спросила, можно ли есть им, ей ответили: вам можно, а ему нельзя. То есть вы — травитесь, а он — святое...»

Борис Ельцин не принадлежит к тому типу личности в истории, который принято называть первичным.

Бориса Ельцина невозможно назвать первопроходцем. Ему не грозила судьба пророка, открывающего новую историческую эпоху. Он не создал новой идеологии. Ельцин стал первым после Горбачева. Он всегда становился первым после, а раньше всех — никогда.

Вторичность Ельцина — не недостаток, это свойство его натуры и, в определенном смысле, — предпосылка успеха в жизни и политике.

Открытие новой эпохи, создание новых ориентиров — не дело Ельцина. Он — последователь по природе. Это ученик, способный превзойти учителя, но при этом остаться учеником.

Быстрота успеха ВТОРЫХ гарантирована целым набором качеств, которые отсутствуют у интеллектуалов-первопроходцев. Основоположники-первопроходцы склонны к интеллектуальным комбинациям, рефлексиям и идеализму, поэтому неумело ведут себя в ими же самими созданных ситуациях. Их успех скоротечен. Они быстро уступают место ВТОРЫМ.

ВТОРЫЕ тоже имеют особые склонности. Это либо гладиаторы-львы, либо — игроки. В кризисных ситуациях гладиаторы-львы чувствуют себя в своей родной стихии. Они хорошо подготовлены к управлению окружающими. Это политики, которые постоянно нуждаются в разрядке внутреннего напряжения. Не боятся конфликтов, решая их чаще всего силовым натиском.

В кризисных ситуациях лидеры этого типа лучше всего чувствуют свои способности и компетенцию. Они достаточно сильные, чтобы выдержать удары судьбы. Их не отягощают внутренние конфликты. В то же время политики этого типа не способны к импровизациям. Политические импровизации заменяет смена окружения — соратников.

Борис Ельцин, обладая качествами льва-гладиатора, проявил себя и как политик-игрок. Власть для него — приз, выигрыш.

Лето 1996 года.

С Татьяной Дьяченко, младшей дочерью Б. Н. Ельцина, корреспондент «Комсомольской правды» Ирина Мастыкина встретилась ночью. Днем — дел невпроворот. На время предвыборной кампании президента Татьяна Борисовна — один из членов его штаба.

— Чем же занимается новый человек в команде Ельцина и в чем заключается ваша помощь отцу?

— Никаких конкретных обязанностей мне никто не формулировал. Для меня вообще это предложение папы было полной неожиданностью. Мой Глебушка обычно просыпается рано, и мы вместе с ним перед завтраком всегда идем к папе чмокнуть его в щечку. Иногда удается перекинуться парой фраз. Когда началась предвыборная кампания, я, естественно, беспокоилась, высказывала свои замечания. И однажды утром папа предложил мне: давай присоединяйся. Так я оказалась в штабе, стала присутствовать на заседаниях, вникать в суть дела.

— Много времени занимают новые обязанности?

— Ужасно много. Ухожу рано утром, возвращаюсь после полуночи. В поездках, бывает, мы работаем до пяти утра. Потом только час на сон, и снова работа. Программа обычно настолько напряженная, что на отдых времени не остается совсем. Впрочем, папа обычно работает в еще более жестком режиме.

— Как же вы с ним выдерживаете такой ритм?

— Сама удивляюсь. К концу дня я уже выжата как лимон, сил никаких нет, а папа на огромном митинге еще выступает. Столько энергии и сил у него, наверное, от природы.

— Таня, а как ваш муж отнесся к идее Бориса Николаевича привлечь вас к своей предвыборной кампании? Ведь у вас все-таки двое детей.

— С Лешей я, конечно, посоветовалась, и, к счастью, он меня поддержал. Хотя и знал, что детьми в этом случае придется заниматься ему. Сейчас у нашего старшего сына, Бориса, — трудный возраст, пятнадцать лет, к тому же — экзамены. Ну а младшему, Глебу, всего девять месяцев... Последние два месяца мы с мужем почти не видимся. Разве что по ночам да утром перекидываемся парой слов. Я за детей спокойна, но все равно скучаю по ним очень.

— Часто ли Борис Николаевич делится с домашними своими проблемами?

— Домой он приходит настолько уставшим, что, по-моему, ему уже не хочется ничего обсуждать. Мы, конечно, расспрашиваем о делах. Давно ведь живем все папиной жизнью. А он на это отвечает: «Господи, ну давайте хоть дома не о политике». Но иногда ему самому хочется что-то нам рассказать. И тогда мы бросаем все дела.

— А вам случается Бориса Николаевича критиковать?

— Мне кажется, что в семье мы это делаем больше, чем кто-либо. Потому что говорим вещи, которые другим, может быть, сказать неудобно. Но говорим это, конечно, по-доброму. Папа хмурится, молчит, но в голове у него, по-моему, все откладывается. Бывает, в поездке папа фактически уже засыпает, я ему что-то говорю. Наутро думаю: наверное, забыл и на всякий случай повторяю. «Зачем ты это говоришь мне дважды?» — сердится тогда он.

— В ночь с 16-го на 17-е почти вся страна не спала, ожидая итогов голосования. А как вы?

Конечно, и наша семья не могла уснуть. Все нервничали... Папа, естественно, тоже, однако вида старался не подавать. Вечером он спокойно лег спать, но почти каждый час просыпался и интересовался у помощников итогами голосования. Затем опять засыпал. А в шесть тридцать утра был уже на работе и проводил совещание по второму туру.

— А чем увлекается ваш старший сын?

— Сейчас он влюблен, и ему вообще ни до чего. Уже полгода в таком состоянии. Такого еще не было никогда. И теннис забросил, и баскетбол. Иногда стал просить денег: то в театр девочку сводит, то в кафе. А то просто скажет: мама, мне нужен подарок. На 8 Марта, например, захотел подарить ей духи. Пришлось вместе пойти в магазин и выбрать маленький флакончик. Он сам его красиво упаковал, завязал бантик... А какие трогательные поздравления Борька пишет! Без слез читать невозможно. По-моему, сейчас даже стал лучше учиться. Видно, влюбленность ему помогает...

— Не зазнается? Как-никак внук главы государства.

— Знаете, я этого всегда боялась. Дело в том, что у нас в семье фамилия Ельцин пропадала. У папиного брата нет детей, у сестры — другая фамилия. Поэтому после замужества я и оставила девичью. Думала, если у меня родится сын, будет носить нашу фамилию. Папа всегда мечтал о мальчике, и, когда родился Борька, радости не было предела. Так у нас в семье стало два Бориса Ельциных. А я взяла фамилию мужа.

Так вот, когда Борис пошел в школу, я забеспокоилась, что фамилия будет ему мешать. Хотела, чтобы к нему относились как к мальчишке, а не как к внуку президента. К счастью, Борины учителя меня успокоили. Сказали, что в этом отношении я могу не волноваться...

Между тем у окруженного вниманием мальчика есть и другие корни — башкирские.

В принципе для друзей и сослуживцев профессора вся эта история особой тайной не была. И то сказать: сын Айрата Хайруллина Вилен с женой Татьяной Ельциной даже практику проходили здесь, в Уфе, в объединении «Башнефть»...

В книге «Исповедь на заданную тему» Бориса Николаевича ни слова нет о том, что его младшая дочь Татьяна в 1980 вышла замуж за своего одногруппника по МГУ Вилена Хайруллина и что у них впоследствии родился сын. Тогда по просьбе Бориса Николаевича, сославшегося на то, что у него нет сыновей и род продолжить некому, мальчика нарекли Борисом Ельциным.

Вилен — копия своей матери, Ляли Галимовны, красавицы, в которую Айрат Халилович влюбился с первого взгляда в театре и женился на ней уже через четыре дня после знакомства! Ляля Галимовна до пенсии преподавала в Уфимском авиационном институте. Из Виленчика она пыталась сделать образцово-показательного мальчика: сын с блеском окончил музыкальную школу по классу фортепиано и с золотой медалью — среднюю школу. Увлекался математикой, мама это поощряла.

Как-то сын открылся отцу насчет Татьяны. Отец, как обычно говорят в таких случаях, посоветовал сначала закончить университет, а потом уж думать о женитьбе. Но молодые настроены были серьезно.

...Странность эту Айрат Халилович до поры до времени даже не пытался объяснять. Во двор въехали машины «скорой», люди в белых халатах направились к нему в квартиру. На недоуменные расспросы хозяина «гости» отвечали односложно: плановое обследование. Увезли, взяли в пробирки кровь из пальца и вены — и привезли обратно.

А вскоре во время ежегодной научной конференции экономистов в Москве в номере гостиницы, где остановился Хайруллин-старший, раздался звонок. Товарищи из Свердловска непременно хотели познакомиться с уфимским экономистом. Стол был уже накрыт, имя первого секретаря Свердловского обкома партии произнесено, диагноз доложен: Вилен и Татьяна Ельцина без ума друг от друга. Свадьба назначена на 11 апреля! «Ладно, хоть здоровье в порядке», — только и подумал слегка потрясенный уфимский профессор, припомнив загадочный медосмотр.

...Хайруллиным не на что было жаловаться: Татьяна им нравилась — «девушка умная и серьезная», Наина Иосифовна тоже — «простая и сердечная». ...А уж когда Бориска родился — вылитый

Вилен и Ляля Галимовна, радости не было конца.

Татьяна взяла «академ» и жила с сыном в Свердловске, Вилен продолжал учебу в Москве. Бориска подолгу живал у уфимских бабушки с дедушкой.

Жизнь порознь разладила отношения молодых, и, наверное, тут не надо искать особых причин — так бывает и у королей, и у простых смертных. После окончания МГУ Айрат Халилович привез сына в Уфу — подальше от московских соблазнов, полагая, что время все расставит по местам. Вилен жил и работал в Уфе. Здесь он познакомился с другой женщиной. И у них родился сын Марк.

Татьяна Ельцина подала на развод. Никаких особых условий она не оговаривала. Вилен ответил письменным согласием, только просил суд не препятствовать ему во встречах с сыном. Больше он его никогда не видел. Ляля Галимовна несколько раз уже после развода ездила в Москву повидать внука — хоть немного с ним погулять, передать гостинцы, но в какой-то момент Татьяна попросила ее не травмировать ребенка, кроме того, у нее тоже появилась новая семья...

— У Бори есть охрана?

— Да. Ведь сколько нам было угроз! И звонили, и письма присылали... Служба безопасности приняла меры. И сейчас семья президента охраняется. Но все это угнетает...

— Скажите, а Борис Николаевич ругает Борю за плохие отметки?

— Он и нас с Леной никогда не ругал. В таких случаях обычно вообще ничего не говорил, но мне было достаточно и одного его взгляда. Кроме «пятерок», для папы оценок не существует. И если у меня в дневнике за неделю стояла хоть одна «четверка», то он никогда не расписывался... Точно так же папа сейчас ведет себя и с внуком.

— Старшего сына вы с мужем называли сами. А кто выбирал имя для младшего?

— Папа. Он хотел, чтобы в семье был и Борис, и Глеб. Но это решение мы с мужем приняли буквально за несколько минут до крещения.

— Таня, что вы унаследовали от папы, а что от мамы?

— Мы с сестрой разные. Одни считают, что Лена больше похожа на папу, а я — на маму. Другие — наоборот. И по характеру, и внешне. Но мне трудно судить. Пожалуй, Лена более эмоциональная. Я же сдержаннее в проявлении чувств. Хотя иногда могу и сорваться. А если я в чем-то убеждена, то своего обязательно добьюсь.

— Скажите, а когда вы учились в школе, на вас давило сознание того, что вы — дочь первого секретаря обкома?

— Пожалуй, да. Иногда мне трудно было определить, как меня воспринимают окружающие. Мысль о том, что ко мне хорошо относятся только из-за папы, не давала покоя.

— Поэтому вы после школы и уехали из Свердловска поступать в МГУ?

— Да, я решила, что так мне будет лучше и проще. К тому же передо мной был Ленин пример. Когда она поступила в институт, говорили, будто это по блату. Но она действительно очень хорошо училась.

527

— И родители вас от себя легко отпустили?

— Мама, конечно, за меня боялась. Отговаривала уезжать. Ведь в Москве у нас никого из родственников не было. А папа сказал: хочет учиться в Москве, пусть едет. И маме пришлось согласиться. Но она надеялась, что я не поступлю и вернусь. А я поступила — на факультет вычислительной математики и кибернетики. У нас в Свердловске была очень сильная школа.

— Со своим будущим мужем вы познакомились в университете?

— Нет, на горе, в Крылатском. Я каталась на лыжах и потеряла варежку. Попросила молодого человека подержать лыжи, а сама побежала ее искать. Так и познакомились.

— Вы сказали Алексею, чья вы дочь?

— Поначалу скрывала, потому что однажды в разговоре он бросил такую фразу, что не любит детей высокопоставленных родителей. И я страшно боялась ему признаться.

— Когда же признались?

— Позже. Но тогда он был в меня уже настолько влюблен, что должность моего папы для него больше не имела никакого значения.

— Татьяна, ваши родители когда-нибудь ссорятся?

— Такого я не помню. Хотя у папы и непростой характер, но мама всегда умеет к нему найти подход и сгладить любую ситуацию.

— Желали бы вы для своего папы другой судьбы?

— Другой судьбы?.. С одной стороны, мне хотелось бы, чтоб в его жизни не было таких страшных моментов, которые он пережил... С другой, как хотеть для него иной судьбы? Жизнь у него — удивительная. И я бы хотела прожить такую...

Всю жизнь политической игре Ельцин отдавался со страстью спортсмена, с азартом карточного игрока. Основное стремление Бориса Николаевича — всегда оставаться лидером, всеми средствами выигрывать. Выигрывать, постоянно повышая ставки, ставя все на кон игры, — вот натура Ельцина.

ПОРТРЕТ «СОЛДАТА — СПАСИТЕЛЯ ОТЕЧЕСТВА»

Отставной генерал Лебедь по своему психологическому складу представляет собой личность, которую в политологии принято называть авторитарной.

В контексте российской истории демонстрируемый Лебедем собственный характер совпадает с портретом «солдата — спасителя Отечества».

Журналист В. Ладный побывал в здании новочеркасской школы № 17, где учился Александр Лебедь. Теперь тут расположилась областная психбольница. Но о Лебеде все, кто его здесь помнит, отзываются как об очень здравомыслящем человеке.

Там, где Саша Лебедь сдавал в шестидесятые годы алгебру, теперь занимаются голотропным дыханием. Старшая медсестра Антонина Хижняк показала мне процедуру через приоткрытую дверь:

— Глубокое дыхание под легкую музыку — очень полезное упражнение. Тем более денег на лекарства не хватает. Во время сеанса некоторые пациенты рисуют, видите?

Рисунки расклеены на стене, преобладают космические мотивы. Бренную действительность здесь не рисуют: ею по горло сыты в жизни.

— Вот тут мы начинали строить сауну, вот тут — бассейн, — продолжает экскурсию Антонина Евгеньевна. — Но денег не хватило закончить. А это ванна для гидромассажа, немцы подарили. Тоже нет средств смонтировать...

В больнице сегодня шибко надеются на Лебедя. Вдруг да поможет — если не всей расхристанной стране, то хотя бы отдельно взятой «психушке»?

В столицу казачества Новочеркасск президент Борис Ельцин приехал в самый канун 16 июня. Казаки орали ему «Любо!». Президент кивал понимающе: город, печально известный расстрелом мирного митинга в 1962 году, имеет основания не любить коммунистов.

А победил здесь на первом этапе Зюганов. И второе место занял не Ельцин. Лебедь.

— Мы все за Сашу голосовали, — говорит его школьная учительница. — Он был умный и честный по-настоящему.

— Школа наша и сейчас не элитная, а уж в те годы... — рассказывает Ирина Бессарабова, нынешний директор 17-й школы (перебравшейся в другое здание). — Вокруг множество притонов, алкаши, бомжи. Многим из наших учеников очень не хватает родительского присмотра. Но зато они знают жизнь. И Лебедь, конечно, не был исключением.

— Драться ему приходилось частенько и всегда за дело. Словно вела судьба к тому, что будет в силовых структурах руководить, — вспоминает одноклассница Светлана Журавлева (сама теперь ставшая учительницей). — А вот голос у него был не такой грубый, как сейчас, — это Саша, наверное, в Афгане приобрел. И «окать» стал уже в Рязани.

— Наша учительница английского была когда-то актрисой, вела у нас драмкружок, — продолжает Светлана. — Помню, как в прекрасной постановке «Снежной королевы» Саша играл Кая, а я — Герду... Он ходил на все школьные вечера, всегда танцевал, хотя и не очень умело. Сильный, мужественный, волевой... С Сашей мы из одной компании, это была чудесная, чистая дружба! И свидетельницей на его свадьбе тоже была я. Жена у него очень мягкая и женственная, нетипичная девушка для тех времен. Они на заводе познакомились.

— Что со свадьбы запомнилось?

— Она была молодежной, праздновали у Лебедей дома, на Горбатой, где и сейчас живет его мама. Саша с друзьями приехали на машинах и, помню, очень долго выкупали у нас невесту, торговались. «Продали» мы Инну, по студенческим меркам, очень дорого.

Вспоминает Наталья Гришкова, классная руководительница Лебедя:

— Саша был «звездой» нашего класса. Родители

531

прочили его в политехнический институт. Чтобы их не огорчать, он пошел якобы сдавать вступительный экзамен. И специально его завалил. отдал преподавателю чистый лист. Мечтал быть военным...

Ксерокопию аттестата зрелости А. Лебедя выдали в школе с радостью: сплошь четверки да пятерки. «Отлично» — по поведению, физкультуре, обществоведению. Несколько похуже — с литературой и русским языком.

— Рисовал он хорошо, в основном девчонок, — рассказывают одноклассники. — Сидел за последней партой из-за своего роста. Соседи по парте у него были такие же верзилы, но двоечники. И он их подтягивал...

— Все время травмы у него: то ключицу сломает, то нос — это когда боксом занимался.

— Клички в классе были всего у двоих, а его называли по имени — Санек.

— И еще он — невезучий. Когда сдавали экзамен по алгебре, он у меня спросил: «Какой мне билет достанется?» Я говорю: «Четырнадцатый». — «Ни в коем случае, — пугается он. — Я же именно его не знаю!» И ему достается как раз четырнадцатый! Он из-под стола грозит мне кулаком — мол, накаркала! Что делать? Вырываю из тетради «шпору», кидаю ему. И представляете — она не долетает, падает на пол. Хорошо, догадалась я попроситься выйти и по пути доставила ему шпаргалку; учительница заметила, но не выдала.

В школе Лебедь был «невезучим», а в политике он представляет тип человека, сумевшего понять, что «не Боги горшки обжигают».

СЫН МОЕГО ОТЦА, НО НЕ Я

После падения царевны Софьи Петр I, став единодержавным правителем, стал заводить свои порядки. Он же призвал в Москву Чубайсов.

Ольга Герасименко встретилась с Игорем Борисовичем Чубайсом.

Игорь Борисович Чубайс — старший и единственный брат «того самого».

Доцент кафедры философии Российской академии театрального искусства (ГИТИСа) Игорь Чубайс с женой Мариной (филолог, переводчик с датского) и девятнадцатилетней дочерью-студенткой Юлей уже четвертый год живут за городом. Лишь в последние месяцы Игорь Борисович стал выбираться «в люди», до этого были годы затворничества, чему есть свои причины. С первых же минут вежливо предупредил: «Я готов говорить о чем угодно, но менее всего меня интересует мой брат. Мы не общаемся уже четыре года. И это наше личное дело».

Игорь Чубайс о себе.

— В конце 80-х я был одним из активных участников демократического движения. Собирал многотысячные митинги на Манеже, а Толя жил в Ленинграде, и его мало кто знал. После августа 91-го я разочаровался в демдвижении. Понял, что произошло совсем не то, чего мы все хотели. В руководстве демплатформы состояли Ельцин, Юрий Афанасьев, Гавриил Попов, Гдлян. В те годы я часто общался с Ельциным. Однажды даже предупредил его, что го-

533

товится дорожная катастрофа с его участием, — это было в январе 1990 года. Тогда это был человек, за которого я отдал бы жизнь. Но потом Ельцин добил демократическое движение. После августа 91-го мы были уверены, что нам дадут помещение, транспорт, связь. Речь шла не столько о деньгах, сколько об элементарной организации работы. Мы ведь победили — как же иначе? Но ничего этого сделано не было — ходили к Ельцину, но безрезультатно. Через полгода организация распалась.

Я отказался от политической деятельности и углубился в философию. Понял, что главная проблема, которая сегодня существует, — проблема нового мировоззрения, иной системы ценностей.

Я переехал на дачу. Кстати, один из многочисленных мифов, которые я слышал: не только все дачи, но и весь поселок, который вы проезжали, принадлежит братьям Чубайсам. Впрочем, я отношусь к этому спокойно.

Три года работал над книгой «От Русской идеи — к идее новой России». Летом 1996 она вышла трехтысячным тиражом.

Не знаю, стоит ли об этом говорить, но я был вынужден сдавать нашу московскую квартиру. Поэтому вся семья живет на даче.

— Еще я издаю альманах «Новые вехи» — на свои средства. Что касается книги, я пошел к старым друзьям, назвал сумму. Через полчаса мне принесли конвертик.

— Первый тираж книги — в тысячу экземпляров — обошелся в 600 или 700 долларов. Не считая затрат на художника. Да и типография взяла недорого. Сейчас нужно продолжить выпуск альманаха. Первый номер я редактировал сам. Издательство выпустило его за свой счет. Читатели ждут второго номера, а у меня нет на это средств. Впрочем, я считаю, что все-таки сумел выкрутиться в этой сложной экономической ситуации. А ведь у меня есть знакомые ученые со светлыми головами, которые водку продают.

— Год назад я попал в Первую городскую больницу, мне сделали операцию на ноге. Во время врачебного осмотра один из докторов спросил мою фамилию. Услышав, заявил: «Если родственник «того самого» — смотреть не буду». В итоге — лечили другие. Еще был смешной случай. Как-то года четыре назад грубейшим образом нарушил правила движения — опаздывал на работу и пересек кольцевую поперек. Когда мой «Москвич» остановили — самому было неловко. Но милиционер отдал под козырек: «Что же вы раньше не сказали? Мы бы вам сопровождение выслали».

Фамилия у меня редкая. Один из родственников исследовал генеалогическое древо — мы выходцы из Прибалтики, в Москву наших предков пригласил Петр I. Вроде фамилия наша звучала раньше Чубайтес. Не знаю, так ли это.

Нас так мало, что все люди с фамилией Чубайс — родственники.

У отца и матери темные волосы. А мы с братом — рыжие. Нашим родителям под восемьдесят лет. Сейчас они живут в Москве. Отец — кадровый военный, участник войны. Мама по профессии экономист, но никогда не работала — ездила с отцом по гарнизонам. В нашей семье двое детей — я и Анатолий. Он младше на 8 лет.

В первом туре голосовал за Явлинского, во втором — с большим внутренним надломом — за Ельцина. Подумал: «Не дай Бог, победит коммунист с перевесом в один голос — это будет моя работа». Вычеркнул фамилию Зюганова — вернее, написал в бюллетене не очень цензурное слово.

— До недавнего времени мы были с Анатолием всегда вместе — «не разлей вода». Хотя жили в разных городах, он часто ко мне приезжал.

Сейчас могу только сказать: у меня не такой подход, как у брата. Я негативно отношусь к тому, что происходит сегодня в нашей политике. Я пять лет состоял в демократическом движении и знаю: был реальный шанс разрушить тоталитарную машину. Мы для этого сделали все — я и десятки тысяч людей. И вот, когда мы все это смяли, сломали тоталитаризм, когда была распущена КПСС и все радостно вздохнули, пришло осознание: а дальше что? Опять все то же самое?

Вся власть — это единый слой, единая номенклатурная компания. Не случайно они называют себя «командой». Там нет личной ответственности. А скажем, за войну в Чечне министр культуры отвечает не меньше, чем министр обороны. Они ведь все занимаются ложью, покрывают друг друга. И отношение к ним у меня одинаковое.

Думайте как хотите. У меня негативное отношение к тому, что делает сейчас власть. В стране 75 процентов населения не получает зарплату. Когда в Финляндии пять лет назад приключился экономический кризис, то их президент сократил на 5 процентов свою зарплату. У нас ничего подобного не произойдет.

В канун Нового года мы видели по телевидению шикарный банкет, который устраивала, кажется, московская мэрия. Там была и позиция, и оппозиция — очень хорошо вместе погуляли и повеселились. И им не пришло в голову, что делать этого нельзя — народ сидит голодный. Номенклатура доедает эту страну, они сжирают нас с потрохами. Власть подводит страну к социальному взрыву.

Если честно, я уже несколько раз пытался организовать новое демократическое движение. Но возникло много проблем — в последние годы изменилась социальная ситуация. Но, думаю, мне удастся это сделать.

— Игорь Борисович, вся страна знает сумму налога, которую недавно уплатил ваш брат, — 515 млн. рублей. А что в вашей налоговой декларации?

— Несколько лет назад я взял ссуду под строительство — достраивали второй этаж нашего дачного дома. Так что по закону были освобождены от налога. Да и никто в нашей семье в последнее время не имел твердого заработка — жена время от времени занимается переводами. Дочь учится на юриста — на вечернем отделении. Вы говорите о такой сумме налога — где же он мог столько заработать?..

Беседу радостно прервал черный лабрадор Матильда. Она, как выяснилось, тоже состоит в родстве, но с Косыгиным: в бывшем Советском Союзе лабрадоры были только у него и Брежнева.

Супруга Чубайса-старшего Марина (дочь известного академика-почвоведа) пригласила к столу: блинчики, пироги. Напоследок, уже в дверях, корреспондент поинтересовалась у Игоря Борисовича, когда он последний раз виделся с братом: «Недавно, на похоронах дяди. Сидели за одним столом и не общались. Знаете, ведь даже если бы я захотел восстановить отношения с Анатолием (а он этого хочет — передает через родных), мы бы этого сделать не смогли. Я ведь человек открытый и того же требую от других. А Анатолий к себе домой никогда никого из родственников не позвал. Потому что живет не так, как мы».

БИБЛИОГРАФИЯ

Аджубей А. Те десять лет. — М., 1990.

Аллилуева С. Далекая музыка. — М., 1992.

Аллилуева С. Двадцать писем к другу. — М., 1990;

Ардабацкая Е. Внучка Керенского живет в Саратове и тоже борется за демократию // Комсомольская правда. 1996. 30 апреля.

Агишева А. У Бориски Ельцина есть башкирские корни // Комсомольская правда. 1997. Январь.

Бажанов Б. Воспоминания. — М., 1990.

Брикнер А. История Екатерины Второй. — С.-Петербург, 1885.

Блюхер В. По военным дорогам отца. — Свердловск, 1984.

Василевский И. Романовы от Михаила до Николая. — Ростов-на-Дону, 1993.

Возвращенные имена: Сборник. — М., 1989.

Вылцан А. Почему Сталин интересовался книгой «Сифилис» // Народная Воля. 1997. 10 января.

Гамов А. Баба Поля знает все про половую жизнь вождей // Комсомольская правда. 1996. 27 декабря.

Герасименко О. Чубайсов в Москву призвал Петр Первый // Комсомольская правда. 1996. Декабрь.

Голованов А. Дочь Сталина в швейцарском монастыре решила искупить грехи отца // Комсомольская правда. 1996. 7 февраля.

Гордон Брук-Шеперд. Судьба советских перебежчиков // Иностранная литература, 1990.

Докучаев С. Москва. Кремль. Охрана. — М., 1995.

Доднесь тяготеет: Сборник. — М., 1989.

Жильяр П. Император Николай Второй и его семья. — М., 1990.

Казаков В. После выстрела // Знамя. 1989. № 5.

Калинина Ю. Отец. — М., 1978.

Колесник А. Мифы и правда о семье Сталина. — М., 1991.

Кропоткин П. Записки революционера. — М., 1990.

Ладный В. Саша Лебедь играл в «Снежной королеве». Комсомольская правда. 1996. 26 июня.

Ларина А. Незабываемое // Знамя. 1988. Ноябрь.

Мастыкина И. Жены и дети маршала Жукова. Комсомольская правда. 1996. 4 октября.

Мастыкина И. Я скрывала поначалу от своего парня должность папы // Комсомольская правда. 1996. 26 июня.

Московские новости. 1996. 15—22 сентября.

Российские государи их происхождение, интимная жизнь и политика: Сборник. — М., 1993.

Рыков С. Дом на набережной: люди и тени. Комсомольская правда. 1996. 12 ноября.

Свирин В. «Шалости» гениев // Мила плюс. 1995. 3—4.

Соловьев В., Клепикова Е. Заговорщики в Кремле. — М., 1991.

Севрюков Д. Любимая дочь генсека работает венерологом // Комсомольская правда. 1996. 29 марта.

Семенов В. Кремлевские тайны. — Мн., 1995.

Цюрюпа В. Колокола памяти. — М., 1996.

Якир П. Командарм Якир. — М., 1963.

СОДЕРЖАНИЕ